Las carreras de posgrado
en la Argentina y su evaluación

Osvaldo Barsky y Mabel Dávila
(Coordinadores)

Las carreras de posgrado en la Argentina y su evaluación

Las carreras de posgrado en la Argentina y su evaluación / coordinado por Osvaldo Barsky y Mabel Dávila. - 1a ed. - Buenos Aires : Teseo, 2010.
    650 p. ; 20x13 cm.

    ISBN 978-987-1354-65-8

    1. Educación Superior. I. Barsky, Osvaldo, coord. II. Mabel Dávila, coord.
    CDD 378.001

© Editorial Universidad de Belgrano, 2010

© Editorial Teseo, 2010
Buenos Aires, Argentina

ISBN 978-987-1354-65-8
Editorial Teseo

Hecho el depósito que previene la ley 11.723

Para sugerencias o comentarios acerca del contenido de esta obra, escríbanos a: **info@editorialteseo.com**

www.editorialteseo.com

ÍNDICE

Introducción 9
Por Osvaldo Barsky y Mabel Dávila

1. TENDENCIAS INTERNACIONALES

Tendencias internacionales de la educación superior 17
Por Mabel Dávila

2. CARACTERÍSTICAS Y EVOLUCIÓN

Evolución de los posgrados universitarios
en argentina entre 2002 y 2007 53
Por Leonardo Fernández

3. EVALUACIÓN Y ACREDITACIÓN

La evaluación de posgrados en la Argentina......................121
Por Osvaldo Barsky y Mabel Dávila

4. INVESTIGACIÓN

Estado de la investigación en las universidades
privadas argentinas en el año 2010 205
Por Osvaldo Barsky y Gabriela Giba

Migración y movilidad de investigadores:
la situación argentina..281
Por Lucas Luchilo

5. Becas

Formación de recursos humanos en Argentina:
análisis de la política de becas de posgrado 299
Por Teresa Busto Tarelli

Análisis de las becas del CONICET:
dimensión normativa y caracterización
de las becas. Concursos 2003-2006 409
Por Teresa Busto Tarelli

Formación de recursos humanos en Argentina:
análisis de la política de becas de posgrado.
Las becas de los proyectos de investigación
científica y tecnológica (PICT) 447
Por Teresa Busto Tarelli

6. Vinculación con el sector productivo

Vinculación entre posgrados y sector productivo 501
*Por Osvaldo Barsky (coordinador), Teresa Busto Tarelli,
Emma Di Tullio, Leonardo Fernández, Inés Pousadela
y Marcela Petrantonio*

7. Reflexiones finales

Las políticas de posgrados y sus impactos 637
Por Osvaldo Barsky y Mabel Dávila

Introducción

Por Osvaldo Barsky y Mabel Dávila

El crecimiento de la oferta de posgrados es un fenómeno internacional y en los últimos años ha venido cobrando cada vez mayor intensidad. Ello es parte de un conjunto de transformaciones que se dan en la educación superior y que van reconfigurando los sistemas de enseñanza de este nivel. Si bien algunas tendencias son internacionales, las características que asume en cada país dependen estrechamente de diversos factores condicionantes –históricos, sociales, económicos y políticos, entre otros– a nivel local.

En la Argentina, en la última década, se ha producido una importante expansión de la oferta de posgrados, siguiendo las tendencias internacionales y bajo el impulso de una serie de políticas pensadas con la intención de promover su desarrollo. Sin embargo, a pesar del importante crecimiento, los resultados fueron limitados en distintos aspectos relativos a la calidad y la eficiencia del proceso. Estos problemas responden a una serie de causas tales como la escasa integralidad de las políticas, y su carácter contradictorio en algunos casos, a la falta de respuesta a las demandas del mercado laboral y a un sesgo a veces excesivamente academicista.

El análisis de este proceso es parte de un proyecto que venimos desarrollando desde el año 2002 y que ha dado lugar a diversas publicaciones.[1] En este libro se presenta una

---

[1] Barsky, O. y Dávila, M. (2004), "Las transformaciones del sistema internacional de Educación Superior" y "Las carreras de posgrado en la

serie de trabajos que analizan el desarrollo de los posgrados en la Argentina desde diferentes perspectivas. Para facilitar el estudio se realizó una clasificación y agrupación de los trabajos en capítulos que refieren a diferentes problemáticas de los posgrados: tendencias internacionales, características y evolución, evaluación y acreditación, investigación, becas, vinculación con el sector productivo y un capítulo final de sistematización y reflexiones.

En "Tendencias internacionales de la educación superior" de Mabel Dávila se analizan las tendencias que están adquiriendo los posgrados a nivel internacional en el marco de las transformaciones que atraviesan al conjunto de la Educación Superior: la diversificación de los sistemas de educación superior, la internacionalización, los cambios en la enseñanza, la investigación y la vinculación con el sector productivo y la profundización de los procesos de evaluación y acreditación.

En el capítulo "Evolución de los posgrados universitarios en Argentina entre 2002 y 2007" de Leonardo Fernández, se presenta un estudio sobre la oferta de programas de posgrado de la República Argentina. Para este estudio se consideraron cinco variables: modalidad de gestión, tipo de programa, campo disciplinario, acreditación y categorización. Adicionalmente, se analiza también la evolución de la cantidad de alumnos y egresados de posgrados.

"La evaluación de posgrados en la Argentina", de Osvaldo Barsky y Mabel Dávila, presenta un análisis de los procesos de evaluación y acreditación de posgrados en el país. En una primera parte presenta una sistematización de la información desarrollada durante los diez años que tiene este proceso. Se analiza el accionar de la Comisión Nacional

---

Argentina", en Barsky, Sigal y Dávila (coords), *Los desafíos de la Universidad Argentina*, Buenos Aires, Universidad de Belgrano, Siglo XXI editores Argentina.

de Evaluación y Acreditación Universitaria (CONEAU), la normativa y sus transformaciones, los principales problemas y debates y las soluciones que se fueron implementando. En la segunda parte se realiza un análisis de la evaluación de posgrados entre 1999 y 2007 sobre dos disciplinas: Ciencias Agropecuarias y Administración, dos áreas disciplinarias en las cuales existe un gran debate sobre la acción de los pares evaluadores debido a un acentuado conflicto entre las concepciones académica y profesional. Para esto se realiza un análisis cuantitativo que permite definir y caracterizar la población de posgrados acreditados en ambas disciplinas, establecer las principales relaciones entre distintas variables: modalidad de gestión, tipo de carrera, año de acreditación y categorización. Se continúa con un análisis en profundidad sobre los criterios de evaluación que manejan los pares académicos.

Para analizar la investigación y su relación con los posgrados se presentan dos estudios. El trabajo de Osvaldo Barsky "Estado actual de la investigación en las universidades privadas argentinas" analiza, en una primera parte, el estado actual de la investigación en las universidades argentinas y su relación con el sistema de posgrados. Continúa profundizando con este proceso en las universidades privadas argentinas. Este estudio se realizó sobre la base de la encuesta realizada en el 2010 por el CRUP a las universidades, sobre los informes de actividades realizados por las universidades a la SECYT y sobre la información del CONICET. Por otra parte, "Migración y movilidad de investigadores: la situación argentina" de Lucas Lucchilo, estudia la situación actual en materia de migración y movilidad de científicos argentinos. Analiza el perfil de la emigración calificada y sus principales características.

El financiamiento de posgrados –y en particular la asignación de becas– se analiza con cuatro trabajos. Los tres estudios de Teresa Busto Tarelli, "Formación de Recursos

Humanos en Argentina. Análisis de las becas de posgrado", "Análisis de las becas del CONICET: dimensión normativa y caracterización de las becas. Concursos 2003-2006" y "Formación de Recursos Humanos en Argentina: análisis de la política de becas de posgrado. Las becas de los Proyectos de Investigación Científica y Tecnológica (PICT)", presentan un análisis de las becas de posgrado de financiamiento público en la Argentina. Por un lado, se trabaja sobre aquellas otorgadas por el Consejo Nacional de Investigaciones Científicas y Técnicas (CONICET). Por otra parte, se han estudiado las becas otorgadas en el marco de los Proyectos de Investigación Científica y Tecnológica (PICT) del Fondo Nacional de Ciencia y Tecnología (FONCYT) de la Agencia Nacional de Promoción de la Ciencia y la Tecnología (ANPCyT). El estudio de estos casos ofrece una imagen del "sistema" de becas desde el lado de los organismos especializados en el ámbito de ciencia y tecnología. En este marco, se seleccionaron las siguientes variables: tipo de beca, área de conocimiento y disciplina científica, y lugar de trabajo. Además, se presentó el perfil de los becarios CONICET.

El análisis de la vinculación entre los posgrados y el sector productivo se presenta en el trabajo "Relación entre posgrados y sector productivo en la Argentina", realizado por Osvaldo Barsky, Teresa Busto Tarelli, Emma Di Tullio, Leonardo Fernández, Marcela Petrantonio e Inés Pousadela. Los autores trataron de identificar el perfil de las demandas de formación de recursos humanos con formación de posgrado en áreas productivas consideradas como estratégicas. De esta forma, se identificaron algunas características destacables en las actuales carreras de posgrados. Por otra parte, se analizaron también las características de la inserción laboral de los posgraduados por tipo de carrera y campo disciplinario. Finalmente, se analizó las características que asumen las modalidades de vinculación entre los posgrados y los sectores productivos.

El capítulo final, "Las políticas de posgrados y sus impactos" de Osvaldo Barsky y Mabel Dávila, presenta una serie de reflexiones sobre los posgrados y las políticas desarrolladas sobre la base de una sistematización de todos los trabajos que incluye este libro.

La concreción de estos estudios realizados en el Área de Educación Superior del Departamento de Investigaciones de la Universidad de Belgrano ha sido posible por el sostenido esfuerzo de la universidad, y por el apoyo de la Fundación Universia, de la Secretaría de Ciencia y Técnica (actual Ministerio) de la Nación, y de la Agencia Nacional de Investigaciones a través del Programa de Investigación en Ciencia y Tecnología (PICT) 26.324/04.

1. TENDENCIAS INTERNACIONALES

TENDENCIAS INTERNACIONALES DE LA EDUCACIÓN SUPERIOR[2]

Por Mabel Dávila

Resumen

En el actual contexto internacional la educación superior es cada vez más una herramienta estratégica para el desarrollo nacional, la competitividad internacional y también la integración internacional. El presente artículo tiene el propósito de analizar algunas tendencias que se observan en la Educación Superior a nivel internacional, sus repercusiones en América Latina, las diferentes formas de incidencia y las modalidades que van asumiendo estas tendencias en la región, así como también los desafíos que se presentan.

Para el análisis se definieron cuatro grandes grupos de tendencias generales que se desarrollan en el artículo: 1) las transformaciones de los sistemas nacionales de educación superior; 2) la internacionalización de la Educación Superior; 3) las transformaciones en la enseñanza, la investigación y la vinculación con el sector productivo; 4) los procesos de evaluación y acreditación de la calidad.

---

[2] Publicado en la *Revista Sudamericana de Educación, Universidad y Sociedad*. Volumen 1, Nº 1-2, Montevideo, 2009. Universidad de la Empresa.

1. Introducción

El presente artículo tiene el propósito de analizar algunas tendencias que se observan en la Educación Superior a nivel internacional, sus repercusiones en América Latina, las diferentes formas de incidencia y las modalidades que van asumiendo estas tendencias en la región, así como también los desafíos que se presentan.

El espectro de transformaciones que se observa en los sistemas de educación superior es amplio y varía de acuerdo a diversos factores vinculados a las tradiciones educativas nacionales de los diferentes países, en un marco más amplio de procesos de desarrollo e integración entre las naciones. Asimismo, existen múltiples interacciones entre la gran variedad de transformaciones de la educación superior. Esta complejidad dificulta la comparación entre las diversas manifestaciones nacionales.

Sin embargo, es posible diferenciar algunos aspectos comunes que permiten la identificación de tendencias que van configurando nuevos sistemas de educación superior a partir de la modificación en la relación entre Estado, sociedad y universidad; en particular, el desplazamiento de la educación superior desde el ámbito del Estado y el mundo académico hacia el ámbito del mercado.

Para este análisis definimos cuatro grandes grupos de tendencias generales que se desarrollan a continuación: 1) las transformaciones de los sistemas nacionales de educación superior; 2) la internacionalización de la Educación Superior; 3) las transformaciones en la enseñanza, la investigación y la vinculación con el sector productivo; 4) los procesos de evaluación y acreditación de la calidad. No obstante, cabe aclarar que existen múltiples interacciones al interior de cada grupo y entre los mismos.

2. Tendencias generales

2.1. Las transformaciones de los sistemas nacionales de educación superior

En respuesta al crecimiento de la demanda, la mayoría de los países ha venido implementando transformaciones en los sistemas de educación superior que implican un crecimiento de la oferta para ampliar la cobertura paralelamente a la diversificación de los sistemas. Estos procesos tienden a configurar sistemas masivos –de manera paulatina se pasa de la universidad de elites a la universidad de masas– y cada vez más complejos a partir de una diferenciación horizontal y vertical.

Desde la década de 1960 los países han desarrollado y promovido diferentes tipos de estrategias para dar respuesta al crecimiento de demanda de educación superior. Entre los principales objetivos se planteaba atender la expansión de la matrícula de la educación media, los mayores requerimientos de formación del sector productivo impulsados por los avances tecnológicos, la paulatina disminución del sector público como empleador principal, la necesidad de acortar los tiempos de estudio, el interés por disminuir las erogaciones gubernamentales destinadas al sector y establecer algún control oficial sobre los currículos, planes de estudio y normas académicas (García de Fanelli y Trombetta, 1996). Asimismo se presentaron diversas dificultades asociadas a la incapacidad de las universidades para responder al incremento de demanda estudiantil y a los nuevos requerimientos de los sectores productivos. Según Gómez Campo y Tenti Fanfani (1989), el modelo universitario tradicional, selectivo y elitista ya no podía responder adecuadamente a nuevas demandas de orden económico y social. Por esta razón, entra en crisis la universidad tradicional endogámica.

Las tres principales estrategias fueron: proliferación institucional –aumento del número de instituciones de educación superior, tanto en el sector estatal como privado–, privatización –que implicó un crecimiento del peso relativo del sector privado– y dualización con la separación entre sectores o niveles de instituciones universitarias con carreras tradicionales, por un lado, y no universitarias con carreras cortas, mayoritariamente con orientación técnico-profesional, por otro (Brunner, 2005).

Esta última estrategia se concretó a través de dos vías diferentes, dando lugar a dos tipos de sistemas de educación superior: el sistema binario y el sistema integrado. El primero fue el principal mecanismo e implicó la diferenciación institucional dentro del sistema de educación superior, a partir de la creación de instituciones superiores no universitarias, diferentes a las universidades tradicionales, que ofrecían carreras cortas y orientadas hacia el dominio de una técnica profesional específica. Es el caso de países como Canadá, Alemania y Francia. El segundo se desarrolló a través de reformas dentro de las mismas universidades con la creación de carreras cortas, algunas veces articuladas con las carreras largas tradicionales. Es el caso de España, Suecia, Reino Unido y Australia.

En los países desarrollados que implementaron el sistema binario, ambos subsectores, universitario y no universitario, se desenvuelven de manera independiente y con formas restringidas de pasaje de los egresados del sector no universitario al universitario. Y en algunos casos, los títulos no universitarios tienen un significativo reconocimiento en el mercado de trabajo (Sigal y Wentzel, 2005).

En los últimos años varios países han modificado sus sistemas. Por ejemplo Reino Unido y Australia, que implementaron políticas de unificación de los sistemas binarios. Por otra parte, en muchos países con sistemas binarios va cobrando importancia la articulación entre educación superior universitaria y no universitaria, a través de diversos mecanismos que facilitan la continuación de estudios. La articulación entre ambos subsectores se presenta como un mecanismo para aumentar la movilidad estudiantil y abrir opciones educativas que redunden en mejores posibilidades laborales (Álvarez y Dávila, 2005).

La diversificación de los sistemas de educación superior fue y sigue siendo materia de debate. Desde las posiciones críticas se argumenta que la diversificación constituye una forma de reproducción de la desigualdad social, debido a que el origen socioeconómico de la matrícula no universitaria es generalmente más bajo que el de la universitaria, y el título tiene menor reconocimiento social y por lo tanto salarial. Otros autores observan beneficios, en la medida que la diferenciación es una respuesta tendiente a la equidad porque logra abrir las puertas de la educación superior a una mayor cantidad de estudiantes y, de no existir, se excluiría a gran parte de los sectores menos favorecidos.

Lo cierto es que más allá del debate teórico, la realidad evidencia diversos matices y una gran variabilidad entre los países que, entre otros aspectos, depende de la calidad de la oferta en cada uno de los subsectores, así como también del grado de articulación entre los mismos.

Desde otro punto de vista, la diversificación institucional puede entenderse como una oferta de mayores opciones educativas para los alumnos, así como también de mayores oportunidades laborales para profesores e investigadores. Asimismo, promueve también una mayor diversificación en la generación de conocimiento para el desarrollo productivo, económico y social, en contextos económicos y sociales de creciente complejidad. Por su parte, la existencia de sistemas diversificados que dan lugar a instituciones diferentes favorece la pluralidad, la libertad de enseñanza y la proliferación de diferentes enfoques y perspectivas.

2. 2. La internacionalización de la Educación Superior

La internacionalización de la Educación Superior se concreta principalmente a través de dos vías: la movilidad de estudiantes, académicos y profesionales, y la expansión de la oferta educativa transnacional.

Movilidad

La creciente movilidad de estudiantes, académicos y profesionales entre países constituye una forma cada vez más frecuente de internacionalización de la educación superior. La consecuencia más visible de este fenómeno es la articulación e integración entre los diferentes sistemas nacionales con el objetivo de facilitar esta movilidad. En este sentido, un ejemplo es la creación del Área de Educación Superior Europea que se concretará en el año 2010.

Este proceso de reforma de la Educación Superior europea comienza a reglamentarse a partir de la Declaración de la Sorbona de mayo de 1998 y la Declaración de Bologna de junio de 1999. La integración educativa se facilita a través de la organización de los estudios universitarios en ciclos de grado / posgrado, como en el modelo estadounidense. Esto permitió disminuir la duración de los estudios en países con tradición en *curriculum* largos sin salidas intermedias. Se crearon primero dos ciclos: grado y *master*. Después se incorporó el doctorado configurando una estructura de tres ciclos.

Inicialmente el proceso de integración tuvo grandes dificultades debido a la inmensa diversidad de programas y estructuras. Por esta razón, se creó el sistema de crédito europeo (*European Credit Transfer System*) como base para la transferencia y el reconocimiento de estudios. El mismo se considera el aprendizaje global proveniente de todo el trabajo agregado del estudiante y no las horas de docencia exclusivamente; incluye por tanto las horas lectivas, las horas de prácticas o laboratorios y el tiempo de estudio personal y de preparación de exámenes. De esta forma, facilita la integración de los programas a partir del reconocimiento de titulaciones y períodos de estudio, así como también la movilidad de estudiantes entre países (Barsky y Dávila, 2004).

Otras reformas se abocaron al desarrollo de la educación continua, la reformulación de programas y creación de carreras con mayor énfasis en la capacidad de empleabilidad y articulación con el mundo productivo, y en una última etapa la integración a nivel de investigación con la creación de un Área de Investigación europea articulada al Área de Educación Superior Europea.[3]

Estos procesos de integración son producto de un largo trayecto no exento de conflictos, y fueron posibles por la existencia de un alto grado de coordinación entre gobiernos e instituciones y la participación de las comunidades académica y estudiantil, así como también por el desarrollo de sistemas de aseguramiento de la calidad y de información.

Por lo general, la realidad internacional muestra que los mayores avances en cuanto a movilidad se concretan en la movilidad de académicos y estudiantes, mientras que hay mayores dificultades para la movilidad de profesionales.

Según Del Bello y Mundet (2004), el sistema universitario latinoamericano presentaría las siguientes características dominantes que dificultan la movilidad: I) limitada o nula compatibilidad de los sistemas nacionales; II) inflexibilidad curricular, escasa interdisciplinariedad, proliferación de títulos y extensa duración de las carreras

---

[3] Declaraciones de: La Sorbona (1998), Bologna (1999), Praga (2001), Berlín (2003), Bergen (2005) y Londres (2007).

de grado; III) marcos regulatorios restrictivos que acotan la autonomía universitaria dado que las regulaciones estatales intervienen en la validez nacional de los títulos e incluso en muchos casos, en los contenidos curriculares; IV) limitados sistemas nacionales de aseguramiento de la calidad, aunque en los últimos años se han creado agencias nacionales de evaluación de la calidad universitaria; V) reserva de mercado para profesionales universitarios nacionales.

De acuerdo a estos autores, el Estado, en su afán hiperregulatorio, restringe el ejercicio profesional de extranjeros egresados de otros países y encuentra en los Colegios Profesionales un fuerte aliado promotor de políticas protectivas y restrictivas a la competencia externa. Incluso los títulos de extranjeros graduados en un país (por ejemplo México y Argentina) absurdamente no habilitan al ejercicio profesional en el territorio donde se han formado.

Asimismo, este fenómeno plantea un dilema en la medida que es necesario compatibilizar dos intereses contrapuestos: por un lado, instrumentar mecanismos que permitan un reconocimiento rápido y ágil de los títulos universitarios para promover la movilidad profesional, y por otro, garantizar que el reconocimiento del título sea el resultado de un análisis y una evaluación de la formación del titulado, lo que demanda mecanismos complicados que desalentarían la movilidad.

Entre la variedad de políticas que usualmente aplican los distintos países para el reconocimiento de títulos, estos autores proponen la acreditación como medida que permite conciliar estos dos objetivos en teoría contrapuestos. En este sentido, la acreditación es un mecanismo tendiente a producir un reconocimiento automático sobre la base de la confiabilidad de la formación que garantiza. La acreditación de la calidad, tanto a nivel institucional como de carreras, permitiría lograr una efectiva y ágil movilidad estudiantil y de académicos y profesionales. Indudablemente no puede aplicarse a todas las carreras, ni resulta indispensable en todos los casos, sino que sería más conveniente y eficiente limitar la aplicación del sistema a aquellas cuyo ejercicio pudiera comprometer el interés público al poner en riesgo de modo directo a la sociedad.

En este contexto fue que los países del MERCOSUR aprobaron acuerdos para facilitar la movilidad de académicos y para la realización de estudios de posgrado.[4] Por otra parte, con el objetivo de promover la movilidad de académicos, estudiantes y profesional, y al mismo tiempo garantizar la calidad, fue que a nivel del MERCOSUR se implementó el Mecanismo Experimental de Acreditación (MEXA).

El MEXA es, como su nombre lo indica, un mecanismo experimental implementado para evaluar y acreditar carreras de grado universitario que en una primera instancia se aplicó a las carreras de Agronomía, Ingeniería y Medicina. Tiene el objetivo de mejorar la calidad de la educación superior e intenta promover el reconocimiento recíproco de títulos de grado universitario entre los países del MERCOSUR, sin embargo, hasta el momento solamente para fines académicos. En este mecanismo los diplomas de las instituciones participantes no son revalidados para el ejercicio profesional.

También como iniciativa de movilidad académica, se ha comenzado a implementar el Programa de Movilidad Académica Regional para Cursos Acreditados (MARCA).[5] En el mismo pueden participar las instituciones que

---

[4] Acuerdo de Admisión de Títulos y Grados Universitarios para el Ejercicio de Actividades Académicas en los Países Miembros del MERCOSUR, en la República da Bolivia y en la República de Chile (1999), y Protocolo de Integración Educacional para el seguimiento de Estudios de posgrado en las Universidades en los Países del MERCOSUR (1996).

[5] XXVII Reunión de Ministros de Educación, 19 de noviembre de 2004.

acreditaron a través del MEXA. El objetivo es promover el intercambio de alumnos, docentes, investigadores y gestores.

Sin duda, ha habido grandes avances en términos de movilidad, pero éstos aún son insuficientes. Hasta ahora las políticas de movilidad a nivel de MERCOSUR se han centrado principalmente en la movilidad académica, quedando pendiente la promoción de mecanismos institucionales que incentiven la movilidad de profesionales.

La educación y los servicios profesionales continúa siendo un área relativamente protegida por disposiciones legales y gubernamentales, aun en un mundo crecientemente abierto al comercio internacional. Existen múltiples barreras para la provisión de servicios profesionales. Entre ellas se pueden mencionar la negativa a reconocer las credenciales y calificaciones obtenidas en otro país, o el establecimiento de exigencias de estudios o prácticas adicionales excesivas para otorgar el reconocimiento necesario; la dificultad para obtener información acerca de los requisitos para obtener el reconocimiento; requisitos como la ciudadanía o la residencia en el país para poder ejercer una profesión (Lemaitre y Atria, 2004).

En el MERCOSUR concretamente, entre otras, se pueden mencionar como dificultades: la falta de reciprocidad y de normas ágiles de reconocimiento y exigencias de permiso de residencia. El procedimiento de reválida del título consiste en la presentación ante el respectivo Ministerio de Educación para la certificación y legalidad del título presentado, pasando luego por la universidad nacional para evaluar el plan de estudios realizado en la universidad de origen y decidir si se otorga la reválida o se exige mayores estudios, con ampliación de lo estudiado o con nuevas materias. Por ejemplo, en Argentina una reválida puede conllevar de 1.500 a 2.000 dólares de gastos (fotocopias, traducciones, legalizaciones, etc.) con un plazo mínimo de 1 a 2 años; en tanto en Brasil implica alrededor de 3.000 dólares y no menos de 2 años.[6] Paradójicamente, el profesional no está autorizado al ejercicio de su profesión hasta tanto no pague y espere un par de años por la autorización, lo que exige que busque y realice un trabajo diferente a aquel para el cual se formó.

En este sentido, constituye un avance la aprobación del proyecto de Ejercicio Profesional Temporario en septiembre de 1998. La Resolución Nº 28 constituye un sistema marco que permite el reconocimiento recíproco de habilitaciones entre entidades de fiscalización del ejercicio profesional de los países del MERCOSUR, pero exclusivamente para el ejercicio profesional temporario, regulándose el ejercicio con carácter permanente por la legislación nacional vigente en cada país. Esta resolución está inserta dentro de lo establecido por el Protocolo de Montevideo sobre Comercio de Servicios, y está basada en los artículos VI y VII del GATS y en las directrices para servicios de contabilidad de la Organización Mundial de Comercio (S/WPPS/W/12, S/L/64 y documentos WTO complementarios).[7]

De acuerdo a lo expresado, la promoción de la movilidad de profesionales hasta ahora se ha limitado al ejercicio profesional temporario (por un plazo no mayor a dos años) y a profesionales en relación de dependencia (con contrato de trabajo). Esta medida es totalmente insuficiente en un contexto de globalización de los mercados laborales que implica la transformación de los espacios laborales debido a la creciente incorporación de las TIC,

---

[6] Disponible en línea: http://www.copitec.org.ar/ciam/normas/CIAM_APLICACION.htm

[7] Ver MERCOSUR, Grupo Mercado Común, diciembre de 1997, Protocolo sobre Comercio de Servicios; MERCOSUR, Reunión Especializada de Ministros de Educación, junio de 1998, Memorándum de Entendimiento sobre Sistema de Acreditación de Títulos Universitarios; CIAM, septiembre de 1998, Resolución Nº 28 sobre Servicios Profesionales Temporarios.

una mayor complejidad de las relaciones laborales, y más flexibilización y rotación de los equipos de trabajo. Éstas exigen una institucionalización adaptada a las necesidades de estos tiempos que contribuya a regular estos procesos pero sin inhibirlos.

El problema sin duda no está exento de dificultades en la medida que, como fue planteado anteriormente, es necesario conciliar objetivos contrapuestos: la calidad del servicio profesional que garantice seguridad a la sociedad y minimice los riesgos, por un lado, y los derechos y libertades individuales de residencia, trabajo y estudio, por el otro.

Sin embargo, la excesiva regulación existente, en la medida que implica restricciones para el ejercicio laboral, entre otros problemas, puede acentuar las distorsiones en los mercados laborales, afectando mayormente a aquellos grupos sociales que por diversas razones –género, edad, sociales, etc.– tienen más dificultades de inserción laboral.

A su vez, la movilidad es un instrumento estratégico para generar mayores posibilidades de integración internacional concreta, que además otorga beneficios para el desarrollo económico y social y el desarrollo del conocimiento. La regulación implica riesgos en la medida que puede inhibir este potencial. En gran parte la integración internacional fracasa porque los espacios y mecanismos de integración son pensados a través de lógicas nacionales cerradas y anacrónicas, que presentan una gran incomprensión de estos nuevos fenómenos. La migración de profesionales, que constituye otro proceso vinculado, es vista como un problema a solucionar y revertir – se habla de "fuga de cerebros"– y no se piensa como oportunidad para la integración. En las propuestas de políticas de integración en general no participan los emigrantes e inmigrantes, que no son considerados más que como "población problema". Por otra parte, existe una miopía absoluta sobre las nuevas formas de trabajo internacional que crecientemente se están desarrollando y que son ajenas a los diagnósticos de políticas de integración.

Entonces, es necesario pensar mecanismos diferentes a los tradicionales para institucionalizar estos nuevos procesos, pero adaptados a las necesidades del siglo XXI y no al contexto de los Estados del siglo XX o a los intereses de corporaciones feudales. Se necesitan instrumentos innovadores que contribuyan a corregir los problemas y no a acentuarlos. Entre otros, podrían implementarse mecanismos permanentes de monitoreo de los mercados laborales de manera de identificar las nuevas características, los eventuales problemas y distorsiones y así facilitar la generación de soluciones para corregirlos.

Por otro lado, sería conveniente que la reglamentación estipule claramente los objetivos de la regulación, las instituciones que tendrían esa atribución y además que prevea los mecanismos para evaluar que se cumplan efectivamente esos objetivos y las sanciones correspondientes en caso de que no se ajusten a lo establecido.

Educación transnacional

La oferta educativa transnacional es cada vez más amplia. La internacionalización de los estudios se produce a través de la expansión de las actividades docentes fuera de su territorio, mediante el establecimiento de sedes físicas o programas de educación a distancia. En muchos casos el crecimiento de la oferta transnacional se produce en asociación con instituciones nacionales, siendo un mecanismo frecuente la doble titulación. Este fenómeno está generando una industria de exportación de servicios de educación superior, que crea dificultades para regular y controlar la calidad de la oferta transnacional, siendo mayor el problema con la educación virtual.

Otras dificultades se presentan debido a que la educación superior, al formar parte del sector educativo, integra uno de sectores contemplados en el Acuerdo General sobre el Comercio de Servicios (AGCS), administrado por la Organización Mundial del Comercio (OMC) y que trabaja en la eliminación o disminución de barreras arancelarias que inhiben el flujo de servicios. Existe una gran polémica en torno a la liberación de los servicios educativos. Desde las comunidades universitarias nacionales hay una fuerte oposición en la gran mayoría de los países. Incluso desde los gobiernos existen reparos, dado que la liberalización de los servicios implicaría la pérdida del control sobre la educación nacional. Por otra parte, la implementación del acuerdo dificultaría más la regulación y el control de la calidad de una oferta transnacional que ya de por sí, sin la existencia del AGCS, tiene serias dificultades para este propósito.

La internacionalización ha contribuido a una transformación paulatina de los sistemas de educación superior en diversos aspectos. Las múltiples formas de internacionalización han puesto en evidencia la necesidad de sistemas para evaluar y acreditar la calidad, de manera de generar mecanismos de coordinación entre la oferta educativa de los distintos países. Todos los países han venido desarrollando sistemas de aseguramiento de la calidad, que si bien presentan diferencias, también cuentan con varios puntos en común, como se verá posteriormente.

Por otra parte, la internacionalización genera mayor competencia para las instituciones nacionales. Éstas deben transformarse y generar nuevos mecanismos que le permitan adaptarse a la nueva realidad. Entre otras estrategias las universidades han incrementado la oferta de educación virtual. La educación virtual tiene grandes beneficios en la medida que permite ampliar la cobertura y aumentar la oferta educativa en zonas apartadas y poco densas. Los habitantes del medio rural son claros beneficiarios de este tipo de oferta. También las personas que trabajan y quieren estudiar. La educación virtual favorece la capacitación de quienes trabajan.

Entre otras ventajas y con el debido control de calidad, la educación transnacional, al traer a las sedes nacionales la oferta de las principales universidades del mundo, abre oportunidades educativas a estudiantes que no tienen recursos suficientes para pagar sus estudios y estadía en el extranjero, o que no tienen posibilidades de viajar y vivir en otro país durante varios años porque deben afrontar responsabilidades laborales y familiares.

2. 3. Las transformaciones en la enseñanza, la investigación y la vinculación con el sector productivo

En las últimas décadas, y muy vinculada a la situación expuesta en el apartado anterior, se han ido produciendo de manera creciente una serie de transformaciones en las instituciones universitarias, sus funciones y su relación con la sociedad. Se observan, entre otros, cambios en la enseñanza, tanto en la metodología como en los programas y planes de estudio, desarrollo de las carreras de posgrado y transformaciones en la investigación, cambios en la gestión institucional y nuevas formas de financiamiento, así como también una mayor vinculación con el sector productivo.

Estas transformaciones se explican por distintos factores, tales como el desarrollo científico y tecnológico, el impacto de las Tecnologías de la Información y la Comunicación (TIC) en la educación, las transformaciones económicas y sociales producidas por la globalización económica y financiera, y los cambios en los mercados laborales.

En los mercados laborales se observa una nueva dinámica de mayor complejidad con nuevas ocupaciones, otras que desaparecen, y otras que están en permanente transformación. Se modifican las prácticas laborales, los lugares de trabajo y las relaciones laborales. La globalización genera también una mayor migración de trabajadores. Estos cambios plantean nuevas y mayores demandas a los sistemas educativos que se expresan en la transformación de los programas de enseñanza y los planes de estudio, con una mayor diversificación de áreas del conocimiento, el surgimiento de nuevas disciplinas y nuevas carreras, y una creciente interdisciplinariedad y flexibilidad en los planes de estudio.

Asimismo, producto de esta necesidad hay una mayor articulación entre la educación y el mundo del trabajo. Las prácticas laborales en las empresas tienen una creciente relevancia para la formación profesional y por lo tanto son cada vez más incorporadas en los programas de estudio. También se desarrolla la educación continua con el objetivo de garantizar oportunidades de educación para todas las personas a lo largo de su vida, facilitando así la transición entre estudio y trabajo y la movilidad de los estudiantes dentro y entre instituciones. La internacionalización de la educación, a partir de la integración de los sistemas educativos y la movilidad de estudiantes, académicos y profesionales es también una respuesta a estos procesos de globalización económica y exige, por parte de los gobiernos, políticas activas para su promoción.

Por otro lado, la creciente complejidad producto de una mayor internacionalización plantea más problemas interdisciplinares y globales, y por lo tanto, exige equipos interdisciplinares e internacionales. Hay un cambio de paradigma en la producción y transmisión del conocimiento que va transformando las formas tradicionales de investigación y docencia en las universidades.

De acuerdo a Claudio Rama (2006), en las últimas décadas del siglo XX, con el crecimiento de la oferta privada, los países desarrollaron modelos duales de educación superior. Estos modelos fomentan la competencia por alumnos y recursos entre los sectores público y privado. Según este autor, actualmente estamos en transición hacia un nuevo modelo que implica la llegada de un nuevo actor: la educación transnacional, que va a incidir en la transformación de los sistemas nacionales en la medida que van a necesitar adaptarse a competir con nuevos actores.

El desarrollo del conocimiento exige una mayor especialización y esta necesidad produce el crecimiento de las carreras de posgrado. Esta expansión de las carreras de posgrados se relaciona con la demanda de personal calificado por parte del Estado y el sector productivo. También se incrementa el financiamiento estatal y privado para carreras de posgrado, y se desarrollan sistemas de becas.

Las transformaciones más importantes ocurren en primer lugar y en mayor grado a nivel de posgrado. Esto se debe principalmente a que es el nivel más flexible y por lo tanto es menos complejo transformarlo. Más allá de las diferentes tradiciones disciplinarias que se desarrollan de acuerdo a la influencia de las legislaciones, las políticas y los mercados nacionales, se evidencian claramente las tendencias mencionadas: aparición de nuevas disciplinas, interdisciplinariedad, especialización, internacionalización, etc. (Barsky y Dávila, 2004).

El proceso de internacionalización tiene una gran intensidad a nivel de posgrado, sobre todo con el crecimiento de la oferta virtual. Sin embargo, existen todavía dificultades para la movilidad por el desarrollo diferencial entre países. En las últimas décadas la mayoría de los países en diversos grados han desarrollado distintas políticas para expandir sus sistemas de posgrado siguiendo como modelo el sistema estadounidense –originado en el sistema británico– estructurado en el doctorado. En este país la masificación y la necesidad de salidas laborales más rápidas generaron un crecimiento en el número de doctorados. Paralelamente a su expansión se disminuyó la duración y exigencia de las maestrías, aplicando políticas que contribuyeran a la transformación gradual y coherente del conjunto del sistema.

El espacio de integración de la educación superior en la Unión Europea se configuró siguiendo el mismo esquema. Este proceso implicó –y aún implica– dificultades y conflictos, en la medida que fue necesario adaptar los sistemas de educación superior europeos y en especial disminuir la duración de las carreras de grado de cinco a seis años en los países de la Europa continental.

En América Latina los sistemas de educación superior presentan este mismo problema de carreras de grado de larga duración en la medida que siguen la tradición europea. Por otra parte, en algunos países se estructuraron los sistemas de evaluación sobre el doctorado como sinónimo de calidad, a partir de la exigencia de este nivel de estudios a los docentes e investigadores para acceder a algunos cargos y concursar por recursos. Esto genera algunos problemas en un contexto de escasa oferta de doctorados, cuando además algunos apostaron a políticas para incentivar la expansión de maestrías, como en el caso argentino, que reglamentariamente exige una alta carga de cursos a cumplir en este tipo de carreras. Estas políticas contradictorias generan distorsiones en los sistemas nacionales de educación superior, en la medida que los académicos con doctorado son pocos y generalmente pertenecen a aquellas áreas disciplinarias en las cuales este nivel de estudios se desarrolla tradicionalmente, como las Ciencias Exactas y Naturales. En algunos casos, cuando la distribución de recursos económicos se asocia a criterios de evaluación que jerarquizan el doctorado, estas áreas disciplinarias terminan concentrando la mayor parte de los recursos, planteando un problema de inequidad distributiva y generando distorsiones en los desarrollos de las áreas disciplinarias y las profesiones (Barsky y Dávila, 2004).

Otro problema se presenta con la fuerte orientación académica de los posgrados. En Estados Unidos existen doctorados y maestrías con orientación académica y otros con orientación profesional que preparan profesionales para desempeñarse en el sistema productivo. Sin embargo, siguiendo la tradición, en la región los doctorados tienen un importante sesgo académico y no hay en general políticas que incentiven el desarrollo de doctorados profesionales. Incluso a nivel de maestrías ha existido una gran resistencia al desarrollo de orientaciones profesionales.

Por otra parte, en un contexto en permanente transformación como el actual, los límites entre las orientaciones académica y profesional son cada vez más difusos. Una formación de calidad implica múltiples interrelaciones entre el mundo académico y el profesional, e involucra también la necesidad de trabajos grupales en los cuales los diferentes integrantes desarrollen distintos roles. A pesar de que aún siguen imponiéndose concepciones que plantean límites rígidos entre la docencia, la investigación y la práctica profesional, hay una tendencia a revertir estos paradigmas cada vez más obsoletos. Actualmente, la investigación universitaria es demandada por los Estados y también por los sectores productivos. Esto se debe a que la investigación y en particular la innovación tienen un rol cada vez más relevante en el desarrollo.

Los Estados destinan mayores recursos a investigación. Aumenta también la participación de los sectores productivos, tanto en el financiamiento como en la generación de conocimiento científico y tecnológico. Aumenta la conexión entre los sistemas de educación superior y los sistemas de ciencia y tecnología. El resultado es una creciente articulación entre los sistemas de educación superior, los sistemas de investigación y los sectores productivos, así como también la implementación de políticas activas para promover esta articulación.

Gibbons (1997) sostiene que ha surgido, como alternativa al modo académico tradicional, un nuevo modo de producción de conocimiento que, entre otras características, se basa en la producción del conocimiento en los contextos de aplicación, y además implica heterogeneidad de competencias y conocimientos debido a que son los problemas quienes guían la producción de conocimiento, y ésta se organiza de manera transdisciplinar. Por otra parte, la gestión de este tipo de conocimientos supone formas no convencionales de división y organización del trabajo, en general bajo la forma de equipos o redes que van rearticulándose. Asimismo existe una mayor *accountability* social que determina que los productores de conocimiento responden frente a las partes interesadas y a la sociedad, y no sólo ante la comunidad científica, y vinculado a lo anterior, el sistema de control de calidad es más amplio y ambiguo que la sola publicación académica sujeta a la revisión por pares.

Debido al crecimiento y la diversificación de los ámbitos de producción del conocimiento, se vuelven necesarias las alianzas entre instituciones a nivel nacional e internacional. Este fenómeno determina la generación de redes entre universidades a nivel nacional e internacional, y entre universidades y empresas. Cobra mayor importancia el conocimiento práctico y del acceso al conocimiento práctico. Por otra parte, la complejidad que adquieren los problemas requiere soluciones desde varias disciplinas. Es por eso que se pasa de una investigación centrada en áreas disciplinarias a otra centrada en los problemas.

También se produjeron importantes cambios en las modalidades de financiamiento. Hay nuevas y diversas fuentes de financiamiento, como el cobro de aranceles en las universidades estatales, con una mayor difusión en estudios de posgrado, un mayor financiamiento de las empresas, la creación de fondos de becas y el financiamiento asociado a la evaluación de la calidad. Desde los Estados se generan incentivos impositivos para promover el financiamiento de las empresas a la educación superior. Y también se incentiva el financiamiento estatal ligado al cumplimiento de objetivos estratégicos.

En este contexto se produce una marcada y creciente vinculación entre la educación superior y los sectores productivos a través de diversas modalidades, tales como financiamiento de empresas para estudios e investigación, pasantías de estudiantes, consultorías y asesoramiento, cursos para empresas, oferta laboral para egresados. Esta tendencia se explica por distintas razones. Por un lado, la existencia de políticas de incentivo debido al especial interés desde el Estado y también las universidades en promover el vínculo entre universidades y empresas de manera de generar fuentes alternativas de financiamiento. Por otra parte, también hay interés y por lo tanto incentivo desde las empresas y las propias instituciones debido a las características que asume actualmente la generación de conocimiento (Dávila, 2002). La creciente importancia del conocimiento aplicado y generado en el ámbito productivo exige a las universidades generar mecanismos de cooperación que posibiliten el acceso a este conocimiento, tanto para llevar adelante una investigación pertinente como para adecuar la formación de profesionales al contexto actual. Por otra parte, las empresas tienen una mayor necesidad de contar con el conocimiento generado en las universidades, en particular las universidades cuentan con ventajas para la generación de conocimiento básico.

Hay cada vez mayor consenso entre los especialistas sobre la necesidad de destinar mayores recursos públicos a la educación superior, planteo que se sostiene por las exigencias que implican la masificación de los estudios, así como la transformación del paradigma productivo que demanda recursos calificados para producir conocimiento y para difundirlo y aplicarlo en un contexto de creciente inserción internacional ligada a estos cambios. De acuerdo a Sánchez Martínez (2004), hay una revisión de las razones que en la década pasada se esgrimieron para disminuir el financiamiento de la educación superior. Estos argumentos se basaron principalmente en dos vertientes: a) la baja tasa de retorno económico de la educación superior respecto a otros niveles educativos, y b) razones de inequidad debido a que quienes acceden son los sectores más acomodados pero generalmente con el financiamiento de amplios sectores sociales.

El cuestionamiento actual de estas razones se basa en varios argumentos. Primero, si bien la tasa de retorno económico es menor respecto a otros niveles educativos, hay una subestimación de la tasa de retorno social. La educación superior es de interés público porque genera desarrollo económico y social, movilidad social, así como también sociedades más democráticas y plurales. Segundo, las necesidades que como ya se planteó genera el cambio de paradigma productivo que exige una mayor competitividad a nivel nacional e internacional. El desarrollo implica la necesidad de intervención estatal en aquellas áreas que son de interés social pero que tienen baja rentabilidad económica, y por lo tanto no interesan al sector productivo. Finalmente, la inequidad de los sistemas de educación superior no debería ser razón para disminuir el financiamiento sobre la educación superior sino para aplicar políticas que corrijan sus causas.

2. 4. Los procesos de evaluación y acreditación de la calidad

La evaluación y acreditación de la calidad ha tenido una firme expansión a nivel internacional en las últimas décadas. Actualmente la gran mayoría de los países cuenta con sistemas de aseguramiento de la calidad que, más allá de los diversos matices nacionales, comparten algunos aspectos: I) es gestionado por una agencia más o menos autónoma de carácter público; II) el proceso de evaluación o acreditación se inicia con una autoevaluación, complementada con una evaluación externa realizada por pares; III) el sistema de evaluación se basa en la definición de estándares mediante el acuerdo entre los principales actores; IV) el proceso se aplica periódicamente (Brunner, 2005).

En sus inicios, estos procesos han generado resistencia en el interior de los sistemas de educación superior. Gran parte de los conflictos giran en torno al principio de autonomía. La naturaleza autónoma de la Universidad es una idea con amplia legitimidad que tradicionalmente se ha considerado la fuerza impulsora de la calidad académica. Sin embargo, es un punto de debate en la educación superior actual la tensión entre la autonomía y la necesidad de responder a demandas de la sociedad. La autonomía no implica aislamiento del entorno ni impermeabilidad a requerimientos de los actores sociales con los que se relaciona.

Si bien el marco de autonomía institucional favorece los desarrollos académicos, no puede asumirse que la calidad se produce naturalmente de los insumos o procesos utilizados por las instituciones. Desde el exterior no solamente vienen amenazas sino también estímulos e incentivos, muchas veces necesarios para el logro de la excelencia. Por esta razón, los distintos países han instrumentado mecanismos para el aseguramiento de la calidad con el involucramiento de las instituciones universitarias (Levy, 1994).

La acreditación es un mecanismo respetuoso de la autonomía de las instituciones universitarias y de la libertad de enseñanza, en la medida que se sustenta en la autoevaluación y en la autorregulación de las instituciones, y siempre que las evaluaciones externas tengan en cuenta las peculiaridades de las diferentes misiones institucionales. Por otra parte, la experiencia internacional indica que un factor de éxito en el diseño e implementación de mecanismos de evaluación y acreditación ha sido siempre la colaboración entre los gobiernos y las instituciones universitarias (Landoni Couture y Martínez Larrachea, 2006)

A pesar de que inicialmente generaron diversos grados de resistencia, son procesos que lograron desarrollarse y adaptarse a los sistemas educativos de manera tal que fueron logrando mayores niveles de aceptación. Existen diferentes factores que contribuyen a definir esta tendencia y que al mismo justifican su necesidad.

El crecimiento de la demanda ha provocado una expansión y diversificación de la oferta, generando sistemas más complejos, y esto presiona por mecanismos que aseguren la calidad. Por otra parte, la explosión del conocimiento en cantidad y calidad transforma la función educativa de las universidades y promueve la internacionalización. La educación superior se ha vuelto un instrumento estratégico para generar desarrollo económico y social, integración y competitividad a nivel internacional. Y esto implica más requerimientos de calidad y pertinencia en relación con la demanda del mercado y las estrategias de desarrollo de los países. Asimismo, ante la masividad de los sistemas y la insuficiencia de los recursos estatales, se ha ido generalizando la necesidad de racionalizar el financiamiento de la educación superior.

Otro factor cada vez más determinante es el rol de las Agencias Nacionales de Acreditación en la internacionalización de la Educación Superior. Estas agencias se vuelven indispensables en la generación de parámetros comunes que permitan evaluar conocimientos para sostener la movilidad de estudiantes, académicos y profesionales e integrar los sistemas educativos.

En los países de la región ha surgido en la última década y media un conjunto de agencias, organismos o mecanismos que tienen a su cargo la gestión de las políticas orientadas a la evaluación, la acreditación y la garantía de la calidad. Un primer modelo de agencias de evaluación que se han creado en la región (que podrían ejemplificar los casos chileno, colombiano y argentino) incluye la participación, en la agencia, de organismos públicos, estatales y descentralizados, dotados de independencia técnica e integrados por representantes de los actores sociales y políticos, tales como el Poder Ejecutivo, el Parlamento, las universidades públicas y privadas y el sector académico. Un segundo modelo, aunque más reciente y aún de importancia marginal, es el conformado por agencias de acreditación integradas por grupos de universidades, por lo general las instituciones del sector privado, aunque no exclusivamente. La experiencia regional, globalmente considerada, tiende a seguir un modelo general similar al europeo, basado en un proceso endógeno de autoevaluación, evaluación externa y mejoramiento continuo o aplicación para la acreditación (Landoni Couture y Martínez Larrachea, 2006).

El desarrollo de los sistemas de aseguramiento de la calidad generalmente ha implicado diferentes conflictos. Entre los aspectos más controversiales, se plantea: I) el carácter voluntario u obligatorio de la evaluación, y en el primer caso si debería ser obligatoria para determinados programas; II) la existencia de un procedimiento diferenciado para distintos sectores y jerarquías de instituciones; III) si se debe asegurar solamente estándares mínimos de calidad o reconocer calidades diferenciales o méritos especiales; IV) si los resultados de la evaluación deben ser usados por el gobierno para la asignación de recursos públicos.

Estos conflictos se asocian a la definición de los estándares de acreditación y las características de su aplicación.

Están vinculados a las características intrínsecas de cada sistema y a las dificultades de adaptación que conlleva la aplicación de un procedimiento nuevo y complejo, pero no son ajenos a la disputa por espacios de poder en el interior de los sistemas de educación superior. Por lo general, se presentan diversos grados de polémica entre y en el interior de las diferentes áreas disciplinarias. La definición de criterios comunes inevitablemente va a favorecer a algunas disciplinas frente a otras, y las ventajas serán mayores en los sistemas más rígidos y en aquellos casos en que se generalice su obligatoriedad o estén ligados a la asignación de los recursos públicos.

En este sentido, dos criterios de calidad que se han ido naturalizando y generalizando son los perfiles docentes con título de doctorado y gran cantidad de publicaciones con referato. También son los criterios de calidad clásicos de las Ciencias Exactas y Naturales, pero no se corresponden con las tradiciones de otras áreas disciplinarias, en las cuales otros títulos de posgrado pueden ser más relevantes que un doctorado, como es el caso de las especializaciones médicas (Barsky y Dávila, 2004).

Por otra parte, además de las publicaciones existen otros productos que también son de interés económico y social; por ejemplo, en las áreas tecnológicas son importantes las patentes. Y es también de interés social que además de publicaciones que contribuyan al conocimiento internacional, se genere conocimiento para resolver los problemas nacionales y locales.

En este sentido, esta generalización de criterios de calidad que benefician a algunos grupos, genera mayores distorsiones en los sistemas en los casos en que la evaluación se aplica también a la asignación de recursos debido a que algunas áreas disciplinarias terminan con mayor acceso a recursos que otras. Es lógico que la definición de estándares genere conflictos. Cualquier solución, en este sentido, exige una discusión de mayor alcance que tenga en cuenta las tradiciones y las necesidades de desarrollo de las diferentes áreas disciplinarias.

A los anteriores se suman los conflictos en el interior de las disciplinas. En este caso tiene que ver con la definición de criterios que establecen jerarquías entre las distintas actividades y de esta forma benefician a algunos grupos. Por ejemplo, los dos criterios de calidad mencionados –título de doctorado y cantidad de publicaciones con referato– son adecuados al perfil de un investigador. Esto impone la lógica de la investigación por encima de la lógica de otras actividades como la docencia y la experiencia profesional. Una de las consecuencias es que se inhibe el desarrollo de otras actividades como la docencia o el vínculo con la experiencia profesional que para el trabajo académico también resultan relevantes.

En ambos casos –los conflictos entre disciplinas y en el interior de las mismas– existe el riesgo de que se impongan visiones únicas que beneficien a algunos actores por encima de las necesidades del sistema de educación superior y del conjunto de la sociedad. En este sentido, la Agencia de Acreditación puede llegar a constituir un elemento funcional a esta lógica. Por lo tanto, resulta imprescindible generar mecanismos que contribuyan a corregir este problema como a crear varias agencias, evaluar a estas agencias, etc.

Uno de los problemas más importantes vinculados a los procesos de evaluación y acreditación se plantea en el aseguramiento de la calidad de los servicios transnacionales de educación superior, especialmente la regulación de la educación virtual. Brunner (2005) identifica las siguientes dificultades: I) no existe un vínculo claro entre el reconocimiento internacional de títulos y grados y el aseguramiento de la calidad de los programas transnacionales; II) las agencias nacionales de evaluación y acreditación no poseen una competencia claramente delimitada para intervenir en este ámbito ni cuentan con el personal y los medios adecuados; III) no existe acuerdo sobre dónde aplicar el aseguramiento, si en el país de origen de los programas transnacionales o en el país de destino de los mismos; IV) no resulta fácil establecer estándares y expectativas concordados para estos programas, cuya institucionalidad adopta frecuentemente formas no convencionales de provisión del servicio y cuyos métodos de trabajo no se adaptan fácilmente a los esquemas tradicionales de evaluación y acreditación.

Un caso notorio en la región fue el de la *American World University* (AWU) en Brasil. La AWU está registrada y autorizada por la Secretaría de Estado de Iowa y Hawai, USA. Posee acreditación nacional e internacional de la WAUC (*World Association of Universities and Colleges*).

Desde 1997 el Consejo Nacional de Educación de Brasil limita la posibilidad de brindar cursos a distancia al establecer que no serán validados ni reconocidos, para cualquier fin legal, diplomas de grado ni de posgrado (maestrías o doctorados) obtenidos a través de cursos suministrados en Brasil por instituciones extranjeras, especialmente en las modalidades semipresencial o a distancia, o mediante cualquier forma de asociación con instituciones brasileñas sin una debida autorización de poder público.

Sin embargo, en relación con esa resolución, la AWU afirma no estar instalada en Brasil, sino en el Estado de Iowa y en Hawai (Estados Unidos de América) y no administrar clases en Brasil ya que sus estudiantes se matriculan en AWU (Universidad de Estados Unidos de América) y no en una institución brasileña. Por estos motivos la AWU afirma que la Resolución en cuestión no le es aplicable a su caso (García-Guadilla, Didou Aupetit y Marquis, 2002).

La internacionalización de la educación superior exige cada vez más tener en cuenta los estándares internacionales.

Es así que ya no sólo importan los organismos de acreditación que operan a nivel nacional, sino que además van adquiriendo mayor relevancia las redes regionales e internacionales de agencias de acreditación. La promoción de programas de evaluación conjunta entre países, como el MEXA en el MERCOSUR, contribuye a desarrollar procedimientos y criterios comunes.

En este sentido, las Agencias Nacionales de Acreditación se vuelven estratégicas e imprescindibles. Asimismo, los países que aún no cuentan con instituciones de evaluación que comprendan y representen al conjunto del sistema están en una situación notoriamente desventajosa para participar en los procesos de integración.

Actualmente las Agencias Nacionales de Acreditación no sólo se han vuelto instituciones relevantes y poderosas a nivel nacional, sino que también constituyen un elemento de reconocimiento internacional del grado de desarrollo de los sistemas nacionales de educación superior. La falta de una agencia autónoma y representativa del conjunto del sistema no sólo es un factor de descrédito y desprestigio a nivel internacional, sino que también plantea riesgos para la interrelación y la integración educativa con otros países en la medida que existe una incapacidad de negociar criterios de evaluación ajustados a las necesidades de los sistemas nacionales. Esto genera una situación de vulnerabilidad ante una inevitable internacionalización de la educación superior, pudiendo incluso llegar a implicar la adaptación de manera pasiva a los criterios y lógicas internacionales que no necesariamente contribuyan al desarrollo nacional.

3. Reflexiones finales

Los sistemas de educación superior a nivel internacional presentan un conjunto de características comunes que se van definiendo como tendencias cada vez más marcadas, y que tienen como eje compartido la transformación de la relación entre Estado, universidad y sociedad. En este sentido, Burton Clark (1984) explica como tendencia la modificación de la coordinación de los sistemas de educación superior desde el control académico y el control político al control de los mercados.

Es una tendencia cada vez más generalizada la aplicación de políticas para promover el aumento de una oferta educativa en cantidad y calidad, de manera de responder a las necesidades de la mayor demanda. La expansión se produce a partir de la proliferación de instituciones a nivel público y privado, y también a través del crecimiento vertical con el desarrollo de carreras de diferente duración y con distintos objetivos y orientaciones pero articuladas entre sí.

En el contexto actual de creciente internacionalización de la educación superior, esta transformación en la relación entre Estado, universidad y sociedad adquiere una nueva dimensión en la medida que también entran en escena y con cada vez más protagonismo instituciones universitarias de otros países. Asimismo, otro factor que incrementa la complejidad es la movilidad de estudiantes, académicos y profesionales que entre otras consecuencias está impulsando la integración de los sistemas de educación superior a nivel internacional.

Ambos procesos provocan una tensión más o menos marcada –según la situación de cada país– ante la resistencia de los sistemas nacionales de educación superior a transformarse para adecuarse a las demandas de la internacionalización. Esta tensión, por otra parte, atraviesa el debate entre los diferentes actores, aumentando la complejidad en la medida que se ven comprometidos diversos intereses. La capacidad para reformar los sistemas nacionales de educación superior e integrarlos internacionalmente depende y está definida por la posibilidad de solucionar esta tensión que explica en gran medida la lentitud y las dificultades para la integración de los sistemas de educación superior en América Latina.

Por otra parte, la configuración de espacios para generar políticas de integración internacional es bastante reciente y está totalmente condicionada a los procesos y las dinámicas de cada país y supeditadas a las lógicas que impone la correlación de fuerzas entre los actores a nivel nacional.

En este sentido, el ámbito del MERCOSUR ofrece un ejemplo de importantes avances, pero insuficientes en materia de la integración internacional de los sistemas de educación superior, hasta ahora con énfasis en políticas que generan algunas condiciones para facilitar la movilidad de profesores y estudiantes, pero no de egresados. La creciente movilidad de estudiantes, profesores y profesionales muestra una realidad en la cual estos procesos están ocurriendo y en un grado mucho más avanzado que su propia institucionalización. De la mano de la globalización económica, se internacionaliza el trabajo, planteando una nueva demanda que exige una respuesta rápida que ha demostrado exceder los tiempos institucionales.

El principal desafío pasa, entonces, por generar políticas efectivas que permitan solucionar las diversas dificultades para la integración. No sólo es necesario institucionalizar espacios para generar esas políticas, sino que también se requiere convocar a todos los actores involucrados. En este sentido, se podrían rescatar algunas lecciones de los procesos internacionales como la integración educativa europea, aprender de sus errores y aciertos, y así poder adelantar camino para la integración de la educación superior latinoamericana.

En el actual contexto internacional la educación superior es cada vez más una herramienta estratégica para el desarrollo nacional, la competitividad internacional y también la integración internacional. La resistencia que se plantea desde algunos sectores a modificar y adaptar los sistemas de educación superior de acuerdo a este nuevo contexto aumenta las debilidades para la integración internacional y afecta la calidad y la pertinencia, en la medida que se sigue manteniendo una oferta educativa conservadora y en muchos casos anacrónica que es funcional a los intereses de algunos grupos pero no a las necesidades de desarrollo del conjunto de la sociedad.

Bibliografía

Álvarez, M. C. y Dávila, M. (2005), "La articulación entre la educación superior universitaria y no universitaria en la Argentina", en Sigal y Dávila (coords.), *La educación superior no universitaria en la Argentina*, Buenos Aires, Siglo XXI editores, IESALC, Universidad de Belgrano.

Barsky, O. y Dávila, M. (2004), "Las carreras de posgrado en la Argentina", en Barsky, Sigal y Dávila (coords.), *Los desafíos de la Universidad Argentina*, Buenos Aires, Universidad de Belgrano, Siglo XXI editores Argentina.

Barsky, O. y Dávila, M. (2004), "Las transformaciones del sistema internacional de Educación Superior", en Barsky, Sigal y Dávila (coords.), *Los desafíos de la Universidad Argentina*, Buenos Aires, Universidad de Belgrano, Siglo XXI editores Argentina.

Brunner, J. J. (2005), *Tendencias recientes de la educación superior a nivel internacional: marco para la discusión sobre procesos de aseguramiento de la calidad*, IESALC / UNESCO.

Clark, B. (1984), "The Organizational Conception", en Clark, Burton (ed.), *Perspectives on Higher education*, California, Eight Disciplinary and Comparative Views, University of California Press.

Dávila, M. (2002), *La construcción de la vinculación Universidad-Sector Productivo-Estado en la Facultad de Agronomía de la Universidad de Buenos Aires: la apertura al medio como eje de transformación institucional*, Buenos Aires, Tesis de Maestría, FLACSO.

Declaraciones de La Sorbona (1998), Bologna (1999), Praga (2001, Berlín (2003), Bergen (2005) y Londres (2007).

Del Bello, J. C. y Mundet, E. (2004), "Alternativas para facilitar la movilidad de estudiantes, egresados y docentes en el sistema universitario de América Latina", en Barsky, Sigal y Dávila (coords.), *Los desafíos de la Universidad Argentina*, Buenos Aires, Universidad de Belgrano, Siglo XXI editores Argentina.

García de Fanelli, A. y Trombetta, A. (1996), *Diferenciación institucional y reformas curriculares en los sistemas de Educación Superior*, Buenos Aires, Ministerio de Cultura y Educación.

García-Guadilla, Didou Aupetit, S., Marquis, C. (2002), *Nuevos proveedores, educación transnacional y acreditación de la educación superior en América Latina*, UNESCO / IESALC.

Gibbons, M. *et al.* (1997), *La nueva producción del conocimiento. La dinámica de la ciencia y la investigación en las sociedades contemporáneas*, Barcelona, Pomares, Corredor.

Gómez Campo, V. y Tenti Fanfani, E. (1989), *Universidad y Profesiones. Crisis y Alternativas*, Buenos Aires, Miño y Dávila.

Landoni Couture, P. y Martínez Larrachea, E. (2006), *La institucionalidad de la acreditación: ¿hacia dónde vamos? La autonomía universitaria y el rol del ministerio de educación*, IESALC / UNESCO, Consejo de Rectores de Universidades, Montevideo, 5 y 6 de Abril de 2006.

Lemaitre, M. J. y Atria, J. T. (2004), *Antecedentes para la legibilidad de títulos en países latinoamericanos*, CINDA-IESALC / UNESCO

Levy, Daniel C. (1994), "Vino viejo en botellas nuevas", en Salvador Malo y Samuel Morley (eds.), *La educación superior en América Latina: Testimonios de un Seminario de Rectores*, Washington, BIDUDUAL.

Rama, Claudio (2006), *La Tercera Reforma de la educación superior en América Latina*, Fondo de la Cultura Económica, Buenos Aires.

Sánchez Martínez, Eduardo (2004), "El financiamiento: asunto clave de todas las agendas", en Marquis, C. (comp.), *La Agenda Universitaria. Propuestas de políticas públicas para la Argentina*, Buenos Aires, Universidad de Palermo.

Sigal, V. y Wentzel, C (2005), "Aspectos de la educación superior no universitaria. La formación técnico profesional: situación nacional y experiencias internacionales", en Sigal y Dávila (coords.), *La educación superior no universitaria en la Argentina*, Buenos Aires, Siglo XXI editores, IESALC, Universidad de Belgrano.

2. CARACTERÍSTICAS Y EVOLUCIÓN

Evolución de los posgrados universitarios en Argentina entre 2002 y 2007[8]

Por Leonardo Fernández[9]

1. Introducción

Este trabajo es la continuación de investigaciones anteriores realizadas sobre los posgrados universitarios en Argentina por Barsky (1995) y Barsky y Dávila (2004). En este sentido, aquí se emplean los resultados obtenidos en esos trabajos, en particular en las bases de datos construidas por el Área de Educación Superior en 2002. Durante 2007 se volvió trabajar en la recolección de datos utilizando la misma metodología empleada en 2002, registrando las ofertas de programas de posgrado que las universidades hacen en sus sitios en Internet.

El trabajo está estructurado en dos partes. En la primera se estudia la oferta de posgrados a partir de tres variables: modalidad de gestión, tipo de programa y campo disciplinario. Originalmente se consideraron tres modalidades de gestión: sistema estatal, sistema privado y sistema interestatal latinoamericana. Debido a que solamente una institución se encuentra en esta última categoría –FLACSO– se la incluyó dentro del sistema estatal. La distinción de los posgrados por tipos de programa incluye a los tres niveles: especializaciones, maestrías y doctorados. Dentro de campo

---

[8] Este trabajo se desarrolló en el marco del proyecto PICT 04-26324.
[9] El autor quiere agradecer los comentarios de Mabel Dávila. Los errores son responsabilidad del autor.

disciplinario se incluyen Ciencias Exactas y Naturales, Tecnológicas, Ciencias Sociales, Humanidades y Ciencias de la Salud.[10] Adicionalmente, se analiza la evolución de la cantidad de estudiantes y egresados de posgrado.

En la segunda parte, se ha realizado un análisis de la acreditación de las carreras de posgrado ante la Comisión Nacional de Evaluación y Acreditación Universitaria (CONEAU) en 2002 y en 2007. Esta comparación se ha efectuado a lo largo de las tres variables mencionadas anteriormente (modalidad de gestión, tipo de programa y campo disciplinario), considerando tanto la existencia de acreditación como así también el tipo de categorización recibido por los posgrados.

2. El sistema argentino de posgrados 1994-2007

2.1. Oferta de posgrados

El trabajo se desarrolla a partir del relevamiento realizado sobre 84 instituciones, 39 del sistema estatal y 45 del sistema privado. Su oferta de posgrados se ha triplicado en el período 1994-2007. Sin embargo, el crecimiento ha disminuido en el período 2002-2007 con respecto al período 1994-2002. Esta situación podría estar dando indicios de algún grado de madurez del sistema o de estancamiento de la oferta. Especialmente si se toma en cuenta que el incremento de 707 posgrados entre 2002 y 2007 está compuesto por 176 especializaciones médicas de la Universidad de Buenos Aires y de la Universidad Nacional de Córdoba, que ya existían pero se ofrecen en un mayor número de sedes. Si bien se trata de programas independientes, al pertenecer a una misma casa de estudios pueden asemejarse más a un aumento de las vacantes que a la aparición de nuevas carreras.

---

[10] Ver clasificación en Barsky y Dávila (2004).

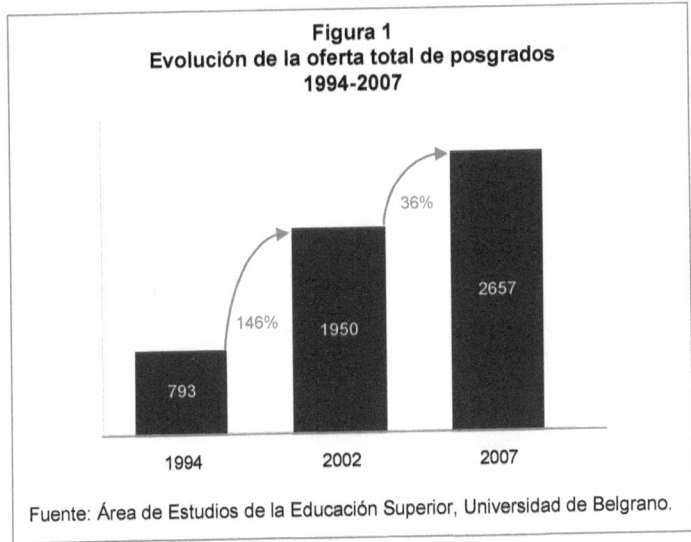

Figura 1
Evolución de la oferta total de posgrados
1994-2007

Fuente: Área de Estudios de la Educación Superior, Universidad de Belgrano.

2.1.1. Modalidad de gestión

En cuanto a la modalidad de gestión, se observa que los posgrados del sistema estatal han crecido a una tasa mayor (47%) que los del sistema privado (9%). De esta manera, el peso de los posgrados de gestión estatal en el total ha pasado del 65,3% en 1994 al 77,9% en 2007.

Cuadro 1. Distribución de la oferta total de posgrados por modalidad de gestión

Modalidad de gestión	1994		2002		2007	
	Cantidad	%	Cantidad	%	Cantidad	%
Sistema Estatal	518	65,3%	1412	72,4%	2070	77,9%
Sistema Privado	275	34,7%	538	27,6%	587	22,1%
Total	793	100%	1950	100%	2657	100%

Fuente: Área de Estudios de la Educación Superior, Universidad de Belgrano.

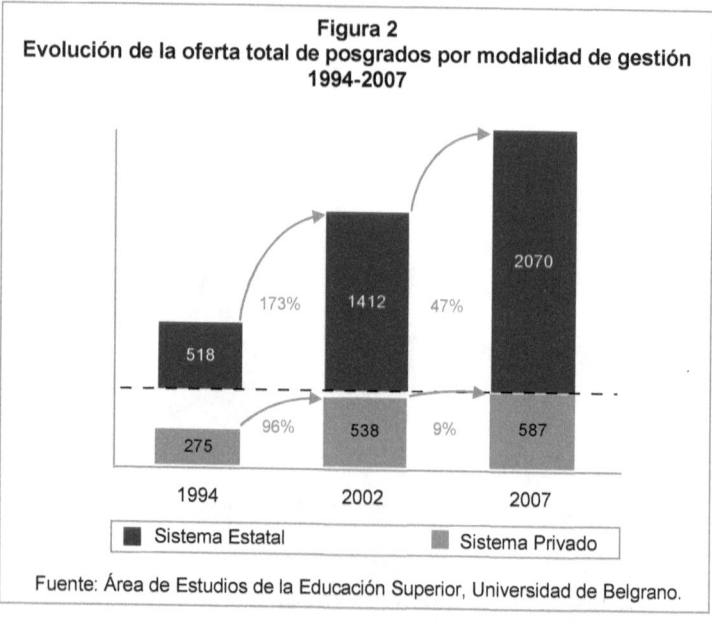

Figura 2
Evolución de la oferta total de posgrados por modalidad de gestión
1994-2007

Fuente: Área de Estudios de la Educación Superior, Universidad de Belgrano.

Separando el comportamiento por tipo de programa, se observa que dentro del sistema estatal las especializaciones han superado en crecimiento a las maestrías y doctorados en el período 2002-2007.[11] A lo largo del período 1994-2007, puede verse (Cuadro 2 y Figura 3.a) que las especializaciones han aumentado su participación en el total de posgrados del sistema estatal en diez puntos porcentuales (de 41,3 a 51,9%), mientras las maestrías incrementaron en cinco puntos su participación (de 29,2 a 34%) y los doctorados la redujeron a menos de la mitad (de 29,5 a 14,2%).

---

[11] Debe recordarse aquí la importancia que han tenido las especializaciones médicas de la Universidad de Buenos Aires y de la Universidad Nacional de Córdoba que fueran mencionadas anteriormente.

Cuadro 2. Distribución de la oferta por modalidad de gestión según el tipo de programa

Modalidad de gestión	Tipo de programa	1994		2002		2007	
		Cantidad	%	Cantidad	%	Cantidad	%
Sistema Estatal	Especializaciones	214	41,3%	639	45,3%	1074	51,9%
	Maestrías	151	29,2%	532	37,7%	703	34,0%
	Doctorados	153	29,5%	241	17,1%	293	14,2%
	SubTotal	518	100%	1412	100%	2070	100%
Sistema Privado	Especializaciones	87	31,6%	257	47,8%	282	48,0%
	Maestrías	95	34,5%	206	38,3%	238	40,5%
	Doctorados	93	33,8%	75	13,9%	67	11,4%
	SubTotal	275	100%	538	100%	587	100%
Total		**793**		**1950**		**2657**	

Fuente: Área de Estudios de la Educación Superior, Universidad de Belgrano.

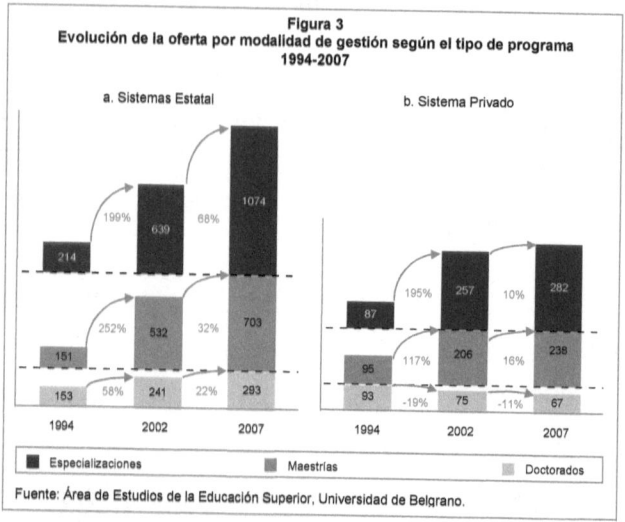

Figura 3
Evolución de la oferta por modalidad de gestión según el tipo de programa
1994-2007

Fuente: Área de Estudios de la Educación Superior, Universidad de Belgrano.

En las instituciones de gestión privada, al igual que en el período 1994-2002, entre 2002 y 2007 se observa una disminución en la cantidad de doctorados ofrecidos (Figura 3.b). La oferta de especializaciones y maestrías entre 2002 y 2007 ha crecido a tasas muy inferiores a las del período anterior. Si bien el incremento de las maestrías ha superado en valores relativos y absolutos el de especializaciones, son estos dos tipos de programa aquellos en los que el sistema privado posee la oferta más estable.

De acuerdo con la composición disciplinaria de la oferta, el único campo que aumentó su participación en el período 2002-2007 dentro de los posgrados del sistema estatal es el de Ciencias de la Salud (21,5% en 2002 a 28,8% en 2007), debido a que duplicó la tasa de crecimiento de la oferta total. Los posgrados en los cuatro campos restantes crecieron a tasas inferiores, destacándose Ciencias Exactas y Naturales cuya oferta ha aumentado un 6% para tener en 2007 una participación del 5,5% en la oferta de posgrados del sistema estatal (ver Cuadro 3 y Figura 4.a).

Cuadro 3. Distribución de la oferta por modalidad de gestión según el campo disciplinario

Modalidad de gestión	Campo disciplinario	1994 Cantidad	%	2002 Cantidad	%	2007 Cantidad	%
Sistema Estatal	Ciencias Sociales	140	27,0%	408	28,9%	538	26,0%
	Ciencias Exactas y Naturales	68	13,1%	107	7,6%	113	5,5%
	Tecnológicas	131	25,3%	369	26,1%	509	24,6%
	Humanidades	70	13,5%	225	15,9%	314	15,2%
	Ciencias de la Salud	109	21,0%	303	21,5%	596	28,8%
	SubTotal	518	100%	1412	100%	2070	100%
Sistema Privado	Ciencias Sociales	144	52,4%	249	46,3%	264	45,0%
	Ciencias Exactas y Naturales	2	0,7%	1	0,2%	0	0,0%
	Tecnológicas	45	16,4%	55	10,2%	71	12,1%
	Humanidades	55	20,0%	76	14,1%	85	14,5%
	Ciencias de la Salud	29	10,5%	157	29,2%	167	28,4%
	SubTotal	275	100%	538	100%	587	100%
Total		**793**		**1950**		**2657**	

Fuente: Área de Estudios de la Educación Superior, Universidad de Belgrano.

En el sistema privado se mantiene la preponderancia de las Ciencias Sociales, que aportan el 45% de los posgrados. En segundo lugar se encuentran las Ciencias de la Salud con el 28,4%. El incremento más notable del período

2002-2007 fue de las Tecnológicas con una tasa del 29% (ver Cuadro 3 y Figura 4.b).

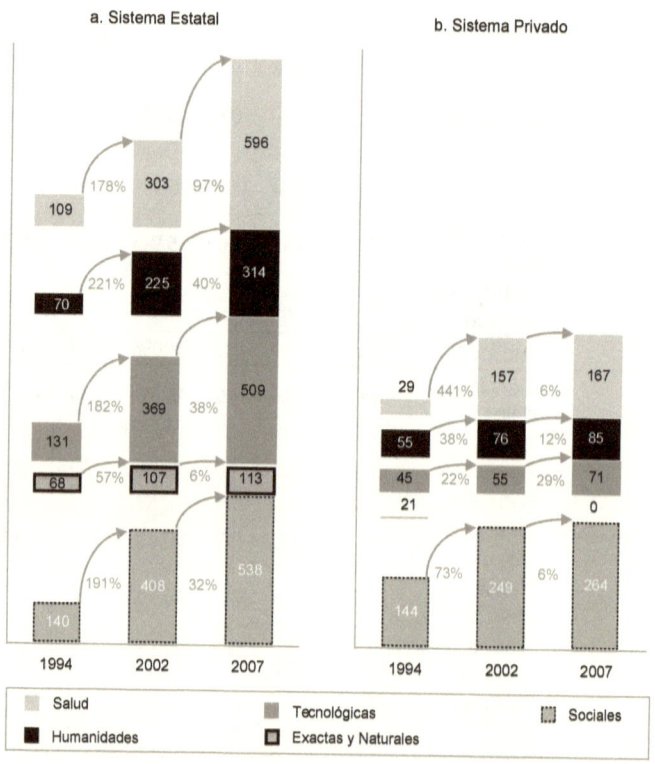

Figura 4
Evolución de la oferta por modalidad de gestión según el campo disciplinario
1994-2007

Fuente: Área de Estudios de la Educación Superior, Universidad de Belgrano.

2.1.2. Tipo de programa

La composición de la oferta de posgrados según el tipo de programa se ha modificando considerablemente en el período 1994-2007, pasando de una distribución de un tercio por tipo a una estructura compuesta en un 51% por especializaciones, 35,4% por maestrías y 13,5% por doctorados (Cuadro 4).

Cuadro 4. Distribución de la oferta total de posgrados por tipo de programa.

Tipo de programa	1994 Cantidad	%	2002 Cantidad	%	2007 Cantidad	%
Especializaciones	301	38,0%	896	45,5%	1356	51,0%
Maestrías	246	31,0%	738	38,1%	941	35,4%
Doctorados	246	31,0%	316	16,3%	360	13,5%
Total	**793**	**100%**	**1950**	**100%**	**2657**	**100%**

Fuente: Área de Estudios de la Educación Superior, Universidad de Belgrano.

Esto se debe, por un lado, a que las universidades encuentran en las especializaciones una forma rápida de responder a las demandas del sector productivo y de los profesionales. Por otro lado, las maestrías configuran el escalafón máximo necesario para el desarrollo profesional en muchas áreas del conocimiento. De esta manera, como se observa en la Figura 5, el crecimiento de la oferta de especializaciones (198% entre 1994 y 2002; y 51% entre 2002 y 2007) y de maestrías (200% entre 1994 y 2002; y 28% entre 2002 y 2007) superaron holgadamente al crecimiento de los doctorados (28% entre 1994 y 2002; y 14% entre 2002 y 2007)

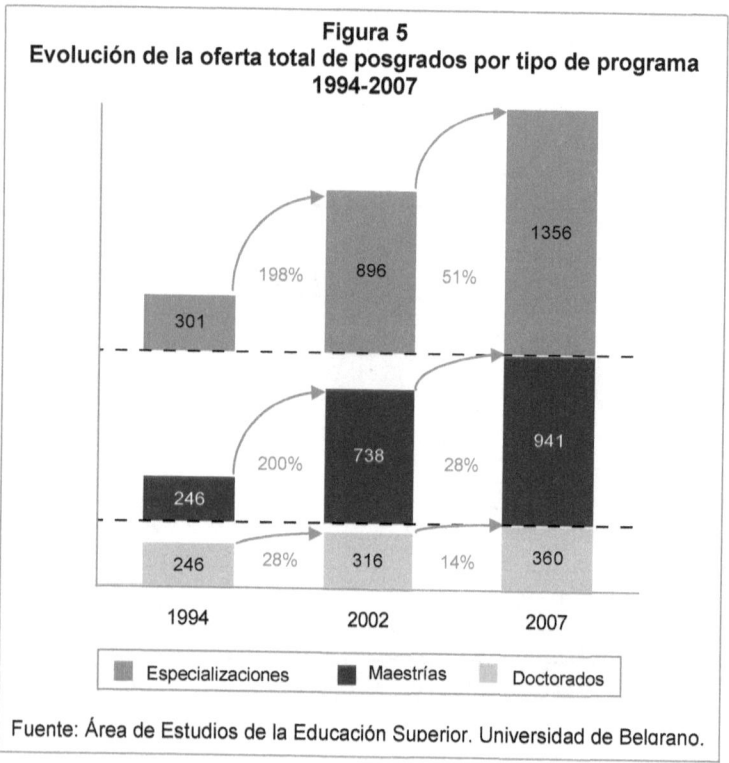

Figura 5
Evolución de la oferta total de posgrados por tipo de programa 1994-2007

Fuente: Área de Estudios de la Educación Superior. Universidad de Belgrano.

Dos campos disciplinarios sobresalen entre las especializaciones: Ciencias de la Salud y Ciencias Sociales. El primero tiene el 47,3% de la oferta total de posgrados en este nivel, mientras que el segundo campo agrupa al 25,1% de las especializaciones. Por el contrario, la oferta de especializaciones en Ciencias Exactas y Naturales es prácticamente inexistente. Este contraste deja ver la importancia que tienen las especializaciones en el desarrollo de la carrera profesional en los campos de la salud y las ciencias sociales, así como también lo irrelevantes que son en los campos de exactas y naturales, donde predominan los estudios a nivel de doctorado. En el caso de las maestrías, son las Ciencias Sociales –con el 40,8% de la oferta– y las Tecnológicas –con el 27,5%– las que predominan. Con pequeñas variaciones, esta distribución se observa a lo largo de todos los períodos, resaltando la valoración de los estudios de maestría en las áreas mencionadas. La distribución de los doctorados es mucho más homogénea que la de las especializaciones y maestrías. Dejando de lado Ciencias de la Salud, que solamente tiene el 9,7% de la oferta total de doctorados, cada uno de los cuatro campos disciplinarios restantes posee alrededor del 20% de los doctorados, destacándose Tecnológicas con 25,6% y Humanidades con 23,9% (Cuadro 5).

Cuadro 5. Distribución de la oferta por tipo de programa según el campo disciplinario.

Tipo de programa	Campo disciplinario	1994 Cantidad	%	2002 Cantidad	%	2007 Cantidad	%
Especializaciones	Ciencias Sociales	100	33,2%	268	29,9%	340	25,1%
	Ciencias Exactas y Naturales	0	0,0%	8	0,9%	7	0,5%
	Tecnológicas	69	22,9%	153	17,1%	229	16,9%
	Humanidades	26	8,6%	92	10,3%	139	10,3%
	Ciencias de la Salud	106	35,2%	375	41,9%	641	47,3%
	SubTotal	301	100%	896	100%	1356	100%
Maestrías	Ciencias Sociales	117	47,6%	321	43,5%	384	40,8%
	Ciencias Exactas y Naturales	13	5,3%	27	3,7%	37	3,9%
	Tecnológicas	69	28,0%	196	26,6%	259	27,5%
	Humanidades	33	13,4%	136	18,4%	174	18,5%
	Ciencias de la Salud	14	5,7%	58	7,9%	87	9,2%
	SubTotal	246	100%	738	100%	941	100%

Tipo de programa	Campo disciplinario	1994		2002		2007	
		Cantidad	%	Cantidad	%	Cantidad	%
Doctorados	Ciencias Sociales	67	27,2%	68	21,5%	78	21,7%
	Ciencias Exactas y Naturales	57	23,2%	73	23,1%	69	19,2%
	Tecnológicas	38	15,4%	75	23,7%	92	25,6%
	Humanidades	66	26,8%	73	23,1%	86	23,9%
	Ciencias de la Salud	18	7,3%	27	8,5%	35	9,7%
	SubTotal	246	100%	316	100%	360	100%
Total		793		1950		2657	

Fuente: Área de Estudios de la Educación Superior, Universidad de Belgrano.

La creciente importancia de las especializaciones de Ciencias de la Salud se debe a que su oferta aumentó a una tasa mayor (505%) que la del total de especializaciones (350%) a lo largo del período 1994 – 2007 (Figura 6.a). El otro campo disciplinario que tuvo un crecimiento mayor al promedio fue Humanidades (435%). Si se analiza solamente el período 2002 – 2007, son las mismas disciplinas las que más aumentaron la oferta de especializaciones. Entre las maestrías fueron también los posgrados de Ciencias de la Salud (521%) y Humanidades (427%) los que tuvieron un incremento mayor en su oferta comparados con la oferta total (283%). A diferencia de las especializaciones, en el caso de las maestrías sobresalen en el último período los posgrados de Ciencias de la Salud (50%), pero también los de Ciencias Exactas y Naturales (37%) y Tecnológicas (32%) con un crecimiento superior al total (Figura 6.b).

Las carreras de posgrado en la Argentina y su evaluación

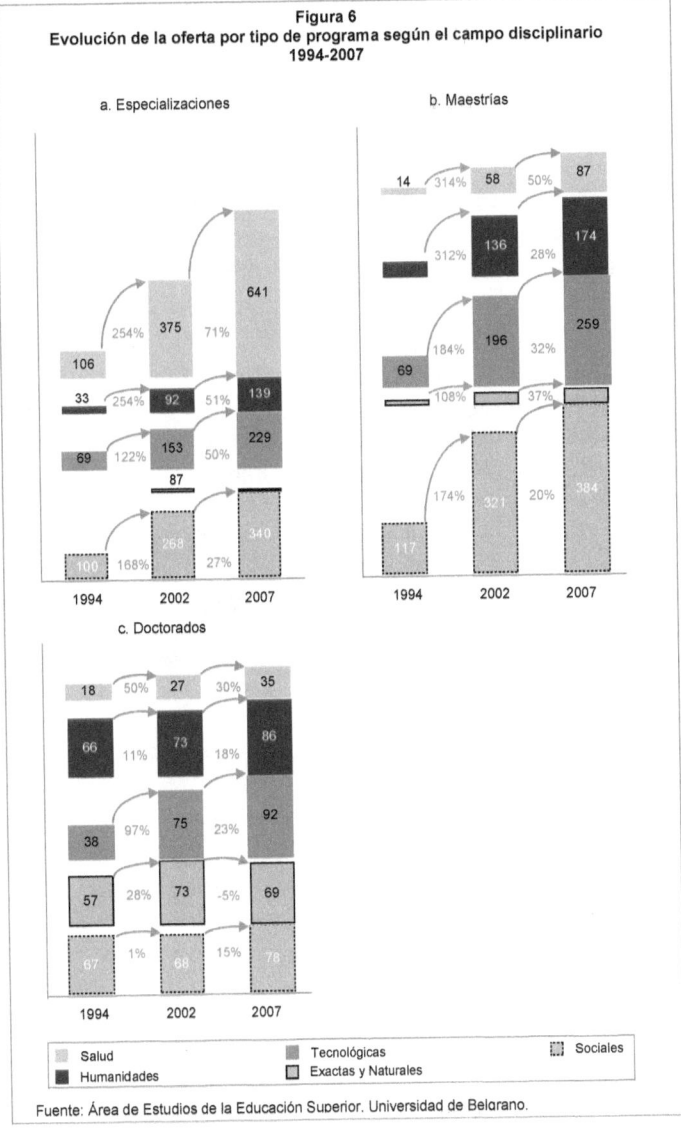

Figura 6
Evolución de la oferta por tipo de programa según el campo disciplinario
1994-2007

Fuente: Área de Estudios de la Educación Superior. Universidad de Belgrano.

El aumento en la oferta de doctorados entre 1994 y 2007 ha sido muy inferior al de los otros tipos de programas (46%). En el mismo período la oferta de doctorados en las áreas de Ciencias de la Salud (94%) y Tecnológicas (142%) han duplicado y triplicado respectivamente esa tasa de crecimiento. Entre 2002 y 2007 el comportamiento de la oferta en todos los campos disciplinarios fue regular, excepto por la disminución del 5% en la cantidad de doctorados de Ciencias Exactas y Naturales.

En el período 1994-2007 ha aumentado la participación de los posgrados del sistema estatal en todos los tipos de programas. La relación entre posgrados del sistema estatal y el sistema privado pasó de 71/29 a 79/21 entre las especializaciones, de 61/39 a 75/25 entre las maestrías y de 62/38 a 81/19 entre los doctorados.

Cuadro 6. Distribución de la oferta por tipo de programa según la modalidad de gestión.

Tipo de programa	Modalidad de gestión	1994		2002		2007	
		Cantidad	%	Cantidad	%	Cantidad	%
Especializaciones	Sistema Estatal	214	71,1%	639	71,3%	1074	79,2%
	Sistema Privado	87	28,9%	257	28,7%	282	20,8%
	SubTotal	301	100%	896	100%	1356	100%
Maestrías	Sistema Estatal	151	61,4%	532	72,1%	703	74,7%
	Sistema Privado	95	38,6%	206	27,9%	238	25,3%
	SubTotal	246	100%	738	100%	941	100%

Tipo de programa	Modalidad de gestión	1994		2002		2007	
		Cantidad	%	Cantidad	%	Cantidad	%
Doctorados	Sistema Estatal	153	62,2%	241	76,3%	293	81,4%
	Sistema Privado	93	37,8%	75	23,7%	67	18,6%
	SubTotal	246	100%	316	100%	360	100%
Total		**793**		**1950**		**2657**	

Fuente: Área de Estudios de la Educación Superior, Universidad de Belgrano.

La mayor participación del sistema estatal en el caso de las especializaciones ocurre a partir del crecimiento en el período 2002-2007 que, como fuera mencionado al comienzo de la Sección 2 tiene un fuerte componente de especializaciones médicas en distintas sedes hospitalarias (176 programas). En el período 1994-2002 los dos sistemas se habían comportado en forma similar, triplicando la cantidad de posgrados (Figura 7.a). En el caso de las maestrías, el crecimiento de la oferta del sistema estatal ha duplicado al del sistema privado en los dos períodos (Figura 7.b). La tasa de crecimiento de la oferta total de doctorados, como fue mencionado anteriormente, es sensiblemente inferior a la de los otros dos tipos de programas. En el período 1994-2007 la cantidad de programas ofrecidos en este nivel aumentó un 46%. Como se aprecia en la Figura 7.c, los comportamientos de los sistemas estatal y privado fueron completamente opuestos. Mientras que la oferta del primero creció un 92% en el período 1994-2007, el segundo redujo la cantidad de posgrados en un 28%.

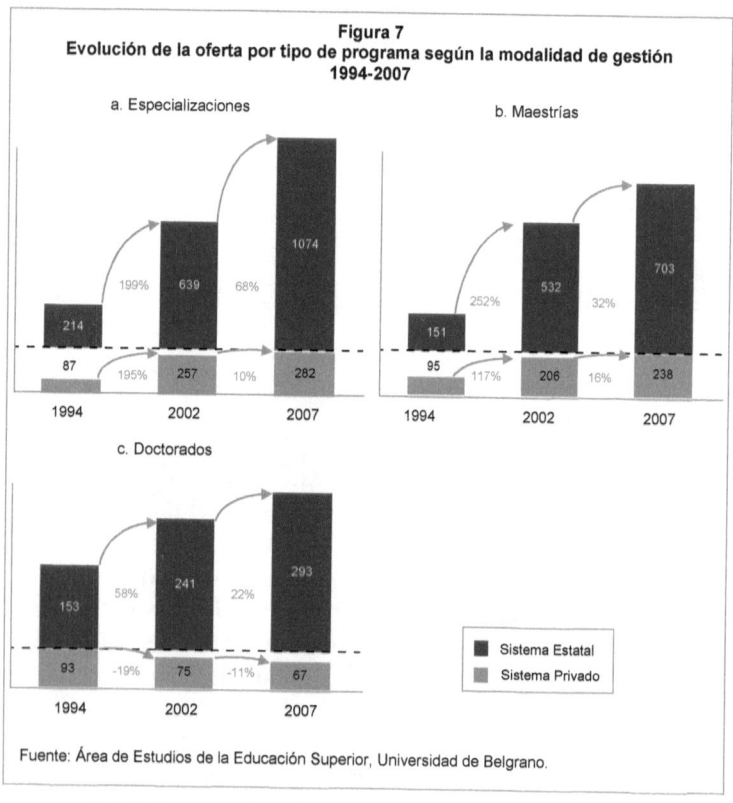

Figura 7
Evolución de la oferta por tipo de programa según la modalidad de gestión
1994-2007

Fuente: Área de Estudios de la Educación Superior, Universidad de Belgrano.

2.1.3. Campo disciplinario

La composición de la oferta total de posgrados de acuerdo con el campo disciplinario no se ha modificado mayormente a lo largo del período de análisis (ver Cuadro 7). La disciplina que mayor disminución muestra en la participación relativa es Ciencias Exactas y Naturales, pasando de 8,8% en 1994 a 4,3% en 2007. Esta caída del 52% en la participación se debe a que se trata de un campo que tiene una larga tradición y cuya oferta de programas es estable a lo largo del tiempo. El otro campo disciplinario que presenta una caída en la participación relativa es Ciencias Sociales, pasando de 35,8% en 1994 a 30,2% en 2007. En el mismo período, la participación de la oferta de posgrados en Tecnológicas y Humanidades se ha mantenido en 22% y 15% respectivamente. El único campo disciplinario que tiene una mayor participación en 2007 (28,7%) que en 1994 (17,4%) es Ciencias de la Salud. En necesario aclarar nuevamente el impacto de las 176 especializaciones en distintas sedes hospitalarias. De hecho, si se ignoran estos programas, la distribución de los cinco campos disciplinarios en 2007 es muy similar a la de 2002.

Cuadro 7. Distribución de la oferta total de posgrados por campo disciplinario.

Campo disciplinario	1994		2002		2007	
	Cantidad	%	Cantidad	%	Cantidad	%
Ciencias Sociales	284	35,8%	657	33,7%	802	30,2%
Ciencias Exactas y Naturales	70	8,8%	108	5,5%	113	4,3%
Tecnológicas	176	22,2%	424	21,7%	580	21,8%
Humanidades	125	15,8%	301	15,4%	399	15,0%
Ciencias de la Salud	138	17,4%	460	23,6%	763	28,7%
Total	**793**	**100%**	**1950**	**100%**	**2657**	**100%**

Fuente: Área de Estudios de la Educación Superior, Universidad de Belgrano.

El aumento del total de posgrados en todo el período de análisis de 235% solamente fue superado por el crecimiento del 435% de la oferta de posgrados de Ciencias de la Salud, compuesta por un 233% en el período 1994-2002 y un 66% entre 2002 y 2007 (Figura 8).

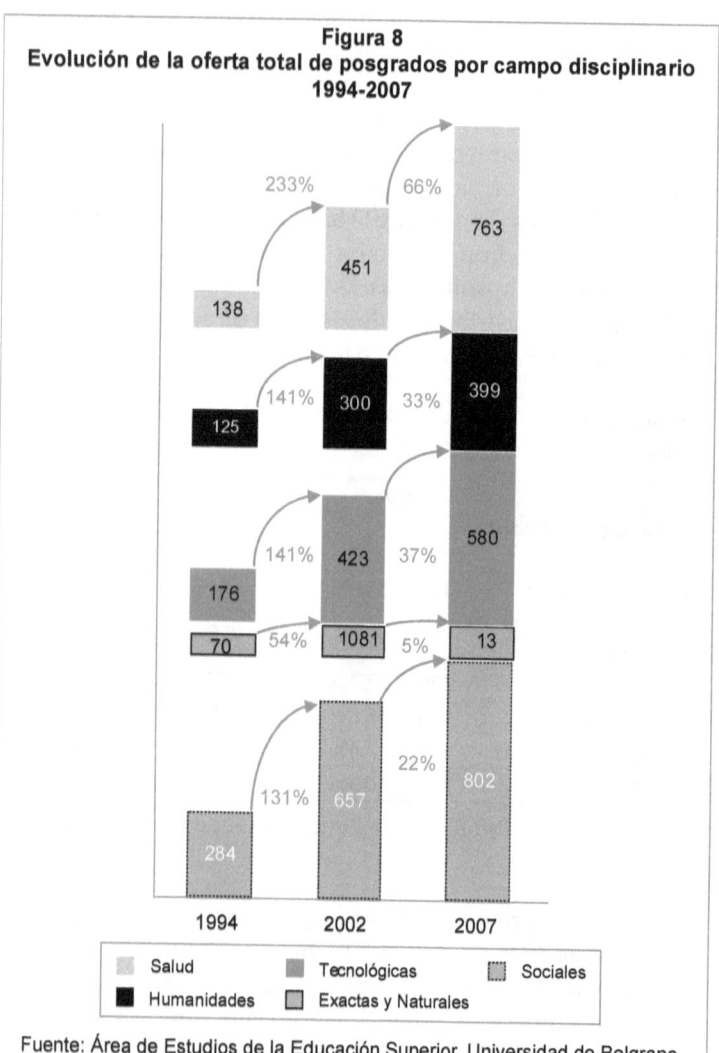

Figura 8
Evolución de la oferta total de posgrados por campo disciplinario 1994-2007

Fuente: Área de Estudios de la Educación Superior, Universidad de Belgrano.

Realizando un análisis por modalidad de gestión, es clara la mayor participación de los posgrados del sistema estatal en 2007 en todos los campos disciplinarios. En Ciencias Exactas y Naturales, históricamente casi la totalidad de la oferta provino de las instituciones de gestión estatal. En el caso de las Ciencias de la Salud, la composición se mantuvo en los extremos del período estudiado (1994 y 2007) en una relación cercana al 80/20 entre posgrados del sistema estatal y privado. Sin embargo, en 2002 la relación era 66/34. El aumento en el peso de los posgrados de gestión estatal está, en buena medida, explicado por el aumento de las especializaciones en distintas sedes hospitalarias (Cuadro 8).

Entre los campos en los que se han producido cambios en la composición se encuentran los posgrados tecnológicos. En esta área la relación de oferta de posgrados de gestión estatal sobre privada era 74/26 en 1994 y es 88/12 en 2007. En el caso de las Humanidades, el cambio en la composición ha sido más notable, pasando de una relación 56/44 en 1994 a una de 79/21 en 2007 (ver Cuadro 8).

Finalmente, el campo disciplinario que mayores cambios relativos ha mostrado es Ciencias Sociales. Mientras en 1994 había una mayor oferta por parte de las instituciones de gestión privada, con una relación 49/51 entre posgrados de gestión estatal y privada, en 2007 esta relación fue 67/33. Es decir, no solamente se revirtió el peso, sino que además en la actualidad dos de cada tres posgrados del área son ofrecidos por instituciones de gestión estatal.

Cuadro 8. Distribución de la oferta por campos disciplinarios según la modalidad de gestión.

Campo disciplinario	Modalidad de gestión	1994 Cantidad	%	2002 Cantidad	%	2007 Cantidad	%
Ciencias Sociales	Sistema Estatal	140	49,3%	408	62,1%	538	67,1%
Ciencias Sociales	Sistema Privado	144	50,7%	249	37,9%	264	32,9%
Ciencias Sociales	SubTotal	284	100%	657	100%	802	100%
Ciencias Exactas y Naturales	Sistema Estatal	68	97,1%	107	99,1%	113	100%
Ciencias Exactas y Naturales	Sistema Privado	2	2,9%	1	0,9%	0	-
Ciencias Exactas y Naturales	SubTotal	70	100%	108	100%	113	100%
Tecnológicas	Sistema Estatal	131	74,4%	369	87,0%	509	87,8%
Tecnológicas	Sistema Privado	45	25,6%	55	13,0%	71	12,2%
Tecnológicas	SubTotal	176	100%	424	100%	580	100%
Humanidades	Sistema Estatal	70	56,0%	225	74,8%	314	78,7%
Humanidades	Sistema Privado	55	44,0%	76	25,2%	85	21,3%
Humanidades	SubTotal	125	100%	301	100%	399	100%

Campo disciplinario	Modalidad de gestión	1994		2002		2007	
		Cantidad	%	Cantidad	%	Cantidad	%
Ciencias de la Salud	Sistema Estatal	109	79,0%	303	65,9%	596	78,1%
	Sistema Privado	29	21,0%	157	34,1%	167	21,9%
	SubTotal	138	100%	460	100%	763	100%
Total		793		1950		2657	

Fuente: Área de Estudios de la Educación Superior, Universidad de Belgrano.

La situación detallada en los párrafos anteriores es una consecuencia del mayor crecimiento ocurrido en el período 1994-2007 en la oferta de posgrados de gestión estatal en todos los campos disciplinarios, excepto en las Ciencias de la Salud. En esta área, el crecimiento de la oferta de posgrados entre 1994 y 2007 fue muy elevado en las dos modalidades, pero ligeramente superior en gestión privada con una tasa del 476% contra 447% en gestión estatal (ver Figura 9.e para tener detalle por subperíodo). En Ciencias Exactas y Naturales el crecimiento de los posgrados de gestión estatal fue más moderado e inferior al promedio, mientras que los de gestión privada disminuyeron. En las tres áreas restantes el crecimiento de la oferta para el período 1994-2007 del sistema estatal superó holgadamente a la del sistema privado: en Ciencias Sociales las tasas fueron 284% contra 83%; en Tecnológicas 289% versus 58%; y en Humanidades 349% contra 55% (ver Figura 9.a; 9.c; y 9.d para tener detalle por subperíodo).

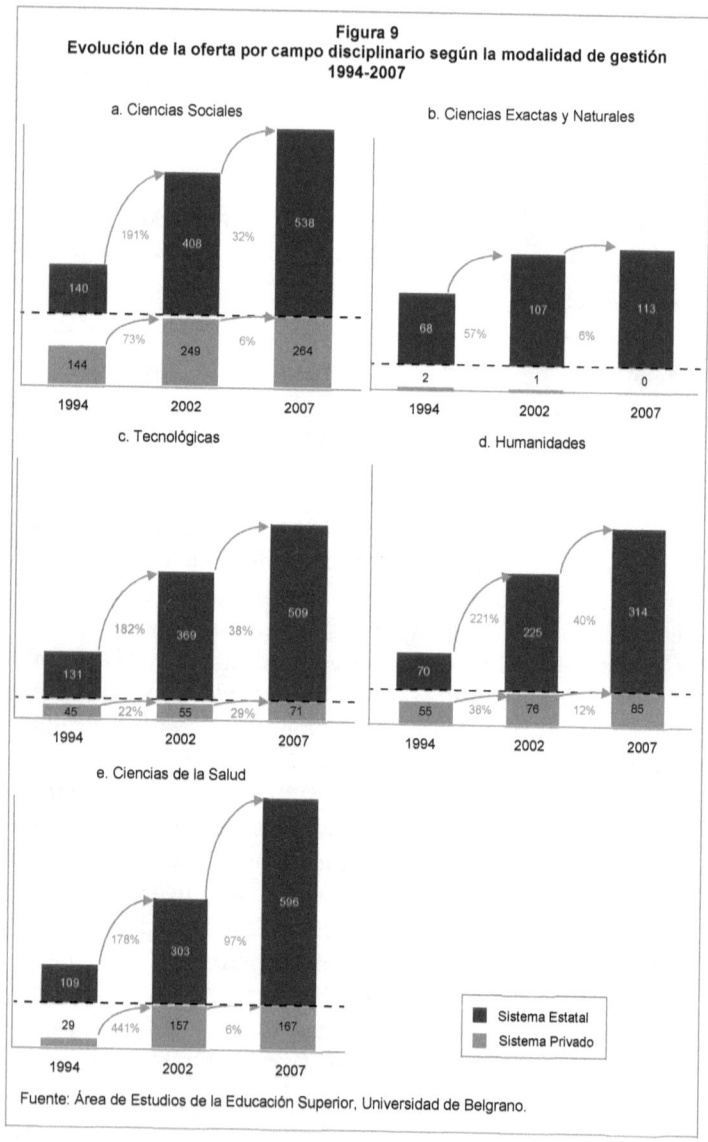

Figura 9
Evolución de la oferta por campo disciplinario según la modalidad de gestión
1994-2007

Fuente: Área de Estudios de la Educación Superior, Universidad de Belgrano.

En cuanto a la distribución de la oferta por tipo de programa (Cuadro 9), se han profundizado algunas de las tendencias señaladas por Barsky y Dávila (2004). En Ciencias Sociales, por ejemplo, las maestrías y especializaciones continúan agrupando cerca del 90% de la oferta, con un pequeño incremento en la participación relativa de las especializaciones. Algo similar ocurre en Humanidades, donde las especializaciones ya representan más de una tercera parte de la oferta. En el área de Ciencias Exactas y Naturales ha continuado el leve incremento en la participación de las maestrías con respecto a los doctorados. Entre las Tecnológicas y las Ciencias de la Salud, las especializaciones han continuado el aumento de su participación en detrimento de las maestrías y doctorados. La participación de las especializaciones entre los posgrados de Ciencias de la Salud es la mayor que algún tipo de programa tiene dentro de un campo disciplinario (84%).

Cuadro 9. Distribución de la oferta por campo disciplinarios según el tipo de programa.

Campo disciplinario	Tipo de programa	1994 Cantidad	%	2002 Cantidad	%	2007 Cantidad	%
Ciencias Sociales	Especializaciones	100	35,2%	268	40,8%	340	42,4%
	Maestrías	117	41,2%	321	48,9%	384	47,9%
	Doctorados	67	23,6%	68	10,4%	78	9,7%
	SubTotal	284	100%	657	100%	802	100%
Ciencias Exactas y Naturales	Especializaciones		0,0%	8	7,4%	7	6,2%
	Maestrías	13	18,6%	27	25,0%	37	32,7%
	Doctorados	57	81,4%	73	67,6%	69	61,1%
	SubTotal	70	100%	108	100%	113	100%

Campo disciplinario	Tipo de programa	1994 Cantidad	1994 %	2002 Cantidad	2002 %	2007 Cantidad	2007 %
Tecnológicas	Especializaciones	69	39,2%	153	36,1%	229	39,5%
Tecnológicas	Maestrías	69	39,2%	196	46,2%	259	44,7%
Tecnológicas	Doctorados	38	21,6%	75	17,7%	92	15,9%
Tecnológicas	SubTotal	176	100%	424	100%	580	100%
Humanidades	Especializaciones	26	20,8%	92	30,6%	139	34,8%
Humanidades	Maestrías	33	26,4%	136	45,2%	174	43,6%
Humanidades	Doctorados	66	52,8%	73	24,3%	86	21,6%
Humanidades	SubTotal	125	100%	301	100%	399	100%
Ciencias de la Salud	Especializaciones	106	76,8%	375	81,5%	641	84,0%
Ciencias de la Salud	Maestrías	14	10,1%	58	12,6%	87	11,4%
Ciencias de la Salud	Doctorados	18	13,0%	27	5,9%	35	4,6%
Ciencias de la Salud	SubTotal	138	100%	460	100%	763	100%
Total		793		1950		2657	

Fuente: Área de Estudios de la Educación Superior, Universidad de Belgrano.

La evolución de la oferta de posgrados en las Ciencias Exactas y Naturales entre 1994 y 2007 ha estado dominada por las maestrías, cuyo crecimiento (185%) triplicó el del total de posgrados del campo disciplinario. En las cuatro áreas restantes el crecimiento de la oferta de especializaciones y maestrías ha superado holgadamente al de la oferta de doctorados. El crecimiento de las especializaciones se destacó sobre el de las maestrías tanto en Ciencias Sociales (240% contra 228%), como en Humanidades (435% contra 427%). Lo contrario ocurre en las Tecnológicas (232% contra 275%) y en las Ciencias de la Salud (505% contra 521%), donde se destacan las maestrías (ver Cuadro 10 para tener detalle por subperíodo).

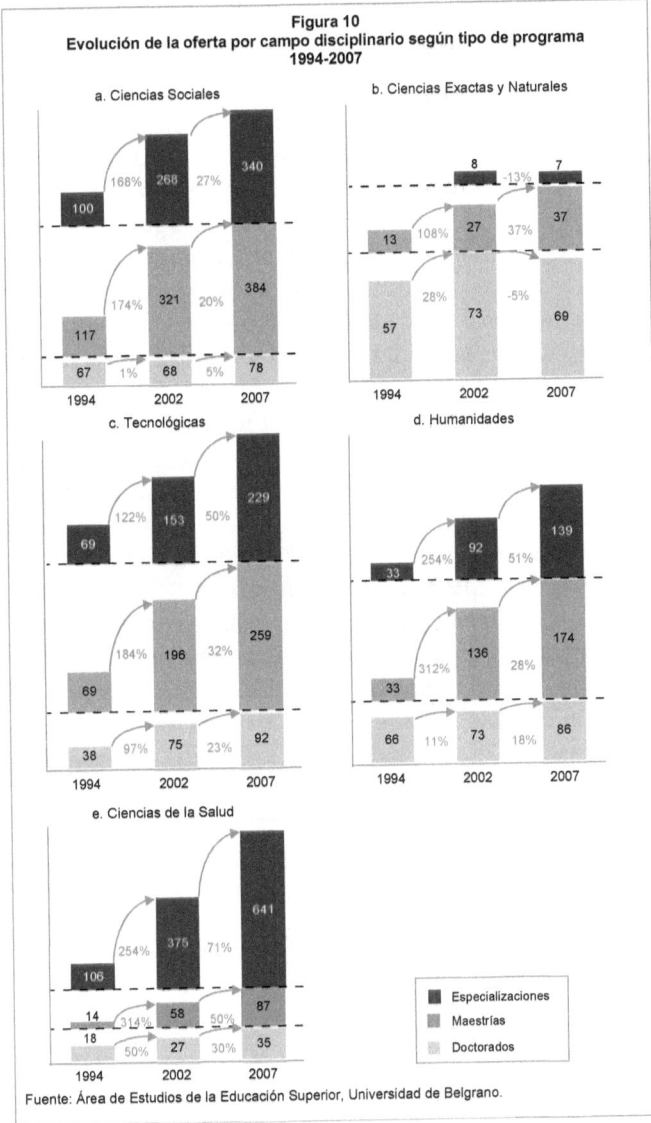

Figura 10
Evolución de la oferta por campo disciplinario según tipo de programa
1994-2007

Fuente: Área de Estudios de la Educación Superior, Universidad de Belgrano.

2.2. Alumnos y egresados de posgrado

Como complemento al estudio de la oferta de carreras de posgrado en Argentina, en esta sección se analiza la evolución de la cantidad de estudiantes y egresados de posgrado. Los datos fueron obtenidos del Anuario 2006 de Estadísticas Universitarias de la Secretaría de Políticas Universitarias. Allí se brindan datos para los años 2000 y 2006, que si bien no coinciden con los años en los que fueron tomados los datos de posgrados, permiten estudiar de manera aproximada la relación entre oferta educativa y cantidad de demandantes por modalidad de gestión y rama de estudios.[12]

Como se observa en el Cuadro 10, la relación de estudiantes de posgrado en uno y otro sistema es muy similar a la que existe entre el número de posgrados ofrecidos. En 2002 los posgrados de gestión estatal representaban el 72,4% de la oferta, mientras que la cantidad de estudiantes en estos posgrados en 2000 alcanzaba el 71,3% del total. Comparando estas relaciones con los datos más recientes se observa que en 2007 el 77,9% de la oferta de posgrados proviene de instituciones de gestión estatal y en 2006 el 76,9% de los estudiantes se desempeñaba en estos posgrados.

Cuadro 10. Estudiantes de posgrado por modalidad de gestión.

Modalidad de gestión	2000		2006	
	Cantidad	%	Cantidad	%
Sistema Estatal	28314	71,3%	48331	76,9%
Sistema Privado	11411	28,7%	14539	23,1%
Total	**39725**	**100,0%**	**62870**	**100,0%**

Fuente: Elaboración propia en base a datos de SPU (2006).

---

[12] Aquí se usa la expresión "rama de estudio" porque la categorización empleada por la Secretaría de Políticas Universitarias coincide con la definición de campos disciplinarios del Ministerio de Educación.

De manera que el incremento en importancia en la oferta de posgrados de instituciones de gestión estatal fue acompañado por el número de estudiantes de posgrado en el sistema. Sin embargo, si se considera la proporción de graduados en los dos sistemas de gestión entre 2000 y 2006 quedan en evidencia dos particularidades. La primera se relaciona con la importancia relativa de los graduados de los posgrados de gestión estatal, que es inferior a la de los estudiantes. Es decir, la relación graduados-estudiantes es superior en el sistema de gestión privada que en el estatal. La segunda cuestión está relacionada con la evolución de esta variable, ya que mientras la proporción de estudiantes en el sistema estatal aumentó entre 2000 y 2006, la participación relativa de los egresados disminuyó en el mismo período. Esto muestra que la eficiencia del sistema estatal empeoró en términos relativos al compararlo con el sistema privado (ver Cuadro 11).

Cuadro 11. Egresados de posgrado por modalidad de gestión.

Modalidad de gestión	2000		2006	
	Cantidad	%	Cantidad	%
Sistema Estatal	3204	63,5%	2630	57,0%
Sistema Privado	1840	36,5%	1980	43,0%
Total	**5044**	**100,0%**	**4610**	**100,0%**

Fuente: Elaboración propia en base a datos de SPU (2006).

Analizando la evolución del número de graduados de carreras de posgrado se observa que en 2006 es un 8,6% menor que en 2000. Esta caída se compone de una disminución del 17,9% en el número de graduados de carreras de posgrado de gestión estatal y un incremento de 7,6% del número de egresados de los posgrados dictados en instituciones de gestión privada.

Como se mencionó al inicio de esta sección, los datos de alumnos por rama de estudio no permiten hacer una comparación directa con la evolución del número de posgrados, que fueron categorizados de manera diferente. Sin embargo, es posible en algunas ramas resaltar comportamientos muy por encima o por debajo de la evolución media de número de estudiantes.

Cuadro 12. Estudiantes de posgrado por rama de estudios según tipo de programa.

Rama de estudios	Tipo de programa	2000 Cantidad	%	2006 Cantidad	%
Ciencias Aplicadas	Especializaciones	1617	30,4%	3825	38,1%
	Maestrías	2500	47,0%	4580	45,7%
	Doctorados	1205	22,6%	1626	16,2%
	SubTotal	5322	100,0%	10031	100,0%
Ciencias Básicas	Especializaciones	233	8,5%	222	4,4%
	Maestrías	1057	38,4%	1015	20,1%
	Doctorados	1460	53,1%	3805	75,5%
	SubTotal	2750	100,0%	5042	100,0%
Ciencias de la Salud	Especializaciones	6603	77,2%	6006	62,8%
	Maestrías	1606	18,8%	2659	27,8%
	Doctorados	344	4,0%	903	9,4%
	SubTotal	8553	100,0%	9568	100,0%
Ciencias Humanas	Especializaciones	1937	29,2%	4475	34,6%
	Maestrías	3461	52,2%	5804	44,8%
	Doctorados	1227	18,5%	2668	20,6%
	SubTotal	6625	100,0%	12947	100,0%
Ciencias Sociales	Especializaciones	6891	41,8%	9414	37,2%
	Maestrías	7774	47,2%	13322	52,7%
	Doctorados	1810	11,0%	2546	10,1%
	SubTotal	16475	100,0%	25282	100,0%
Total		**39725**		**62870**	

Fuente: Elaboración propia en base a datos de SPU (2006).

Tomando como referencia que el número de estudiantes de posgrado aumentó un 58% a lo largo del período 2000-2006, se encuentra que entre las Ciencias Aplicadas (88%), Ciencias Básicas (83%) y Humanidades (117%) el crecimiento de estudiantes fue superior.

Probablemente sea Ciencias de la Salud la rama que más coincide en ambas categorizaciones, haciendo posible un análisis de la evolución. Es interesante ver que mientras del lado de la oferta el número de especializaciones aumentó el 505% entre 2002 y 2007, la cantidad de estudiantes en este nivel cayó el 9%. Entre los doctorados, en cambio, la oferta de posgrados aumentó el 94% y la cantidad de estudiantes el 163%.

Entre Ciencias Básicas, Ciencias de la Salud y Ciencias Humanas se produjo un incremento de estudiantes de doctorado en el período 2000-2006 mayor a la tasa de crecimiento promedio de estudiantes en la rama. En las Ciencias Aplicadas, en cambio, el mayor crecimiento ocurrió en las especializaciones. Finalmente, en Ciencias Sociales el cambio fue muy parejo con una leve diferencia a favor de las maestrías.

3. Acreditación

Para el análisis de la acreditación de los posgrados se contó con el estudio de Barsky y Dávila (2004) y con la actualización de la información provista por la Comisión Nacional de Evaluación y Acreditación Universitaria (CONEAU) en 2007.

La acreditación original de una carrera de posgrado es válida por tres años. Después de este período se debe requerir una nueva acreditación que será válida por seis años (PEN, 1995). A estos posgrados que tienen egresados se los denomina de ciclo completo. El plazo es menor (tres años) para los posgrados que no posean egresados al vencerse la validez de la primera acreditación (MCyE, 1997). Estas carreras de posgrado son denominadas carreras nuevas. También se otorga validez provisoria a los proyectos de carreras de posgrado hasta que éstos comienzan sus actividades académicas. Cuando esto ocurre, el proyecto de carrera debe presentarse en la convocatoria inmediata realizada por CONEAU (MCyE, 2002).

Las instituciones que se presentan para acreditar carreras de posgrado de ciclo completo o nuevas pueden requerir, adicionalmente, que se las categorice. CONEAU otorga tres niveles de acreditación a los posgrados: A si son considerados excelentes; B si se los juzga como muy buenos; y C si resultan evaluados como buenos. Esta categorización está acompañada de una "n" para distinguir a las carreras de posgrado nuevas (CONEAU, 2005). Los posgrados para los cuales no se solicita categorización son categorizados como NS y los proyectos –posgrados que no han comenzado sus actividades académicas– como P. Es decir que una carrera de posgrado puede tener alguna de estas categorías A, B, C, An, Bn, Cn, NS o P.

3.1. Aspectos generales de la acreditación de posgrados

A primera vista resulta evidente que la importancia de la acreditación ha aumentado a lo largo del período analizado. En el Cuadro 13 se observa que, a partir del incremento de trece puntos porcentuales en la participación de los posgrados acreditados entre 2002 y 2007, dos de cada tres posgrados cuentan con dicha característica.

Cuadro 13. Distribución de la oferta total de posgrados por acreditación.

Acreditación	2002		2007	
	Cantidad	%	Cantidad	%
Acreditados	1003	51,4%	1708	64,3%
Sin acreditar	947	48,6%	949	35,7%
Total	**1950**	**100%**	**2657**	**100%**

Fuente: Elaboración propia en base a datos de CONEAU.

Esta situación se produjo en un contexto de crecimiento de la oferta. Para tener este comportamiento en perspectiva puede observarse la Figura 11, donde se evidencia la mayor tasa de crecimiento de la acreditación (70%) con respecto a la de la oferta total de posgrados que, como se vio en la Sección 2, fue del 36% para el mismo período.

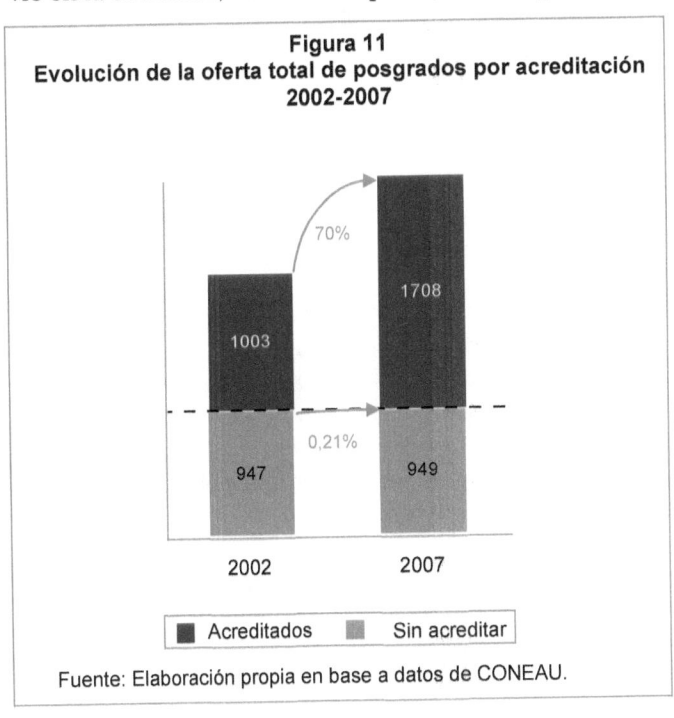

Figura 11
Evolución de la oferta total de posgrados por acreditación
2002-2007

Fuente: Elaboración propia en base a datos de CONEAU.

Entre los posgrados acreditados, el cambio más importante sobre el tipo de acreditación es el mayor peso que tienen los proyectos y la disminución de la participación relativa de los posgrados de ciclo de dictado completo. Estos últimos representaban más de la mitad del total de posgrados acreditados en 2002 y solamente el 45% en 2007.

Cuadro 14. Distribución del tipo de acreditación.

Tipo de acreditación	2002		2007	
	Cantidad	%	Cantidad	%
Categorizadas Ciclo Completo	563	56,1%	769	45,0%
Categorizadas Nuevas	155	15,5%	278	16,3%
No Solicitaron Categorización	168	16,7%	301	17,6%
Proyectos	117	11,7%	360	21,1%
Total	**1003**	**100%**	**1708**	**100%**

Fuente: Elaboración propia en base a datos de CONEAU.

Como se observa en la Figura 12, esto ocurre debido a que el incremento en los posgrados acreditados como proyectos triplicó al aumento de los programas de ciclo completo acreditados. El cambio en las carreras de posgrado categorizadas como nuevas y que no solicitaron categorización fue levemente superior al crecimiento del total de posgrados acreditados.

Figura 12
Evolución del tipo de acreditación
2002-2007

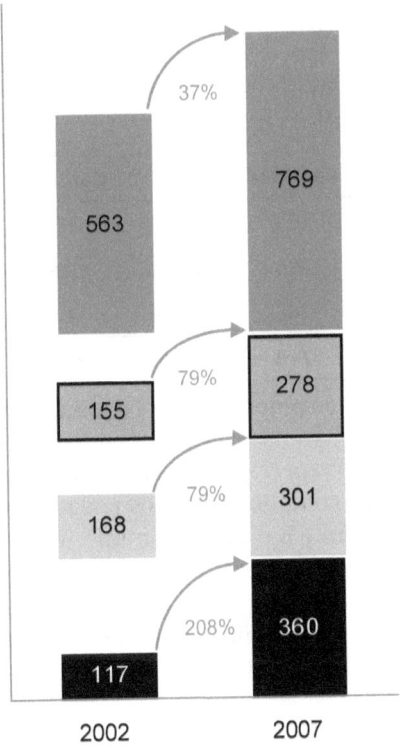

Fuente: Elaboración propia en base a datos de CONEAU.

El total de carreras de posgrado acreditadas de ciclo de dictado completo o nuevas[13] ha crecido el 46% entre 2002 y 2007. Dentro de este grupo, la participación relativa de los posgrados categorizados C o Cn aumentó, mientras que los mejor categorizados –A o An y B o Bn– perdieron peso (Cuadro 15).

Cuadro 15. Distribución del nivel de categorización.

Nivel de cate-gorización	2002		2007	
	Cantidad	%	Cantidad	%
A + An	135	18,8%	170	16,2%
B + Bn	295	41,1%	386	36,9%
C + Cn	288	40,1%	491	46,9%
Total	**718**	**100%**	**1047**	**100%**

Fuente: Elaboración propia en base a datos de CONEAU.

Como es de esperar y tal como se observa en la Figura 13, las tasas de crecimiento de los posgrados categorizados como A o An y B o Bn fueron inferiores al promedio de aumento de las carreras categorizadas. Por otra parte, el crecimiento del 70% de los posgrados acreditados con categoría C o Cn es lo que explica su incremento relativo en la distribución por niveles de categorización.

---

[13] Aquí se excluyen los posgrados que no solicitaron categorización y los proyectos.

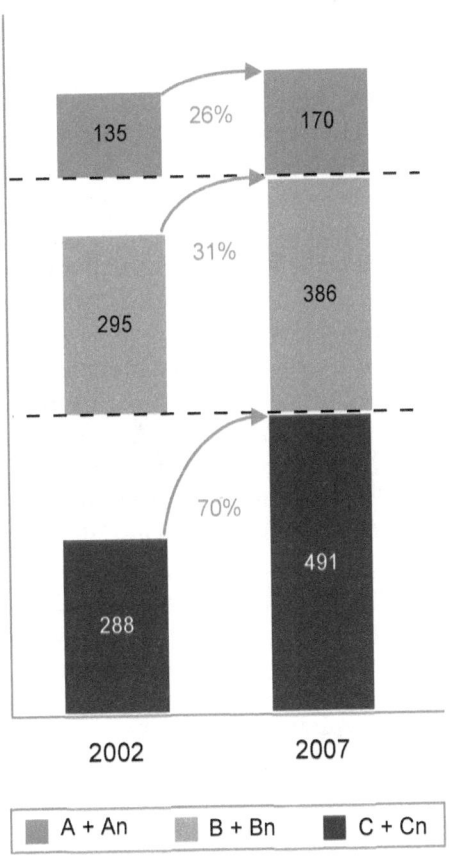

**Figura 13
Evolución del nivel de categorización
2002-2007**

	2002	2007	
A + An	135	170	26%
B + Bn	295	386	31%
C + Cn	288	491	70%

Fuente: Elaboración propia en base a datos de CONEAU.

Tomando como referencia el incremento del 70% en el total de carreras de posgrado acreditadas entre 2002 (1.003) y en 2007 (1.708) y analizando los tipos y niveles de acreditación obtenidos por los posgrados se pueden esbozar algunas ideas sobre la calidad del crecimiento en la oferta de posgrados.

En primer lugar, se observa que las carreras categorizadas A o An y B o Bn han aumentado a tasas inferiores (26 y 31%, respectivamente) al crecimiento promedio de la acreditación. Es decir que, en términos generales y considerando a la categorización por parte de CONEAU como el único criterio de calidad, la oferta de posgrados posee menor peso de carreras consideradas excelentes o muy buenas. Si se compara este comportamiento con el crecimiento total de la oferta de posgrados en el período 2002-2007 (36%), la disminución de la importancia relativa es pequeña. Si bien es evidente, conviene destacar que la oferta de carreras de posgrado consideradas excelentes o muy buenas ha aumentado en valores absolutos.

En segundo lugar, como se vio arriba, los posgrados acreditados como C o Cn han crecido entre 2002 y 2007 al mismo paso que el total de carreras acreditadas (70%). Es decir, han duplicado el crecimiento de la oferta total de posgrados, aumentando su participación relativa. En este sentido, se puede afirmar que el sistema tiene una mayor oferta de posgrados de calidad buena, así como también una mayor porción de su oferta compuesta por este tipo de programas.

En tercer lugar, el comportamiento de los posgrados acreditados que no solicitaron categorización ha aumentado un 79%, teniendo mayor peso relativo tanto entre los posgrados acreditados como dentro de la oferta total de carreras de posgrado. La mayor importancia relativa de este tipo de programas puede ser interpretada como un intento por evadir la categorización de la CONEAU por considerar que la calidad percibida del posgrado es superior a la que podría surgir de la evaluación.

Finalmente, el incremento del 208%[14] de los proyectos entre 2002 y 2007, los ha convertido en la categoría que más aumentó su participación relativa tanto entre los posgrados acreditados como dentro de la oferta total del sistema. Tratándose de programas que aún no han comenzado sus actividades académicas, es claro que esta mayor oferta no está debidamente consolidada y puede sufrir variaciones importantes entre períodos de análisis.

3.2. Acreditación según la modalidad de gestión

La evolución de la acreditación ha tenido similitudes y diferencias entre las modalidades de gestión de las carreras de posgrado. En las dos modalidades aumentó la cantidad y la participación relativa de los posgrados acreditados. Sin embargo, como se observa en el Cuadro 16, el cambio tuvo mayor magnitud en el caso de los posgrados de gestión privada. Mientras que en 2002 poseía acreditación menos de la mitad de los programas, en 2007 estaban en esta situación tres de cada cuatro.

Cuadro 16. Distribución de la acreditación por modalidad de gestión.

Modalidad de gestión	2002		2007	
	Cantidad	%	Cantidad	%
Sistema Estatal	785	55,6%	1252	60,5%
	627	44,4%	818	39,5%
	1412	100%	2070	100%
Sistema Privado	218	40,5%	456	77,7%
	320	59,5%	131	22,3%
	538	100%	587	100%
Total	**1950**		**2657**	

Fuente: Elaboración propia en base a datos de CONEAU.

---

[14] Tres veces mayor que la tasas de crecimiento de los posgrados acreditados y casi seis veces más alta que el incremento de la oferta total.

Observando la Figura 14, resulta evidente que el menor aumento en la participación relativa de los posgrados de gestión estatal acreditados se debe a que la oferta total creció el 47% (1.412 en 2002 a 2.070 en 2007), al tiempo que la acreditación aumentó 59%. Por otro lado, los posgrados de instituciones de gestión privada acreditados aumentaron 109%. Esta situación, junto con el bajo crecimiento total de la oferta (9%), provocó una caída del 59% de los posgrados no acreditados. Si se considera a la acreditación como una señal de calidad, puede decirse que el sistema privado se está estableciendo después de un período de gran crecimiento y se está centrando en la mejora de la calidad de la oferta o en dar señales que así lo indiquen.

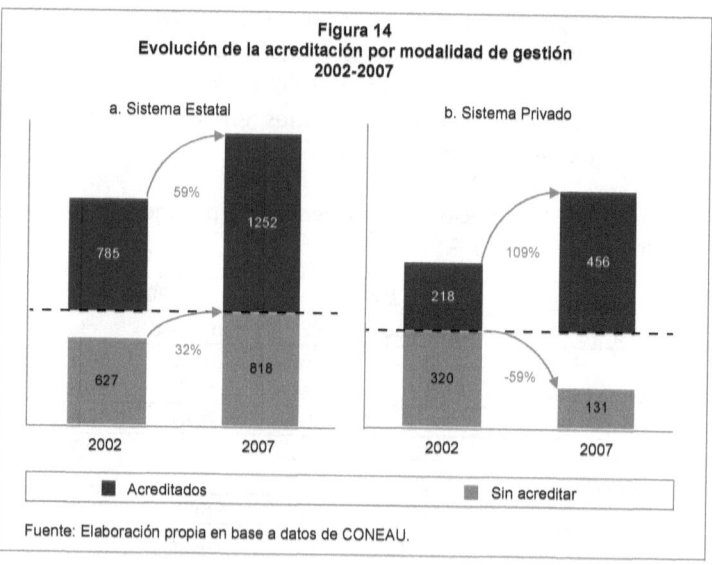

Figura 14
Evolución de la acreditación por modalidad de gestión
2002-2007

Fuente: Elaboración propia en base a datos de CONEAU.

El análisis de la distribución del tipo de acreditación por modalidad de gestión brinda una interesante imagen de las diferencias entre el sistema estatal y el sistema privado. En el primero, cerca del 75% de los posgrados acreditados, ya sea de ciclo completo o nuevo, ha requerido categorización. Por otro lado, entre las carreras de posgrado del sistema privado el 75% de las que recibieron acreditación son proyectos o no solicitaron categorización. Es decir, solamente el 25% solicitó categorización (Cuadro 17).

Cuadro 17. Distribución del tipo de acreditación por modalidad de gestión.

Modalidad de gestión	Tipo de acreditación	2002 Cantidad	2002 %	2007 Cantidad	2007 %
Sistema Estatal	Categorizadas Ciclo Completo	512	65,2%	681	54,4%
	Categorizadas Nuevas	139	17,7%	253	20,2%
	No Solicitaron Categorización	61	7,8%	136	10,9%
	Proyectos	73	9,3%	182	14,5%
	SubTotal	785	100%	1252	100%
Sistema Privado	Categorizadas Ciclo Completo	51	23,4%	88	19,3%
	Categorizadas Nuevas	16	7,3%	25	5,5%
	No Solicitaron Categorización	107	49,1%	165	36,2%
	Proyectos	44	20,2%	178	39,0%
	SubTotal	218	100%	456	100%
Total		1003		1708	

Fuente: Elaboración propia en base a datos de CONEAU.

Sin embargo, la concentración no ha tenido el mismo comportamiento en las dos modalidades de gestión. Entre los posgrados del sistema de gestión estatal la concentración ha disminuido entre 2002 y 2007, mientras que lo contrario ha sucedido con los posgrados de gestión privada. Por el lado del sistema de gestión estatal, esta situación se debe a que las carreras de posgrado del tipo "categorizadas de ciclo completo" son las únicas que crecieron a una tasa (33%) inferior a la del total de acreditadas (59%), produciendo el aumento en importancia relativa de los demás tipos. Entre las carreras de posgrado del sistema privado acreditadas, por el contrario, el único tipo de acreditación que creció más que el total (305% contra 109%) es proyectos (Figura 15).

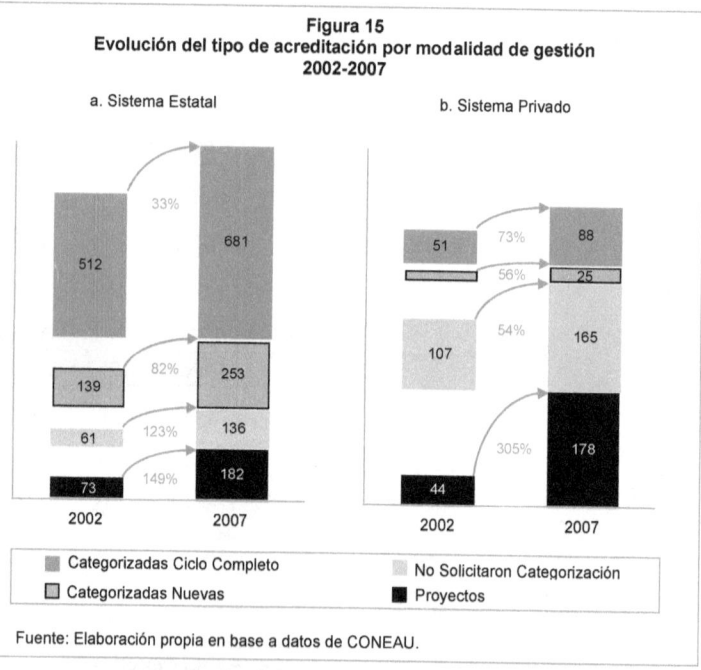

Figura 15
Evolución del tipo de acreditación por modalidad de gestión
2002-2007

Fuente: Elaboración propia en base a datos de CONEAU.

Lo señalado arriba pone en evidencia dos situaciones destacables. La primera está relacionada con la importancia de las carreras de posgrado de gestión privada que no solicitaron categorización, cuyo número supera a las de gestión estatal. Si se considera la gran diferencia de tamaño de la oferta de ambos sistemas (2.070 posgrados de gestión estatal y 587 de gestión privada), resulta claro que hay un sesgo por parte de las instituciones de gestión privada. La segunda se vincula con la importancia de los proyectos dentro de la oferta total de posgrados del sistema privado, ya que representan el 30% en 2007.[15] Esto quiere decir que cerca de un tercio de toda la oferta de posgrados de gestión privada no ha desarrollado al momento de la acreditación actividades académicas. Se trata de ofertas de posgrados que tienen que atraer una demanda mínima que permita financiar las actividades.

Como se verá a continuación, pueden asociarse los datos de nivel de categorización con la tendencia de los posgrados de gestión privada a no requerir categorización. El Cuadro 18 evidencia algunas similitudes y diferencias en el nivel de categorización en los posgrados de cada modalidad de gestión.

Cuadro 18. Distribución del nivel de categorización por modalidad de gestión.

Modalidad de gestión	Nivel de categorización	2002		2007	
		Cantidad	%	Cantidad	%
Sistema Estatal	A + An	129	19,8%	164	17,6%
	B + Bn	273	41,9%	351	37,6%
	C + Cn	249	38,2%	419	44,9%
	SubTotal	651	100%	934	100%
Sistema Privado	A + An	6	9,0%	6	5,3%
	B + Bn	22	32,8%	35	31,0%
	C + Cn	39	58,2%	72	63,7%
	SubTotal	67	100%	113	100%
Total		**718**		**1047**	

Fuente: Elaboración propia en base a datos de CONEAU.

---

[15] Esta relación era 8% en 2002. Entre los posgrados de gestión estatal representaban el 5 y el 9% en 2002 y 2007, respectivamente.

La similitud reside en que, tanto en los posgrados de gestión estatal como en los de gestión privada, la participación relativa de los programas categorizados como buenos (C o Cn) ha aumentado y es la de mayor importancia, mientras que la participación de los posgrados categorizados como excelentes (A o An) o muy buenos (B o Bn) ha disminuido. Este comportamiento se explica, tal como se observa en la Figura 16, porque entre 2002 y 2007, el total de posgrados acreditados y categorizados aumentó el 43% entre los posgrados de gestión estatal (pasando de 651 a 934), mientras que los categorizados como buenos crecieron el 68%. Por el lado de los posgrados de gestión privada, la tasa de crecimiento total de programas acreditados y categorizados fue del 69% (pasando de 67 a 113), inferior al 85% de los que obtuvieron categoría C o Cn.

La principal diferencia se relaciona con el peso que tienen en 2007 las carreras de posgrado consideradas muy buenas o excelentes, que representan el 55% de las acreditadas y categorizadas del sistema estatal contra el 36% en el caso de las carreras del sistema privado. Adicionalmente, entre 2002 y 2007 no ha habido siquiera un posgrado de gestión privada que haya sido acreditado y categorizado como excelente. De aquí se desprende que la tendencia a no requerir categorización de los posgrados de gestión privada tiene sustento en los resultados obtenidos por sus pares evaluados.

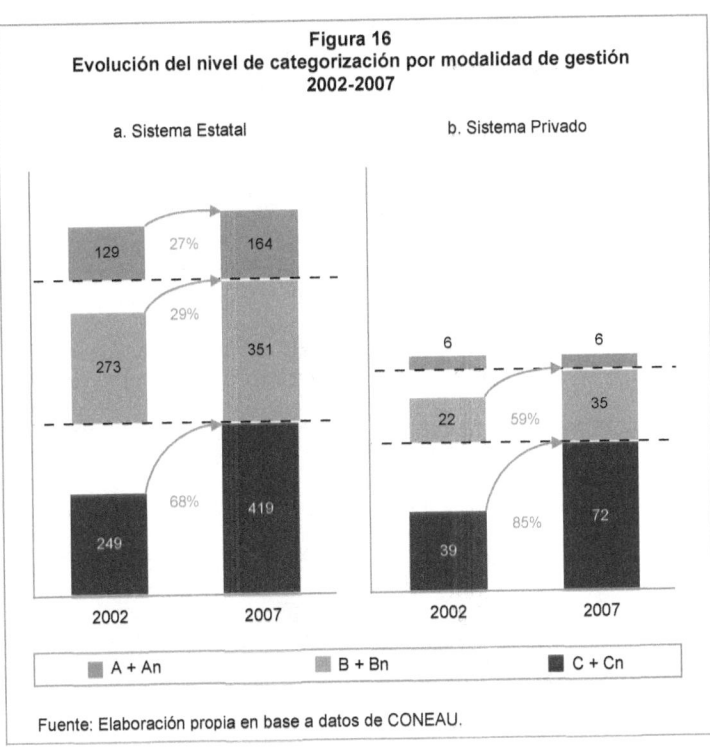

Figura 16
Evolución del nivel de categorización por modalidad de gestión
2002-2007

Fuente: Elaboración propia en base a datos de CONEAU.

3.3. Acreditación según el tipo de programa

En 2002 la participación de los posgrados acreditados y no acreditados entre las especializaciones y las maestrías era similar, mientras que los doctorados tenían un grado mayor de acreditación (60%). En los tres tipos de programas aumentó la cantidad y la proporción de las carreras acreditadas, ubicándose por encima del 60 y el 72% en las especializaciones y en los doctorados, respectivamente (Cuadro 19).

Cuadro 19. Distribución de la acreditación por tipo de programa.

Tipo de programa	Acreditación	2002 Cantidad	2002 %	2007 Cantidad	2007 %
Especializaciones	Acreditados	442	49,3%	819	60,4%
	Sin acreditar	454	50,7%	537	39,6%
	SubTotal	896	100%	1356	100%
Maestrías	Acreditados	369	50,0%	628	66,7%
	Sin acreditar	369	50,0%	313	33,3%
	SubTotal	738	100%	941	100%
Doctorados	Acreditados	192	60,8%	261	72,5%
	Sin acreditar	124	39,2%	99	27,5%
	SubTotal	316	100%	360	100%
Total		**1950**		**2657**	

Fuente: Elaboración propia en base a datos de CONEAU.

Como se observa en la Figura 17, el crecimiento de los posgrados acreditados entre 2002 y 2007 fue superior al incremento en la oferta total en las especializaciones (85% contra 51%), las maestrías (70% contra 28%) y en los doctorados (36% contra 14%). En el caso de las maestrías y doctorados esto ocurrió al tiempo que disminuía la cantidad de posgrados no acreditados. Entre las especializaciones, en cambio, la cantidad de posgrados no acreditados continuó aumentando. En este sentido puede inferirse que, aun cuando la importancia de la acreditación es mayor en los tres niveles, entre las maestrías y los doctorados se ha producido una depuración de programas no acreditados.

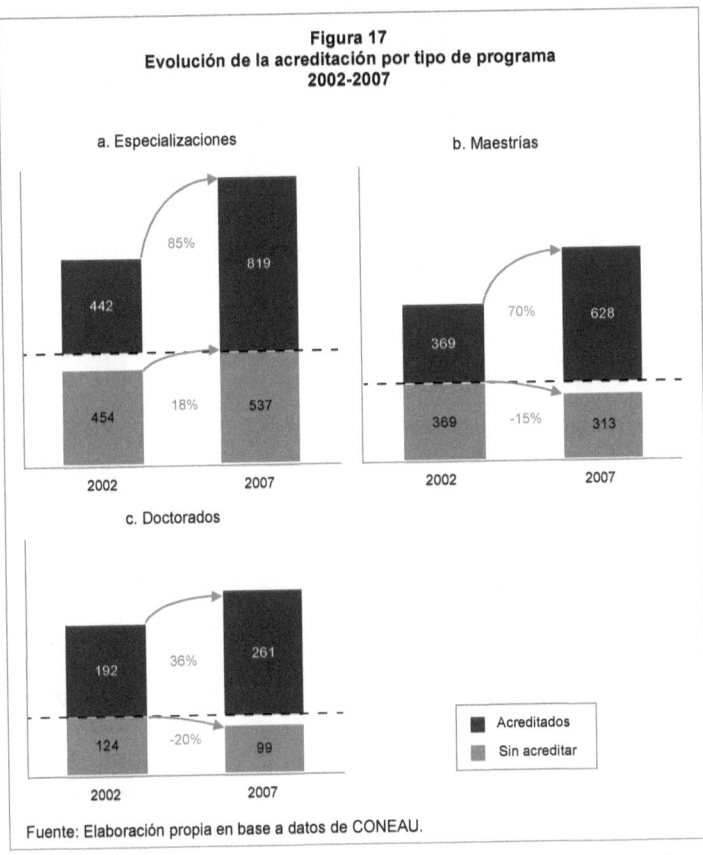

Figura 17
Evolución de la acreditación por tipo de programa
2002-2007

Fuente: Elaboración propia en base a datos de CONEAU.

En cuanto al tipo de acreditación, en los posgrados de los tres niveles predominan los programas categorizados de ciclo completo, siendo en 2007 más importante la presencia entre los doctorados (58,2%) y las especializaciones (46,4%) que entre las maestrías (37,7%). Los tres tipos restantes tienen proporciones similares entre las maestrías (alrededor del 20% cada uno) y los doctorados (alrededor de 14% cada uno). En las especializaciones toman mayor importancia como segundo tipo de acreditación los proyectos (22%).

Si se realiza una distinción entre los posgrados que requieren y los que no requieren categorización (Cuadro 20), las especializaciones y maestrías muestran una relación 60/40, mientras que en los doctorados es de 72/28. Aquí debe recordarse que el 81,4% de los doctorados se ofrece en instituciones de gestión estatal, entre las que el pedido de categorización es más usual que en las de gestión privada. Es decir, que esta relación está directamente relacionada con la descripta en la Sección 3.2.

Cuadro 20. Distribución del tipo de acreditación por tipo de programa.

Tipo de programa	Tipo de acreditación	2002		2007	
		Cantidad	**%**	**Cantidad**	**%**
Especializaciones	Categorizadas Ciclo Completo	256	57,9%	380	46,4%
	Categorizadas Nuevas	47	10,6%	111	13,6%
	No Solicitaron Categorización	87	19,7%	148	18,1%
	Proyectos	52	11,8%	180	22,0%
	SubTotal	442	100%	819	100%
Maestrías	Categorizadas Ciclo Completo	179	48,5%	237	37,7%
	Categorizadas Nuevas	82	22,2%	131	20,9%
	No Solicitaron Categorización	59	16,0%	116	18,5%
	Proyectos	49	13,3%	144	22,9%
	SubTotal	369	100%	628	100%

Tipo de programa	Tipo de acreditación	2002		2007	
		Cantidad	%	Cantidad	%
Doctorados	Categorizadas Ciclo Completo	128	66,7%	152	58,2%
	Categorizadas Nuevas	26	13,5%	36	13,8%
	No Solicitaron Categorización	22	11,5%	37	14,2%
	Proyectos	16	8,3%	36	13,8%
	SubTotal	192	100%	261	100%
Total		1003		1708	

Fuente: Elaboración propia en base a datos de CONEAU.

En la evolución del tipo de acreditación de las especializaciones entre 2002 y 2007 se destacan las carreras de posgrado categorizadas nuevas (creciendo al 136%) y los proyectos (creciendo al 246%), superando holgadamente al incremento del total de carreras de ese nivel acreditadas (85%). Entre las maestrías se destacan por su crecimiento las que no requirieron categorización (97%) y los proyectos (194%), mientras que la acreditación total aumentó el 70% (Figura 18.b). Algo similar ocurre con los doctorados, entre los que la acreditación creció 36% en el período 2002-2007, mientras que los posgrados sin categorización y los proyectos crecieron a tasa del 68 y 125%, respectivamente (Figura 18.c).

De lo anterior se desprende que en los tres tipos de programas la mayor contribución al crecimiento de la oferta de posgrados acreditados proviene de proyectos, de carreras que no han comenzado al momento de la acreditación sus actividades académicas.

Figura 18
Evolución del tipo de acreditación por tipo de programa
2002-2007

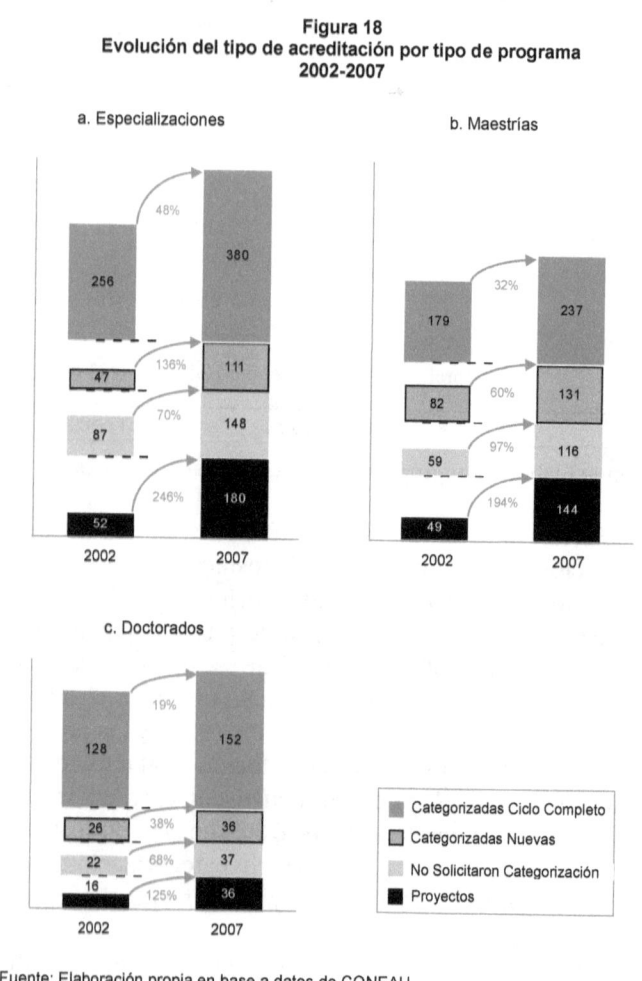

Fuente: Elaboración propia en base a datos de CONEAU.

En la Sección 3.2 se mostró que la jerarquía de importancia relativa de los niveles de categorización era la misma para los posgrados de gestión privada y estatal, siendo las carreras categorizadas como buenas las primeras y seguidas por las muy buenas y las excelentes, en ese orden. Como se ve en el Cuadro 21, la situación es diferente cuando se analizan los niveles de categorización en cada tipo de programa.

En las especializaciones y maestrías, los programas categorizados como buenos (C o Cn) son los que tienen mayor importancia relativa (Cuadro 21).

Cuadro 21. Distribución del nivel de categorización por tipo de programa.

Tipo de programa	Nivel de categorización	2002		2007	
		Cantidad	%	Cantidad	%
Especializaciones	A + An	28	9,2%	45	9,2%
	B + Bn	134	44,2%	185	37,7%
	C + Cn	141	46,5%	261	53,2%
	SubTotal	303	100%	491	100%
Maestrías	A + An	44	16,9%	48	13,0%
	B + Bn	107	41,0%	140	38,0%
	C + Cn	110	42,1%	180	48,9%
	SubTotal	261	100%	368	100%
Doctorados	A + An	63	40,9%	77	41,0%
	B + Bn	54	35,1%	61	32,4%
	C + Cn	37	24,0%	50	26,6%
	SubTotal	154	100%	188	100%
Total		**718**		**1047**	

Fuente: Elaboración propia en base a datos de CONEAU.

También son estos posgrados "buenos" los que mayor crecimiento tuvieron entre 2002 y 2007 (Figura 19.a y 19.b), por encima del aumento total de posgrados acreditados y categorizados que fue 62% entre las especializaciones y 41% entre las maestrías. Estos cambios incidieron en que la participación de las carreras categorizadas C o Cn sea cercana al 50% del total de maestrías categorizadas y supere el 50% en el caso de las especializaciones (Cuadro 21).

Entre las especializaciones, el incremento en la participación de las carreras categorizadas como C o Cn fue en detrimento del peso de las B o Bn, ya que las excelentes (A o An) permanecieron en 9,2%. En el caso de las maestrías, en cambio, el incremento fue a costa de una reducción de tres puntos porcentuales de la participación de los posgrados categorizados como excelentes y muy buenos.

Entre los doctorados, por el contrario, el orden de importancia relativa es encabezado por los programas categorizados como excelentes (A o An) con el 41%, seguidos por los muy buenos (B o Bn) y los buenos (C o Cn). La distribución ha tenido un pequeño cambio entre 2002 y 2007, aumentando la participación de los posgrados C o Cn que crecieron al 35% mientras el total de doctorados acreditados y categorizados aumentó el 22% (Figura 19.c).

Un reflejo de las diferencias en los niveles de categorización entre los tipos de posgrados es que, aun cuando el número total de especializaciones y maestrías acreditadas y categorizadas es 2,61 y 1,96 veces mayor que el total de doctorados en la misma situación, la cantidad de doctorados categorizados A o An (77) es superior al número de especializaciones (45) y maestrías (48) consideradas excelentes.

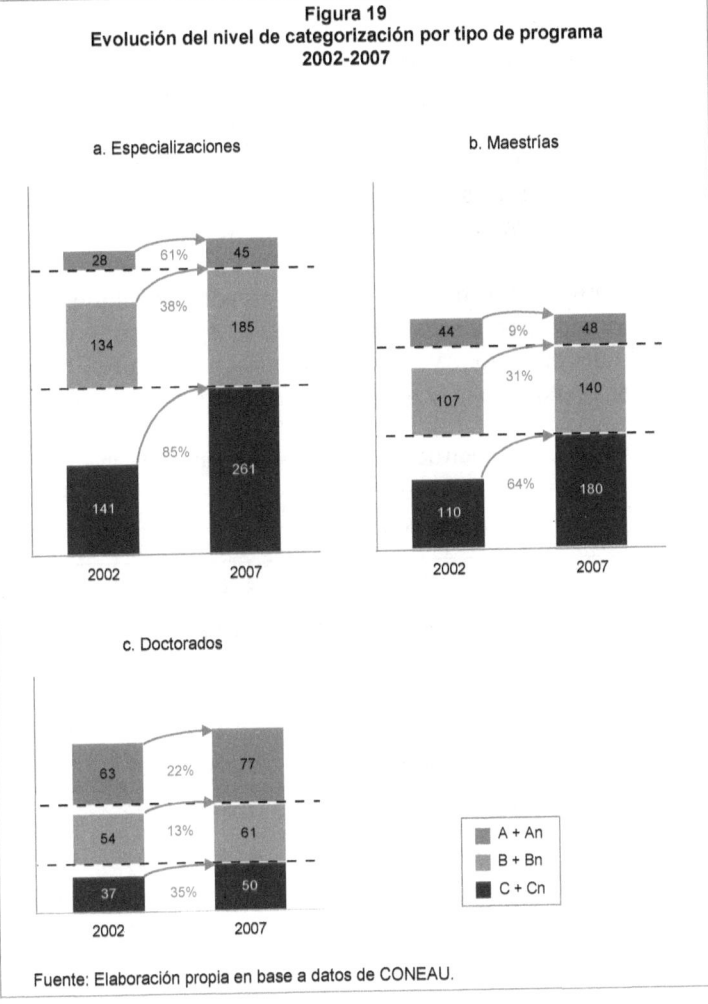

Figura 19
Evolución del nivel de categorización por tipo de programa
2002-2007

Fuente: Elaboración propia en base a datos de CONEAU.

3.4. Acreditación según el campo disciplinario

La relación cercana a dos de cada tres posgrados acreditados que se mostró en la Sección 3.1 está presente en la mayor parte de los campos disciplinarios. Como se observa en el Cuadro 22, son las carreras de posgrado de Ciencias Exactas y Naturales las que muestran un grado de acreditación muy superior al promedio (84,1%). Mientras que las Tecnológicas están apenas por debajo de la media, con 61,7%.

Como es de esperar, el grado de acreditación aumentó en todos los campos disciplinarios entre 8 y 18 puntos porcentuales entre 2002 y 2007, reflejando que la importancia que se le otorga a la acreditación es creciente.

Cuadro 22. Distribución de la acreditación por campo disciplinario.

Campo disciplinario	Acreditación	2002 Cantidad	2002 %	2007 Cantidad	2007 %
Ciencias Sociales	Acreditados	309	47,0%	519	64,7%
	Sin acreditar	348	53,0%	283	35,3%
	SubTotal	657	100%	802	100%
Ciencias Exactas y Naturales	Acreditados	74	68,5%	95	84,1%
	Sin acreditar	34	31,5%	18	15,9%
	SubTotal	108	100%	113	100%
Tecnológicas	Acreditados	218	51,4%	358	61,7%
	Sin acreditar	206	48,6%	222	38,3%
	SubTotal	424	100%	580	100%
Humanidades	Acreditados	151	50,2%	257	64,4%
	Sin acreditar	150	49,8%	142	35,6%
	SubTotal	301	100%	399	100%

Campo disciplinario	Acreditación	2002		2007	
		Cantidad	%	Cantidad	%
Ciencias de la Salud	Acreditados	251	54,6%	479	62,8%
	Sin acreditar	209	45,4%	284	37,2%
	SubTotal	460	100%	763	100%
Total		**1950**		**2657**	

Fuente: Elaboración propia en base a datos de CONEAU.

Sin embargo, en términos de evolución se pueden distinguir dos grupos. El primero está conformado por los posgrados de Ciencias Sociales, Ciencias Exactas y Naturales y Humanidades. En estas disciplinas el crecimiento en el número de posgrados acreditados estuvo acompañado no solamente por una menor participación, sino también por una disminución en la cantidad total de posgrados no acreditados (Figura 20.a, 20.b y 20.d). Es decir que se produjeron en forma conjunta la incorporación de nuevos posgrados acreditados y la conversión de carreras existentes.

El segundo grupo, en el que se encuentran las carreras de posgrados Tecnológicas y las de Ciencias de la Salud, presenta un aumento en la cantidad de posgrados acreditados, pero también de los sin acreditar (Figura 20.c y 20.e). Esto implica que ocurrió alguna de estas tres situaciones: I) que una parte de los posgrados existentes no fue capaz de retener la acreditación; II) que se incorporó a la oferta una cantidad de posgrados que no posee acreditación; o III) que ocurrieron ambos eventos en forma simultánea.

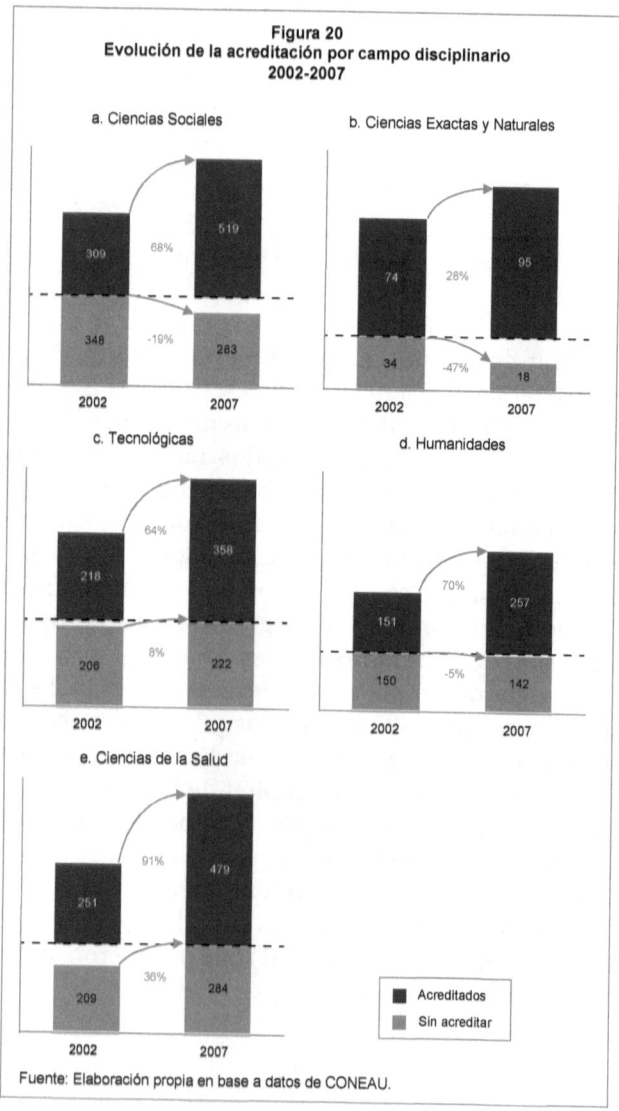

La distribución de los tipos de acreditación entre los posgrados que la poseen difiere considerablemente de acuerdo con el campo disciplinario. En Ciencias Sociales, las carreras de posgrado categorizadas de ciclo completo tenían una posición dominante en términos de participación relativa en 2002, seguidas por los posgrados que no solicitaron categorización. Si bien el orden se mantiene en 2007, ambos tipos tienen un peso similar (Cuadro 23). El cambio más importante en este campo disciplinario se observa entre los proyectos, cuya participación pasó de 9,1% en 2002 a 24,9% en 2007, creciendo 361% en el período (Figura 21.a).

Entre los posgrados de Ciencias Exactas y Naturales la situación es muy similar en los dos períodos analizados. Se trata del capo disciplinario con mayor participación de programas categorizados de ciclo completo, 89,2% en 2002 y 84,2% en 2007. Esta disminución en el peso no tiene que ver con pérdida de posgrados de este tipo –que creció el 21%– sino con la aparición de algunos programas acreditados como proyectos (Figura 21.b). En las carreras Tecnológicas el comportamiento ha sido similar. La principal diferencia está dada por la menor importancia que tienen los posgrados categorizados de ciclo completo, alrededor del 50%.

Cuadro 23. Distribución del tipo de acreditación por campo disciplinario.

Campo disciplinario	Tipo de acreditación	2002 Cantidad	%	2007 Cantidad	%
Ciencias Sociales	Categorizadas Ciclo Completo	143	46,3%	166	32,0%
	Categorizadas Nuevas	42	13,6%	62	11,9%
	No Solicitaron Categorización	96	31,1%	162	31,2%
	Proyectos	28	9,1%	129	24,9%
	SubTotal	309	100,0%	519	100,0%

Campo disciplinario	Tipo de acreditación	2002 Cantidad	2002 %	2007 Cantidad	2007 %
Ciencias Exactas y Naturales	Categorizadas Ciclo Completo	66	89,2%	80	84,2%
	Categorizadas Nuevas	8	10,8%	11	11,6%
	No Solicitaron Categorización	0	0,0%	0	0,0%
	Proyectos	0	0,0%	4	4,2%
	SubTotal	74	100,0%	95	100,0%
Tecnológicas	Categorizadas Ciclo Completo	112	51,4%	165	46,1%
	Categorizadas Nuevas	42	19,3%	68	19,0%
	No Solicitaron Categorización	22	10,1%	39	10,9%
	Proyectos	42	19,3%	86	24,0%
	SubTotal	218	100,0%	358	100,0%
Humanidades	Categorizadas Ciclo Completo	73	48,3%	94	36,6%
	Categorizadas Nuevas	32	21,2%	51	19,8%
	No Solicitaron Categorización	24	15,9%	54	21,0%
	Proyectos	22	14,6%	58	22,6%
	SubTotal	151	100,0%	257	100,0%
Ciencias de la Salud	Categorizadas Ciclo Completo	169	67,3%	264	55,1%
	Categorizadas Nuevas	31	12,4%	86	18,0%
	No Solicitaron Categorización	26	10,4%	46	9,6%
	Proyectos	25	10,0%	83	17,3%
	SubTotal	251	100,0%	479	100,0%
Total		1003		1708	

Fuente: Elaboración propia en base a datos de CONEAU.

Como se ve en la Figura 21.d, el único campo en el que aumentó fuertemente (125%) la participación de las carreras que no solicitaron categorización es Humanidades. Esta situación, junto con el significativo incremento de los proyectos (164%), explica la menor participación de los posgrados categorizados en 2007.

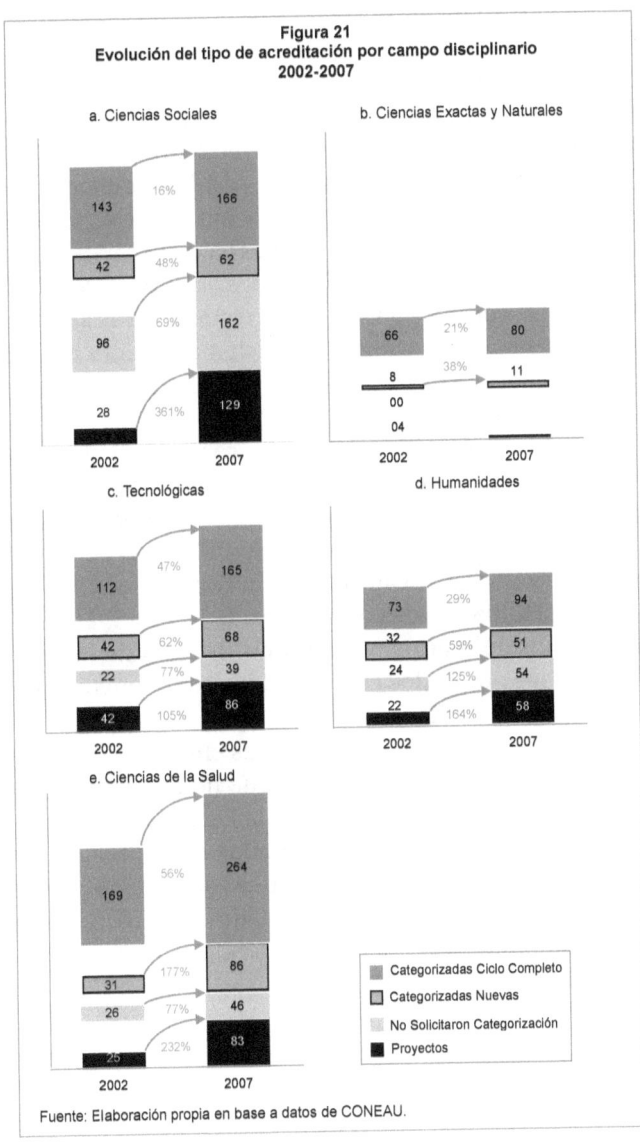

En el caso de los posgrados de Ciencias de la Salud, el menor peso de los categorizados de ciclo completo en 2007 está explicado por las altas tasas de crecimiento en el período 2002-2007 de las carreras nuevas que requirieron categorización (177%) y de los proyectos (232%).

Finalmente, si se agrupan los tipos de acreditación de acuerdo con el pedido de categorización, Ciencias Sociales posee el grado de categorización más bajo con 44%, seguida por Humanidades con 56%, Tecnológicas con 65%, Ciencias de la Salud con 73% y Ciencias Exactas y Naturales con 96%. En este último campo no existen posgrados que no hayan requerido acreditación, ya que el 4% restante está compuesto por proyectos.

Acotando el análisis a aquellas carreras de posgrado acreditadas que han requerido categorización se encuentran tres campos disciplinarios con similar comportamiento y otros dos con situaciones disímiles. El orden de importancia de los tipos de categorización coincide en Ciencias Sociales, Humanidades y Ciencias de la Salud. En estos campos disciplinarios poseen más del 50% de la participación los posgrados categorizados como buenos (C o Cn), seguidos por las carreras categorizadas como muy buenas (B o Bn) con participaciones entre el 30 y el 40% y finalizando con las excelentes que no exceden el 15% (Cuadro 24). Como se observa en la Figura 22, en los tres casos el crecimiento de los posgrados categorizados C o Cn fue superior al del total de carreras acreditadas y categorizadas. Solamente en Humanidades ocurrió lo mismo con los programas excelentes.

Cuadro 24. Distribución del nivel de categorización por campo disciplinario.

Campo disciplinario	Nivel de categorización	2002 Cantidad	2002 %	2007 Cantidad	2007 %
Ciencias Sociales	A + An	14	7,6%	13	5,7%
	B + Bn	77	41,6%	88	38,6%
	C + Cn	94	50,8%	127	55,7%
	SubTotal	185	100,0%	228	100,0%
Ciencias Exactas y Naturales	A + An	38	51,4%	46	50,5%
	B + Bn	25	33,8%	23	25,3%
	C + Cn	11	14,9%	22	24,2%
	SubTotal	74	100,0%	91	100,0%
Tecnológicas	A + An	55	35,7%	63	27,0%
	B + Bn	57	37,0%	90	38,6%
	C + Cn	42	27,3%	80	34,3%
	SubTotal	154	100,0%	233	100,0%
Humanidades	A + An	10	9,5%	20	13,8%
	B + Bn	41	39,0%	43	29,7%
	C + Cn	54	51,4%	82	56,6%
	SubTotal	105	100,0%	145	100,0%
Ciencias de la Salud	A + An	18	9,0%	28	8,0%
	B + Bn	95	47,5%	142	40,6%
	C + Cn	87	43,5%	180	51,4%
	SubTotal	200	100,0%	350	100,0%
Total		**718**		**1047**	

Fuente: Elaboración propia en base a datos de CONEAU.

Entre los posgrados de Ciencias Exactas y Naturales la importancia relativa de los niveles de categorización es inversa. Un poco más de la mitad de las carreras está categorizada como excelente, la diferencia se divide en partes iguales entre las categorizadas como muy buenas y buenas (Cuadro 24). Otra particularidad dentro de las carreras de Ciencias Exactas y Naturales es que las categorizadas C o Cn se duplicaron en el período 2002-2007.

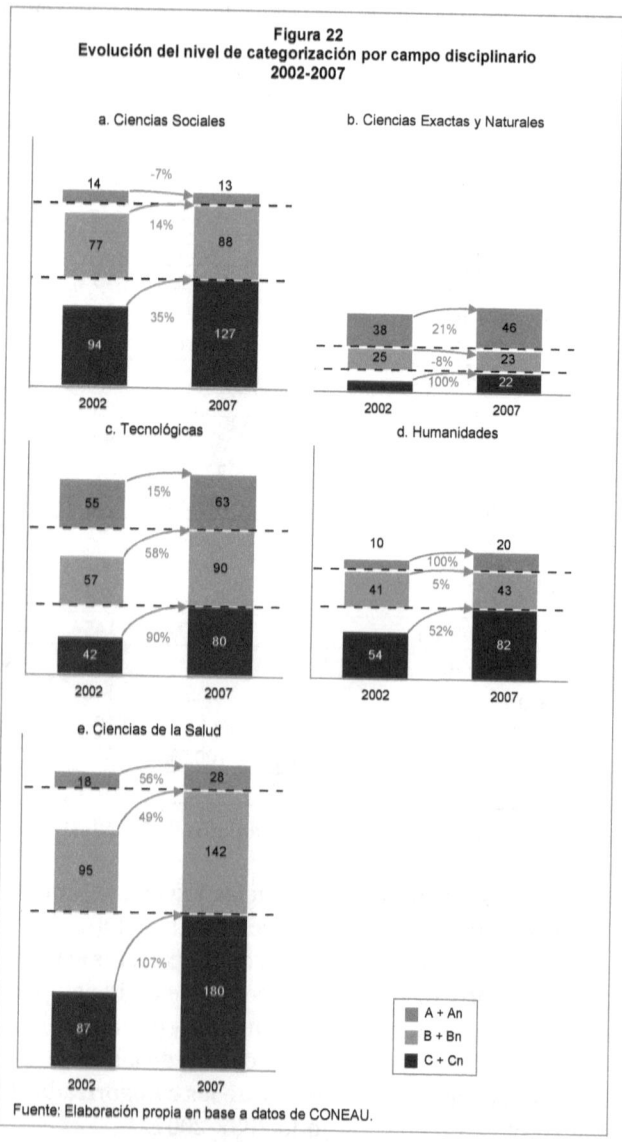

Figura 22
Evolución del nivel de categorización por campo disciplinario
2002-2007

Fuente: Elaboración propia en base a datos de CONEAU.

Finalmente, la distribución según el nivel de categorización es más equilibrada entre las carreras Tecnológicas, con un nivel levemente superior de los programas categorizados B o Bn (Cuadro 24). Lo interesante en el cambio de composición ocurrido entre 2002 y 2007, pasando los programas categorizados como C o Cn a ocupar el lugar de los categorizados como A o An. Esto se debe a que durante el período la tasa de crecimiento de los primeros (90%) superó a la tasa de crecimiento medio de los posgrados acreditados y categorizados (58%), mientras que los segundos solamente crecieron el 15% (Figura 22.c).

4. Reflexiones finales

En la primera parte del trabajo se ha demostrado que la oferta total de posgrados ha continuado creciendo en el período 2002-2007, tal como lo hizo en el período 1994-2002. Sin embargo, el proceso más reciente ha sido más moderado, con una tasa anual de incremento del 6,4% (36% en los cinco años) contra el 11,9% del período anterior (146% en los ocho años). En promedio, el sistema ha tenido un aumento anual de 9,8% en la oferta de posgrados entre 1994 y 2007.

En lo que a modalidades de gestión se refiere, los posgrados del sistema estatal han crecido a una tasa mayor (47%) que los del sistema privado (9%). Tal como ocurre a nivel general, este comportamiento acompaña la tendencia observada en el período 1994-2002 pero muestra una desaceleración entre 2002 y 2007. Mientras que las tasas anuales de crecimiento en el primer período eran de 13,4% entre los posgrados de gestión estatal y 8,8% entre los de gestión privada, entre 2002 y 2007 estas tasas descendieron a 8 y 1,8% respectivamente.

La composición por tipo de programa se ha modificando considerablemente entre 1994 y 2007, pasando de una distribución de un tercio por tipo a una estructura compuesta en un 51% por especializaciones, 35,4% por maestrías y 13,5% por doctorados. La caída en el peso de los doctorados había sido muy importante en el período 1994-2002 y continuó durante el período 2002-2007. Tomando el período 1994-2007 resulta claro que el crecimiento en la oferta de posgrados estuvo determinado por las especializaciones y maestrías, con tasas anuales de 12,3 y 10,9% respectivamente, frente a los doctorados que mostraron tasas de 3%.

La distribución de la oferta total de posgrados de acuerdo con el campo disciplinario no se ha modificado mayormente a lo largo del período de análisis. La disciplina que mayor disminución muestra en la participación relativa es Ciencias Exactas y Naturales. El único campo disciplinario que tiene una mayor participación en 2007 (28,7%) que en 1994 (17,4%) es Ciencias de la Salud. Como fuera mencionado, en este campo tuvieron un gran impacto las 176 especializaciones en distintas sedes hospitalarias. De hecho, si se ignoran estos programas, la distribución de los cinco campos disciplinarios en 2007 es muy similar a la de 2002.

Considerando las tres dimensiones analizadas se puede afirmar que en dos de ellas se han producido modificaciones sustanciales en el período 2002-2007. Es decir, durante este lapso en que el crecimiento de la oferta fue sensiblemente inferior al registrado en períodos anteriores, la oferta incrementó su concentración hacia las instituciones de gestión estatal y hacia los niveles de especialización y maestría.

En la segunda parte del trabajo se mostró evidencia sobre la mayor importancia que ha adquirido la acreditación durante el período, creciendo a un ritmo más acelerado (70%) que la oferta total de posgrados (36%). Si bien todos los posgrados acreditados crecieron a tasas mayores que la oferta, se encontró que los posgrados acreditados como proyectos, los que no solicitaron categorización y los categorizados nuevos han sido los que más se han destacado. Esto significa que la mayor parte del incremento de la acreditación se realizó sobre posgrados que tenían alguna de las siguientes características: I) no han comenzado sus actividades; o II) no han requerido categorización; o III) no presentaban graduados al momento de ser evaluados. En particular la primera categoría merece atención, por tratarse de una oferta que no registra hasta el momento de la acreditación demanda real o demostrada capacidad de permanencia.

La categorización en el período reciente refleja un menor peso de carreras consideradas excelentes o muy buenas (A o An y B o Bn). Aunque en valores absolutos, la oferta de carreras de posgrado consideradas excelentes o muy buenas ha aumentado. Paralelamente, los posgrados acreditados como C o Cn han crecido entre 2002 y 2007 al mismo paso que el total de carreras acreditadas. Es decir, han duplicado el crecimiento de la oferta total de posgrados, aumentando su participación relativa. Los posgrados acreditados que no solicitaron categorización han aumentado el 79%, teniendo mayor peso relativo tanto entre los posgrados acreditados como dentro de la oferta total de carreras de posgrado. La mayor importancia relativa de este tipo de programas puede ser interpretada como un intento por evitar la categorización de la CONEAU por considerar que la calidad percibida del posgrado es superior a la que podría surgir de la evaluación.

Al separar la acreditación por sistema de gestión, se destaca que el número de carreras de posgrado de gestión privada que no solicitaron categorización sea mayor que el número de posgrados de gestión estatal en la misma situación. Del mismo modo, resalta entre los posgrados de gestión privada, que los proyectos hayan pasado del 8% en 2002 al 30% en 2007. Esto quiere decir que cerca de un tercio de toda la oferta de posgrados de gestión privada no ha desarrollado al momento de la acreditación actividades académicas. Se trata de ofertas de posgrados que tienen que atraer una demanda mínima que permita financiar las actividades. Al distinguir por niveles de categorización se encontró que entre los posgrados de gestión estatal el 55% fue considerado muy bueno o excelente. Mientras que entre los posgrados de gestión privada esta proporción es 36%. De aquí se desprende que la tendencia a no requerir categorización de los posgrados de gestión privada tiene sustento en los resultados obtenidos por sus pares evaluados.

En cuanto a la acreditación por tipo de programa, en los posgrados de los tres niveles predominan los programas categorizados de ciclo completo. Al realizar una distinción entre los posgrados que requieren y los que no requieren categorización, se encontró que las especializaciones y maestrías acceden a ser categorizadas en una proporción menor (60/40) que los doctorados (72/28). Al igual que en el caso de las modalidades de gestión, entre los tipos de programas el pedido de categorización está asociado directamente con los resultados obtenidos. Entre las especializaciones y maestrías, los programas categorizados como buenos (C o Cn) son los que tienen mayor importancia relativa, mientras que entre los doctorados son los posgrados categorizados como excelentes (A o An) los más frecuentes.

Entre los campos disciplinarios, salvo por Ciencias Exactas y Naturales que muestra un grado de acreditación (84,1%) muy superior, los restantes campos muestran proporciones cercanas al promedio (64,3%). Dentro de los posgrados acreditados, los de Ciencias Sociales y Humanidades son los que requieren categorización con menor frecuencia. En el extremo opuesto se encuentran los programas de Ciencias Exactas y Naturales, que requieren categorización en el 96% de los casos. Acotando el análisis a aquellas carreras de posgrado acreditadas que han requerido categorización, en Ciencias Sociales, Humanidades y Ciencias de la Salud más del 50% de los posgrados fueron categorizados como buenos (C o Cn). Entre las Tecnológicas se destacan levemente los programas categorizados B o Bn. Mientras que entre los posgrados de Ciencias Exactas y Naturales un poco más de la mitad de las carreras está categorizada como excelente (A o An).

Tanto cuando se analiza la modalidad de gestión, como los tipos de programa o los campos disciplinarios, resulta evidente que existe una relación directa entre los niveles de categorización, el pedido de categorización y la importancia de la acreditación. Es preciso determinar si esta situación es reflejo de la calidad de los programas de posgrado o si se trata de un sesgo provocado por diferencias de criterio entre áreas disciplinarias.

Bibliografía

Barsky, Osvaldo y Dávila, Mabel (2004), "Las tendencias actuales de los posgrados en Argentina", Documento de Trabajo N° 117, Buenos Aires, Universidad de Belgrano. Disponible en línea: http://www.ub.edu.ar/investigaciones/dt_nuevos/117_barsky.pdf

CONEAU (2005), Ordenanza N° 45, Comisión Nacional de Evaluación y Acreditación Universitaria.

MCyE (1997), Resolución Ministerial N° 1.168/97, Ministerio de Cultura y Educación.

MCyE (2002), Resolución Ministerial N° 532/02, Ministerio de Cultura y Educación.

PEN (1995), Decreto N° 499/95, Poder Ejecutivo Nacional.

SPU (2006), Anuario 2006 de Estadísticas Universitarias, Secretaría de Políticas Universitarias. Volumen I y II.

3. EVALUACIÓN Y ACREDITACIÓN

La evaluación de posgrados en la Argentina

Por Osvaldo Barsky y Mabel Dávila

Introducción

En las últimas décadas se viene produciendo en la educación superior, entre otros cambios de magnitud, un proceso de internacionalización que tiene importantes impactos sobre los sistemas nacionales. Aunque persisten diferencias asociadas a las distintas tradiciones que configuraron los procesos en cada país, comienza a perfilarse una serie de transformaciones sobre algunos ejes comunes.

La constitución de sistemas de posgrado de la mano del aumento de la oferta de los mismos y la implementación de procesos de evaluación y acreditación a nivel de la educación superior son algunas de las tendencias que se vienen consolidando en este nuevo contexto.

Los actuales sistemas de educación superior, entre otras características comunes, presentan una gran dimensión y complejidad, así como también un creciente distanciamiento de las lógicas corporativas a favor de un mayor acercamiento a las lógicas del mercado. Se configuran así nuevas relaciones entre la universidad, el Estado y la sociedad, a través de las cuales el Estado adquiere un nuevo rol constituyéndose como "Estado evaluador" y regulando de esta forma la educación superior a través de los sistemas de evaluación y acreditación.

Son varias las razones que explican la gran expansión de la oferta de posgrados a nivel mundial. El desarrollo científico y tecnológico, los cambios cuantitativos y cualitativos del conocimiento, vienen provocando cambios a nivel económico- productivo y social que impactan sobre los sistemas educativos. Desde los sectores productivos, así como desde los diversos ámbitos de las sociedades modernas, se demandan nuevos conocimientos que provocan y aceleran los cambios mencionados.

A partir de la demanda social se van constituyendo sistemas nacionales de posgrado que tienen entre otras características comunes una oferta de carreras diversa, heterogénea y en permanente crecimiento y transformación que va exigiendo la necesidad de evaluar y acreditar su calidad.

Por otra parte, aunque con grandes diferencias entre sí, los Estados desarrollan políticas educativas que acentúan esta influencia. Por ejemplo, la legislación argentina exige a los docentes un título equivalente o superior al del nivel en el que dicta clases. A su vez, la propia evaluación contribuye a controlar el cumplimento de esta medida. De esta forma, se promueve el desarrollo de determinadas estrategias por parte de los actores involucrados, en este caso, docentes investigadores y las instituciones de educación superior.

Paralelamente al crecimiento de la oferta de posgrados, también asistimos a la expansión de los procesos de evaluación y acreditación de la calidad. Actualmente la gran mayoría de los países cuenta con sistemas de aseguramiento de la calidad. Aunque en sus inicios estos generaron diversos grados de resistencia por parte de los actores educativos, con el tiempo lograron desarrollarse y adaptarse a los sistemas educativos con crecientes niveles de aceptación.

Existen diferentes factores que contribuyen a definir esta tendencia y que al mismo justifican su necesidad. Como ya mencionamos, el crecimiento de la demanda ha provocado una expansión y diversificación de la oferta generando sistemas más complejos, y esto presiona por mecanismos que aseguren la calidad. Por otra parte, la explosión del conocimiento en cantidad y calidad transforma la función educativa de las universidades y promueve la internacionalización.

La educación superior se ha vuelto un instrumento estratégico para generar desarrollo económico y social, integración y competitividad a nivel internacional. Y esto implica más requerimientos de calidad y pertinencia en relación con la demanda del mercado y las estrategias de desarrollo de los países. Asimismo, ante la masividad de los sistemas y la insuficiencia de los recursos estatales, se ha ido generalizando la necesidad de racionalizar el financiamiento de la educación superior.

Un último factor cada vez más determinante es el rol de las Agencias Nacionales de Acreditación en la internacionalización de la Educación Superior. Estas agencias se vuelven indispensables en la generación de parámetros comunes que permitan evaluar conocimientos para sostener la movilidad de estudiantes, académicos y profesionales e integrar los sistemas educativos.

En la década de 1990 comienzan los procesos de evaluación y acreditación en la Argentina, que se institucionalizan con la creación de la CONEAU. En el caso de la evaluación de posgrados hay un antecedente con la CAP y el FOMEC. En todos estos años se desarrolla un proceso que va madurando con la experiencia de los distintos actores, y va logrando superar varias de las dificultades que se presentaron inicialmente.

Si bien se evidencia una serie de aspectos problemáticos a solucionar en esta materia, la literatura sobre el tema muestra que durante estos años el principal problema para la evaluación de posgrados se presenta en relación con la definición de criterios diferenciales de acuerdo al perfil de los posgrados, específicamente, el conflicto entre las concepciones académica y profesional.[16]

---

[16] Ver Barsky (1997; 1999); Barsky y Dávila (2004).

Este trabajo presenta los resultados de una investigación sobre los procesos de evaluación y acreditación de posgrados en la Argentina. Consta de dos partes. En la primera se presenta una descripción y análisis de estos diez años de evaluación y acreditación de posgrados en la Argentina, con énfasis en el accionar de la CONEAU, la normativa y sus transformaciones, los principales problemas y las soluciones que se fueron implementando.

En la segunda parte se realiza un análisis de la evaluación de posgrados sobre dos disciplinas: Ciencias Agropecuarias y Administración. Éstas fueron seleccionadas por tratarse de dos áreas disciplinarias en las cuales se presenta en forma bastante acentuada el conflicto entre la concepción académica y la profesional.

En primer lugar, se caracteriza la población de posgrados acreditados en ambas disciplinas en función de distintas variables que permiten captar la heterogeneidad de la población. Estas variables son: modalidad de gestión, tipo de carrera, año de acreditación y categorización. En segundo lugar, se profundiza en el análisis de los criterios de evaluación de los posgrados en ambas disciplinas sobre variables tales como, investigación, transferencia, cuerpo académico, tesis y graduación.

PRIMERA PARTE: El desarrollo de los procesos de evaluación de posgrados

1. El crecimiento de la oferta de posgrados

Como respuesta a un importante crecimiento de la demanda y acorde a las tendencias internacionales, en la década de 1990, a partir de la aprobación de la Ley 24.521 de Educación Superior (LES), se implementa un conjunto de políticas de educación superior que tienen, entre otras consecuencias, una expansión general de la oferta de carreras de educación superior y, en particular, de carreras de posgrados.

Más allá de que hay diferencias entre las diversas áreas disciplinarias, entre los sectores estatal y privado y entre los distintos tipos de carrera –especialización, maestría y doctorado– se observa una notable expansión del conjunto del sistema de posgrados que continúa hasta hoy. Por otra parte, los procesos de evaluación y acreditación evidencian también un crecimiento importante en el período considerado, acompañando la expansión del sistema de posgrado.[17]

Sin embargo, esta proliferación de posgrados no siempre ocurrió en sintonía con la estructura existente tradicionalmente, organizada alrededor del grado, y de esta forma fue generando ciertos problemas en el sistema de educación superior.

El sistema universitario argentino moderno se construyó bajo la fuerte influencia del modelo vigente en Francia, que se superpuso al que se originó en la etapa colonial (Universidad de Córdoba) y en el período inmediatamente posterior (Universidad de Buenos Aires). Se consolidó así un esquema centrado en el grado universitario como eje vertebral de la universidad, título que también habilitaba directamente para el ejercicio profesional.

A partir de la década de 1990 la construcción y ampliación de la etapa de posgrado ha implicado la superposición, sin demasiado orden curricular, entre el tradicional esquema de licenciatura (grado), especialización y doctorado (posgrado) –heredado de la cultura europea– y propuestas educativas derivadas de la experiencia norteamericana como las maestrías. La principal consecuencia fue la extensión de la duración del ciclo universitario –licenciaturas de cuatro o cinco años con maestrías de tres o cuatro y

---

[17] Ver Barsky y Dávila (2004) y Fernández (2008).

doctorados de tres a cinco– sin justificación aparente y en muchos casos con la duplicación de contenidos entre la última etapa del grado y el posgrado, lo que contribuye a la erosión del significado y función específica de cada programa.

Asimismo, con la nueva Ley de Educación Superior se plantean mayores exigencias académicas relacionadas con el posgrado, que generan una desesperación de credencialismo que impulsa la construcción de posgrados endogámicos de baja calidad en función de la posibilidad de reproducción financiera y personal de las comunidades académicas. La construcción del sistema de posgrado teniendo como centro de las universidades el grado, a diferencia de los países desarrollados donde el corazón científico, presupuestario y organizacional de la universidad es el posgrado, contribuye a profundizar esta problemática.

A esta desarticulación entre grado y posgrado, también se suma la falta de articulación ascendente en el interior del sistema de posgrado, que, a diferencia de los casos norteamericano o brasileño, no implica obligatoriamente pasar por una maestría para acceder a un doctorado, sino que por el contrario, estas resultan opciones alternativas, que llevan, entre otros aspectos, a que el nivel académico efectivo no dependa tanto del título de posgrado obtenido sino de la estrategia de articulación utilizada.

Otro factor que genera mayor complejidad es que cada disciplina fue desarrollando tradiciones diferentes en torno a la formación de posgrado. Las carreras de Ciencias Exactas y Naturales, retomando algunas tradiciones científicas nacionales y basándose en la experiencia de investigadores que realizaron doctorados en el exterior, implementaron nuevas actividades que alcanzaron un desarrollo importante en algunas facultades. De esta forma, los doctorados pasaron a ser el título de posgrado de excelencia reconocida. Para los médicos y posteriormente los abogados e ingenieros, las especializaciones fueron el camino de la legitimación para prácticas profesionales específicas.

En las Ciencias Agrarias tiene un papel relevante el Instituto Nacional de Tecnología Agropecuaria (INTA), fundado en 1958, que envió numerosos profesionales a realizar maestrías en Estados Unidos y Francia, e implementó maestrías de alto nivel para ingenieros agrónomos y veterinarios. En Humanidades tuvieron presencia creciente los doctorados de las universidades privadas católicas que luego se fortalecieron también en las universidades estatales.

Para las Ciencias Sociales las maestrías marcaron el camino de la calidad en los estudios de posgrado. A este proceso contribuyó el traslado al país en 1973 de la Secretaría General de la Facultad Latinoamericana de Ciencias Sociales, programa internacional de la UNESCO en convenio con los países de América Latina, que funcionaba en Santiago de Chile desde 1957. En 1974 inicia sus actividades el Programa Argentina de FLACSO que en 1979 comenzó el dictado de sus maestrías en Ciencia Política y Sociología, a las que le seguirían luego sus maestrías en Educación, Relaciones Internacionales y Estudios Sociales Agrarios. Posteriormente, se sumó el impacto de quienes cursaban en Estados Unidos maestrías en Administración, que a su retorno comenzaron a difundir estas actividades en instituciones universitarias estatales y privadas.

Los procesos de evaluación y acreditación desarrollados en la última década han contribuido en gran medida a mejorar la calidad del sistema. Sin embargo, muchos de los cuestionamientos realizados a estos procesos tienen que ver con la falta de consideración de estas tradiciones disciplinares dado que la comunidad académica traslada mecánicamente los criterios de excelencia de algunas disciplinas, en especial de las Ciencias Exactas y Naturales, a campos del conocimiento diferentes.

Uno de los problemas más importantes son las bajas tasas de egreso del conjunto del sistema, y en especial en el sector estatal y en algunas disciplinas, particularmente en las áreas de Humanidades y Ciencias Sociales. Este aspecto está vinculado, en el caso de los posgrados académicos, a la falta de becas para alumnos y retribuciones para los docentes por la dirección de las tesis.

En resumen, la alta heterogeneidad del sistema argentino de posgrado deriva, entonces, de su historia original y de la rápida y desordenada expansión reciente, y va configurando un universo complejo en materia de modalidades institucionales y disciplinarias. En gran medida, esta situación en el sistema de posgrados fue generada porque la regulación de la oferta de posgrados quedó librada a las políticas desarrolladas por las universidades, con frecuencia más relacionadas con una cuestión de mercado (incluida la propia demanda de títulos por los integrantes del sistema académico) que con las necesidades detectadas en el interior del sistema o con las posibilidades materiales de ejecución, careciendo, además, de una articulación con las instituciones que conforman el sistema de ciencia y tecnología (Barsky y Dávila, 2004). De esta manera, se conforma el sistema como la sumatoria dispersa de rígidas tradiciones científicas antiguas, a las que se van sumando las demandas recientes de la sociedad. Sin embargo, en este crecimiento parecen existir procesos diferenciales que se explican por la forma en que evolucionan las disciplinas y cómo se adaptan a las transformaciones del conocimiento, a la integración internacional y a la presión de la evaluación y acreditación.

2. Antecedentes de la CONEAU: la comisión de acreditación de posgrados

La Comisión de Acreditación de Posgrados (CAP) creada por el Ministerio de Educación en 1994 –en el marco de las políticas implementadas en el Programa de Reformas de la Educación Superior de la Secretaría de Políticas Universitarias– constituye uno de los principales antecedentes de la evaluación de posgrados en la Argentina. Esta entidad estaba conformada por cinco miembros propuestos por el Consejo Interuniversitario Nacional –universidades estatales–, tres por el Consejo de Rectores de Universidades Privadas y uno por el Ministerio de Cultura y Educación.

También se inscribe en estas políticas el Fondo para el Mejoramiento de la Calidad Universitaria (FOMEC), programa creado con financiamiento parcial del Banco Mundial para la asignación de recursos, a efectos de apoyar mejoras en la enseñanza de las universidades estatales (Barsky y Dávila, 2004). Según la categoría de acreditación de la CAP, el posgrado podía solicitar distintos tipos de cooperación para su financiamiento. De esta forma, la asignación de recursos constituyó una política de estímulo a la evaluación en el sector estatal.

La CAP formuló una convocatoria durante 1995 para la acreditación voluntaria de maestrías y doctorados académicos –excluyó a las especializaciones y otro tipo de posgrados profesionales– a través de comités de pares constituidos por destacados especialistas en cada disciplina o área temática. El principal criterio de esta ponderación fue la consideración de un cuerpo académico adecuadamente calificado y con buena actividad en investigación como elemento central para la buena formación de los docentes universitarios y para la producción de graduados con tesis de adecuado nivel.

Se presentaron a esta convocatoria 297 de las 489 carreras registradas –el 61%–, y fueron acreditadas 99 maestrías y 77 doctorados, un total de 176 actividades, es decir el 59% de las presentadas. Por otra parte, la presentación era voluntaria y guardaba estrecha conexión con las acciones del FOMEC destinadas exclusivamente hacia las universidades estatales.

3. La creación de la CONEAU

La experiencia de la CAP sienta las bases para la creación de la Comisión Nacional de Evaluación y Acreditación Universitaria (CONEAU), organismo que actualmente está a cargo de la evaluación y acreditación universitaria. La Ley 24.521 de Educación Superior (LES) aprobada en 1995 con el fin de reglamentar el sistema de educación superior argentino establece las pautas para los procesos de evaluación y acreditación. El Artículo 46 de la LES define las características y las funciones de esta entidad. La CONEAU es un organismo descentralizado creado con el objetivo de atender la evaluación y acreditación universitaria en 1996 y funciona en la jurisdicción del Ministerio de Educación.

La Comisión Nacional de Evaluación y Acreditación Universitaria está integrada por doce miembros, designados por el Poder Ejecutivo nacional a propuesta de los siguientes organismos: tres por el Consejo Interuniversitario Nacional, uno por el Consejo de Rectores de Universidades Privadas, uno por la Academia Nacional de Educación, tres por cada una de las Cámaras del Congreso de la Nación, y uno por el Ministerio de Cultura y Educación. Los miembros duran en sus funciones cuatro años, con sistema de renovación parcial. En todos los casos se establecía que debía tratarse de personalidades de reconocida jerarquía académica y científica. La Comisión recibió presupuesto propio para desarrollar sus actividades.[18]

A diferencia de otros países en los cuales hay organismos diferentes para la evaluación de grado, posgrado e institucional, la CONEAU está a cargo de la evaluación de todo el sistema universitario. Es así que además de la evaluación y acreditación de posgrados, esta entidad tiene otras funciones.[19]

a) La acreditación de los posgrados. Según la LES, la acreditación es obligatoria para las carreras de posgrado cualquiera sea el ámbito en que se desarrollen. De esta forma, las carreras que no obtienen la acreditación no cuentan con reconocimiento oficial y, por lo tanto, los títulos que ofrecen no tienen validez nacional.

La evaluación de las carreras de posgrado se realiza conforme a los estándares que establezca el Ministerio de Cultura y Educación en consulta con el Consejo de Universidades.

b) La evaluación institucional de todas las universidades estatales –nacionales y provinciales– y privadas. La CONEAU coordina y lleva adelante la evaluación externa prevista en el Artículo 44 que establece que las instituciones universitarias deberán asegurar el funcionamiento de instancias internas de evaluación institucional, que tendrán por objeto analizar los logros y dificultades en el cumplimiento de sus funciones, así como sugerir medidas para su mejoramiento.

Estas autoevaluaciones se complementan con evaluaciones externas, que según se establece deberán hacerse como mínimo cada seis años, en el marco de los objetivos definidos por cada institución. Abarcan las funciones de docencia, investigación y extensión, y en el caso de las

---

[18] Artículo 47 de la LES
[19] Artículo 46 de la LES

instituciones universitarias nacionales, también la gestión institucional.

Las evaluaciones externas están a cargo de la Comisión Nacional de Evaluación y Acreditación Universitaria o de entidades privadas constituidas con ese fin, en ambos casos con la participación de pares académicos de reconocida competencia. Además, las recomendaciones para el mejoramiento institucional que surjan de las evaluaciones tienen carácter público.

c) La acreditación de las carreras de grado reguladas. El reconocimiento oficial de los títulos de grado que expiden las instituciones universitarias está a cargo del Ministerio de Educación. Sin embargo, en algunos casos la LES exige la acreditación de la CONEAU.

Según el Artículo 43 de esta ley, en el caso de los títulos correspondientes a profesiones reguladas por el Estado, cuyo ejercicio pueden comprometer el interés público poniendo en riesgo de modo directo la salud, la seguridad, los derechos, los bienes o la formación de los habitantes, se requerirá que se respeten, además de la carga horaria a la que hace referencia el artículo anterior, los siguientes requisitos:

I) Los planes de estudio deberán tener en cuenta los contenidos curriculares básicos y los criterios sobre intensidad de la formación práctica que establezca el Ministerio de Cultura y Educación, en acuerdo con el Consejo de Universidades;

II) Las carreras respectivas deberán ser acreditadas periódicamente por la Comisión Nacional de Evaluación y Acreditación Universitaria o por entidades privadas constituidas con ese fin debidamente reconocidas.

El Ministerio de Cultura y Educación determina con criterio restrictivo, en acuerdo con el Consejo de Universidades, la nómina de tales títulos, así como las actividades profesionales reservadas exclusivamente para ellos.

a) La emisión de recomendaciones sobre los proyectos institucionales de nuevas universidades estatales y de las solicitudes de autorización provisoria y definitiva de establecimientos universitarios privados.

La CONEAU se pronuncia sobre la consistencia y viabilidad del proyecto institucional que se requiere para que el Ministerio de Cultura y Educación autorice la puesta en marcha de una nueva institución universitaria nacional con posterioridad a su creación o el reconocimiento de una institución universitaria provincial. También prepara los informes requeridos para otorgar la autorización provisoria y el reconocimiento definitivo de las instituciones universitarias privadas.

b) Dictaminar sobre el reconocimiento de entidades privadas de evaluación y acreditación universitaria. Según el Artículo 45 las entidades privadas que se constituyan con fines de evaluación y acreditación de instituciones universitarias, deberán contar con el reconocimiento del Ministerio de Cultura y Educación, previo dictamen de la Comisión Nacional de Evaluación y Acreditación Universitaria. Los patrones y estándares para los procesos de acreditación, serán los que establezca el Ministerio previa consulta con el Consejo de Universidades.

4. El marco normativo de la evaluación de posgrados: la Resolución 1.168/97

El Ministerio de Educación, de acuerdo a lo estipulado en los artículos 45 y 46 de la LES aprobó, en consulta y acuerdo con el Consejo de Universidades, la Resolución N° 1.168/97. Ésta define los estándares y criterios mínimos para la acreditación de posgrados. Estos estándares son transversales a las disciplinas, es decir, comunes para todas. La resolución destaca la necesidad de plantear estándares mínimos que permitan la utilización de indicadores dentro de un marco lo suficientemente amplio y flexible como para posibilitar la consideración de distintas tipologías. Asimismo, resalta que se trata de estándares mínimos y que en su aplicación deben respetarse los principios de autonomía y libertad de enseñanza y aprendizaje.

Tipos de posgrados

La reglamentación reconoce y define tres tipos de posgrados: especializaciones, maestrías y doctorados.

a. Especialización

Tiene por objeto profundizar en el dominio de un tema o área determinada dentro de una profesión o de un campo de aplicación de varias profesiones, ampliando la capacitación profesional a través de un entrenamiento intensivo. Cuenta con evaluación final de carácter integrador. Conduce al otorgamiento de un título de Especialista, con especificación de la profesión o campo de aplicación.

b. Maestría

Tiene por objeto proporcionar una formación superior en una disciplina o área interdisciplinaria, profundizando la formación en el desarrollo teórico, tecnológico, profesional, para la investigación y el estado del conocimiento correspondiente a dicha disciplina o área interdisciplinaria. La formación incluye la realización de un trabajo, proyecto, obra o tesis de maestría de carácter individual, bajo la supervisión de un director, y culmina con la evaluación por un jurado que incluye al menos un miembro externo a la institución. El trabajo final, proyecto, obra o tesis deben demostrar destreza en el manejo conceptual y metodológico, correspondiente al estado actual del conocimiento en la o las disciplinas del caso. Conduce al otorgamiento de un título académico de Magíster, con especificación precisa de una disciplina o de un área interdisciplinaria.

c. Doctorado

Tiene por objeto la obtención de verdaderos aportes originales en un área de conocimiento, cuya universalidad debe procurar, en un marco de nivel de excelencia académica. Dichos aportes originales estarán expresados en una tesis de doctorado de carácter individual que se realizará bajo la supervisión de un director de tesis, y culminará con la evaluación de un jurado con mayoría de miembros externos al programa, de los cuales al menos uno de ellos será externo a la institución. Dicha tesis conduce al otorgamiento del título académico de Doctor.

En el caso de maestrías y doctorados la Resolución establece que se trata de títulos académicos, mientras que no tiene la misma consideración con las especializaciones. No habilita la posibilidad de títulos profesionales para maestrías y doctorados, tal como existe en otros países. Sin embargo, la definición de maestría que presenta esta resolución no es tan tajante, dado que la propuesta de producto que se exige para el egreso, además de tesis académicas, también reconoce el campo de las profesiones, ya que habla de obra y trabajo final. Esto demuestra que esta resolución es uno de los puntos de conflicto entre las corrientes tradicionales academicistas y la realidad impuesta por las profesiones conque se armaron muchas maestrías.

Criterios para la acreditación

En la Resolución se plantean los siguientes criterios fundamentales para la acreditación de estas carreras:

a. Marco institucional

Es necesario que el proyecto de posgrado especifique los siguientes elementos: reglamentación de la universidad sobre su sistema de posgrado, reglamentación sobre la carrera de posgrado que solicita acreditación, definición de los objetivos de la misma, fundamentos del Plan de Estudios y Programa de Actividades de la temática abordada. También se considerará la presentación de carreras interinstitucionales con el objeto de aprovechar el potencial académico, científico y tecnológico de varias instituciones universitarias del país o con universidades extranjeras. En estos casos es imprescindible la firma de un convenio específico y su aprobación por parte de las instancias con facultades legales para hacerlo en cada una de las instituciones participantes.

Asimismo, se requiere el relevamiento y sistematización de datos referidos a la evolución de la matrícula, así como el registro y análisis de tasas de aprobación, retención y graduación y toda otra información importante al respecto.

b. Plan de estudios

Deberá incluir los siguientes aspectos: I) Definición de fundamentos y objetivos del proyecto, requisitos de admisión, programa de las actividades académicas, reglamento de tesis, metodología de evaluación de los alumnos y condiciones para el otorgamiento del título. Estos elementos deben guardar coherencia entre sí y constituir un proyecto integral de formación de posgrado. II) Presentación de una reglamentación para doctorados y maestrías personalizadas, es decir, aquellos en los cuales el plan de estudios es presentado por el director de trabajo final y aprobado por el Comité Académico en función de la temática a ser tratada por el maestrando o doctorando en su trabajo final.

También se especifica la carga horaria para todos los tipos de carreras. Las especializaciones contarán con un mínimo de 360 horas y las maestrías de 540 horas reales dictadas. En el caso de las maestrías se debe incluir además un mínimo de 160 horas de tutorías y tareas de investigación en la universidad que no incluyen las horas dedicadas al desarrollo de la tesis.

c. Cuerpo académico

Se especifica que el cuerpo académico comprende al conjunto de docentes e investigadores y podrá estar conformado por el director del programa, Comité Académico, cuerpo docente y directores de tesis, u otros con funciones equivalentes, y su número y dedicación a la carrera responderán a las necesidades y complejidades de cada posgrado.

Sus integrantes deberán poseer, como mínimo, una formación de posgrado equivalente a la ofrecida por la carrera. Esta es la exigencia principal. En algunos casos se podrá plantear una excepción y la ausencia de estudios de posgrado podrá reemplazarse con una formación equivalente demostrada por sus trayectorias como profesionales, docentes o investigadores. Asimismo, el criterio de excepción debe aplicarse con mayor flexibilidad al comienzo del proceso de acreditación.

El cuerpo docente está constituido por profesores estables y profesores invitados. Los profesores estables son aquellos que forman parte del plantel docente de la universidad y también los que provienen de otras instituciones pero tienen funciones de dictado y evaluación de cursos y seminarios, dirección o codirección de tesis y participación en proyectos de investigación. Los profesores invitados son los que asumen eventualmente parte del dictado de una actividad académica de la carrera.

Esta diferenciación conceptual tiene importancia dado que la Resolución 1.168 establece que los docentes estables deben constituir por lo menos el 50% del cuerpo académico de la carrera.

Finalmente, sobre la dirección de Tesis se especifica que los directores podrán tener a su cargo un máximo de cinco tesistas incluyendo los de otras carreras de posgrado.

d. Alumnos

El proyecto debe contener: I) Políticas, procesos y condiciones de admisión, evaluación, promoción y graduación. II) Orientación adecuada respecto al plan de estudios y al título a otorgar.

e) Equipamiento, biblioteca y centros de documentación
f) Disponibilidades para investigación

Se incluye en este punto: I) el detalle, de acuerdo con los requerimientos de la carrera, de los ámbitos institucionales de investigación, prácticas profesionales y desarrollos tecnológicos previstos para la ejecución de los trabajos, proyectos, obras o actividades de maestrías y doctorados; II) existencia de programas y proyectos de investigación; III) ámbito de las actividades de investigación de los docentes, siendo preferentemente consideradas la propia carrera de posgrado, otras áreas de la misma institución y otras instituciones de nivel académico, especialmente cuando se trate de maestrías y doctorados personalizados.

g) Consideraciones generales

Se plantean dos aspectos a considerar. En primer lugar, se deja constancia de que las pautas fijadas precedentemente refieren exclusivamente a la modalidad presencial, y no a distancia, que exige un tratamiento y consideraciones diferentes.

En segundo lugar, se destaca que convendría que los estándares planteados sean revisados teniendo en cuenta el resultado de su aplicación en un plazo que no debería exceder a un año.

Procedimientos

La resolución también regula una serie de aspectos vinculados a los procedimientos de acreditación, tiempo de validez, composición de los comités de pares y las comisiones asesoras.

Los miembros de los comités de pares y de las comisiones asesoras deberán tener una formación de posgrado equivalente o superior a la exigida al cuerpo académico a evaluar. Además serán propuestos por las universidades. Igualmente se posibilita la eventual recusación y excusación de los miembros del comité. Para la conformación de dichos comités se tendrá en cuenta la representación de las diversas regiones, así como las distintas corrientes científicas, filosóficas, metodológicas o de interés tecnológico. Asimismo, plantea que el proceso de acreditación de una carrera de posgrado debe prever la realización de entrevistas y visitas que complementen la presentación.

Como se puede observar, la resolución especifica la necesidad de que la selección de pares considere diferentes variables que determinan la heterogeneidad del sistema de posgrados. Esta ventaja se ve potenciada con el planteo de entrevistas y visitas para complementar la presentación. Sin embargo, esta diversidad se restringe al ámbito académico en la medida que los pares son propuestos por las universidades.

5. Cuestionamientos, soluciones implementadas y principales desafíos

5.1. Dificultades estructurales de la comunidad académica que afectaron la construcción del proceso de evaluación

Muchos problemas de la evaluación y acreditación de posgrados en la Argentina se gestaron en el origen mismo del proceso con la creación de la CAP y continuaron posteriormente con la evaluación desarrollada por la CONEAU.

Como gran parte de las carreras de posgrados era nueva, el problema inicial se presentó por la dificultad de realizar una evaluación del producto, es decir vincular la calidad del posgrado a la calidad de sus egresados, de sus tesis o trabajos finales. Alternativamente, se evaluaran las condiciones de producción, es decir la calidad de la planta académica, la infraestructura –bibliotecas, laboratorios–, la capacidad de investigación instalada, capacidad institucional, etc. Ello se agravó porque el modelo de calidad que se tomó como referente, dada la composición de los comités de pares y el origen de muchos técnicos de la CONEAU, fueron las universidades tradicionales de gestión estatal. Esto generó una serie de problemas que continúa hasta hoy. Entre otras consecuencias negativas que generó esta condicionante se terminó promoviendo un sistema de evaluación de posgrado en base a criterios de calidad del grado.

Es el caso de la pertenencia y dedicación de las plantas docentes en el cual primó la tendencia de exigir una dedicación importante de los académicos, con la exigencia de un número de profesores de tiempo completo. En las instituciones universitarias tradicionales las dedicaciones exclusivas o de medio tiempo en realidad lo son a la institución, y no a las actividades de posgrado, a las que suelen dedicar tiempos marginales. De ahí que la exigencia formal se convierta en una expresión carente de contenido real que no garantiza el propósito buscado. Además, en todas las instituciones este criterio de excelencia termina favoreciendo el trabajo académico sobre la experiencia profesional.

Por otra parte, existen experiencias exitosas a nivel nacional e internacional de modalidades de posgrado donde los profesores se reclutan mayoritariamente para el dictado de cursos específicos, y sólo un pequeño núcleo de los académicos, generalmente el director del posgrado y algunos investigadores, está en forma estable en la institución.

La concepción extrema de la dedicación *full time* de los profesores de posgrado tiene una conexión estrecha con la tradición de los procesos de enseñanza-investigación de las Ciencias Exactas y Naturales. En este ámbito no hay otra forma posible de trasmisión razonable de conocimientos vinculados a procesos de experimentación, manejo de prácticas de laboratorio, etc. En otras disciplinas la mayor parte de las investigaciones no requieren ser realizadas en grandes equipos y menos en la misma institución. Lo importante es que se trate de investigaciones relevantes vinculadas con la temática del posgrado y que puedan ser trasmitidas adecuadamente a los estudiantes. Asimismo, en otras actividades, particularmente en las ligadas a las profesiones liberales y sobre todo en algunas áreas, la calidad de la planta académica se define por su inserción fuera del posgrado y muchas veces de la propia entidad donde se dicta. En los posgrados vinculados al mundo productivo y/o empresarial, por ejemplo, lo que importa es la trasmisión sistematizada de los procesos que se conocen a partir de prácticas sociales efectivas. Debería interesar, entonces, mucho más la calidad de los recursos humanos y de los procesos de formación de los estudiantes, que el conteo mecánico de los recursos humanos que una institución capta.

Por oto lado, la exigencia de plantas locales estables con una masa crítica de profesores estables y de alta calidad plantea complicaciones debido a las diferencias regionales en la distribución de los recursos humanos.

Predominan visiones que están dominadas por los paradigmas de la enseñanza de grado y posgrado de las Ciencias Exactas y Naturales. Sin embargo, la generalización de criterios de evaluación de esta área a las demás no es un problema exclusivo de Argentina sino que se presenta a nivel internacional. Becher (1989) a partir de su investigación sobre la relación entre las formas de conocimiento y las comunidades de conocimiento asociadas a ellas en distintas instituciones de Estados Unidos, sostiene que dentro del mundo académico los dominios del conocimiento duro tienen más prestigio que los blandos y los básicos que los aplicados. El orden jerárquico se destaca en las características de la vida académica, de forma que alcanzar algo de eminencia trae aparejada la potencialidad de ejercer el poder. El papel de guardián, la persona que determina quién es admitido en una comunidad en particular y quién es excluido, es significativo en términos de desarrollo de los campos de conocimiento. Entre las paradojas que abundan en el mundo académico, una de las más curiosas es la coexistencia aparente de un elegante radicalismo con un conservadurismo atrincherado que se manifiesta en una reacción a las ideas innovadoras. Es así que en general las áreas y profesiones menos prestigiosas adoptan características y metodologías de las más prestigiosas para aumentar la jerarquía, o porque son quienes dominan e imponen a través de diversos mecanismos, como la asignación de recursos (Dávila, 2002).

Para las Ciencias Exactas y Naturales hay una sola forma de hacer investigación y, por ende, sus actividades de posgrado. Así, la docencia se integra con el proceso de investigación en laboratorio o unidad académica y las actividades de posgrado consisten directamente en un doctorado donde se es parte de un equipo de investigación encabezado por un académico de prestigio. Este equipo tiene acceso a publicaciones en revistas internacionales con referato, donde publica. Las publicaciones no son individuales sino que son firmadas por un grupo generalmente numeroso, y donde el orden de aparición está vinculado con el ascenso dentro de la jerarquía del grupo y, por ende, de la investigación. No tener un doctorado y no publicar en estas revistas internacionales, equivalen a ser inexistentes en materia científica. El tema se agrava si se piensa que las publicaciones son obras de un equipo con muchos miembros (cinco, seis o siete son números corrientes). Por lo tanto cada miembro puede tener muchas publicaciones anuales. Hay investigadores que a lo largo de su carrera muestran doscientas o trescientas publicaciones, lo que es impensable en el resto de las disciplinas.

Este paradigma es distinto para las Ciencias Sociales y las Humanidades. Comenzando por las publicaciones para esta área, un libro publicado en una editorial especializada tiene mucha mayor importancia que un artículo. Un libro es el resultado de muchos años de investigación, generalmente realizada en forma individual o como máximo en colaboración con otro autor. Incluso un artículo es el resultado de varios meses de trabajo individual.

Por otra parte, el doctorado no es el título de mayor reconocimiento en todas las áreas, sino que hay diferentes tradiciones según las disciplinas. En la Argentina son muy relevantes las maestrías en las Ciencias Sociales, mientras que en las Humanidades la tradición más fuerte está centrada en los doctorados. En las Ciencias de la Salud son decisivas las especializaciones cuya duración e intensidad superan muchas veces a las de los doctorados. En las áreas de Administración y de Negocios son valoradas especialmente las maestrías, en función de haber tomado como modelo al sistema de los Estados Unidos. Se trata de distintas valoraciones que tienen que ver con el acceso a distintas prácticas sociales y a distintas formas de recibir y generar nuevo conocimiento y que es necesario considerar en la evaluación.

Este problema se acentúa porque a diferencia del sistema ascendente norteamericano o brasileño, el sistema argentino de articulación entre grado y posgrado no tiene un orden claramente ascendente. No es obligatorio pasar por una especialización para acceder a una maestría o por una maestría para acceder a un doctorado. Eso hace que el nivel académico efectivo de quien ha cursado estudios de posgrado no dependa tanto del título obtenido sino de la estrategia que se utilizó para la articulación.

La vinculación de la calidad con la cantidad de horas presenciales es otro criterio de discusión. Los detractores que cuestionan esta reglamentación argumentan que plantea una exigencia que supera ampliamente a los estándares internacionales. Otro punto vinculado que se esboza en la Resolución 1.168 es que las horas de investigación a computar en las maestrías no pueden destinarse al tema de la tesis. Este es un factor que conspira contra la posibilidad de finalización de las tesis, dado que en vez de permitir al alumno desarrollar el proceso de investigación a partir de una integración de los contenidos de los cursos sobre la temática de su tesis, se lo termina obligando a postergar el comienzo de la misma.

Otro problema se presentó debido a la generalidad de los formularios para todos los programas. La información contenida en los formularios respondía a un cuestionario genérico que intentaba registrar las actividades de los posgrados, independientemente de la importancia relativa de sus actividades. Un ejemplo es la solicitud de información sobre las investigaciones realizadas por los docentes. Aunque este criterio es pertinente para los posgrados académicos, no es tan claro en el caso de los posgrados profesionales en los cuales es fundamental la relevancia del ejercicio profesional efectivo como la fuente de conocimiento en estas áreas. También los formularios tenían serias dificultades para reflejar distintas modalidades de posgrados (curriculares, personalizados, especializaciones o doctorados, etc.).

A su vez, la imposición de un único modelo de calidad se potenció debido a que en la evaluación de los pares predomina la "mirada académica", es decir, asociada la tradición universitaria que otorga relevancia a la investigación, la publicación y la estabilidad.

Otro tema de debate tiene que ver con la realización de un fuerte corte entre instituciones estatales y privadas que repercute en los procesos de evaluación. Sin embargo, en la Argentina ya no hay un sistema público y un sistema privado *strictu sensu*, sino que hay prácticamente un solo sistema público y privado de posgrados porque gran parte de los docentes son los mismos.

Estos problemas se acentúan debido a las modalidades de selección de los pares, que es sesgada, dado que no tienen en cuenta la diversidad existente en todo el país y en los sectores público y privado. Los pares generalmente provienen de las universidades nacionales y/o del CONICET, y aplican los modelos de excelencia derivados de sus propias experiencias (Barsky, 2000).

En conclusión, este esquema de evaluación promueve un único modelo de calidad, inhibe la diversidad y perjudica la creación de posgrados profesionales –maestrías profesionales y especializaciones–, los doctorados personalizados, los posgrados que no reúnen una "masa crítica", es decir una cantidad determinada de profesores estables.

5.2. Dificultades en el proceso de construcción de la CONEAU

La organización inicial de la CONEAU fue extremadamente compleja. Se trataba de construir un organismo que, después de muchos años de debate en la Argentina sobre la necesidad de contar con mecanismos de evaluación externos al mundo académico, afrontara efectivamente este desafío. En primer lugar desató fuertes resistencias en sectores corporativos de la comunidad académica, temerosos de que estos procesos pusieran en evidencia la baja calidad de parte de sus actividades académicas, procesos que se disimulaban detrás de estructuras de antiguo prestigio en el caso de las universidades estatales, o de fuertes inversiones publicitarias en el caso de las universidades privadas.

El conflicto más notorio fue el suscitado por la decisión de la Universidad de Buenos Aires de retirarse del sistema de evaluación y acreditación. Mediante la Resolución 3.927/00 del Consejo Superior, la UBA decidió suspender la presentación de programas de posgrado a las convocatorias de CONEAU 2000/2001.

El segundo nivel de dificultades tuvo que ver con la estructura misma de la CONEAU y su esquema interno de toma de decisiones. Inicialmente la CONEAU fue diseñada con un esquema similar de funcionamiento a otros organismos en que sus miembros delegan en un director ejecutivo y en un equipo técnico las funciones operativas y controlan estos procesos en forma global.

En esa primera etapa el equipo técnico se conformó con profesionales de alto nivel académico y experiencia en la dirección de posgrados en el país y en el exterior. De esa forma se garantizaba un tratamiento horizontal con los pares académicos encargados de la evaluación, y una coherencia importante de los técnicos encargados de conducir los procesos de evaluación y de encuadrar a los comités de pares en la aplicación coherente y relativamente homogénea de los procesos evaluatorios. La experiencia en la conducción de posgrados era una condición imprescindible para el manejo de estas situaciones, de manera de no caer en el manejo escolástico o manualístico de los procesos a desarrollar con los pares.

La primera experiencia satisfactoria se desarrolló con la evaluación de las carreras de Medicina, de alta complejidad por la gran cantidad de especialidades y por la gran masa de infraestructura de salud involucrada. Esta evaluación se desarrolló con un sistema combinado de información recogida en los formularios y material anexo, y con visitas realizadas por expertos a las unidades hospitalarias donde se encontraban asentadas las actividades de posgrado de esta área, así como mediante el apoyo de otros expertos en áreas de bibliotecas.

Este proceso se vio alterado por la combinación de dos tipos de circunstancias. Por una parte, la CONEAU resolvió cambiar profundamente el esquema organizacional, suprimiendo la figura del director ejecutivo y asumiendo directamente sus miembros el control de los procesos de evaluación, superponiendo sus roles con los del equipo técnico, y, en la práctica, debilitando fuertemente la calidad y autonomía de las tareas de gestión de la evaluación por un lado, y la capacidad global de control por el otro. Este esquema hizo mucho más permeable al sistema a las presiones de los afectados por las resoluciones de la CONEAU, al debilitar los grados de independencia académica imprescindibles para el desarrollo de estas funciones.

Además, este esquema implicó profesionalizar a los doce miembros de la CONEAU, lo que afectó severamente el presupuesto institucional, que ya había sido insuficientemente definido inicialmente, y que a partir de estos cambios tuvo aun mayores dificultades para cubrir las numerosas actividades planteadas en sus objetivos.

Este deterioro comenzó por la eliminación del proceso de visitas por expertos a los posgrados para sumar su informe al material presentado por los posgrados. Esta omisión acentuó el rol de los formularios como única fuente de información

El involucramiento directo de los miembros de la CONEAU provocó el alejamiento de los profesionales encargados del manejo de la misma y de los procesos de acreditación de posgrados, y su reemplazo por personal de nula experiencia en el manejo de posgrados. Se sumaron presiones u opiniones de miembros de la CONEAU que fueron afectando los niveles de información solicitados a los posgrados para su evaluación, transformando los formularios iniciales relativamente sencillos en enormes pedidos de datos, muchos de los cuales carecen de relevancia para la evaluación y crean grandes dificultades a la comunidad académica. De hecho, a la luz de los mismos se ha desarrollado una nueva profesión de "especialistas" en el llenado de los formularios que venden sus servicios a las universidades.

Un estudio sobre los impactos del sistema de evaluación y acreditación realizado por la CONEAU en 2002 plantea que el proceso desarrollado en estos años no estuvo libre de diferencias entre la agencia evaluadora y los evaluados. Los temas más problemáticos están vinculados con los pares (proceso de selección, composición de los comités, conocimiento previo de sus antecedentes) y con cuestiones relativas a la interpretación y aplicación de la Resolución 1.168/97 (discrepancias entre comités de la misma disciplina, importancia dada a los planes de mejoramiento para resolver la acreditación, aplicación del criterio de gradualidad y consideración de los aspectos regionales y contextuales en la evaluación de la calidad).

También han surgido problemas en la evaluación de las carreras interdisciplinarias y, especialmente, de las denominadas "maestrías profesionales", probablemente debido a la inadecuación del marco normativo y de los instrumentos de evaluación para captar y valorar las especificidades de este tipo de carreras. A ello deben agregarse las discrepancias existentes en la comunidad académica acerca de qué tratamiento debía seguirse con estas carreras que representan una innovación ligada a la tradición anglosajona, y no siguen el modelo más tradicional de maestría académica desarrollado en las ciencias sociales en América Latina. Al respecto, las posiciones de los pares han variado desde considerar que debían ser especializaciones y no maestrías, recomendar el fortalecimiento de los contenidos teórico-académicos y de la investigación hasta juzgar que, dadas las características de las carreras de grado en nuestro país, la formación ofrecida repetía sus contenidos y no podía ser considerada como de cuarto nivel. El área de Administración fue la más afectada por este debate, por la importancia relativa que en ella tienen las maestrías profesionales y porque la comunidad disciplinaria no mostraba acuerdos sobre la pertinencia de considerar a la formación ofrecida en los "MBA" como propia del nivel de maestría. Posteriormente se generaron problemas similares en otras áreas (periodismo y opinión pública, por ejemplo).

Internamente, la comisión misma, sus directivos y el equipo técnico percibieron deficiencias cristalizadas en los dictámenes producidos por los comités de pares actuantes, un insumo central para la fundamentación de las resoluciones del organismo (CONEAU, 2002). La insatisfacción al respecto motivó la decisión de solicitar un informe de consultoría que fue realizado por el IIPE-UNESCO. En el primero, realizado por Ana Fanelli, a través del análisis de una muestra de dictámenes de las dos primeras convocatorias (1997-1998), se detectaron los problemas más frecuentes de esos documentos: juicios evaluativos escuetos, carácter excesivamente descriptivo, alto nivel de generalidad de las recomendaciones, insuficiente fundamentación de los juicios evaluativos, especialmente en relación con la calidad y dedicación del cuerpo docente, las actividades de investigación desarrolladas en el ámbito del programa y los requisitos de admisión exigibles en cada disciplina.

Un segundo informe realizado por Guerrini y Jeppesen, en relación con los dictámenes, señaló la persistencia de los siguientes problemas: omisión de la evaluación de algunos subítems de las dimensiones de evaluación, inadecuada fundamentación de los juicios emitidos en la calificación otorgada a cada ítem y dificultad o arbitrariedad en la interpretación de algunos indicadores (CONEAU, 2002).

Desde diversos ámbitos se produjeron múltiples cuestionamientos a la Resolución 1.168. Desde la CONEAU (2002) se reconoció que el grado de generalidad de la Resolución 1.168/97 ha dado origen a dificultades en los procesos de acreditación. La característica principal de la Resolución es su carácter transversal a todas las disciplinas, de manera que contiene reglas que abarcan a los distintos tipos de posgrados y brindan un marco amplio y permeable que permite incluir las diferentes tradiciones y perspectivas disciplinarias. Como la tarea de contemplar la especificidad disciplinaria y del tipo de posgrado recae en los comités de pares, se generó un espacio de discrecionalidad en la interpretación y aplicación de la norma que dio lugar a diferencias más o menos acentuadas en la valoración de los distintos indicadores incluso entre comités de la misma disciplina (CONEAU, 2002).

Sobre la base de los informes y recomendaciones elaborados por Ana Fanelli, (2000), Victoria Guerrini y Cynthia Jepessen (2001), es que Pérez Rassetti (2001) plantea la determinación de estándares específicos que medien la relación entre los estándares transversales de la Resolución 1.168/97 y el juicio de los pares. Este autor sostiene que los estándares vigentes para la acreditación de posgrados tienen carácter transversal abarcando a todo el universo de los programas de especialización, maestría y doctorado respectivamente. Como contrapartida la tarea de juzgar la especificidad disciplinaria recae en los comités de pares. Por esta razón se genera una tensión entre estándares muy generales y la competencia específica de cada comité que puede resultar en un registro demasiado abierto de las valoraciones que en los dictámenes se hacen de los distintos indicadores, generando efectos de inequidad y arrojando sobre los dictámenes visos de arbitrariedad. Si son los miembros de cada comité los que, según su juicio, deben adaptar los estándares a las disciplinas, se corre el riesgo de que los juicios se plieguen en exceso a los requerimientos corporativos de cada una de ellas recogiendo también las malformaciones como norma o produciendo criterios de calidad no comparables entre las distintas áreas.

La necesidad de superar el esquema general de la Resolución 1.168 llevó formar grandes grupos de disciplinas afines, para ubicar la discusión en un nivel intermedio entre la generalidad de la Resolución y la excesiva particularidad de cada una de las disciplinas. De esta forma se conformaron las comisiones asesoras con destacados especialistas que a partir del planteo de la Resolución 1.168 sugirieron criterios específicos para la evaluación de las diferentes áreas disciplinarias. Las comisiones produjeron documentos de carácter asesor, que recrean los términos de la Resolución en función de las características y prácticas propias de cada uno de los grupos disciplinarios (CONEAU, 2002). Sin embargo, varios de estos problemas no lograron solucionarse por esta vía y los cuestionamientos continuaron.

El informe de evaluación externa de la CONEAU realizado por IESALC en 2007 destaca que los problemas estructurales subsisten:

a) La posible sobrecarga para la CONEAU que la creciente demanda de acreditaciones y la derivada de las revisiones cíclicas que pronto tendrá que realizar, podrían generar. Esta sobrecarga puede conducir no sólo al retraso ya presente en los dictámenes, sino también, y más importante aun, a una acción rutinaria por parte de los pares o a una evaluación "en papel" sin contacto real con las instituciones y, en consecuencia, a la trivialización de las evaluaciones.

b) La influencia que la limitada estructura, organización e infraestructura (áreas de responsabilidad, mecanismos de comunicación y flujos de información internos, formas alternativas de contrato, oficinas y espacios de trabajo y de documentación, equipo de procesamiento, almacenamiento y transmisión de información y datos) de la CONEAU puedan tener en la dinámica organizacional y en la comunicación interna, favoreciendo o entorpeciendo la consolidación de su equipo técnico y la capacidad e impacto de su acción evaluadora en la educación superior argentina.

c) La percepción que tienen algunos sectores en el sentido de que prevalece una sola visión –universitaria y excesivamente academicista– acerca de la educación superior, y en particular del posgrado, que va en contra de la diversificación, flexibilidad y plasticidad de las carreras, la formación profesional, los posgrados, la docencia y el aprendizaje.

d) La dificultad para integrar coherente y constructivamente la evaluación institucional con la acreditación de programas, así como para precisar y delimitar más clara y eficazmente los traslapes que algunos perciben entre las acciones de la CONEAU y las de otros estamentos gubernamentales.

e) Los mecanismos y las formas para integrar, aprovechar y difundir la información y experiencias derivadas de las evaluaciones y acreditaciones con los datos y los aspectos de la educación superior de las propias universidades y del MECyT, a fin de que sean útiles para el análisis, la reflexión y la toma de decisiones y para que la sociedad esté mejor informada.

En diciembre de 2007 la CONEAU organizó un Taller de Acreditación de Posgrado. Éste contó con la participación de funcionarios del gobierno y de las universidades, y se realizó con el objetivo de analizar y discutir los procesos de evaluación de posgrados y su impacto luego de diez años de la creación de la institución y de aplicación de estos procedimientos. A continuación se presentan las principales conclusiones a las que arribó este taller.

Entre las fortalezas del proceso de acreditación de posgrados detectadas se citaron las siguientes: a) la legitimación de los procesos de evaluación y acreditación y de la CONEAU. Algunos indicadores que explican esta legitimación son la participación masiva de las universidades y los pedidos de segundas y terceras acreditaciones; b) el impacto positivo que han tenido las evaluaciones en la calidad de las carreras y en el sistema universitario en general; c) la apertura y la pluralidad, la consideración de características contextuales a la hora de evaluar un posgrado y las recomendaciones que surgen de las evaluaciones; d) la revisión, el enriquecimiento, el rediseño y la dinamización de las carreras, que han generado estos procesos.

Como debilidades consideraron: a) una normativa insuficiente para el establecimiento de estándares que consideren la heterogeneidad existente en los posgrados del sistema, en particular, en las carreras interinstitucionales, los posgrados profesionales y las propuestas a distancia; b) los tiempos de resolución actualmente no satisfacen la demanda del sistema, así como tampoco la escasez de convocatorias y la existencia de una única fecha anual para la presentación de los proyectos; c) la ausencia de un formato único de CV en las distintas dependencias del sistema de educación, ciencia y tecnología; d) los procedimientos similares que se aplican para la evaluación de posgrados académicos y profesionales; e) un equipo técnico y un presupuesto insuficientes para que la CONEAU desarrolle las tareas que el sistema requiere; f) inconvenientes en la composición de los comités de pares evaluadores, cierta endogamia en el sistema, dado que evalúan quienes forman parte de él, y ausencia de formación específica en evaluación; g) escasa relación de los procesos locales con normativa u orientaciones supranacionales e internacionales; h) un formulario electrónico tedioso y reiterativo; i) falta de definición precisa de los requisitos de titulación que deberían tener los posgrados interdisciplinarios y los que adoptaron lo indicado en el Artículo 39 bis de la LES; j) falta de definiciones precisas en el caso de dobles titulaciones.

6. Los impactos de la evaluación de posgrados

La CONEAU inició la acreditación de posgrados luego de que fuera dictada la Resolución Ministerial 1.168/97. En 1997 y 1998 se abrió la convocatoria para carreras de especialización y en 1999 y 2000 se amplió a todos los posgrados. La respuesta del sistema a las convocatorias fue masiva: la totalidad de las instituciones que tienen oferta de posgrado y alrededor del 85% del universo de carreras han participado en los procesos de acreditación. Cabe mencionar que si bien la acreditación es obligatoria y está asociada a la validez nacional del título, la CONEAU no es la autoridad de aplicación y el Ministerio no habría sido estricto al respecto. Sólo las instituciones privadas con autorización provisoria están sujetas al control del cumplimiento de la ley por parte de la CONEAU, a través del seguimiento anual que realiza el Área de Proyectos Institucionales. Además, las sucesivas convocatorias nunca fueron planteadas como obligatorias. El estudio de la CONEAU ya citado sobre los impactos del sistema de evaluación y acreditación plantea que estos argumentos permiten afirmar que la cobertura alcanzada es un logro significativo y puede ser considerada como un indicador de la legitimidad del accionar de la CONEAU en el sistema. Se puede entonces concluir que la acreditación es aceptada por las instituciones y utilizada como indicador de la calidad de su oferta frente a la sociedad. Es también tenida en cuenta tanto por los organismos directamente vinculados con el sistema universitario así como por los alumnos y otras entidades públicas y privadas de la sociedad civil y del Estado para valorar los posgrados y decidir cursos de acción (CONEAU, 2002).

Según este estudio, los procesos de acreditación fijaron un piso mínimo de calidad en el sistema que es tenido en cuenta para la creación de nuevas carreras e impulsaron la introducción de mejoras que tienden a elevar la calidad de la formación en los posgrados. Subsisten problemas derivados de la rápida expansión del sistema que los procesos de acreditación no han podido resolver, tales como limitados recursos humanos y materiales en relación con el tamaño de la oferta. Varios factores inciden en este resultado: I) la generalidad y flexibilidad del marco regulatorio; II) el hecho de que las comunidades disciplinarias están involucradas tanto en la creación y desarrollo de las carreras como en su evaluación; y III) que las normas no autorizan a la CONEAU a considerar criterios de sustentabilidad académica y económica para decidir sobre la acreditación. Finalmente, en las disciplinas más consolidadas, el sistema de categorías utilizado no permite identificar con claridad al núcleo de carreras de excelencia internacional ni visualizar si existen y cuáles son las áreas de vacancia.

No es ajena a la rápida aceptación del sistema de acreditación la existencia de iniciativas estatales destinadas a mejorar con recursos específicos la calidad de las universidades. Fue decisivo en este sentido el rol jugado por la Comisión de Acreditación de Posgrados (CAP) y el Fondo de Mejoramiento de la Calidad Universitaria (FOMEC) en relación con las universidades estatales. Acreditarse en la CAP fue condición para acceder a los importantes recursos del FOMEC que incluían partidas especiales destinadas a mejorar la calidad de los posgrados (equipamiento, becas, recursos para bibliotecas, recursos para contratar plantas docentes). Esta articulación virtuosa entre evaluación y acreditación con incentivos financieros adicionales no volvería a repetirse y es seguramente el gran déficit del sistema argentino, frente a procesos similares como los que desarrolla en Brasil CAPES, organismo que articula integradamente estos procesos.

Un trabajo realizado en el 2004 (Barsky y Dávila) con información de los años 1994 y 2002 muestra un crecimiento importante de la acreditación de carreras de posgrados entre los años 1994 y 2002, acompañando la expansión del sistema de posgrado. En el año 2002, el 50% de estas actividades estaba acreditado. El sistema estatal presentaba un mayor grado de acreditación que el privado (55,6 y 40,5 % respectivamente). Por otra parte, la mayoría de los posgrados acreditados del sector estatal estaba categorizada, mientras que en el sector privado la mayor parte de los posgrados acreditados decidió no solicitar categorización. A nivel de posgrados categorizados estas diferencias se profundizaban aun más: casi el 90% se concentraba en el sector estatal. Esta decisión obedece a distintas causas, según la institución o la calidad de la actividad, pero un factor adicional es la desconfianza existente en las instituciones privadas por la composición estatal mayoritaria de los comités de pares.

Por su parte, el doctorado, programa que en la expansión del sistema iba perdiendo importancia desde un punto de vista cuantitativo, a nivel de evaluación mostraba una situación diferente, dado su alto grado de acreditación, así como también por el importante porcentaje de categorías A con que cuentan los programas acreditados. Una situación similar se presentaba con las Ciencias Exactas y Naturales, el campo disciplinar de menor peso en el sistema y el de más bajo crecimiento, que evidencia haber consolidado más temprano su relación con el proceso de evaluación y acreditación, dado su alto grado de acreditación y de categorización, así como de categorización de excelencia. La situación diametralmente opuesta se presentaba en las demás áreas disciplinares, particularmente en las

Humanidades y las Ciencias Sociales, que exhibían el peor panorama en términos de su acreditación, a excepción de las actividades de FLACSO.

De acuerdo a estos resultados, las características que asumen los procesos de evaluación y acreditación evidencian una crisis en un sector de los posgrados académicos por la falta de recursos tales como becas para los alumnos y retribuciones a los docentes para la dirección de las tesis, aspectos que contribuyen al número reducido de egresados, particularmente en las áreas de Humanidades y Ciencias Sociales. Asimismo, se observa que la comunidad académica traslada mecánicamente los criterios de excelencia de algunas disciplinas, en particular las Ciencias Exactas y Naturales, a campos del conocimiento diferentes.

La alta heterogeneidad del sistema argentino de posgrado, derivada de su historia original y de la rápida y desordenada expansión reciente, configura un universo complejo en materia de modalidades institucionales y disciplinarias. En gran medida, esta situación fue generada porque la regulación de la oferta de posgrados quedó librada a las políticas desarrolladas por las universidades, con frecuencia más relacionadas con una cuestión de mercado –incluida la propia demanda de títulos por los integrantes del sistema académico– que con las necesidades detectadas en el interior del sistema o con las posibilidades materiales de ejecución, careciendo, además, de una articulación con las instituciones que conforman el sistema de ciencia y tecnología. De esta manera, se conforma el sistema como la sumatoria dispersa de rígidas tradiciones científicas antiguas, a las que se van sumando las demandas recientes de la sociedad. Sin embargo, en este crecimiento parecen existir procesos diferenciales que se explican por la forma en que evolucionan las disciplinas y cómo se adaptan a las transformaciones del conocimiento, a la integración internacional y a la presión de la evaluación y acreditación.

El trabajo de Leonardo Fernández (2008) muestra que entre los años 2002 y 2007 las tendencias anteriores se mantuvieron o se profundizaron. Este trabajo señala que la oferta total de posgrados ha continuado creciendo en el período 2002-2007, tal como lo hizo en el período 1994-2002. Sin embargo, el proceso más reciente ha sido más moderado, con una tasa anual de incremento del 6,4% contra el 11,9% del período anterior.

Por otra parte, evidencia la mayor importancia que ha adquirido la acreditación durante el período 2002-2007, creciendo a un ritmo más acelerado (70%) que la oferta total de posgrados (36%). Asimismo, los posgrados acreditados que no solicitaron categorización han aumentado el 79%, teniendo mayor peso relativo entre los posgrados acreditados. La mayor importancia relativa de este tipo de programas puede ser interpretada, según el autor, como un intento por evitar la categorización de la CONEAU por considerar que la calidad percibida del posgrado es superior a la que podría surgir de la evaluación.

Otro dato a considerar es que el número de carreras de posgrado de gestión privada que no solicitaron categorización es mayor que el número de posgrados de gestión estatal en la misma situación. Al distinguir por niveles de categorización se encontró que entre los posgrados de gestión estatal el 55% fue considerado muy bueno o excelente. Mientras que entre los posgrados de gestión privada esta proporción es 36%. De aquí se desprende que la tendencia a no requerir categorización de los posgrados de gestión privada tiene sustento en los dictámenes de los pares evaluados.

Este punto debe ser discutido también en relación con la lógica estructural con que la mayor parte de los comités de pares y los técnicos de la CONEAU definen criterios de calidad, que, como hemos señalado, están fuertemente asociados a las prácticas de las universidades estatales de las cuales provienen mayoritariamente los pares evaluadores. De ahí el peso decisivo atribuido a las altas dedicaciones a la institución, aunque en términos reales no necesariamente a las actividades de posgrado, así como al desarrollo de actividades de investigación dentro de la misma. Estas perspectivas ignoran la complejidad con que se articulan los recursos humanos en las carreras de posgrado, la fuerte interrelación existente en las plantas docentes dado que muchos profesores de las universidades estatales e investigadores del CONICET tienen también alta incidencia en los posgrados de las universidades privadas. Esto implica también en muchas disciplinas, particularmente las de las Ciencias Sociales y Humanidades, que los procesos de investigación no necesariamente se desarrollan en la propia institución que dicta la actividad académica, lo cual no redunda en perjuicio de la calidad académica.

La omisión de estos elementos y la aplicación mecánica de esquemas institucionales referenciales que los pares académicos extraen de su práctica cotidiana, explican los sesgos importantes en la evaluación de las actividades desarrolladas en universidades estatales y privadas, normalmente en perjuicio de estas últimas.

Cuando se analiza el tipo de carrera, entre las especializaciones y maestrías, los programas categorizados como buenos (C o Cn) son los que tienen mayor importancia relativa, mientras que entre los doctorados son los posgrados categorizados como excelentes (A o An) los más frecuentes.

Entre los campos disciplinarios, salvo por Ciencias Exactas y Naturales que muestran un grado de acreditación (84,1%) muy superior, los restantes campos muestran proporciones cercanas al promedio (64,3%). Dentro de los posgrados acreditados, los de Ciencias Sociales y Humanidades son los que requieren categorización con menor frecuencia. En el extremo opuesto se encuentran los programas de Ciencias Exactas y Naturales, que requieren categorización en el 96% de los casos.

Fernández plantea que es preciso determinar si la relación entre los niveles de categorización, el pedido de categorización y la importancia de la acreditación es reflejo de la calidad de los programas de posgrado o si se trata de un sesgo provocado por diferencias de criterio entre áreas disciplinarias.

SEGUNDA PARTE: La evaluación de posgrados de Ciencias Agropecuarias y Administración

Introducción

En este apartado se presenta un análisis de la evaluación de posgrados sobre dos disciplinas: Ciencias Agropecuarias y Administración, seleccionadas por ser áreas en las cuales se acentúa el conflicto entre las concepciones académica y profesional. Este trabajo se realiza sobre dictámenes de las carreras acreditadas por la CONEAU. No se considera la información sobre los posgrados no acreditados por ser de carácter confidencial, no publicada por la CONEAU. Por lo tanto, los resultados deben acotarse a los posgrados acreditados.

En primer lugar, se realizó un estudio para caracterizar la población de posgrados acreditados en función de distintas variables: modalidad de gestión, tipo de carrera, año de acreditación y categorización. La población de posgrados es heterogénea. Existen diferencias en la oferta de posgrados en relación con las variables mencionadas y en varios de los análisis previos citados se mencionan que la evaluación tiene dificultades para considerar estas características diferentes de las carreras. Dada esta realidad, el objetivo de este trabajo es analizar la heterogeneidad de la población.

En segundo lugar, se estudian los criterios de evaluación de los posgrados. El objetivo fue poder realizar un análisis de mayor profundidad sobre los criterios utilizados por los pares en las evaluaciones, en tres variables sobre las cuales hay acuerdo en identificar como claves, por ser las más conflictivas por los diversos estudios que se presentaron en la primera parte de este trabajo. Estas variables son: a) cuerpo académico; b) investigación y transferencia; c) tesis, admisión y graduación

1. Caracterización de los posgrados acreditados en Ciencias Agropecuarias y Administración

La caracterización de los posgrados acreditados en ambas áreas se realizó sobre las siguientes variables: tipo de carrera, modalidad de gestión, año de la resolución y categorización. Se consideran los tres tipos de carrera que reconoce la Resolución 1.168/97: especializaciones, maestrías y doctorados. La modalidad de gestión comprende dos categorías: sector estatal y sector privado. El año de resolución corresponde al período comprendido entre 1999 y 2007.

Para analizar el proceso de categorización se tomó en cuenta la Ordenanza Nº 45 que establece que las instituciones que se presentan al proceso de acreditación pueden, además, solicitar la *categorización* de una carrera de posgrado. Existen tres niveles de categorización: A, si las carreras son consideradas excelentes; B, si son consideradas muy buenas; C, si son consideradas buenas. En el caso de las carreras nuevas, las categorías incluyen un subíndice "n" (An, Bn y Cn), para establecer una diferencia con las asignadas a las carreras que presentan todas sus dimensiones de evaluación desarrolladas en forma completa.

La CONEAU también establece diferencias de acuerdo al estado de desarrollo, distinguiendo, en este sentido, dos tipos de posgrados: proyectos, es decir, posgrados que aún no comenzaron sus actividades académicas, y carreras en funcionamiento, los posgrados que han iniciado sus actividades académicas (es decir, que ya cuentan con alumnos).Por otra parte, se considerancarreras nuevas lasquenohan completado su duración teórica (un ciclo de dictado completo).

1.1. Resultados generales

En el Cuadro 1 se puede observar que al año 2007 había un total de 53 posgrados acreditados de Ciencias Agropecuarias y 158 de Administración. La distribución por tipo de carrera muestra que en ambas disciplinas predominan las maestrías que constituyen más del 50% de las carreras. El segundo lugar en importancia se observa en las especializaciones, un tipo de carrera de perfil preferentemente profesional, que tienen mayor peso relativo en Administración. Los doctorados, en cambio, un tipo de carrera de perfil netamente académico, muestran porcentajes muy bajos en ambas áreas, en particular en Administración, en la cual constituyen apenas el 3% del total.

Cuadro 1: Posgrados acreditados de Agropecuarias y Administración por tipo de carrera

	Agropecuarias	%	Administracion	%
Especializaciones	17	32%	73	46%
Maestrias	30	57%	80	51%
Doctorados	6	11%	5	3%
Totales	53	100%	158	100%

Fuente: Elab. Propia. Base de datos de la Universidad de Belgrano.

En el Cuadro 2 se presenta la distribución de los posgrados acreditados por modalidad de gestión para ambas disciplinas. La información muestra una concentración de los posgrados de Ciencias Agropecuarias en el sector estatal (96%). En cambio en Administración se distribuyen de manera aproximadamente similar entre ambos sectores.

Cuadro 2: Posgrados acreditados de Agropecuarias y Administración por modalidad de gestión

	Agropecuarias	%	Administracion	%
Estatal	51	96%	83	53%
Privado	2	4%	75	47%
Totales	53	100%	158	100%

Fuente: Elab. Propia. Base de datos de la Universidad de Belgrano.

El año de resolución también muestra diferencias entre ambas disciplinas. Casi la mitad (49%) de los posgrados Agropecuarios se acreditaron en la primera convocatoria en el año 1999. En cambio los posgrados de Administración evidencian una distribución de sus presentaciones más homogénea a lo largo del período.

Cuadro 3: Posgrados acreditados de Agropecuarias y Administración por año de resolución

	Agropecuarias	%	Administracion	%
1999	26	49%	29	18%
2000	9	17%	26	16%
2001	1	2%	16	10%
2002	0	0%	1	1%
2003	4	8%	5	3%
2004	9	17%	37	23%
2005	3	6%	17	11%
2006	1	2%	24	15%
2007	0	0%	3	2%
Totales	53	100%	158	100%

Fuente: Elab. Propia. Base de datos de la Universidad de Belgrano.

Cuadro 4: Categorización de posgrados acreditados de Agropecuarias y Administración

	Agropecuarias	%	Administracion	%
A + An	13	25%	4	3%
B + Bn	11	21%	15	9%
C + Cn	13	25%	34	22%
No solicitó	3	6%	65	41%
Proyecto	13	25%	40	25%
Totales	53	100%	158	100%

Fuente: Elab. Propia. Base de datos de la Universidad de Belgrano.

La categorización de los posgrados es un aspecto que, desde el comienzo, ha suscitado cuestionamientos. En especial ocurre que muchas instituciones deciden no solicitar categorización porque consideran que los dictámenes en general no guardan relación con la calidad del posgrado (Cuadro 4).

En este caso en particular podemos observar una importante diferencia al respecto. Mientras que más del 70%

de los posgrados acreditados de Ciencias Agropecuarias están categorizados y sólo un 6% no solicitó categorización, la situación se revierte para Administración, disciplina en la cual el 41% de los posgrados acreditados decidió no solicitar categorización.

Otra diferencia relevante se observa en los valores de la categorización. Los posgrados Agropecuarios se distribuyen de manera similar entre las tres categorías –A, B y C–, mientras que en Administración se observa que mayoritariamente categorizaron con C, siendo bajo el porcentaje de posgrados B y mínimo (3%) el de posgrados de mayor calidad. A continuación se realiza un análisis más exhaustivo para cada una de estas disciplinas.

1.2. Posgrados en Ciencias Agropecuarias

El Cuadro 5 muestra la distribución de los posgrados acreditados de Ciencias Agropecuarias de acuerdo al tipo de carrera y la modalidad de gestión. En el apartado anterior habíamos visto que sólo dos posgrados de esta disciplina son de gestión privada. Y los dos son especializaciones. En el sector estatal predominan las maestrías con el 59% de las carreras, el 29% corresponde a especializaciones y el 12% a doctorados. Esta distribución guarda relación con la distribución del total de posgrados de la disciplina por tipo de carrera que se observa en el Cuadro 1.

Cuadro 5: Posgrados acreditados de Agropecuarias por tipo de carrera y modalidad de gestión

	Estatal	%	Privado	%	Totales
Especializaciones	15	29%	2	100%	17
Maestrías	30	59%	0	0%	30
Doctorados	6	12%	0	0%	6
Totales	51	100%	2	100%	53

Fuente: Elab. Propia. Base de datos de la Universidad de Belgrano.

El año de resolución muestra que los posgrados estatales se concentran en la primera convocatoria en 1999, mientras que los dos privados son de 2003 y 2004 (Cuadro 6).

Cuadro 6: Posgrados acreditados de Agropecuarias por año de resolución y por modalidad de gestión

	Estatal	%	Privado	%	Totales
1999	26	51%	0	0%	26
2000	9	18%	0	0%	9
2001	1	2%	0	0%	1
2002	0	0%	0	0%	0
2003	3	6%	1	50%	4
2004	8	16%	1	50%	9
2005	3	6%	0	0%	3
2006	1	2%	0	0%	1
2007	0	0%	0	0%	0
Totales	51	100%	2	100%	53

Fuente: Elab. Propia. Base de datos de la Universidad de Belgrano.

Cuadro 7: Categorización de posgrados acreditados de Agropecuarias por modalidad de gestión

	Estatal	%	Privado	%	Totales
A + An	13	25%	0	0%	13
B + Bn	11	22%	0	0%	11
C + Cn	13	25%	0	0%	13
No solicitó	3	6%	0	0%	3
Proyecto	11	22%	2	100%	13
Totales	51	100%	2	100%	53

Fuente: Elab. Propia. Base de datos de la Universidad de Belgrano.

En el Cuadro 7, que muestra la categorización por modalidad de gestión, se observa que los posgrados privados son proyectos y los estatales solicitaron en su mayor parte categorización (72%), guardando relación con la distribución de los totales de la disciplina que se presentan en Cuadro 4.

Cuadro 8: Posgrados acreditados de Agropecuarias por año de resolución y por tipo de carrera

	Especializaciones	%	Maestrías	%	Doctorados	%	Totales
1999	4	24%	19	63%	3	50%	26
2000	3	18%	5	17%	1	17%	9
2001	0	0%	0	0%	1	17%	1
2002	0	0%	0	0%	0	0%	0
2003	4	24%	0	0%	0	0%	4
2004	5	29%	3	10%	1	17%	9
2005	0	0%	3	10%	0	0%	3
2006	1	6%	0	0%	0	0%	1
2007	0	0%	0	0%	0	0%	0
Totales	17	100%	30	100%	6	100%	53

Fuente: Elab. Propia. Base de datos de la Universidad de Belgrano.

El Cuadro 8 permite observar que las maestrías y doctorados, los posgrados más académicos, se aprobaron mayormente en las primeras convocatorias, mientras que las especializaciones tienen una distribución más homogénea a lo largo del período comprendido entre 1999 y 2007.

Cuadro 9: Categorización de posgrados acreditados de Agropecuarias por tipo de carrera

	Especializaciones	%	Maestrías	%	Doctorados	%	Totales
A + An	3	18%	7	23%	3	50%	13
B + Bn	3	18%	6	20%	2	33%	11
C + Cn	3	18%	10	33%	0	0%	13
No solicitó	0	0%	3	10%	0	0%	3
Proyecto	8	47%	4	13%	1	17%	13
Totales	17	100%	30	100%	6	100%	53

Fuente: Elab. Propia. Base de datos de la Universidad de Belgrano.

La categorización, presentada en el Cuadro 9, muestra importantes diferencias por tipo de carrera. Mientras que la mitad de los doctorados tiene A, la categoría máxima, el resto de los doctorados categorizados es B. Además no hay doctorados que no hayan solicitado categorización. En otras palabras, el total de doctorados de esta disciplina solicitó categorización y obtuvo los máximos valores posibles. En las maestrías y especializaciones, en cambio, la situación es diferente, dado que se distribuyen de manera más homogénea entre las distintas posibilidades de categorización. E incluso en las maestrías hay un porcentaje que no solicitó categorización, aunque éste no deja de ser menor (10%). En especializaciones, por otra parte, se observa un porcentaje considerable de proyectos (47%).

1.3. Posgrados en Administración

De acuerdo a lo visto en el Cuadro 2, los posgrados de Administración muestran una distribución similar entre el sector estatal y privado. En el Cuadro 10 se observa, en cambio, que existen diferencias entre ambos sectores al considerar el tipo de carrera. En el sector estatal, la mayoría de los posgrados de esta disciplina son especializaciones (59%), en cambio en el sector privado las maestrías tienen más peso (65%). En ambos sectores, por otra parte, es bastante bajo el porcentaje de doctorados dado que no supera el 5%.

Cuadro 10: Posgrados acreditados de Administración por tipo de carrera y modalidad de gestión

	Estatal	%	Privado	%	Totales
Especializaciones	49	59%	24	32%	73
Maestrias	31	37%	49	65%	80
Doctorados	3	4%	2	3%	5
Totales	83	100%	75	100%	158

Fuente: Elab. Propia. Base de datos de la Universidad de Belgrano.

El año de resolución muestra en ambos sectores una distribución homogénea a lo largo del período, levemente más temprana para el sector estatal (Cuadro 11).

Cuadro 11: Posgrados acreditados de Administración por año de resolución y por modalidad de gestión

	Estatal	%	Privado	%	Totales
1999	20	24%	9	12%	29
2000	18	22%	8	11%	26
2001	2	2%	14	19%	16
2002	1	1%	0	0%	1
2003	1	1%	4	5%	5
2004	22	27%	15	20%	37
2005	1	1%	16	21%	17
2006	15	18%	9	12%	24
2007	3	4%	0	0%	3
Totales	83	100%	75	100%	158

Fuente: Elab. Propia. Base de datos de la Universidad de Belgrano.

Cuadro 12: Categorización de posgrados acreditados de Administración por modalidad de gestión

	Estatal	%	Privado	%	Totales
A + An	3	4%	1	1%	4
B + Bn	14	17%	1	1%	15
C + Cn	24	29%	10	13%	34
No solicitó	28	34%	37	49%	65
Proyecto	14	17%	26	35%	40
Totales	83	100%	75	100%	158

Fuente: Elab. Propia. Base de datos de la Universidad de Belgrano.

La categorización por sector de gestión muestra también importantes diferencias. En el sector privado casi la mitad de las carreras no solicitó categorización. Sólo un 15% está categorizado y los valores se concentran en el mínimo aceptable (categoría C). En el sector estatal el porcentaje que no solicitó categorización se reduce a 34%. A su vez, el 50% de las carreras está categorizado, aunque más de la mitad de este porcentaje corresponde a la categoría mínima, siendo los posgrados A apenas el 4% del total de posgrados. Otro aspecto a destacar es la alta proporción de proyectos en ambos sectores, aunque superior en el privado (Cuadro 12).

Cuadro 13: Posgrados acreditados de Administración por año de resolución y por tipo de carrera

	Especializaciones	%	Maestrías	%	Doctorados	%	Totales
1999	13	18%	14	18%	2	40%	29
2000	17	23%	8	10%	1	20%	26
2001	2	3%	14	18%	0	0%	16
2002	1	1%	0	0%	0	0%	1
2003	1	1%	3	4%	1	20%	5
2004	18	25%	18	23%	1	20%	37
2005	8	11%	9	11%	0	0%	17
2006	13	18%	11	14%	0	0%	24
2007	0	0%	3	4%	0	0%	3
Totales	73	100%	80	100%	5	100%	158

Fuente: Elab. Propia. Base de datos de la Universidad de Belgrano.

La distribución por año de resolución presentada en el Cuadro 13 muestra algunas diferencias por tipo de carrera. Los doctorados se concentran más en los primeros años, en cambio las otras modalidades asumen una distribución más homogénea a lo largo del período.

Cuadro 14: Categorización de posgrados acreditados de Administración por tipo de carrera

	Especializaciones	%	Maestrías	%	Doctorados	%	Totales
A + An	1	1%	3	4%	0	0%	4
B + Bn	6	8%	7	9%	2	40%	15
C + Cn	15	21%	19	24%	0	0%	34
No solicitó	34	47%	29	36%	2	40%	65
Proyecto	17	23%	22	28%	1	20%	40
Totales	73	100%	80	100%	5	100%	158

Fuente: Elab. Propia. Base de datos de la Universidad de Belgrano.

Por último, la distribución de los posgrados categorizados muestra diferencias según el tipo de carrera, tal como se puede observar en el Cuadro 14. En esta disciplina no hay doctorados categoría A. De las cinco carreras de este tipo, hay dos con categoría B, dos que no solicitaron categorización y un proyecto.

Entre las maestrías y especializaciones, por su parte, son altos los porcentajes de carreras que no solicitaron categorización (36 y 47% respectivamente). Asimismo, la distribución de posgrados categorizados muestra que la mayoría tiene categoría C, la mínima aceptable.

2. Los criterios de evaluación de los posgrados en Ciencias Agropecuarias y Administración

El proceso de evaluación es complejo y tiene componentes multidimensionales que implican una alta variabilidad difícil de interpretar. Este análisis en profundidad tiene el objetivo de lograr identificar los mecanismos de evaluación de los pares. En este apartado se analizan las resoluciones de acreditación de la CONEAU para los posgrados en Ciencias Agropecuarias y Administración. Para el estudio se considera el total de resoluciones de ambas disciplinas. Las variables consideradas para este análisis son: cuerpo académico, investigación y transferencia, tesis, admisión y graduación.

2.1. La falta de uniformidad de los criterios de evaluación

El primer aspecto que resalta en el análisis de las resoluciones de acreditación es la falta de uniformidad en los criterios de evaluación. En otras investigaciones previas citadas en la primera parte de este trabajo se destaca este problema y se atribuye principalmente a las características generales de la Resolución 1.168/97. En efecto, es posible constatar que las resoluciones de acreditación de cada posgrado se estructuran, en cuanto a sus criterios de evaluación, de la misma forma que la Resolución 1.168/97. En los cuadros 15 y 16 se presentan los indicadores seleccionados para este análisis: investigación, transferencia, cuerpo docente, tesis o trabajos finales y admisión y graduación.

El primer problema se presenta por la falta de información. En los cuadros citados se cuantifican los registros sobre los criterios de evaluación de las resoluciones de acreditación para los tres tipos de carreras de las dos áreas disciplinarias analizadas.

Por ejemplo, en Ciencias Agropecuarias el 29,4% de las especializaciones y el 13,3% de las maestrías no tienen registro sobre las actividades de investigación. En el caso de las especializaciones y en las maestrías profesionales se podría pensar que por tratarse de carreras de orientación vocacional no necesariamente se necesita evaluar las actividades de investigación, sino que podría ser más conveniente considerar la transferencia. Sin embargo, el 82,4% de las especializaciones y el 66,7% de las maestrías no tienen registros sobre actividades de transferencia.

En Administración, por su parte, los resultados son similares. El 42,5% de las especializaciones y el 31,3% de las maestrías no tienen registros de investigación, y el 74% de las especializaciones y el 53,8% de las maestrías no tienen registros de actividades de transferencia.

Los registros sobre cuerpo docente, tesis y trabajos finales, y admisión y graduación son importantes en proporción. Sin embargo, en estos casos el problema se debe a la heterogeneidad de los registros, tema que se explica a continuación.

Cuadro 15: Posgrados acreditados en Ciencias Agropecuarias: cantidad y porcentaje de resoluciones que tienen y no tienen registro de los indicadores considerados

		Especializaciones	%	Maestrías	%	Doctorados (#)	%	Totales
Investigación								
	si	12	70,6%	26	86,7%	4	100,0%	42
	no	5	29,4%	4	13,3%	0	0,0%	9
a) Ámbitos institucionales								
	si	2	11,8%	3	10,0%	0	0,0%	5
	no	15	88,2%	27	90,0%	4	100,0%	46
b) Programas y proyectos								
	si	4	23,5%	17	56,7%	4	100,0%	25
	no	13	76,5%	13	43,3%	0	0,0%	26
c) Actividades de docentes								
	si	1	5,9%	7	23,3%	0	0,0%	8
	no	16	94,1%	23	76,7%	4	100,0%	43
Transferencia								
	si	3	17,6%	10	33,3%	1	25,0%	14
	no	14	82,4%	20	66,7%	3	75,0%	37
Tesis o trabajo final								
	si	10	58,8%	27	90,0%	4	100,0%	41
	no	7	41,2%	3	10,0%	0	0,0%	10
Admisión y graduación								
	si	16	94,1%	26	86,7%	4	100,0%	46
	no	1	5,9%	4	13,3%	0	0,0%	5
Cuerpo docente								
	si	16	94,1%	27	90,0%	4	100,0%	47
	no	1	5,9%	3	10,0%	0	0,0%	4

(#) No se consideraron las reacreditaciones

El segundo problema se debe a la heterogeneidad de registros sobre cada tema. Los indicadores registrados en ambos cuadros refieren a criterios de evaluación y están agrupados tal como están identificados en las resoluciones de acreditación de los posgrados. Por eso, en ambos cuadros la información sobre "Investigación" está subdividida en "Ámbitos institucionales", "Proyectos o Programas" y "Actividades de docentes". Con respecto a las demás variables no hay subdivisiones.

Las dificultades surgen por la variedad de aspectos considerados referidos a cada indicador. Por ejemplo, en investigación se evalúan aspectos tales como la cantidad de programas y proyectos, la calidad, la cantidad de publicaciones, las actividades de investigación de los docentes, el ámbito donde se realizan las investigaciones. Con respecto a cuerpo docente se evalúan actividades de investigación, docencia, publicaciones, título de posgrado, actividades profesionales y dedicación. En los casos de tesis y trabajos finales se evalúa cantidad, calidad, políticas de promoción, dedicación de los docentes. En admisión y graduación se consideran todas las políticas y procesos relativos a admisión y graduación.

El problema se presenta porque algunos posgrados registran información sobre unos aspectos, mientras que otros tienen registros sobre otros aspectos. Esto evidencia la falta de uniformidad en los mecanismos de evaluación.

Cuadro 16. Posgrados acreditados en Administración: cantidad y porcentaje de resoluciones que tienen y no tienen registro de los indicadores considerados

	Especializaciones	%	Maestrías	%	Doctorados	%	Totales
Investigación							
si	42	57,5%	55	68,8%	5	100,0%	102
no	31	42,5%	25	31,3%	0	0,0%	56
a) Ámbitos institucionales							
si	32	43,8%	50	62,5%	5	100,0%	87
no	41	56,2%	30	37,5%	0	0,0%	71
b) Programas y proyectos							
si	9	12,3%	7	8,8%	0	0,0%	16
no	64	87,9%	73	91,3%	5	100,0%	142
c) Actividades de docentes							
si	2	2,7%	0	0,0%	0	0,0%	2
no	71	97,3%	80	100,0%	5	100,0%	156
Transferencia							
si	19	26,0%	37	46,3%	2	40,0%	58
no	54	74,0%	43	53,8%	3	60,0%	100
Tesis o trabajo final							
si	55	75,3%	58	72,5%	4	80,0%	117
no	18	24,7%	22	27,5%	1	20,0%	41
Admisión y graduación							
si	69	94,5%	75	93,8%	5	100,0%	149
no	4	5,5%	5	6,3%	0	0,0%	9
Cuerpo docente							
si	73	100,0%	78	97,5%	5	100,0%	156
no	0	0,0%	2	2,5%	0	0,0%	2

El tercer problema se da a un nivel más desagregado, y se debe a la falta de uniformidad en la variabilidad de consideraciones a favor y en contra de cada indicador. Algunos están a favor de la dedicación exclusiva, unos creen que la capacidad del docente se debe evaluar a través del título de posgrado, otros creen que es conveniente que los docentes realicen actividades profesionales en otros ámbitos. Este punto se profundiza a continuación en cada una de las áreas disciplinarias seleccionadas.

Los tres problemas expuestos explican desde diferentes perspectivas la falta de uniformidad en los criterios de evaluación, y evidencian las dificultades para el análisis de los criterios de evaluación utilizados por los pares.

El registro caótico de la información evidencia las dificultades del proceso de evaluación en diferentes ámbitos. Si bien la Resolución 1.168/97, que es la que estructura el marco del proceso de evaluación, es muy general, tampoco parece haber una guía del proceso por parte de la CONEAU que genere pautas más específicas para ordenar el proceso y, así, permita a los pares obtener mayores márgenes de uniformidad en los criterios utilizados para evaluar los posgrados.

2.2. Posgrados en Ciencias Agropecuarias

Doctorados

Los doctorados acreditados en Ciencias Agropecuarias son seis y todos corresponden al sector estatal. Tres acreditaron en 1999, y los demás en 2000, 2001 y 2004. Sólo uno no solicitó categorización. Tres tienen categoría A y dos categoría B.

El análisis de la evaluación de estos doctorados evidencia que el perfil académico es un criterio fundamental para definir la calidad de la propuesta. En el caso del cuerpo docente se otorga prioridad al título de Doctor, la dedicación exclusiva y la trayectoria en investigación, en especial, la publicación en revistas con referato tanto nacionales como internacionales. También la dirección de tesis se considera importante en algunos casos.

En investigación y transferencia se consideran ambas actividades para evaluar la calidad de la carrera pero el énfasis es mayor en el perfil de investigación. Por otra parte, se considera importante la pertenencia institucional del docente y la realización de investigación en la universidad que dicta el posgrado. Asimismo se otorga importancia a la inserción de los estudiantes en estas actividades de investigación.

Con respecto a las tesis y la graduación se evalúan los requisitos mínimos para las tesis, la excelencia de las mismas y la tasa de productividad del posgrado. Sin embargo, no se observa una consideración estricta de estos indicadores para todos los casos, de manera que hay casos de doctorados considerados de excelencia con categoría A que tienen baja tasa de graduación. Por otra parte, es escasa la consideración de la inserción laboral de los graduados.

Con respecto a las recomendaciones, en algunos casos guardan relación con las cuestiones consideradas problemas y en otros casos se pone énfasis en algún aspecto en particular pero no en todos los especificados como problema a resolver. Excepto uno que no está categorizado, los demás doctorados tienen categorías A o B. En los doctorados de excelencia, aquellos con categoría A, se observan recomendaciones tales como "elevar la relación ingreso / egreso" e "incrementar el número de docentes estables e invitados". Estas consideraciones demuestran que la evaluación tiene más en cuenta los insumos y los procesos que los productos.

Un aspecto que no registra ninguna consideración por parte de los pares para evaluar al cuerpo académico de los doctorados en Ciencias Agropecuarias es la representatividad de docentes de distintas disciplinas.

Álvaro Díaz Maynard y Rolando Vellani (2008), dos precursores de las reformas de las carreras de Agronomía en el Río de la Plata, plantean que las Ciencias Agronómicas estudian sistemas complejos que deben ser entendidos en su integralidad. De manera que es necesario encuadrar los sistemas agropecuarios como una parte de un sistema complejo sociopolítico de jerarquía superior. La capacidad para comprenderlo y modificarlo requiere de una visión amplia e integradora de procesos complejos que reúnen el manejo conjunto de factores biológicos, técnicos y socioeconómicos.

Según estos autores, el mundo profesional requiere y requerirá aun más en el futuro cooperaciones cruzadas y presentará mutaciones permanentes, las cuales recorrerán desde el nivel más básico de la informática la biotecnología, al más aplicado de la gestión ambiental, la planificación territorial, la ingeniería de alimentos y la industrialización y comercialización de productos agropecuarios y sus múltiples derivados. Sin desconocer el valor de los núcleos básicos de las actuales profesiones, será un mundo flexible y altamente competitivo, que requerirá profesionales con alta capacidad de adaptación no sólo a los cambios, sino también a la dinámica creciente de esos cambios. Para generar capacidad de adaptación se necesita capacitar para el análisis de problemas complejos derivados de la realidad, integrando conocimientos diversos, reconociendo la íntima relación entre los enfoques teóricos y prácticos y participando en tareas responsables de investigación y extensión asociadas a procesos de aprendizaje. En síntesis, el buen profesional deberá alanzar un equilibrio entre una buena formación científica y un agudo sentido práctico, ambas condiciones asociadas y necesarias para resolver los problemas tangibles del presente y aquellos que deba enfrentar en un futuro incierto y cambiante (Díaz Maynard y Vellani, 2008).

En uno de los doctorados evaluados se discute esta cuestión, en relación con la admisión de egresados de otras carreras diferentes a Ingeniería Agronómica. A continuación se presenta la opinión de los pares evaluadores al respecto:

> A pesar de las aclaraciones aportadas en la respuesta a la vista y siempre de acuerdo con los criterios del informe de evaluación, limitar la admisión al Doctorado en Ciencias Agrarias a Ingenieros Agrónomos, es un enfoque profesionalista ajeno a las bases científicas sobre las cuales se deben estructurar estudios a este nivel. Como ejemplo, los estudios de posgrado (acreditados A) de Universidades Argentinas (Magíster en Ciencias Agrarias, Doctor en Agronomía, o sus equivalentes) admiten, tal como ocurre en prestigiosas universidades del exterior, graduados universitarios sobresalientes de muy distinto origen. Dichos grados han sido otorgados a ingenieros agrónomos, biólogos, químicos, bioquímicos, veterinarios, etc. Lo contrario significa desconocer que un biólogo, un ingeniero hidráulico, un físico, un bioquímico, un veterinario, un matemático, etc., pueden hacer aportes originales al conocimiento científico sobre el mejoramiento de los cultivos, productividad agropecuaria, físico-química del suelo, biología del suelo, termodinámica del agua, elaboración de modelos de manejo, biotecnología vegetal y animal, nutrición y mejoramiento de la productividad animal, etc. Lo importante en estudios de posgrado a nivel doctoral, es la realización por parte del graduado de una tarea de excelencia académica, cuyo producto serán aportes originales al conocimiento. De eso se trata, independientemente del título universitario de grado que ya se posea. Frecuentemente, graduados de otras disciplinas están más capacitados para hacer avanzar el conocimiento sobre temas biológicos, físicos, químicos, matemáticos, etc. asociados a las ciencias agropecuarias. Las mismas, en función de la extraordinaria diversidad otorgan una oportunidad casi única de un trabajo interdisciplinario. Limitar el acceso únicamente a ingenieros agrónomos tiene de por sí una implicancia de mentalidad "profesional" restrictiva, totalmente ajena al significado que debe tener un grado académico avanzado.

En el informe de evaluación se sugirió dar acceso al doctorado a graduados en otras disciplinas afines, además de la ingeniería agronómica, tales como ciencias biológicas, naturales, exactas, etc., cuya actividad de investigación a nivel avanzado puede estar íntimamente relacionada con temas agronómicos. En este caso, los estudiantes provenientes de otras disciplinas podrían tomar cursos de nivelación en temas específicos de las ciencias agrarias.

Seguramente es acertado el cuestionamiento a las restricciones al ingreso al doctorado. Limitarlo exclusivamente a los ingenieros agrónomos y cerrarlo a otras especialidades relacionadas va contra las tendencias internacionales hacia la interdisciplinariedad que se explicaron previamente.

Maestrías

Las maestrías acreditadas en Ciencias Agropecuarias son treinta y todas estatales. El 80% de las maestrías en esta disciplina acreditaron en los años 1999 y 2000. El 20% restante en 2003 y 2004. La categorización tiene una distribución bastante pareja, no superando en ningún caso el 35% del total. Y el porcentaje que no solicitó categorización es apenas del 10%.

Al igual que en el doctorado, la evaluación considera que la calidad del cuerpo docente está asociada al título que posee, la dedicación y en este caso al igual que el doctorado se considera mejor la dedicación exclusiva. Como plantean algunos autores citados en la primera parte de este trabajo, la dedicación exclusiva en la institución que ofrece el posgrado no necesariamente es el mejor criterio para evaluar la calidad de los docentes. En el caso de una maestría en Ciencias Agropecuarias, por ejemplo, puede ser incluso mejor que el cuerpo docente esté integrado, además de investigadores en la disciplina que pueden ser o no de la institución, por investigadores y extensionistas que trabajen en el INTA o por profesionales destacados que trabajen en el sector privado.

La experiencia en tutorías es otro aspecto que se destaca en las evaluaciones. En un caso se considera importante incrementar la participación de profesores visitantes para ampliar el universo de conocimientos, y aportar enfoques y experiencias desarrollados en otras instituciones a nivel nacional e internacional. Y en algunos casos también se consideran las actividades de capacitación que instrumenta el posgrado solo o en asociación con otras instituciones para mejorar el nivel del cuerpo académico.

Con respecto a investigación y transferencia se consideran ambas actividades, aunque no de manera uniforme. En algunos casos se da prioridad a la investigación, en otras a la transferencia y en pocos casos se consideran ambas actividades.

Para evaluar la productividad de estas actividades se recomienda principalmente la contribución a la literatura especializada con referato. También se tiene en cuenta la integración de los estudiantes a las actividades de investigación del posgrado. Otro indicador que destacan los pares son los convenios con otras instituciones como el INTA. En uno de los casos, una maestría con un alto nivel de investigación, se recomienda mejorar las actividades de transferencia.

Para analizar la productividad del posgrado se evalúa la calidad de las tesis y también la tasa de graduación, aunque no de manera uniforme como se explicó en el capítulo anterior. En pocos casos se tuvo en cuenta la inserción laboral de los egresados y también el acceso a becas por parte de los estudiantes.

Se observa un sesgo a favor de las maestrías académicas. En todos los casos se valora la titulación del cuerpo docente, la dedicación exclusiva, y la cantidad y nivel de sus publicaciones, mientras que no se considera la trayectoria profesional. La experiencia de los docentes a nivel académico se tiene en cuenta, mientras que no se exige experiencia profesional ni siquiera en maestrías tecnológicas.

Como en los doctorados, los criterios más frecuentes apuntan más a los insumos y procesos que a los productos de la evaluación.

Especializaciones

Las especializaciones acreditadas en Ciencias Agropecuarias son diecisiete, de las cuales dos son privadas. El 42% acreditó entre los años 1999 y 2000, el 53% en 2003 y 2004 y el resto en 2006. El 47% son proyectos. El resto están todas categorizadas y la distribución es uniforme.

La calidad del cuerpo docente se mide a partir de su perfil académico. El título, así como la actividad de investigación, son elementos de valor para la evaluación. Se considera que el prestigio obtenido a través de la producción científica es un indicador suficiente para lograr una adecuada formación de profesionales: "Poseen buena producción científica y difunden adecuadamente sus conocimientos y/o el resultado de sus investigaciones, esto los consolida en su relación con el medio productivo y social y los pone en muy buen nivel en relación con la formación de profesionales agropecuarios."

La escasez de docentes con dedicación exclusiva se considera un problema a solucionar. Aunque no en el caso de los proyectos, dado que la carrera tiene tiempo para resolver esta cuestión y contratar más docentes. Por otra parte, la experiencia profesional no parece ser un requisito de importancia para evaluar al cuerpo docente.

En investigación y transferencia se considera negativa la falta de actividades al respecto, siendo este aspecto objeto de recomendaciones. Se entiende como algo positivo que las carreras de especialización cuenten con actividades de investigación y que incorporen a los alumnos a las actividades de investigación, a pesar de que por tratarse de carreras profesionales el objetivo de los alumnos no sea necesariamente la investigación: "La especialización no prevé la participación de los alumnos en los trabajos de investigación que conducen los docentes, que son investigadores en sus respectivas especialidades, con publicación de trabajos en revistas internacionales."

Como se puede observar, las especializaciones, que son posgrados profesionales por definición, se están evaluando con criterios mayormente académicos: dedicación, experiencia en investigación, publicaciones, investigación de los alumnos, etc.

Con respecto a la graduación, se considera además de la cantidad de egresados, la realización de un trabajo final integrador tal como estipula la reglamentación correspondiente. Sin embargo, no hay uniformidad en la consideración de estos criterios. El énfasis de la evaluación en este tipo de carreras se pone también en los insumos y procesos y no en los productos.

Resultados generales

El primer aspecto que se destaca es la falta de uniformidad en los criterios de evaluación. En su versión extrema este problema se verifica en la clasificación de posgrados de excelencia que tienen bajas tasas de productividad. La calidad se mide por los insumos y procesos antes que en los productos.

No se registran diferencias entre los sectores estatal y privado a nivel del análisis cualitativo porque la mayoría de las carreras pertenece al sector estatal. Es decir, no se observan diferencias respecto a los criterios de evaluación. Sin embargo, el análisis cuantitativo muestra que la mayoría de los posgrados acreditados en Ciencias Agropecuarias es estatal. Las dos carreras privadas son proyectos y se trata de especializaciones, carreras profesionales por excelencia.

Sí se observa que el denominador común de la definición de la calidad para los pares de Ciencias Agropecuarias es el perfil académico. El énfasis en investigación, en determinado modelo de investigación orientado por la publicación, en la dedicación exclusiva y el título de posgrado son los ejes centrales de esta definición de la calidad de las carreras de posgrado. Incluso en los posgrados profesionales como las especializaciones se jerarquizan estos criterios académicos por encima de otros, como es el caso de la experiencia profesional de los docentes. Esto afecta la evaluación de las propuestas profesionales.

Como se puede observar, uno de los principales problemas de la evaluación de la calidad de los posgrados es la sobrevaloración de los aspectos académicos sobre los profesionales, que tiene que ver en gran medida con un modelo universitario que fue dominante durante varias décadas. Los problemas de los posgrados en Ciencias Agropecuarias tienen varios aspectos comunes con la problemática de la formación de grado de los ingenieros agrónomos.

Según Álvaro Díaz y Rolando Vellani (2008) las reformas de las carreras de Agronomía se canalizaron, entre otros aspectos, en la modificación de los planes de estudio tradicionales que tenían varias limitaciones. Éstos respondían a una lógica enciclopedista con escasa relación con la realidad rural, más preocupada en transmitir información que en iniciar al estudiante en el método científico y en el autoaprendizaje. La formación profesional estaba concebida linealmente, comenzando con las materias básicas, continuando con las tecnológicas y finalizando con las ciencias sociales. La falta de instancias de integración curricular potenciaba este divorcio entre las disciplinas básicas y las tecnológicas y de ambas con las ciencias sociales, de manera que no ayudaba a comprender los procesos de generación, difusión y adopción de tecnologías en su real dimensión de problemas complejos, no sólo técnicos, sino también socioeconómicos.

Las dificultades para implementar las reformas de Agronomía según estos especialistas tienen relación, entre otras cosas, con la predominancia de la unidad de cátedra en el mundo académico. Esto conduce a una sobrevaloración de la especialización estrecha y suele estar unida a una enseñanza verbalizada y enciclopedista, con escasa sensibilidad para las concepciones pedagógicas centradas en la preocupación por el aprendizaje y la capacidad de autodesarrollo del estudiante. Estas tradiciones del mundo académico se reflejan en las modalidades de evaluación de los docentes y en el acceso y el ascenso a los cargos jerárquicos, en donde a veces predomina sólo el análisis de los *papers* publicados, sobre todo en revistas arbitradas. Los autores no subestiman la investigación científica de los docentes ni oscilan hacia el polo opuesto sobrevalorando las funciones universitarias de enseñanza y extensión. Proponen integrar las tres funciones docentes, como elementos esenciales del trabajo universitario. De lo contrario, se fomenta la superespecialización que termina priorizando más la investigación sobre las otras funciones, liquidando, de esta forma, todo intento de pensar, investigar y enseñar con un enfoque holístico.

Esto puede llevar a generar un escenario polarizado en el que se desarrolle una jerarquía docente: aquellos clase A, que cumplen con los requisitos de publicaciones especializadas, y los clase B, que orientan sus preocupaciones a encarar problemas de la realidad y a transformarlos, junto a los estudiantes, en experiencias de aprendizaje significativo. Un problema asociado es el modelo de investigación que se impone a través de la evaluación que está asociado a la lógica de las ciencias duras.

Un elemento central en la calidad de la educación es la formación de los docentes. Al igual que el perfil del profesional, también se están produciendo transformaciones en el perfil del docente. Éste requiere formación a nivel de posgrado, por lo tanto, políticas que impulsen el desarrollo de posgrados académicos y profesionales, becas para posgrados, incentivos para estudios internacionales, entre otras, contribuirán al mejoramiento de la calidad docente. Un segundo aspecto de la formación docente tiene que ver con la experiencia académica y profesional del docente que en uno y otro caso dependerá del área disciplinaria en la cual se desempeñe. Es clave fomentar el quehacer investigativo de los docentes con perfil más académico y, por otro lado, promover mecanismos que impulsen, en vez de inhibir, la experiencia profesional, que en algunas áreas en particular resulta altamente recomendable, o sea la participación en los planteles docentes de profesionales que ejercen la profesión en actividades productivas.

La vinculación a los sectores productivos permite un conocimiento en profundidad de las diferentes tecnologías, los cambios tecnológicos y los problemas concretos de la producción. Para esto se necesita pensar un modelo de universidad innovadora o emprendedora. Es decir, implica una universidad que forme parte del sistema nacional de innovación y que su quehacer no sea el tradicional enfoque de la universidad de investigación científica que se deduce del modelo humboldtiano. Requiere, entonces, un cambio sustancial del modelo universitario de dedicación exclusiva del cuerpo docente, sin por ello caer en el modelo profesionalista, en el que predominan los docentes cuya ocupación profesional principal está fuera de la universidad a la que le dedican muy baja atención. En suma, una síntesis de ambos modelos tradicionales que combine las ventajas de la dedicación exclusiva y la experiencia de trabajar en otros ámbitos (Del Bello, Dávila y Giménez, 2006).

La educación de grado y posgrado es uno de los pilares fundamentales de este desarrollo. En este sentido, se podría mejorar la calidad de la oferta educativa a través de políticas que contribuyan a la integración del sistema de investigación agroalimentario. De esta forma, se ayudaría a incorporar la investigación para el mejoramiento de la calidad. Integrar los sectores estatal y privado resulta prioritario dado que es cada vez mayor elpapel del sector privado en la generación de conocimientos, sobre todo la industria de insumos, pero también en algunas agroindustrias procesadoras. Por eso es conveniente la promoción de más espacios de investigación y posgrado conjuntos entre las universidades, el INTA y los sectores productivos.

2.3. Posgrados en Administración

Doctorados

Los doctorados acreditados en Administración son cinco. Tres corresponden al sector estatal y dos al sector privado. De los tres primeros, dos fueron acreditados en 1999 y el otro en el año 2000. Los doctorados de universidades privadas se acreditaron en 2003 y 2004. Dos doctorados de esta área disciplinaria tienen categoría B, los dos de universidades estatales. Los demás no solicitaron categorización.

El análisis de la evaluación de los doctorados en Administración evidencia diferencias en la consideración de los criterios de evaluación, así como también en la relevancia que se le otorga a los mismos. Incluso los programas que tienen la misma categoría muestran diferentes consideraciones por parte de los pares. Por otra parte, tal como sucede también en los posgrados en Ciencias Agropecuarias, las recomendaciones no siempre guardan relación con aspectos considerados previamente problemáticos.

Con respecto a la discusión sobre el perfil académico o profesional de los posgrados, en este caso se le da mayor importancia a la investigación al tratarse de doctorados académicos. Sin embargo, en algunos casos también se observan recomendaciones para incrementar las actividades de transferencia, tal como requiere el perfil de la disciplina.

En el perfil de los docentes se evalúa como positivo que tengan dedicación completa, título de doctor, y publicaciones en revistas con referato. En algunos casos también se considera positiva la trayectoria profesional de los docentes. Incluso en uno de los casos se cuestiona el escaso perfil profesional y la poca inserción productiva. Pero en este punto hay diferencias, como ya se planteó, y algunos tienen sólo en cuenta los aspectos académicos. Lo mismo pasa con los estudios internacionales de los docentes: algunos los consideran positivos, otros no los tienen en cuenta.

Se le da importancia a la cantidad y calidad de graduados. Y se observa la calidad de las tesis. También se considera la participación de los estudiantes en las actividades de investigación, así como las becas para alumnos y el financiamiento a los docentes para la tutoría de tesis, aspectos que también inciden en la productividad y la calidad.

A pesar de tratarse de doctorados, carreras académicas por definición, en varios casos se recomienda fortalecer las actividades de transferencia. Por otra parte, no parece haber diferencias entre estatales y privados, aunque los privados tienen muchas más consideraciones.

Maestrías

Las maestrías acreditadas en Administración son ochenta. El 65% corresponde al sector privado. Aunque la mayor parte, el 38% del total, fue categorizado entre 1999 y 2001, la distribución es homogénea a lo largo del período. La mayoría de las carreras, el 36% del total, decidió no solicitar categorización. De las carreras categorizadas, el 4% corresponde a la categoría A, el 9% a la categoría B y el 24% a la categoría C.

La evaluación del cuerpo docente muestra una prioridad sobre aspectos académicos: titulación, dedicación exclusiva y experiencia en investigación, aunque en algunos casos también se reconoce el valor de la trayectoria profesional de los docentes: "El cuerpo académico está integrado por profesionales con un adecuado nivel de entrenamiento y experiencia en la temática de la carrera. La dedicación parece adecuada, aunque no del todo suficiente para llevar adelante una maestría."

Se le otorga prioridad a las actividades de investigación y transferencia. En algunos casos dan mayor prioridad a una u a la otra, en otros consideran que las dos tienen importancia en igual medida. A su vez, tiene mayor valor que las actividades de investigación se desarrollen en la misma institución: "Las actividades de investigación realizadas por los docentes son numerosas, aunque no todas están radicadas en la Universidad."

Como podemos observar, también en los posgrados de Administración se defiende las bondades de la dedicación exclusiva para el logro de la calidad.

Con respecto a la graduación, se considera la cantidad y calidad de las tesis, así como la tasa de graduación. En un caso se planteó también incorporar la visión de los empleadores en la evaluación de los graduados. Sin embargo, también acá se observa la falta de uniformidad en los criterios.

Especializaciones

Las especializaciones acreditadas en Administración son 73. El 59% corresponde al sector estatal. El 44% acreditó entre 1999 y 2001. Del resto, el 25% acreditó en 2004 y el 18% en 2006. Casi la mitad, el 47% del total de carreras, no solicitó categorización. De los categorizados, el 1% tiene A, el 4% B y el 21% C.

Con respecto al perfil de los docentes, se consideran la formación académica y la trayectoria profesional, aunque no indistintamente. En algunos casos se especifica que la carencia de la primera, en este caso no es grave, por tratarse de una carrera profesional: "La calidad del cuerpo docente es aceptable para una carrera de perfil profesional, aunque desde el punto de vista académico, algunos de los docentes no tiene título de posgrado." Como consideran insuficiente la formación académica de los docentes, recomiendan "compensar con cursos de perfeccionamiento la falta de títulos de posgrado de parte del plantel docente."

Otro caso, sin embargo, jerarquiza otros aspectos: "Teniendo en cuenta que la especialización en finanzas es una carrera de alto contenido práctico cuyo destino final es capacitar a especialistas para que sean más eficientes en su trabajo al servicio de las empresas, organismos e instituciones, la combinación de docentes puramente académicos con ejecutivos de empresas y consultores de la especialidad resulta muy adecuada."

En otros casos se considera un problema la cantidad de profesores estables, pensada como insuficiente. Este indicador, como ya se señaló anteriormente, implica también un sesgo hacia las actividades académicas sobre las profesionales. La dedicación exclusiva de los docentes a la investigación es un elemento fundamental para la calidad del posgrado.

Asimismo, destacan que se trata de carreras profesionales, sin embargo, evalúan las actividades de investigación realizadas en el marco de la propuesta y la participación de los estudiantes en las mismas. Es decir, no sólo se vincula la calidad a la formación académica de los docentes, sino también se considera fundamental que la formación de estudiantes incluya esta actividad. Igualmente se observa que no se manejan criterios homogéneos. En algunos casos recomiendan incrementar las actividades de transferencia.

Con respecto a la graduación, a veces se tiene en cuenta la cantidad de egresados, otras veces la calidad de los trabajos finales realizados y en algunos casos también se analizan las becas a los estudiantes.

En general, las recomendaciones a especializaciones en Administración destacan la necesidad de incrementar las actividades de investigación.

Resultados generales

Al igual que en los posgrados en Ciencias Agropecuarias se destaca en primer lugar la falta de uniformidad en los criterios de evaluación. En líneas generales, se observa que algunos dictámenes ponen el énfasis en la investigación académica, mientras que otros exigen mejorar la transferencia y el relacionamiento con las empresas. Por otra parte, esta cuestión no necesariamente se relaciona con la modalidad de gestión. A varios posgrados privados se les cuestiona la escasa inserción en el medio empresarial, el enfoque generalista o un perfil poco profesional que contradice los objetivos de la carrera.

Por otro lado, es llamativa la exigencia de investigación en el caso de las especializaciones, dado que son posgrados profesionales por definición. En varios casos se observa que el cuestionamiento a este tipo de carreras pasa por elementos tales como la falta de proyectos de investigación y el perfil de los docentes, en el cual la prioridad no es la experiencia profesional, sino el título académico y la trayectoria como investigador. En estos casos se evalúa la capacidad del docente a través de su experiencia como investigador.

Beatriz Checchia (2008), en su investigación sobre el *curriculum* de los posgrados empresariales, realiza una sistematización de varios trabajos que plantean los actuales problemas de estos posgrados. Por ejemplo, Bennis y O'Toole (2005) argumentan que a lo largo de las últimas décadas, muchas escuelas de negocios líderes han adoptado de manera silenciosa un modelo inapropiado y contraproducente de excelencia académica, dado que en vez de valorarse por la competencia de sus graduados o por qué tan bien entienden sus profesores el desempeño empresarial, se miden casi exclusivamente por el rigor de sus investigaciones científicas. Por esta razón, en muchas escuelas de negocios de elite, es posible encontrar profesores que nunca trabajaron en una empresa. Para estos autores, lo que se denomina modelo científico, se basa en el erróneo supuesto de que los negocios son una disciplina científica como la química o la geología, cuando en realidad, se trata de una profesión en la cual convergen muchas disciplinas académicas.

Otro problema es que en vez de entrar al mundo de los negocios, algunos profesores montan una simulación, una especie de experimento de laboratorio, para ver cómo se podría comportar la gente. Si bien en algunas ocasiones estos métodos son útiles, en otras fracasan en reflejar la manera en que operan los negocios en el mundo real. Los ejecutivos no son recolectores de datos, sino usuarios e integradores de datos, por ello necesitan que los profesores les enseñen a interpretar los datos y que los guíen para tomar decisiones ante la ausencia de datos claros. Sin embargo, la realidad de las escuelas de negocios hoy es que la integración entre el conocimiento basado en la disciplina científica y los requerimientos de la práctica empresarial queda a merced del estudiante, dado que los profesores saben más del mundo editorial académico que de los problemas en el lugar de trabajo.

Como se puede observar, muchos de estos problemas planteados están presentes en los criterios de evaluación de los pares. En este sentido, en la medida que no se revea, la evaluación puede contribuir a reproducir y consolidar estos aspectos y así incentivar el desarrollo de una orientación académica en posgrados profesionales que podría terminar afectando la calidad de la propuesta.

Conclusiones

Los resultados del análisis de la evaluación de posgrados en Ciencias Agropecuarias y Administración aportan algunas conclusiones sobre los procesos de evaluación y acreditación de posgrados.

En primer lugar, es destacable que el proceso de evaluación presenta una falta de uniformidad en los criterios para medir la calidad, y este problema se observa a partir de tres aspectos: falta de registros, registros heterogéneos para todos los indicadores y falta de uniformidad en la consistencia entre los criterios y los resultados de acreditación.

Este problema se explica por la generalidad de la reglamentación sobre evaluación de posgrados, que es necesario reformular, y también evidencia que es preciso fortalecer el proceso de evaluación con recursos y personal capacitado que puedan guiar adecuadamente a los pares evaluadores.

En segundo lugar, se observa que la evaluación de la calidad da prioridad a insumos y procesos antes que a los productos. Es así que en muchos casos se ven posgrados categorizados como A con bajas tasas de egreso. Este problema también tiene relación con el anterior. Es necesario discutir con mayor profundidad el planteo de estándares que permitan asociar los criterios de evaluación con los resultados de la acreditación.

En tercer lugar, se aprecian diferencias en la evaluación de posgrados académicos y profesionales a favor de los primeros. La evaluación tiene un sesgo académico.

Como fue discutido en algunos trabajos previos,[20] la problemática planteada en torno a la evaluación de carre-

---

[20] Barsky, O. y Dávila, M. (2004), "Las carreras de posgrado en la Argentina", en Barsky, Sigal y Dávila (coords.), *Los desafíos de la Universidad*

ras de posgrado en las dos áreas analizadas se explica en gran medida por un traslado automático de los criterios de excelencia de posgrado de las Ciencias Exactas y Naturales a campos del conocimiento diferentes. Esto incide, entre otros aspectos, en la evaluación de especializaciones y maestrías profesionales con criterios similares a las maestrías académicas y doctorados, en la importancia que se otorga al doctorado como carrera de posgrado jerárquicamente superior al resto, en el perfil del cuerpo académico con título de posgrado y experiencia en investigación, en la importancia de las actividades de investigación sobre la docencia y la experiencia productiva.

Si bien existen algunas diferencias entre las dos áreas disciplinarias analizadas en este trabajo, se observa un sesgo de la evaluación de los posgrados a favor de los perfiles académicos. En la mayoría de los casos la investigación tiene mayor relevancia que la transferencia. Incluso en el caso de las especializaciones, posgrados profesionales por definición, es considerada fundamental la investigación. Con respecto al perfil de los docentes, también se destacan aspectos académicos tales como el título de posgrado, la dedicación y la cantidad de publicaciones, sobre los aspectos profesionales. De esta forma, se evalúa la capacidad del docente a través de su experiencia como investigador.

Otro elemento a destacar es que se establece una relación entre lo académico como teórico y lo profesional como práctico, cuando en la realidad no necesariamente se presenta una relación tan lineal entre estas categorías. Asimismo, se establece una jerarquización que pone en primer lugar, y como ideal a copiar, este carácter académico o teórico. De esta forma, subrepticiamente, se desvalora la práctica, tanto profesional como docente. El buen docente

---

Argentina, Buenos Aires, Universidad de Belgrano, Siglo XXI editores Argentina.

tiene que necesariamente ser un buen investigador. A su vez, esta condición de buen investigador es más que suficiente para ser un buen profesional.

Este énfasis de la evaluación en la investigación podría tener efectos no deseados, en la medida que se ejerce una presión sobre las instituciones que podrían desencadenar el desarrollo de proyectos de investigación de escasa relevancia y con personas insuficientemente capacitadas por el solo hecho de cumplir una formalidad a los efectos de obtener la acreditación para el posgrado.

Otro problema asociado al anterior es que se impone como ideal a seguir un modelo de investigación único que es el que usualmente se presenta en las llamadas *Ciencias duras*. Según este modelo se le debe otorgar prioridad a la cantidad de publicaciones, en especial, en reconocidas revistas internacionales, y al título de doctor. De esta forma, no se consideran las tradiciones y las verdaderas necesidades de las disciplinas que se están evaluando, y así no se valora la investigación aplicada, la experiencia profesional de los docentes y la inserción en el medio productivo. Particularmente se deja de lado el hecho de que en otras áreas del conocimiento son más valoradas en el país las otras modalidades de posgrado. Por ejemplo, las especializaciones en Medicina, Derecho o Ingeniería o las maestrías en Ciencias Sociales, posgrados de Negocios y Administración.

Otro prejuicio que atraviesa el proceso de evaluación es la idea de que lo académico es una condición completamente desvinculada de las demandas del mercado. Como se planteó anteriormente, lo académico se asimila a la teoría. También se le atribuye una impronta neutral. Tal es así, que en muchos casos se termina castigando cualquier tipo de aplicación y favoreciendo enfoques completamente desvinculados de la realidad laboral que necesariamente tendrán que abordar la mayoría de los graduados.

Según Del Bello, Dávila y Giménez (2006) en su trabajo sobre la Educación Superior Agraria en la Argentina, los procesos de evaluación de la calidad de carreras de Agronomía en otros países de la región (Costa Rica, México, Chile), presentan algunas diferencias con el caso argentino, específicamente en los países precitados se valora relativamente más la experiencia profesional de los pares evaluadores y de los docentes. Esto implica que la evaluación en la Argentina tiene un sesgo más académico. Los autores consideran conveniente para el caso argentino introducir modificaciones al sistema nacional de evaluación y acreditación universitaria, a partir de la incorporación de los consejos profesionales y representantes de los sectores de la producción, que permitan acotar los eventuales sesgos academicistas. Es necesario también estudiar con mayor profundidad los cambios de los modelos profesional y docente en los criterios de evaluación, sobre todo en la consideración de la actividad profesional de los docentes para las áreas aplicadas.

En el mismo sentido, Beatriz Checchia propone para los posgrados empresariales un *curriculum* con un perfil académico-profesional cuyas competencias sean compatibles con las del puesto de trabajo, de manera que permita potenciar el desarrollo personal y profesional de los alumnos, establecer nuevos canales de comunicación entre universidades y empresas, y así beneficiar a los graduados, las empresas y la sociedad en general.

Por otra parte, los resultados de la evaluación de posgrados aportan información sobre las características de la oferta de posgrados. Un aspecto interesante es la falta de veracidad que tienen algunas asociaciones comúnmente realizadas entre la modalidad de gestión y el perfil académico y profesional. Hay posgrados privados con un marcado enfoque académico y posgrados estatales con perfiles profesionales. De esta forma, no se puede plantear la hipótesis de que los posgrados del sector privado tienen una mejor respuesta a las demandas del mercado. En general, no hay diferencias marcadas entre la educación superior estatal y privada, por el contrario, ambos sectores son complejos, heterogéneos y comprenden una multiplicidad de instituciones con características muy diferenciadas entre sí. Y estas características se reflejan a nivel de las propuestas de posgrados.

Luego de todos estos años, la experiencia argentina de evaluación de posgrados muestra una tendencia a la autorregulación de este proceso, una mejora en la calidad de las propuestas y un aumento de la regulación indirecta por parte del Estado que fortalece la autonomía de las instituciones. Los procesos de evaluación y acreditación sin duda tienen una importante influencia sobre las características del sistema de posgrados, pero no son la única fuerza que incide.

Para comprender cabalmente cuáles son los principales factores determinantes es necesario recurrir a la influencia de otras políticas como el financiamiento y la reglamentación, así como también a los aspectos vinculados a las demandas del mercado a través de las empresas y los graduados.

Sin duda, un elemento que favoreció en gran medida el desarrollo exitoso de estos procesos fue la existencia de una Ley de Educación Superior que además de reglamentar la evaluación de la calidad, permitió, en la medida que reglamenta al conjunto del sistema, una única coordinación sobre el mismo. De esta forma, permite establecer las mismas reglas de juego para los distintos actores del sistema y así crea mejores condiciones para resolver potenciales conflictos, inevitables en este tipo de procesos que afecta en mayor o menor medida los intereses de las partes e involucra diferentes valores y conceptos sobre la calidad.

Un aspecto vinculado a la concepción academicista dominante es la idea del doctorado como título terminal y de mayor jerarquía. Esta idea no tiene en cuenta que existen tradiciones diferentes entre las profesiones y áreas disciplinarias y, por lo tanto, hay desarrollos diferentes en cuanto a los tipos de carreras. En los últimos años las políticas de becas en Argentina se han orientado a los doctorados a los que han dado un impulso sobre las maestrías. Esto tiene algunos efectos no deseados:

La legislación promueve maestrías con grandes cargas horarias. Esto plantea una situación de políticas contradictorias, con objetivos a promocionar diferentes, aumentando el caos. Como a nivel de doctorados se estimula la demanda y no la oferta, aumenta la demanda de doctorados pero aún no está consolidada en todas las áreas una oferta de calidad que pueda atenderla. En tradiciones disciplinarias que han incorporado el doctorado recientemente se observa un esfuerzo y dificultades por implementar propuestas de buena calidad diferentes a la maestría.

Por otra parte, terminan beneficiándose de los recursos aquellas áreas disciplinarias en las cuales el doctorado ya tiene tradición, como las Ciencias Básicas y las Humanidades, mientras que se perjudican las Ciencias Sociales y las Tecnológicas, que constituyeron sus tradiciones sobre otros tipos de carreras diferentes.

La evaluación sigue criterios asociados a los aspectos mencionados, premiando los aspectos académicos por sobre la experiencia profesional. Por otra parte, muchos países se plantean políticas de estímulo para el desarrollo científico y tecnológico a través, entre otras cosas, del desarrollo de doctorados profesionales. En Argentina los doctorados son exclusivamente académicos.

Hoy la formación de posgrado, así como también la evaluación y acreditación de los mismos, son aspectos de gran influencia sobre la calidad y la equidad del conjunto del sistema de educación superior en particular, y de los sistemas educativos en general. Por otra parte, la educación superior es estratégica para el desarrollo en la medida que genera externalidades y tiene influencia sobre los procesos políticos, económicos y sociales.

La experiencia de más de diez años de evaluación y acreditación de posgrados ha permitido mejorar la calidad en múltiples aspectos, mientras que en otros aún quedan cuestiones pendientes; principalmente, solucionar la falta de uniformidad en los criterios de evaluación. Muchos de los problemas pendientes están condicionados por la definición y la valoración de la calidad que establece el propio sistema académico. Sin embargo, algunas políticas educativas pueden contribuir a solucionar estos problemas. Entre ellas, la reformulación del marco regulatorio, la revisión del proceso de selección de los pares y un fortalecimiento del rol de la CONEAU en el acompañamiento y guía de los pares en el proceso de evaluación.

Con respecto al marco regulatorio, ya vimos que la Resolución 1.168 refleja las tensiones entre las visiones academicistas y profesionalistas, dado que establece que las maestrías y doctorados son títulos académicos –no así las especializaciones– aunque plantea una mayor flexibilidad sobre los productos exigidos para egresar de las maestrías, habilitando de esta forma al campo de las profesiones. De esta manera, la solución fue ecléctica por la resistencia de las corrientes tradicionales en reconocer que era legítimo hablar de maestrías profesionales.

Por otra parte, hay cierto consenso en atribuir muchos problemas de la evaluación al carácter transversal de la Resolución 1.168. Sin embargo, la solución que se planteó a través de las comisiones asesoras en las distintas disciplinas, algunos casos sigue reproduciendo los mismos conflictos entre las concepciones diferentes. Esto de la pauta de que la reformulación del marco regulatorio es necesaria pero insuficiente para resolver los problemas de la evaluación.

Es interesante considerar las tendencias mundiales en la evaluación de la educación superior y rever el perfil de los pares, ligado particularmente a su pertenencia exclusiva a instituciones académicas. En este sentido, se podría evaluar la posibilidad de ensayar soluciones que han resultado exitosas en otros países, como la creación de agencias privadas o públicas no estatales en las que participen universidades, organizaciones profesionales, instituciones gubernamentales y empresas para la evaluación de carreras de grado y posgrado como en Estados Unidos, México, Alemania y Chile. Esto también permitiría agilizar el proceso de acreditación al desconcentrar el trabajo en varias agencias reguladas a través de la CONEAU.

Sobre el rol de la CONEAU, es necesario revisar el esquema organizacional de la institución y reasignar un papel protagónico a un staff profesional de alta jerarquía que pueda ganar autonomía en el manejo de los procesos de evaluación y que pueda orientar a los pares académicos en nuevos criterios de flexibilidad, conocimiento y creatividad del tipo de actividades que se analizan. Esto supone también redefinir los mecanismos de evaluación de los posgrados, que no pueden basarse en el exclusivo conocimiento de la información en formularios no verificables, y deben integrarse mecanismos de conocimiento directo de las actividades y de diálogo también directo entre los pares evaluadores y quienes dirigen los posgrados. Ello permitiría reformular la extensión y el diseño de los actuales formularios a ejes informativos más simples y menos hostiles. Particularmente es importante pasar a un sistema de evaluación de los resultados de los posgrados, obteniendo los trabajos finales y tesis de los egresados y dando creciente importancia a los mecanismos existentes para garantizar adecuadas tasas de egreso.

La evaluación debe tener en cuenta que a nivel de los posgrados se ha reproducido, posiblemente en forma aun más agravada, lo que constituye el indicador más negativo de la enseñanza de grado, es decir la baja cantidad de egresados. De ahí la relevancia de que desde la evaluación se envíen señales claras al sistema universitario de que la excelencia pasa por subir claramente el número de egresados y su calidad. Hacerlo seriamente implica reformular parte importante de las actividades de este nivel, centradas en cursos que cuentan con costos financiados a través de las matrículas, mientras que no se prevén recursos financieros y humanos adecuados para organizar los procesos que permitan la producción de trabajos finales o tesis. Por el peso de la comunidad académica en la propia CONEAU, la institución se ha adaptado pasivamente a esta situación y sólo una revisión de sus prácticas a partir de las dificultades severas que atraviesa actualmente el sistema de posgrados en el país puede permitir acciones sostenidas que reviertan la situación.

Bibliografía

Barsky, O. (2000), "Reflexiones sobre el desarrollo de los procesos de evaluación de posgrados de la CONEAU", mimeo.

Barsky, O. y Dávila, M. (2004), "Las carreras de posgrado en la Argentina", en Barsky, Sigal y Dávila (coords.), *Los desafíos de la Universidad Argentina*, Buenos Aires, Universidad de Belgrano, Siglo XXI editores Argentina.

Barsky, O. y Dávila, M. (2004), "Las transformaciones del sistema internacional de Educación Superior", en Barsky, Sigal y Dávila (coords.), *Los desafíos de la Universidad Argentina*, Buenos Aires, Universidad de Belgrano, Siglo XXI editores Argentina.

Becher, T. (1989), *Tribus y territorios académicos. La indagación intelectual y las culturas de las disciplinas*, Madrid, Ed. Gedisa.

Checchia, B. (2008), "Estudio y validación de un modelo contextualizado basado en competencias profesionales para la elaboración y valoración de posgrados empresariales", *Tesis de Doctorado*, Madrid, Universidad Complutense de Madrid, Facultad de Ciencias de la Educación, Centro de Formación de Profesorado.

CONEAU (2002), *Contribuciones para un análisis del impacto del sistema de evaluación y acreditación*, Buenos Aires.

CONEAU (2007), Taller de Acreditación de Posgrado, Buenos Aires, 6 de diciembre de 2007.

Dávila, M. (2002), "La construcción de la vinculación Universidad-Sector Productivo-Estado en la Facultad de Agronomía de la Universidad de Buenos Aires: la apertura al medio como eje de transformación institucional", *Tesis de Maestría*, Buenos Aires, FLACSO.

Dávila, M. (2008), "Tendencias internacionales de la Educación Superior", *Revista Sudamericana de Educación, Universidad y Sociedad*, Volumen 1, N° 1-2, Montevideo, Universidad de la Empresa.

Del Bello, J. C.; Dávila, M. y Giménez, G. (2006), "La educación superior agropecuaria y agroalimentaria", en Llach, J. J.; Del Bello, J. C.; Carratú, M. y Margiotta, E., *El campo, las agroindustrias y su gente en la sociedad del conocimiento. La educación rural, agropecuaria y agroindustrial de nivel primario, medio y superior: diagnóstico y propuestas*, Buenos Aires, Foro de la Cadena Agroindustrial Argentina.

Díaz Maynard, A. y Vellani, R (2008), *Educación Agrícola Superior. Experiencia, ideas, propuestas*, Montevideo, Universidad de la República, Comisión Sectorial de Enseñanza.

Fanelli, A. (2000), *Análisis de los dictámenes de acreditación de posgrados en la CONEAU. Informe final*, Buenos Aires, UNESCO, IIPE.

Fernández, L. (2008), "Evolución de los posgrados universitarios en Argentina entre 2002 y 2007", Documento de Trabajo 223, Buenos Aires, Departamento de Investigaciones, Universidad de Belgrano.

Guerrini, V. y Jeppesen, C. (2001), "El sistema de posgrado en Argentina: problemas y desafíos de los procesos de acreditación en el marco de las políticas para el mejoramiento de la calidad del sistema de educación superior", *Revista Escenarios Alternativos*, agosto de 2001.

IESALC (2007), *Informe de evaluación externa de la Comisión Nacional de Evaluación y Acreditación Universitaria (CONEAU) de Argentina*, Buenos Aires, 10 al 13 de julio de 2007.

Pérez Rassetti, C. (2001), *Estándares transversales y específicos para la acreditación de posgrados*, Buenos Aires, CONEAU, Subcomisión de Posgrados, Taller interno, 28 y 29 de agosto de 2001.

4. INVESTIGACIÓN

Estado de la investigación en las universidades privadas argentinas en el año 2010[21]

Por Osvaldo Barsky y Gabriela Giba

1. Introducción

La confección de este documento ha contado con el apoyo del Ministerio de Ciencia, Tecnología e Innovación Productiva (MINCYT) que ha procesado especialmente información no publicada sobre los niveles de concentración del sistema universitario privado y sobre su distribución regional. También el Consejo Nacional de Investigaciones Científica y Técnicas (CONICET) ha proporcionado la información sobre los investigadores y becarios de esta institución asentados en las universidades privadas. Queremos agradecer a las autoridades de ambas instituciones por su apoyo al respecto

Para este documento se ha procesado toda la información pertinente publicada en el año 2008 por el Ministerio, contenida en "Indicadores de Ciencia y Tecnología. Argentina 2007", la última publicada globalmente sobre todo el sistema científico argentino. También contamos con el procesamiento de las respuestas dadas por 27 universidades, que representan el 60% de los estudiantes de las universidades privadas, a la encuesta aplicada recientemente

---

[21] Documento preparado para el Seminario "La investigación en las Universidades Privadas" del Consejo de Rectores de Universidades Privadas (CRUP), Palais Rouge, Ciudad Autónoma de Buenos Aires, 27 y 28 de abril de 2010.

por el CRUP sobre diversos aspectos vinculados con el esquema organizacional del sistema privado.

Toda esta información agregada permite aproximarnos al sistema en su conjunto y extraer algunas conclusiones generales. Dada la complejidad del sistema universitario privado, este diagnóstico no corresponde a ninguna institución en particular, pero esperamos cumpla el objetivo de dimensionar sus características, de modo de que sea útil para definir políticas nacionales hacia el sector y también para mejorar la actividad del Consejo de Rectores de Universidades Privadas (CRUP) en dirección a fortalecer los procesos de investigación en las universidades privadas.

2. La investigación a nivel nacional

Los actores del proceso de desarrollo de la ciencia y la tecnología en el país son el sector de gobierno –particularmente el nacional–, el sistema de educación superior, las empresas privadas y las organizaciones privadas sin fines de lucro. Estos actores funcionan dentro de una estructura institucional donde el Ministerio de Ciencia, Tecnología e Innovación Productiva (MINCYT) tiene a su cargo la formulación de la política científica y tecnológica y establece mecanismos de colaboración, complementación y apoyo entre los actores del sistema nacional de innovación (SIN). Bajo su dependencia se encuentran el Consejo Nacional de Investigaciones Científicas y Técnicas (CONICET), que reúne al mayor número de investigadores científicos del país en todos los campos disciplinarios, y la Agencia Nacional de Promoción Científica y Tecnológica (ANPCYT), que con sus dos fondos orientados a la investigación (FONCYT) y a las empresas innovadoras (FONTAR), es el principal organismo de promoción de actividades de investigación e innovación tecnológica.

Funcionando como consejo asesor, el Consejo Interinstitucional de Ciencia y Tecnología (CICyT) es un espacio de articulación y vinculación de los organismos nacionales que realizan actividades científicas y tecnológicas, orientado al diseño de políticas comunes al sistema y a una mayor relación con la sociedad en general y el sector productivo en particular. Fue creado por la Ley 25.467 de Ciencia, Tecnología e Innovación que en los artículos 14º y 15º establece su integración y funciones. Las decisiones que adopta el Consejo son definidas por consenso o votación en las sesiones de trabajo, un espacio en el cual participan los representantes de las instituciones integrantes. Las sesiones ordinarias se realizan una vez al mes, en dependencias del Ministerio de Ciencia, Tecnología e Innovación Productiva.[22] Es presidido por el Secretario de Articulación Científico Tecnológica del Ministerio y coordinado por el Subsecretario de Coordinación Institucional. El CRUP es miembro pleno del Consejo y mantiene una participación continua desde su creación.

El sector gubernamental está compuesto también por diversos organismos vinculados a áreas científicas específicas, como la Comisión Nacional de Energía Atómica, el Instituto Nacional de Tecnología Agropecuaria, el Instituto Nacional de Tecnología Industrial y otros que funcionan dentro de la órbita de distintos ministerios.

El sistema científico argentino tiene rasgos peculiares, los que están ligados estructuralmente a las dificultades del desarrollo económico y social del país. También a las características de la construcción histórica de su sistema científico y universitario y al peso de las distintas comunidades académicas en la adjudicación de recursos. La insuficiente inversión en ciencia y tecnología representa un rasgo histórico en el país. El gasto anual en investigación y

---

[22] Véase en el Anexo las entidades integrantes del CICyT y sus funciones.

desarrollo (I+D)[23] alcanzó en el año 2007 al 0,51% del PBI. En Brasil, este porcentaje es más del doble que el de Argentina, en tanto que en los países de mayor desarrollo, el gasto en I+D oscila entre 2 y 3% de su PBI anual, con situaciones aun de porcentajes mayores como Suecia y Japón. En los últimos años la inversión consolidada, pública y privada, en ciencia y tecnología en el país ha recuperado porcentualmente los niveles previos a la crisis del año 2001, pero sobre un producto bruto que creció en forma importante entre el año 2003 y el 2008, lo que ha permitido reforzar financieramente al sistema científico nacional.

Cuadro 1. Gastos en Investigación y Desarrollo (I+D) en relación con el Producto Bruto Interno. Comparación internacional en porcentajes.

País	Año	Gastos en I+D/PBI	País	Año	Gastos en I+D/PBI
Finlandia	2007	3,47	España	2007	1,27
Japón	2006	3,39	Portugal	2007	1,21
Corea	2006	3,22	Italia	2006	1,14
Suecia	2004	2,90	Brasil	2007	1,11
EE.UU.	2007	2,66	Chile	2004	0,67
Alemania	2007	2,53	**Argentina**	**2007**	**0,51**
Francia	2007	2,08	México	2005	0,46
Australia	2005	2,01	Uruguay	2007	0,44
Canadá	2007	1,88	Bolivia	2002	0,26
Taiwán	1997	1,81	Colombia	2007	0,16
Irlanda	2007	1,36			

Fuente: Elaboración propia con base a datos de OECD y RICyT.

---

[23] Se entiende por I+D cualquier trabajo creativo llevado a cabo en forma sistemática para incrementar el volumen de conocimientos, incluido el conocimiento del hombre, la cultura y la sociedad y el uso de éstos para derivar nuevas aplicaciones. Comprende: Investigación Básica, Investigación Aplicada y Desarrollo Experimental. "Indicadores de ciencia y tecnología", SECYT, Buenos Aires, 2005.

Históricamente en Argentina el sector estatal aportaba más de las tres cuartas partes de esa inversión anual, proporción sólo superada por Chile, en tanto que en Brasil y España es del 50% y en los demás países arriba mencionados es mucho menor (20%). Recién desde la segunda mitad de los años 1990 se registra un gradual incremento de la participación de la inversión privada.

Cuadro 2. Gastos en I+D por Tipo de Actividad y Sector de Ejecución, 2007, en porcentajes.

	Universidad estatal	Universidad privada	Organismos estatales	Empresas	Entidad sin fines de lucro	Total
Investigación básica	42	36	42	3	36	30
Investigación aplicada	51	61	42	33	62	43
Desarrollo experimental	7	3	16	64	2	27

Fuente: MCTeIP. Elaboración: Propia.

La reducida proporción del gasto privado empresarial en I+D en Argentina es producto del escaso desarrollo de aquellos sectores productivos que, en los países avanzados, son los que más invierten en proporción a sus ventas o su valor agregado (informática, aviación, química fina, etc.), y también porque hay sectores que en los países desarrollados dedican porciones significativas de sus ventas, como por ejemplo farmacéutica, automotriz o químicos industriales, y que no replican ese mismo comportamiento en el país. En consecuencia, el problema del bajo gasto en I+D es en parte, pero no solamente, resultado de diferencias en el patrón de especialización productiva entre Argentina y los países avanzados.

Otro factor explicativo de la alta participación estatal en la inversión consolidada en I+D está vinculado, entre otras cosas, a lo que se ha dado en llamar la paradoja de la relación entre ciencia básica y desarrollo. Efectivamente, en los países avanzados el desarrollo experimental[24] absorbe la mayor parte del gasto total en investigación y desarrollo. En cambio en América Latina los mayores porcentajes destinados a la investigación son absorbidos por la investigación básica y aplicada.

Para actividades de desarrollo experimental Argentina destina el 27% de sus recursos, mientras que el 73% se orienta a investigación básica y aplicada. En la mayoría de los países avanzados, así como en los asiáticos en desarrollo, entre el 50 y el 60% de los gastos en I+D va a desarrollo experimental (siendo el tipo de actividades con más posibilidades de tener impacto cierto en el plano tecnológico).

Esto permite apreciar la débil relación entre las instituciones científicas y las empresas y demás actores sociales que deben aplicar el conocimiento científico y tecnológico. Se cierra así un círculo donde las empresas tienen escaso interés en financiar al tipo de ciencia y técnica que se desarrolla en el sistema científico de las universidades y organismos estatales de investigación, lo que provoca el aumento de la presión de las comunidades académicas sobre el presupuesto estatal y ello acentúa el perfil inadecuado de adjudicación de los recursos para un país en la etapa de desarrollo en que se

---

[24] "El Desarrollo Experimental consiste en trabajos sistemáticos basados en los conocimientos existentes, derivados de la investigación y/o la experiencia práctica, dirigido a la producción de nuevos materiales, productos o dispositivos; al establecimiento de nuevos procesos, sistemas y servicios o a la mejora substancial de los ya existentes. Es decir producir una tecnología." "Indicadores de ciencia y tecnología", SECYT, Buenos Aires, 2005.

encuentra Argentina. Las empresas prefieren financiar su propio desarrollo experimental y sus gastos se aplican predominantemente a este rubro (64%), mientras que la investigación aplicada y básica son las principales asignaciones en los otros tipos de instituciones.

En los últimos años de expansión económica y de crecimiento del gasto estatal se ha producido un importante aumento de los fondos estatales para investigación. Ya hemos señalado que las empresas argentinas no tienen una sólida tradición de financiamiento de la investigación y de los desarrollos tecnológicos. Aun en el caso de una acción estatal tan exitosa y reconocida internacionalmente como la del Instituto Nacional de Tecnología Agropecuaria (INTA), que fue un gran convertidor de la tecnología internacional disponible para los países con agricultura de clima templado, los sucesivos recortes presupuestales a la entidad no merecieron en su momento una respuesta razonable de las corporaciones empresariales que participan en la propia dirección del organismo. El divorcio entre el accionar empresario privado y las instituciones dedicadas a actividades de investigación tiene una larga historia que lo explica, pero es un dato de la realidad. Ello también se refleja en las universidades privadas. Salvo situaciones particulares como la de empresas que responden a determinados nucleamientos que financian a algunas universidades, en general existen escasas corrientes empresariales con predisposición a financiar investigaciones de mediano y largo plazo.

En contraste, el siguiente cuadro permite apreciar que las empresas han incrementado a lo largo del tiempo sus inversiones para ejecutar directamente iniciativas vinculadas al desarrollo científico y tecnológico. Porcentualmente su avance ha sido en detrimento de los porcentajes asignados por los organismos gubernamentales y por el sistema universitario en su conjunto. En los siguientes cuadros se presenta la evolución del gasto por sector de ejecución en millones de pesos corrientes y en porcentajes.

Cuadro 3. Gastos en Actividades Científicas y Tecnológicas (ACyT) por sector de ejecución, años 1997 a 2007 (en millones de pesos corrientes)

Año	Total	Organismo Estatal (*)	Universidad Estatal	Universidad Privada	Empresa	Entidad sin fines de lucro
1997	1.466,30	575,3	371	35,8	443,2	41
1998	1.495,60	588,3	355,2	39,9	467	45,2
1999	1.481,90	590,9	383	32	432,9	43,1
2000	1.430,00	582,1	397,3	31,4	383,1	36,1
2001	1.290,20	534,6	382,5	28	309	36,1
2002	1.388,70	545,8	393,1	29,2	376,2	44,4
2003	1.742,50	725,1	403,9	29,8	530	53,7
2004	2.194,50	845,5	462,7	52,8	767	66,5
2005	2.796,40	1.127,30	600,3	53	937,9	77,9
2006	3.768,70	1.616,60	815,4	62,9	1.168,20	105,6
2007	4.934,20	2.111,50	1152,7	78,4	1.486,50	105,1
%	100.0	42,8	23,4	1,6	30,1	2,1

(*) Gastos en ciencia y tecnología realizados por Organismos Estatales Nacionales y Provinciales excluidas las Universidades. Fuente: Indicadores de Ciencia y Tecnología. Argentina 2007. MCTeIP. Elaboración: propia

Cuadro 4. Argentina. Gastos en Actividades Científicas y Tecnológicas (ACyT)[25] por sector de ejecución, 1985-2007, en porcentajes.

Año	Gobierno	Empresas	Educación Superior	Entidades sin fin de lucro
1985-89	53,4	16,5	28,1	1,9
1990-94	49,9	21,5	26,6	2
1995	42,7	25,4	29,6	2,3
1996	40,7	27,2	29,5	2,5
1997	39,2	30,2	27,7	2,8
1998	39,3	31,2	26,4	3
1999	39,9	29,2	28	2,9
2000	40,7	26,8	30	2,5
2001	41,4	23,9	31,8	2,8
2002	39,3	27,1	30,4	3,2
2003	41,6	30,5	24,8	3,1
2004	38,5	35,0	23,4	3,1
2005	40,3	33,6	23,3	2,8
2006	42,8	31,0	23,3	2,9
2007	42,7	30,2	24,9	2,2

Fuente: MCTeIP. Elaboración: Propia.

---

[25] Actividades Científicas y Tecnológicas (ACyT): son las actividades sistemáticas que están estrechamente relacionadas con la generación, el perfeccionamiento, la difusión y la aplicación de los conocimientos científicos y tecnológicos. Comprende: Investigación y Desarrollo más actividades auxiliares de difusión de CyT, como ser formación de recursos humanos en CyT y servicios tecnológicos (bibliotecas especializadas, etc.). "Indicadores de ciencia y tecnología", SECYT, Buenos Aires, 2005.

También debe señalarse la desequilibrada distribución territorial del gasto en ciencia y tecnología. Ello se evidencia en su deficiente estructuración, la que concentra alrededor del 60% de las capacidades en el área metropolitana y el 76% entre dicha área más las provincias de Buenos Aires, Córdoba y Santa Fe, en contraste con la existencia de grandes regiones del país en las que la escasez de recursos e infraestructura científico-tecnológica es muy alta. Cabe advertir que la alta concentración en los aglomerados urbanos precitados se correlaciona con la distribución territorial del PBI.

Para el año 2007 el MINCYT registra 73.558 personas dedicadas a actividades de I+D, de las cuales 46.884 son investigadores y 12.168 becarios de investigación con un incremento del 9,72% en investigadores y del 12,6% en becarios respecto del 2006. El 57,8% de los investigadores tiene dedicación completa y el resto parcial. En los becarios la dedicación completa es del 78%. La mayoría de los becarios desempeña sus funciones en organismos estatales (56%) o universidades estatales (30,4%). Finalmente, en el 2007 había 14.506 personas en tareas técnicas o de apoyo a la investigación y desarrollo, en su totalidad con dedicación completa, lo que implica un aumento respecto del año 2006 del 1,3%. La amplia mayoría se desempeña en organismos públicos y en menor medida en empresas.

Cuadro 5. Cargos ocupados por personas dedicadas a Investigación y Desarrollo según tipo de identidad y función, año 2007

		Total	Organismos estatales	Univ. estatales	Univ. Privadas	Empresas	Ent. s/ fines de lucro
Investig.	Total	46.884	10.862	28.354	2.582	4.346	740
	JC	27.133	10.220	12.767	534	3.300	312
	JP	19.751	642	15.587	2.048	1.046	428

	Total	Orga- nismos estatales	Univ. es- tatales	Univ. Priva- das	Em- pre- sas	Ent. s/ fines de lucro
Becarios Total	12.168	6.813	3.705	540	751	359
JC	*9.492*	*6.616*	*2.014*	*127*	*550*	*185*
JP	*2.676*	*197*	*1.691*	*413*	*201*	*174*
Técnicos	7.732	4.188	454	150	2.694	246
Apoyo	6.774	4.332	546	191	1.390	315
Total	**73.558**	**26.195**	**33.059**	**3.463**	**9.181**	**1.660**

JC: Jornada Completa; JP: Jornada Parcial.
Fuente: Indicadores de Ciencia y Tecnología. Argentina 2007, MINCYT. Elaboración: propia.

En términos de cantidad de personal de investigación equivalentes a jornada completa (EJC) la cifra es de 53.187, lo que significa un incremento del 10,7% respecto del año 2006. Para el cálculo de los investigadores EJC, los datos se basan en los criterios metodológicos aceptados internacionalmente para la medición de recursos humanos en ciencia y tecnología (Manual de Frascati, OCDE). En el mencionado manual se recomienda utilizar coeficientes para la dedicación a la investigación efectiva de hasta un 0,90 para los cargos de jornada completa, suponiendo que el otro 10% corresponde a tareas de docencia, difusión, transferencia de tecnología, etc. Con base en estudios empíricos, en las universidades argentinas tal porcentaje es de 0,77 para la jornada completa y de 0,25 para la jornada parcial, mientras que en los organismos públicos, empresas y entidades sin fines de lucro, tales porcentajes son de 1 y 0,25 respectivamente. *No debe confundirse la estimación de equivalentes a jornada completa (EJC) con los investigadores que tienen dedicación completa (JC).*

Cuadro 6. Personal dedicado a investigación y desarrollo equivalentes a jornada completa (EJC) según tipo de entidad y función. Año 2007.

Entidad	Investigadores	Becarios de Investigación	Personal Técnico	Personal de Apoyo	Total
Org. Estatal	10.381	6.665	4.188	4.332	25.566
Univ. Estatal	13.727	1.974	454	546	16.701
Univ. Privada	923	201	150	191	1.465
Empresas	3.562	600	2.694	1.390	8.246
Entid. s/f/lucro	419	229	246	315	1.209
Total	**29.012**	**9.669**	**7.732**	**6.774**	**53.187**

Fuente: Indicadores de Ciencia y Tecnología. Argentina 2007. MINCYT. Elaboración: propia.

Existen sensibles diferencias en los gastos en investigación y desarrollo por investigador en las distintas entidades, según se muestra en el siguiente cuadro:

Cuadro 7. Gastos en investigación y desarrollo por investigador y por investigador y becario de investigación equivalentes a jornada completa (EJC) según instituciones, años 2004, 2005, 2006 y 2007.

Tipo de entidad	Gastos en investigación y desarrollo (en pesos)							
	por investigador EJC				por investigador-becario EJC			
	2004	2005	2006	2007	2004	2005	2006	2007
Organismos estatales	104.498	113.308	144.549	154.725	68.010	73.256	88.659	94.227
Universidad estatal	39.295	50.208	62.594	81.493	35.158	44.277	54.695	71.247
Universidad privada	58.073	57.966	68.930	76.836	46.609	49.030	55.735	63.096
Empresas	209.546	245.925	288.636	351.597	176.183	209.981	247.174	300.910
Entidades sin fines de lucro	97.378	140.631	201.182	187.518	63.088	88.008	141.400	121.250

Fuente: Indicadores de Ciencia y Tecnología. Argentina 2004, 2005, 2006 y 2007.; MINCYT. Elaboración: propia.

Como se aprecia el monto invertido por investigador en las universidades privadas en el año 2007 es el más bajo de todos, perdiendo terreno frente a las universidades estatales en relación con las mediciones del 2006. En los organismos estatales, entidades privadas sin fines de lucro y en las empresas predominan los investigadores de dedicación completa con mayores inversiones en equipamiento lo que explica el monto mayor de gastos por investigador.

3. La situación de la investigación en las universidades de gestión privada

3.1. Antecedentes

No es suficientemente conocido que a partir de la década de 1930 comenzaron en el país discusiones vinculadas con la creación de universidades científicas privadas.[26] Las mismas estuvieron ligadas a Enrique Gaviola, Eduardo Braun Menéndez y Augusto Durelli,

Enrique Gaviola (1900-1989) fue el primer físico argentino de renombre internacional. En 1930 regresó a Argentina y se incorporó a la Universidad de Buenos Aires como titular de la cátedra de Físico-Química de la Facultad de Ciencias Exactas, Físicas y Naturales hasta 1936, en la que intentó dar impulso a los trabajos experimentales. El fuerte contraste con el modelo de las universidades alemanas y norteamericanas en las que estudió y participó como investigador con el de las universidades locales, lo impulsó en 1931 a publicar su estudio *Reforma de la universidad argentina y breviario del reformista*. Su principal crítica estaba destinada al régimen docente de dedicaciones simples

---

[26] Un planteo más extenso de esta problemática ha sido desarrollado por el autor en Del Bello, J. C.; Barsky, O. y Giménez, G. (2007), *La universidad privada argentina*, Buenos Aires, Libros del Zorzal.

y a las múltiples actividades docentes y profesionales a que debían dedicarse los profesores universitarios para sobrevivir. Planteó fuertemente la necesidad de profesores a tiempo completo para que pudieran dedicarse a la investigación y la necesidad de subsidiar a los estudiantes para estos fines. Se inspiró en el modelo de las universidades alemanas y en las experiencias norteamericanas, en las que se priorizaba la dedicación exclusiva del personal y el óptimo equipamiento de los laboratorios. Gaviola también planteaba suplementar los fondos estatales con contribuciones de los egresados universitarios, como sucedía en las universidades privadas de EE.UU. Asimismo proponía el establecimiento de residencias estudiantiles, siguiendo los ejemplos norteamericano e inglés. Su enorme prestigio determinó que se lo nombrara en 1940 director del Observatorio Astronómico de Córdoba, cargo que ejercería hasta 1947. También fundó en 1944 la Asociación Física Argentina siendo su primer presidente.

Los acontecimientos políticos nacionales y su impacto negativo sobre la situación universitaria, particularmente a partir de 1943 en que fueron expulsados los profesores titulares de fisiología Bernardo Houssay de la Universidad de Buenos Aires, Juan Lewis de la Universidad del Litoral en Rosario y Oscar Orías de la Universidad de Córdoba, convencieron a Gaviola de la necesidad de impulsar un esquema institucional alternativo. Para ello comenzó un intenso diálogo con Eduardo Braun Menéndez. Éste trabajaba con Bernardo Houssay desde 1932 en el Instituto de Fisiología de la Facultad de Medicina, destacándose en el nivel internacional por sus descubrimientos sobre hipertensión arterial renal. A Braun Menéndez le fue ofrecida la cátedra de Houssay que rechazó, mientras éste, con recursos privados de la Fundación Sauberán, montaba el Instituto de Biología y Medicina Experimental, en el que se incorporaron Lewis, Orías, Virgilio Foglia, Braun Menéndez y Federico Leloir.

Braun Menéndez, que había realizado estudios de posgrado y perfeccionamiento en Londres, París y Viena, estaba profundamente convencido de la necesidad de ofrecer una alternativa al esquema universitario profesionalista, en continua inestabilidad política y crecientemente excluyente de sus figuras científicas. Una de sus iniciativas fue la fundación en 1945 de la revista *Ciencia e Investigación* de la Asociación Argentina para el Progreso de la Ciencia (AAPPC), que financiaba inicialmente con recursos de su familia. El 5 de septiembre de 1945 pronunció una conferencia en el Instituto Popular de Conferencias del periódico *La Prensa*, que fue publicada al día siguiente por ese diario. Con el título de "Universidades no oficiales e institutos privados de investigación científica". Allí intentaba demostrar que "las universidades libres, privadas, no oficiales", presentaban ventajas sobre las estatales. Tomaba como modelo la Universidad de Johns Hopkins, el Instituto Pasteur y la Sociedad Kaiser Wilhelm para el Adelanto de la Ciencia. Basado en la experiencia internacional, particularmente norteamericana, de financiamiento de los distintos sectores económicos privados a las universidades, Braun Menéndez intentaba convencer a los grandes empresarios locales de solventar entidades nuevas basadas en institutos de investigación científica. Su propuesta partía de que juzgaba impracticable reformar las universidades existentes. Y concluía señalando que la creación de universidades privadas era un hecho imprescindible para la propia supervivencia de los empresarios. El proyecto de Braun Menéndez se basaba en la incorporación de científicos de dedicación exclusiva para ejercer las funciones de investigación y docencia y su proyecto académico era esencialmente similar al de Gaviola, ya que tenían en cuenta los modelos de los países desarrollados.

Finalmente, dentro de las figuras científicas que abogaron por el desarrollo de universidades privadas científicas en este período, debe mencionarse al ingeniero Augusto Durelli. Con estudios de doctorado en Francia y de perfeccionamiento en el *Massachussets Institute of Technology* (MIT), luego de trabajar como profesor visitante en Canadá, regresó al país en 1943 trabajando en la UBA y como asesor del Laboratorio de Ensayo de Materiales e Investigaciones Tecnológicas de la Provincia de Buenos Aires. Publicó en 1947 el libro *Del universo de la Universidad al universo del hombre,* en el que luego de señalar la situación lamentable de la universidad argentina, planteó que era necesario suprimir el monopolio estatal universitario permitiendo que cada familia espiritual tuviera su universidad, lo que haría construir instituciones similares a las de los países desarrollados. Confiaba en que la existencia de las universidades privadas atraería poderosamente la contribución de los particulares. Señalaba que instituciones como el Colegio Libre de Estudios Superiores, el Instituto de Fisiología de Houssay y el Instituto Francés de Estudios Superiores podían convertirse en universidades como Harvard, Princeton u Oxford.

Estas iniciativas no encontraron espacios políticos y respuestas alentadoras de sus propios pares. Pero además el contexto internacional había variado después de la Segunda Guerra. Durante la misma había sido decisiva la presencia de los gobiernos en temas fuertemente articulados entre sí como lo eran los de defensa y desarrollo científico. A partir de ello, el nuevo paradigma institucional implicaba una fuerte ingerencia estatal. Así lo percibía el propio Houssay que planteaba en 1945 que la creación del Instituto de Biología y Medicina Experimental que dirigía no debía debilitar al Instituto de Fisiología de la Facultad de Medicina de la UBA, del que había sido separado, y en una carta del 18 de julio de 1945 dirigida a Oscar Orías, le señalaba: "Aun en los Estados Unidos, las fundaciones particulares están perdiendo terreno y los investigadores cada vez más se fían en recursos del Estado." Por otra parte Houssay ya había recibido apoyos estatales para la AAPPC en la década de 1930 y confiaba en un esquema de financiamiento público y privado para las iniciativas científicas.

Houssay y otros investigadores habían concentrado sus esfuerzos en la asunción por el Estado del desarrollo científico a partir de la fundación del Consejo Nacional de Investigaciones Científicas y Técnicas (CONICET), que fue creado por el gobierno de 1955 mediante el Decreto-Ley 1.291 de 1958. Al mismo tiempo, la reorganización de las universidades estatales había absorbido buena parte de los intelectuales y cuadros científicos que habían participado en la lucha universitaria contra el gobierno peronista. La presión por crear universidades no estatales que canalizaran el desarrollo de las comunidades académicas y científicas que habían sido excluidas del sistema universitario, gradualmente se diluyó al encontrar los científicos un espacio en el Estado para el desarrollo de su actividad.[27]

La autorización de funcionamiento de las universidades privadas por la Ley 14.557 de septiembre de 1958, reglamentada en febrero de 1959, fue el resultado de una puja significativa entre los sectores liberales y católicos que formaban parte del gobierno de la llamada Revolución Libertadora. Estos enfrentamientos que llevaban ya un siglo de desarrollo y que habían impedido la creación de universidades privadas

---

[27] A la luz del desarrollo posterior del sistema científico argentino, resulta evidente el error histórico de la comunidad científica argentina, ya que si bien el CONICET realizó notables esfuerzos para el desarrollo de la actividad en el país, las limitaciones de la universidad argentina para incorporar en forma significativa actividades de investigación al quehacer académico, por la hegemonía de los sectores universitarios profesionalistas y la prohibición de que el Estado apoyara económicamente a las universidades privadas, constituyeron los factores explicativos determinantes de un sistema científico nacional con fallas estructurales para su desenvolvimiento por la insuficiente presencia de la actividad de investigación universitaria.

en períodos anteriores, como en la mayor parte de América Latina, produjeron un empate político reflejado en el contenido del famoso Artículo 28 de dicha ley que señalaba:

> La iniciativa privada podrá crear universidades con capacidad para expedir títulos y/o diplomas académicos. La habilitación para el ejercicio profesional será otorgada por el Estado nacional. Los exámenes que habiliten para el ejercicio de las distintas profesiones serán públicos y estarán a cargo de organismos que designe el Estado nacional. *Dichas universidades no podrán recibir recursos estatales* y deberán someter sus estatutos, programas y planes de estudio a la aprobación previa de la autoridad administrativa, la que reglamentará las demás condiciones para su funcionamiento.

A cambio de poder finalmente crear las universidades privadas, los sectores que pugnaban por hacerlo –particularmente la Iglesia Católica– aceptaron no recibir recursos estatales para su funcionamiento, una diferencia fundamental con la situación de las otras universidades privadas en la mayor parte del mundo.

La prohibición de acceder a recursos financieros estatales creó de hecho una gran dificultad para el desarrollo de carreras científicas que implicaran altos costos de equipamiento e insumos, y también la posibilidad de contratar recursos humanos de alta calidad y dedicación, lo que afectaba en materia de investigación y calidad de la enseñanza a todas las disciplinas. En estas condiciones de contexto desfavorables comenzó el desarrollo institucional de las universidades privadas. Las mismas tuvieron que concentrarse en las cuestiones básicas que aseguraran su supervivencia, desde instalaciones adecuadas, docentes de nivel universitario, y particularmente de alumnos, dado que la matrícula estudiantil pasó a ser inicialmente la única fuente de ingresos. Entonces las carreras profesionalistas masivas, que podían asegurarla, predominaron abiertamente sobre el desarrollo de la investigación, que quedó sobre todo ligada a las iniciativas de algunos investigadores que se integraron a este nuevo esquema institucional. En algunas disciplinas como las Ciencias Sociales y Humanidades, los procesos de investigación sufrieron impactos positivos, aunque puntuales, al servir algunas universidades privadas de refugio a los intelectuales que renunciaron a las universidades estatales en la década de 1960 por las persecuciones desarrolladas durante la dictadura del general Onganía. También la creación de universidades privadas con origen en institutos de investigación, así como el desarrollo de las vinculadas al área de salud, con peso de las ciencias básicas, fueron impulsando procesos de construcción de espacios de investigación, que se fortalecerían en la última etapa.

El esquema institucional público sufre un cambio decisivo en 1995 cuando se sanciona la Ley 24.521, la Ley de Educación Superior. La misma, cuando se refiere a las universidades privadas, incluye el Artículo 66 que establece: "El estado nacional podrá acordar a las instituciones con reconocimiento definitivo que lo soliciten, apoyo económico para el desarrollo de proyectos de investigación que se generen en las mismas, sujeto ello a los mecanismos de evaluación y a los criterios de elegibilidad que rijan para todo el sistema."

Es decir por primera vez se abre desde el Artículo 28 una instancia formal por la cual se puede acceder, no al financiamiento en general, pero sí al destinado para investigación. Es a partir de esta sanción que se abren espacios en los programas de investigación de ciencia y tecnología. La Agencia Nacional de Investigaciones creada en 1997, a través del FONCYT y el FONTAR, genera los instrumentos específicos que permiten a la comunidad científica, incluidas ahora las universidades privadas, competir para la obtención de recursos. Se abre así el primer espacio para que las universidades privadas puedan acceder a recursos estatales para investigación.

La Ley de educación Superior N° 24.521/95 establece en su Artículo 28, Inciso (b), que una de las cinco funciones básicas de las instituciones universitarias es "promover y desarrollar la investigación científica y tecnológica, los estudios humanísticos y las creaciones artísticas." Como vemos, la Ley ha establecido que la investigación es una de las funciones de la universidad. Si bien el modelo profesionalista universitario dominante ha sido con razón objeto de críticas, ello no significa que tender a un modelo universitario con más investigación implique necesariamente que en todas las disciplinas y carreras deben plantearse los mismos niveles de exigencia y, sobre todo, las mismas pautas para evaluar la producción de nuevos conocimientos.

El sistema universitario debería repensarse de acuerdo a su historia, tradición, ubicación y recursos disponibles, como un mosaico de instituciones diversas. Cómo cruzar la dimensión de investigación y docencia debería ser una determinación provocada por las disciplinas o temáticas intervinientes y no una decisión burocrática-institucional que fuerce las circunstancias.

3.2. La actual etapa

3.2.1. Características generales del sistema

Las universidades privadas argentinas constituyen un diversificado conjunto de entidades de educación superior, tanto en función de su distinta antigüedad –lo que determina la coexistencia de diferentes etapas de su desarrollo– como por el origen institucional y el diferente peso disciplinario.

Este trasfondo implica también la existencia de situaciones disímiles con relación a los procesos de investigación. Esto remite tanto a la diferente construcción institucional de los mismos, como a las distintas perspectivas con que se identifican los recursos humanos definidos como investigadores. Para algunas universidades, se consideran investigadores a aquellos académicos que realizan una producción continua de investigación en el contexto de proyectos o personal financiados, destinando una parte significativa de su actividad en la universidad a tal fin. Otras universidades definen como investigadores a aquellos docentes que adicionalmente a su función central como tales, reciben estímulos a través de proyectos internos financiados o pequeños suplementos salariales. Finalmente, es importante el número de docentes que realizan esfuerzos limitados o discontinuos de investigación por demandas institucionales sin contar con respaldos adecuados para su actividad.

En el año 2001 el Consejo de Rectores de Universidades Privadas aplicó una encuesta a las universidades, respondida por treinta entidades sobre 49 que componían el sistema.[28] Las universidades declaraban la existencia de 1.040 proyectos. Veintisiete universidades respondieron preguntas vinculadas con el esquema institucional de la investigación. Dichas respuestas permiten apreciar que veinte de las mismas realizaban investigación en áreas diversas, generalmente muy vinculadas con sus carreras de grado y posgrado. En cambio cinco instituciones se encontraban especializadas en investigación vinculada con las Ciencias de la Salud, una con la Economía y una con las Ciencias Sociales. Las instituciones especializadas son institutos universitarios o han tenido origen en institutos que se dedicaban a la investigación antes de asumir el proceso de docencia.

Es importante señalar que una parte decisiva de las instituciones privadas inició el desarrollo de sus actividades de investigación en la década de 1990, en muchos casos por ser entidades nuevas, pero en otros porque fue recién en estos años en que el tema fue abordado institucionalmente, lo que se aprecia en las fechas en que fueron creados los departamentos o secretarías de investigaciones. Casi todas las entidades

---

[28] Véase Barsky, Osvaldo (2004), "La investigación en las universidades privadas argentina", en Barsky, O. *et al.*, *Los desafíos de la universidad argentina*, Buenos Aires, Ed. Siglo XXI.

tienen instancias de este tipo. En cambio en el año 2001 sólo siete declararon tener carrera de investigador, aunque en algunos casos no es claro si se encuentra instrumentada y qué impacto tiene ello en la situación de los investigadores.

En el año 2007, 47 universidades privadas informaron de sus actividades de investigación al Ministerio de Ciencia, Tecnología e Innovación Productiva. El primer aspecto que resalta es el carácter fuertemente concentrado del sistema universitario privado en términos de inversión en estas actividades, ya que en doce universidades (25% de las presentadas) se realiza el 75,4% de los gastos en investigación y desarrollo y el 76,1% en actividades de ciencia y tecnología. Hay que destacar que hay diecisiete universidades (36%) que representan solamente el 3,5 y el 3,6% de dichos gastos.

En materia de personal la concentración es algo menor. Ello está vinculado a diferentes niveles de dedicación y de retribución de los investigadores, como también a diferentes niveles de inversión en los proyectos según el tipo de disciplinas involucradas. De todos modos, las tres cuartas partes de las personas que trabajan en actividades de ciencia y tecnología se distribuyen en diecinueve universidades, mientras que el 25% restante pertenece a las otras veintiocho. En las diez universidades que encabezan el listado de distribución trabajan 1.783 personas, un promedio de 178 por institución, mientras que en las otras veintiocho lo hacen 1.680, es decir un promedio de sesenta personas por institución. Las últimas diecisiete universidades que representan el 8,4% del total, tienen un promedio de diecisiete investigadores por unidad, es decir diez veces menos que el estrato superior. También se observa que las universidades con mayor concentración de investigadores tienen un porcentaje de dedicaciones aun más acentuado si el dato se calcula en equivalentes a jornada completa (EJC), confirmando entonces una disparidad importante entre las universidades.

Cuadro 8: Universidades privadas. Año 2007. Gastos en investigación y desarrollo y en actividades científicas y tecnológicas y recursos humanos, en porcentajes de acuerdo al número de universidades. (Las universidades están ordenadas de mayor a menor en gastos y recursos humanos)

Gastos de I+D		Gastos ACyT		Total Recursos Humanos	
Cantidad de Universidades	% Gasto 2007	Cantidad de Universidades	% Gasto 2007	Cantidad de Universidades	% Recursos 2007
3	35,6	3	36,1	3	20,4
4	43,0	4	44,3	4	25,7
5	48,5	5	49,8	5	31,0
6	54,0	7	60,0	7	40,9
7	59,2	9	68,7	10	51,5
8	63,6	10	71,5	13	60,6
10	70,6	12	76,1	15	66,2
12	75,4	15	81,8	17	71,2
15	81,4	20	88,7	19	75,7
19	87,4	25	93,4	20	77,7
20	88,6	30	96,4	22	81,6
25	93,4			25	86,2
30	96,5			29	90,7
				30	91,6

Gastos I+D: $93.904. Gastos ACyT: $100.366.
Total Personas: 3.800. Total Personas (EJC): 1.638.
Universidades privadas que informan estar realizando actividades en I+D: 47.
Fuente: MINCYT. Elaboración propia.

Comparando los datos de los años 2006 y 2007, se aprecia una tendencia a la desconcentración de recursos financieros, pero se mantiene la distribución en términos de recursos humanos.

Cuadro 9: Universidades privadas. Años 2006-2007. Gastos en investigación y desarrollo y en actividades científicas y tecnológicas y recursos humanos, en porcentajes de acuerdo al número de universidades.

Gastos de I+D				Gastos ACyT				Total Recursos Humanos			
Cantidad de Universidades	% Gasto 2006	% Gasto 2007	Variación	Cantidad de Universidades	% Gasto 2006	% Gasto 2007	Variación	Cantidad de Universidades	%Recursos 2006	%Recursos 2007	Variación
3	39,8	35,6	-4,2	3	40,3	36,1	-4,2	3	20,0	20,4	0,4
4	48,6	43,0	-5,6	4	48,8	44,3	-4,5	4	25,7	25,7	0,0
5	55,4	48,5	-6,9	5	56,9	49,8	-7,1	5	31,3	31,0	-0,3
6	61,6	54,0	-7,6	7	67,9	60,0	-7,9	7	41,1	40,9	-0,2
7	66,7	59,2	-7,5	9	74,4	68,7	-5,7	10	51,6	51,5	-0,1
8	70,7	63,6	-7,1	10	76,3	71,5	-4,8	13	60,7	60,6	-0,1
10	75,7	70,6	-5,1	12	80,0	76,1	-3,9	15	66,0	66,2	0,2
12	79,8	75,4	-4,4	15	84,6	81,8	-2,8	17	70,6	71,2	0,6
15	84,7	81,4	-3,3	20	90,3	88,7	-1,6	19	74,7	75,7	1,0
19	89,6	87,4	-2,2	25	94,4	93,4	-1,0	20	76,7	77,7	1,0
20	90,7	88,6	-2,1	30	97,0	96,4	-0,6	22	80,2	81,6	1,4
25	94,9	93,4	-1,5					25	84,6	86,2	1,6
30	97,4	96,5	-0,9					29	89,8	90,7	0,9
								30	90,7	91,6	0,9

Gastos I+D: $93.904. Gastos ACyT: $100.366.
Total Personas: 3.800. Total Personas (EJC): 1.638.
Universidades privadas que informan estar realizando actividades en I+D: 47.
Fuente: MINCYT. Elaboración propia.

En cuanto a la distribución regional, el cuadro siguiente permite apreciar la extrema concentración en la región pampeana del personal que trabaja en I+D. Si bien esta es una tendencia nacional, el hecho de que las universidades privadas se hayan desarrollado en relación directa con ciertas demandas solventes, y que a diferencia de las estatales su creación no sea solventada desde el presupuesto nacional, explica la ubicación física de la mayoría de las universidades en esta región. Pero además ello se refuerza con el hecho de que la casi totalidad de las universidades privadas con mayor tradición de investigación se encuentran en el conurbano bonaerense.

Cuadro 10: Universidades privadas. Cantidad de personas dedicadas a investigación y desarrollo equivalentes a jornada completa (EJC), según función y región. Año 2007

Región	Total	Total EJC	Investigadores con dedicación completa	Investigadores con dedicación parcial	Investigadores EJC
Total país	3.800	1.638	568	2.226	994
Pampeana	3.157	1.437	554	1.745	863
Patagónica	0	0	0	0	0
NOA	328	101	6	242	65
Cuyo	274	84	5	211	57
NEA	47	16	3	28	9

Fuente: MINCYT. Elaboración propia.

Teniendo en cuenta el carácter altamente heterogéneo del sistema de investigación en las universidades privadas, se analizan en forma agregada algunos de sus rasgos más importantes.

3.2.2. El financiamiento de la investigación en las universidades privadas

La evolución de los gastos en actividades científicas y tecnológicas de las universidades privadas en los últimos años se puede apreciar en el siguiente cuadro:

Cuadro 11. Gastos en actividades científicas y tecnológicas de las universidades privadas, años 2000 a 2007 (en millones de pesos corrientes)

Año	Gasto universidades privadas	Total gastos país	% de gastos de las universidades privadas s/Total país
2000	31,4	1.430,0	2,2
2001	28,0	1.290,2	2,1
2002	29,2	1.388,7	2,2
2003	29,8	1.742,5	1,7
2004	52,8	2.194,5	2,5
2005	53,0	2.796,4	1,9
2006	62,9	3.768,7	1,7
2007	78,4	4.934,2	1,6

Fuente: Indicadores de Ciencia y Tecnología. Argentina. MINCYT. Elaboración: propia.

Como se advierte, los montos de inversión han permanecido estables en moneda corriente entre los años 2000 y 2003, registrándose una suba importante en el 2004. De todos modos, dada la importante inflación operada desde la devaluación en el año 2001, la cifra del año 2005 era inferior en términos reales a la del año 2000. Por otra parte lo mismo sucedía con el total de recursos asignados nacionalmente a la investigación. Dado que en el sector de las universidades la parte más importante del gasto en ciencia y tecnología se destina a recursos humanos, la caída en el nivel real de gastos se explicó por la disminución en los ingresos reales percibidos por los investigadores.

En el año 2007 continuó la tendencia de aumento del gasto iniciada en el año 2006 variando entre esos años el 24,6%. A pesar de estos aumentos, desde el año 2004 las universidades privadas decrecen en forma relativa al total de gastos del país, del 2,5% del gasto total en actividades científico tecnológicas en el año 2004 al 1,7% en el 2006 y del 1,6% en el 2007. Desde el 2004 el presupuesto de las universidades privadas subió el 48,5% hasta el 2007, pero el del país creció nada menos que el 124,8%. Ello es debido al gran crecimiento de la inversión del Estado nacional en los organismos gubernamentales y en las universidades estatales, y de las inversiones de las empresas.

Los gastos de las universidades privadas por investigador traducidos a EJC pasaron de $57.966 promedio durante 2005 a $76.836 en el año 2007. Medidos en investigadores-becarios EJC la suba fue de $49.030 a $63.096 en el mismo término.

Es útil comparar tal evolución con los gastos en las universidades estatales. Las mismas subieron de $39.295 en el 2004 a $81.493 en el 2007 para investigadores EJC, y de $35.138 a $71.247 para investigadores-becarios EJC. Es decir que mientras en los últimos tres años las universidades estatales duplicaron (105%) el gasto por investigador, las privadas lo incrementaron en el mismo plazo en un 31%. Pasaron de representar el 10% del gasto del sistema de educación superior en el 2004 al 6,4% en el 2007.

El menor peso relativo del gasto en investigación en las universidades privadas en relación con estas actividades en las universidades estatales, es contradictorio con la participación del sector privado en el total de posgrados (26,7%) acreditados por la CONEAU. Ello tiene que ver con el peso importante en este sector de programas de posgrado que no requieren una inversión significativa en equipamiento así como en la no coincidencia entre las instituciones donde se realiza investigación y aquellas donde se realizan actividades docentes de este tipo. La diferencia de dedicación de los investigadores entre las universidades estatales y privadas también es otro factor explicativo. En cuanto a la distribución por tipo de actividad, los datos son los siguientes.

Cuadro 12. Gastos en investigación y desarrollo de las universidades privadas por tipo de actividad en miles de pesos y en porcentajes. Año 2007.

Tipo de actividad	Monto en millones de pesos	%
Investigación básica	25,0	35,3
Investigación aplicada	43,2	60,9
Desarrollo experimental	2,7	3,8
Total	**70,9**	**100,0**

Fuente MINCYT. Elaboración: propia.

Tal como lo hemos planteado al analizar el contexto nacional el gasto de las universidades privadas tiene un patrón de distribución relativamente similar al de las estatales en relación con el tipo de actividad, con escasos recursos asignados al desarrollo experimental. El cuadro permite apreciar una inversión en investigación básica significativa, lo que está asociado a las investigaciones en el área de salud, porcentaje que se ha venido incrementando en los últimos años. Este porcentaje (35,3%) es bastante similar al de las universidades estatales (42%). Esta suba del gasto en estas áreas no ha sido acompañada de la misma manera en otras disciplinas.

Otro dato de interés es que la relación entre inversión en investigación aplicada y investigación básica fue en 2007 de 1,73 en las universidades nacionales, 1,73 en las universidades privadas y de 13,9 en las empresas. Estos resultados muestran que las universidades nacionales y privadas se mueven siguiendo similares pautas de trabajo, aparentemente con muy poca inserción en el mundo empresario en general.

Es de destacar la creciente relevancia en materia de financiamiento estatal que significa el continuo aumento de investigadores y becarios del CONICET asentados en las universidades privadas. Asignando un valor estimado de las retribuciones a los mismos durante el año 2010, se calcula que alrededor de trece millones y medio de pesos serán transferidos en este concepto.

Una de las fuentes de financiamiento de las actividades de I+D en las instituciones universitarias privadas son los proyectos financiados por el FONCyT, organismo que convoca anualmente a concurso de proyectos denominados Programas de Investigación en Ciencia y Tecnología (PICT). Los resultados de estos concursos han sido desalentadores para las universidades privadas. En los últimos llamados recibieron subsidios un escaso número de proyectos. Así, en el concurso del año 2004, sobre 430 proyectos que recibieron financiamiento solamente seis fueron adjudicados al sector de las universidades privadas, cifra similar a la del llamado del año 2003. Sobre un monto total otorgado de $75.477.571, lo recibido por estas instituciones fue $980.909. Porcentajes similares se recibieron en los años siguientes.

El FONCYT, desde hace unos tres años, viene impulsando concursos de PICT orientados, es decir no ya en base a llamamientos abiertos sino para grupos de instituciones. Una modalidad de los denominados PICTO ha sido la de proyectos donde participan universidades estatales y privadas de ciertas regiones, como ha sido el caso de la Nacional de Córdoba y Litoral, y con instituciones universitarias privadas, como son los casos del PICTO organizado entre el FONCYT con la Universidad Favaloro, con la Universidad Abierta Interamericana y con el ITBA, este último orientado a tecnologías de la información y la comunicación, del control automático y la mecatrónica y ciencia e ingeniería de los materiales. Otra modalidad más reciente, ha sido la convocatoria en el año 2005 de un PICTO dirigido exclusivamente a las universidades privadas mediante un convenio entre la MINCYT y el Consejo de Rectores de Universidades Privadas (CRUP), que se encuentra actualmente en el último año de ejecución.

Cuadro 13. Universidades privadas que presentaron proyectos a la convocatoria del PICTO-CRUP año 2005

Universidades	Campos disciplinarios					
	Ciencias Sociales	Humanidades	Ciencias Aplicadas	Ciencias Básicas	Salud	Total
de Belgrano	5	2	3	2	-	12
Di Tella	8	-	-	-	-	8
Abierta Interamericana	2	1	1	1	2	7
UADE	3	-	3	-	1	7
Católica de Córdoba	1	2	1	2	-	6
Austral	1	-	-	-	4	5
Católica Argentina	2	1	1	-	-	4
Favaloro	-	-	-	-	4	4
ITBA	-	-	3	-	-	3
FASTA	-	1	2	-	-	3
Católica Cuyo	1	2	-	-	-	3
Católica La Plata	-	-	2	-	-	2
UCES	2	-	-	-	-	2
CEMIC	-	-	-	-	1	1
Maimónides	-	-	-	-	1	1
Adventista del Plata	-	-	-	1	-	1
Cuenca del Plata	-	-	1	-	-	1
Barceló	-	-	-	-	1	1
de Morón	-	-	-	-	1	1
Conc. Uruguay	-	-	1	-	-	1
Total	**25**	**9**	**18**	**6**	**15**	**73**

Fuente: Consejo de Rectores de Universidades Privadas. Elaboración: propia.

La distribución por disciplinas permite apreciar, como era de esperar, un peso predominante de las ciencias sociales y humanas (46,6%); al área de las ciencias básicas (8,2) debe sumarse en gran medida al área de salud (20,5%), en que las investigaciones tienen un fuerte componente de esas disciplinas. Debe destacarse el peso de las investigaciones en salud, más si se tiene en cuenta que la Universidad Favaloro tiene aparte otro PICTO con proyectos de su institución. Con el 25% las Ciencias Aplicadas completan un panorama bastante diversificado del panorama de investigación de las universidades privadas.

Respecto a las instituciones se aprecian distintas situaciones. En primer lugar, aquellas con especialización exclusiva en ciertas áreas donde se presentan los proyectos. Por un lado, instituciones de salud (Favaloro, CEMIC, Maimónides, Barceló). También instituciones especializadas en ciencias sociales (Di Tella, UCES) e institutos como el ITBA con investigación vinculada al campo de las ingenierías. Un segundo tipo de instituciones más abarcativas en términos de campos de conocimiento tiene presencia en distintas áreas disciplinarias (Belgrano, Católica de Córdoba, Universidad Católica Argentina, Universidad Abierta Interamericana).

Cuadro 14. Universidades privadas cuyos proyectos fueron aprobados en la convocatoria del PICTO-CRUP año 2005

Universidad	Área					Total
	Sociales	Humanidades	Aplicadas	Básicas	Salud	
Abierta Interamericana	2	1			2	5
Argentina de la Empresa	4		2		1	7
Austral					4	4
Católica de Córdoba	2	1		2		5
Católica de Cuyo	2					2

Universidad	Área					Total
	Sociales	Humanidades	Aplicadas	Básicas	Salud	
Católica de La Plata					1	1
CEMIC					1	1
de Belgrano	4	1		1		6
de Ciencias Empresariales y Sociales	1					1
FASTA	1					1
Favaloro					4	4
Fundación Barceló, Instituto Universitario de Ciencias de la Salud					1	1
Instituto Tecnológico Buenos Aires	1		1			2
Maimónides				1		1
Pontificia Universidad Católica Argentina	1					1
Torcuato Di Tella	8					8
	26	3	3	4	14	50

Fuente: Consejo de Rectores de Universidades Privadas. Elaboración: propia.

3.2.3. El personal de investigación

Cuadro 15. Cargos ocupados por personas dedicadas a Investigación y desarrollo en las universidades privadas según función y porcentaje sobre el total, año 2007.

Función		Total país	Univ. Privadas	%
Investigadores	Total	46.884	2.582	5,5
	JC	27.133	534	2,0

Función		Total país	Univ. Privadas	%
	JP	19.751	2.048	10,4
Becarios	Total	12.168	540	4,4
	JC	9.492	127	1,3
	JP	2.676	413	15,4
Técnicos		7.732	150	1,9
Apoyo		6.774	191	2,8
Total		73.558	3.463	4,7

JC: Jornada completa. JP: Jornada Parcial. Fuente: MINCYT. Elaboración: propia.

Según este cuadro, las 3.463 personas vinculadas a las investigaciones en las universidades privadas representan el 4,7% del total del sistema científico nacional. Equivalentes a jornada completa son:

Cuadro 16. Evolución del personal dedicado a investigación y desarrollo equivalentes a jornada completa (EJC) en las universidades privadas por función, años 2000 a 2007.

Años	Investigadores EJC	Becarios de investigación EJC	Personal Técnico I+D	Personal de apoyo I+D	Total
2000	520	55	132	105	812
2001	515	83	105	147	850
2002	487	106	110	129	832
2003	529	124	89	134	876
2004	683	168	153	174	1178
2005	769	140	191	151	1251
2006	811	192	180	173	1356
2007	923	201	150	191	1465

Fuente: MINCYT. Elaboración: propia.

Se destaca fuertemente el crecimiento del año 2004, lo que a su vez coincide con los mayores recursos invertidos que aparecen para dicho año. Con relación al crecimiento del sistema a futuro es muy relevante la más que triplicación del número de becarios operada en estos años, lo que indica una política acelerada de formación de recursos humanos.

Cuadro 17. Personal dedicado a Investigación y Desarrollo equivalentes a jornada completa (EJC) en las universidades privadas según función en porcentajes. Año 2007.

Investigadores EJC	Becarios de investigación EJC	Personal Técnico I+D	Personal de apoyo I+D	Total
923	201	150	191	1465
63,0	13,8	10,2	13,0	100,0

Fuente: MCTeIP. Elaboración: propia.

En la encuesta del año 2001 el área de mayor peso en términos cuantitativos es la de Ciencias de la Salud con casi la cuarta parte del total de los investigadores. Le sigue Ingeniería y Tecnología con casi el 20%, y Economía y Administración con el 16%. El peso de las carreras más tradicionales, si se agrega a ellas el Derecho, también se refleja en el terreno científico con el 68% del total de los investigadores. La articulación con las demandas sociales se expresa así más claramente, teniendo las Ciencias Básicas sólo el 6% de los investigadores.

Mucho más se altera la imagen, si se observa la distribución de recursos declarados para los 1.040 proyectos que las universidades privadas se encontraban ejecutando al 30 de abril del 2001. Las universidades declaran 351 proyectos de Ciencias Básicas, 622 de Investigación Aplicada y 67 de Desarrollo Experimental. El 30% del total de los recursos es destinado a las Ciencias Básicas. Estos datos indicarían que si bien los investigadores aparecen clasificados en campos como Salud o Ingeniería y Tecnología, sus proyectos se orientan a las Ciencias Básicas que se articulan con dichos campos.

Los datos del año 2007 nos dan información sobre el origen disciplinario de la formación de los investigadores de las universidades privadas, independientemente de los proyectos en que trabajan. Se aprecia así que el 41% son del campo de las Ciencias Sociales, el 17% de las Ciencias Médicas, el 16% de las Ingenierías y Tecnologías, el 11% de las Humanidades, el 10% de las Ciencias Exactas y Naturales, y el 5% de las Ciencias Agrarias.

Cuadro 18. Porcentaje de investigadores de jornada completa y parcial, dedicados a Investigación y Desarrollo según disciplinas de formación académica y por tipo de entidad, año 2007.

Disciplinas	Total	Organismo Público	Universidad Pública	Universidad Privada	Empresa	Entidad sin fines de lucro
Cs. Exactas y Naturales	27	40	23	10	28	32
Ingenierías y Tecnologías	18	14	14	16	51	13
Ciencias Médicas	14	14	13	17	15	9
Cs. Agrícola-ganaderas	13	20	13	5	5	2
Cs. Sociales	19	7	24	41	1	25
Humanidades	9	5	13	11		19
Total	100	100	100	100	100	100

Fuente: MINCYT

Estas cifras permiten apreciar las estrategias vinculadas a los principales nichos institucionales donde se desarrolla investigación. Las dedicaciones tiempo completo están ligadas a las Escuelas de Negocios, los Institutos de Economía, los Institutos de Ingeniería, las Ciencias Básicas.

Las cifras relevantes de dedicaciones parciales vinculadas a Ciencias de la Salud tienen que ver con unidades académicas donde se combina la investigación con el desarrollo de las especialidades médicas

Los salarios de los investigadores en las universidades privadas varían fuertemente. En muchos casos son suplementos. En los niveles más altos de retribución se apreciaban en pocas universidades dedicaciones exclusivas, que incluyen docencia y muchas veces actividades de gestión. Otras instituciones vinculan los salarios de los investigadores a los proyectos financiados externamente.

Las treinta universidades señalaban que disponían de 141 laboratorios y 57 bibliotecas, con una gran variedad de tamaño y niveles de actualización. Una apreciable cantidad de universidades posee buena infraestructura edilicia para estas actividades, incluidos en algunos casos importantes centros informáticos y bibliotecas virtuales.

Todos estos datos dan cuenta de los recursos humanos que hacen investigación en el contexto de las universidades privadas, que en general está articulada con la docencia de este sector. Pero existe otra importante forma en que se articula la investigación realizada en el país con la docencia de estas universidades. Una gran cantidad de docentes que realizan investigaciones en otras instituciones, estatales o privadas, vuelca sus conocimientos en los posgrados mencionados.

Esta verificación permite afirmar que existe una importante articulación en diversos niveles entre los procesos de investigación y docencia que atraviesan a la educación estatal y privada. También se observan investigadores que realizan su tarea esencialmente en universidades privadas que dictan clase en universidades estatales en el nivel de posgrado.

Un dato significativo es el de la cantidad de investigadores de CONICET que trabajan en las universidades privadas. El total de la muestra del 2001 arroja la cifra de 147 investigadores, a los que deben agregarse once becarios, tres técnicos y nueve de personal de apoyo. La mayor parte de estos investigadores corresponde a las áreas de Ciencias Básicas y Ciencias de la Salud. Los investigadores de CONICET son el 49% del total de los que trabajan en Ciencias Básicas en las universidades privadas.

Cuadro 19. Cantidad de investigadores y becarios del CONICET con sus carreras asentadas en las universidades privadas. Años 2007-2010

Categorías	Años	2007	2010	Variación
Investigador	Superior	8	2	-75%
	Principal	12	17	42%
	Independiente	37	34	-8%
	Adjunto	39	47	21%
	Asistente	13	31	138%
	Total Investigadores	109	131	20%
Becarios	Posdoctorado y Posgrado	56	76	36%

Fuente: CONICET. Elaboración: Propia.

Los datos proporcionados por el CONICET para el año 2007 permiten apreciar el número de investigadores del CONICET que tienen sus carreras asentadas en las universidades privadas. No es casual que dicho dato sea inferior a la información proporcionada por una parte del sistema privado en el año 2001 sobre los investigadores de CONICET que realizan actividades de investigación en sus unidades. La diferencia registra un fenómeno frecuente que es el de los investigadores del CONICET que teniendo sus carreras asentadas en otras instituciones, generalmente estatales, colaboran en investigaciones en las universidades privadas, además de realizar actividades docentes de grado y posgrado.

Lo que importante es el crecimiento continuo de los investigadores del CONICET que se asientan en las universidades privadas lo que indica que las mismas están generando mejores condiciones para que ello suceda. Particularmente relevante es que el mayor crecimiento se da en las categorías más baja, Asistente, y en Becarios, lo que marca el ingreso de una franja de investigadores más jóvenes a las universidades privadas y garantiza el crecimiento y estabilidad del proceso.

Cuadro 20. Cantidad de investigadores del CONICET con sus carreras asentadas en las universidades privadas por universidad. Año 2010.

Universidades	Investigador	Becario	Total	Porcentaje Acum
Pont. Univ. Cat. Arg. "Sta. María de los Bs. As."	24	10	34	16,43%
Univ. Torcuato Di Tella	20	4	24	28,02%
Univ. Austral	16	6	22	38,65%
Univ. De San Andrés	13	10	23	49,76%
Univ. Católica de Córdoba	7	11	18	58,45%
Univ. De Belgrano	9	5	14	65,22%
Univ. Del Salvador	5	9	14	71,98%
Univ. Maimónides	6	7	13	78,26%
Univ. Favaloro	4	5	9	82,61%
Inst. Tecnológico de Buenos Aires	4	1	5	85,02%
Univ. Católica de Santa Fe	2	4	6	87,92%
Univ. Arg. "John F. Kennedy"	3	1	4	89,86%
Univ. Arg. De la Empresa	3	0	3	91,30%
Univ. Católica de Salta	3	0	3	92,75%
Univ. Del CEMA	2	1	3	94,20%
Univ. Atlántida Argentina	2	0	2	95,17%
Univ. De Palermo	1	1	2	96,14%
Inst. Universitario	1	0	1	96,62%
Univ. Abierta Interamericana	1	0	1	97,10%
Univ. Católica de Cuyo - Sede San Juan	1	0	1	97,58%
Univ. De Morón	1	0	1	98,07%
Univ. Del Centro educativo Latinoamericano	1	0	1	98,55%
Univ. Del Cine	1	0	1	99,03%
Univ. FASTA "Santo Tomás de Aquino"	1	0	1	99,52%
Univ. "Juan Agustín Maza"	0	1	1	100,00%
Total	131	76	207	

Fuente: CONICET. Elaboración propia.

El cuadro anterior permite apreciar también aquí el alto grado de concentración institucional de los procesos de investigación en las universidades privadas, ya que en diez universidades (18,5% del sistema) se encuentra el 85,2% de los investigadores del CONICET asentados en estas instituciones, y que sólo veinticuatro entidades de las 57 existentes tienen por lo menos un investigador del CONICET perteneciente a la institución. A su vez los 76 becarios se distribuyen en sólo quince instituciones. Por otra parte, el 85% de los investigadores se ubica en instituciones del conurbano bonaerense, coincidiendo con los datos de centralización geográfica ya señalados.

Para apreciar la situación entre el personal de investigación entre las universidades estatales y privadas se han construido los dos cuadros siguientes. En el primero se aprecia el peso dominante de los investigadores en las universidades estatales, que concentra el 93,7% de los investigadores del sistema universitario. En cambio en becarios tal relación baja al 90,8%, por el incremento de los mismos en las privadas en relación con el número de investigadores. A su vez, el número de técnicos en las universidades privadas es comparativamente más importante, llegando al 24,8%.

Cuadro 21. Personal dedicado a Investigación y Desarrollo equivalentes a jornada completa (EJC) de universidades estatales y privadas por función. Año 2007.

Entidad	Investig.	%	Becarios de Investig.	%	Personal Técnico	%	Personal de Apoyo	%	Total	%
Univ. Estatal	13.727	93,7	1.974	90,8	454	75,2	546	74,1	16.701	91,9
Univ. Privada	923	6,3	201	9,2	150	24,8	191	25,9	1.465	8,1
Total	14.650	100,0	2.175	100,0	604	100,0	737	100,0	18.166	100,0

Fuente: Indicadores de Ciencia y Tecnología. Argentina 2007. MINCYT. Elaboración: propia.

En el siguiente cuadro, donde se toman los cargos de investigación sin reducirlos a EJC, se aprecia una proporción mayor de las universidades privadas, lo que se explica porque es menor en las mismas la cantidad de dedicaciones de tiempo completo, tanto para investigadores como para becarios. Al no reducirse a jornada completa como en el cuadro anterior se produce tal fenómeno.

Cuadro 22. Cargos ocupados por personas dedicadas a Investigación y Desarrollo en universidades estatales y privadas por función. Año 2007.

		Total	Univ. estatales	%	Univ. Privadas	
Investigadores	Total	30.936	28.354	91,7	2.582	8,3
	JC	13.301	12.767	96,0	534	4,0
	JP	17.635	15.587	88,4	2.048	11,6
Becarios	Total	4.245	3.705	87,3	540	12,7
	JC	2.141	2.014	94,1	127	5,9
	JP	2.104	1.691	80,4	413	19,6
Técnicos		604	454	75,2	150	24,8
Apoyo		737	546	74,1	191	25,9
Total		**36.522**	**33.059**	**90,5**	**3.463**	**9,5**

Fuente: Indicadores de Ciencia y Tecnología. Argentina 2007. MINCYT. Elaboración: propia.

Como se observa, el porcentaje de becarios y técnicos en las universidades privadas es mucho más significativo que el de investigadores, lo que podría estar mostrando signos alentadores de crecimiento en el futuro. También se destaca la mayor importancia de las dedicaciones parciales para los investigadores en las universidades privadas por los modelos académicos vigentes y la falta de recursos, lo que provoca que en muchos casos los investigadores complementen tiempos e ingresos de actividades similares o de docencia que realizan en otras instituciones estatales o privadas. La complementación de actividades entre diversas instituciones del sistema de educación superior es un rasgo muy acentuado en el medio nacional, en función de las sucesivas crisis económicas y las bajas retribuciones que obligaron a los investigadores a seguir esta estrategia para su sobrevivencia, y también por las estrategias de algunas universidades privadas en que difícilmente se asignen tiempos completos para personal afectado a investigación.

Mientras en las universidades estatales el 45% de los investigadores es de jornada completa, en las privadas tal porcentaje es sólo del 20%. Comparativamente al año 2006, estos porcentajes han sufrido una disminución (46,3% en el caso de la universidad estatal, con un 22% en las privadas). Además dichas dedicaciones están concentradas en muy pocas instituciones, lo que determina que en la mayoría del sistema no haya dedicaciones a tiempo completo. Esta circunstancia es subrayada permanentemente por los evaluadores de la Comisión Nacional de Evaluación y Acreditación Universitaria en relación con la acreditación de las carreras de grado y de los posgrados.

La relación investigadores con jornada completa / jornada parcial cae de 0,82 en las universidades estatales a 0,26 en las universidades privadas, subiendo a 3,15 en las empresas. Sin embargo, la relación becario JC / investigador JC es de 0,16 en las estatales y sube a 0,24 en las privadas, lo que es más satisfactorio aunque en relación con el año 2006 la relación cayó de un coeficiente de 0,31. Finalmente la relación personal de apoyo / investigador JC es de sólo 0,08 en las estatales, subiendo a un más satisfactorio 0,64 en las privadas y a 1,23 en las empresas

En relación con el género del personal de investigación, los siguientes cuadros muestran que mientras que en las universidades estatales las mujeres predominan sobre los varones, sucede lo contrario en las universidades privadas. Sin embargo la tendencia al creciente predominio de las mujeres en el campo de la investigación se ve confirmada en el caso de los becarios tanto para las universidades estatales como para las privadas.

Cuadro 23. Cargos de investigadores de jornada completa, dedicados a Investigación y Desarrollo, según género y tipo de entidad, año 2007.

Tipo de Entidad	Varón	Mujer	Total
Total	14.545	12.588	27.133
Organismos Públicos	6.048	4.172	10.220
Universidades Públicas	5.677	7.090	12.767
Universidades Privadas	349	185	534
Empresas	2.330	970	3.300
Entidades sin fines de lucro	141	171	312

(a) Fuente: MINCYT.

Cuadro 24. Cargos de becarios de jornada completa, dedicados a Investigación y Desarrollo, según género y tipo de entidad, 2007.

Tipo de entidad	Varón	Mujer	Total
Total	3.866	5.626	9.492
Organismos Públicos	2.739	3.877	6.616
Universidades Públicas	711	1.303	2.014
Universidades Privadas	53	74	127
Empresas	285	265	550
Entidades sin fines de lucro	78	107	185

Fuente: MINCYT.

En cuanto a los títulos de posgrado, en las universidades estatales el 33,3% de los investigadores tiene título de posgrado, porcentaje superado por las privadas donde llega al 38,3%. En las estatales el 53,8% de los títulos de posgrado corresponde a los doctorados y el 46,2% a las maestrías. En las privadas los doctorados representan el 54% de los títulos de posgrado y las maestrías el 45%. Estos porcentajes se justifican en función del peso relevante de las carreras de Ciencias Exactas y Naturales en los investigadores del sistema estatal, proceso asociado directamente al doctorado, mientras que en las universidades estatales se privilegia como título de posgrado a las maestrías en las áreas de Ciencias Sociales y de Administración y Negocios.

Cuadro 25. Cargos de investigadores de jornada completa y parcial, dedicados a Investigación y Desarrollo, según grado académico alcanzado y tipo de entidad, año 2007.

Grado Académico	Total	Organismo Estatal	Universidad estatal	Universidad Privada	Empresa	Entidad sin fines de lucro
Total	**46.884**	**10.862**	**28.354**	**2.582**	**4.346**	**740**
Universitario	27.518	5.178	16.545	1.495	3.880	420
Maestría	5.703	675	4.361	454	122	91
Doctorado	10.924	4.762	5.071	534	344	213
Otros *	2.739	247	2.377	99	0	16

* Profesorados universitarios, terciarios no universitarios y cualquier otro grado no contemplado en los puntos anteriores.
Fuente: MINCYT.

3.2.4. Producción científica

Una de las formas de medir la productividad de los investigadores es a través de sus publicaciones académicas. Una información cuantitativa para el año 2007 se expresa en el siguiente cuadro:

Cuadro 26. Artículos relacionados con CyT, por tipo de entidad, año 2007.

Tipo de Entidad	Revistas CyT propias	Otras revistas del país	Revistas CyT exterior	Total por entidades
Organismo Público	1.142	3.199	4.690	9.031
Universidad Pública	3.979	4.965	7.552	16.496
Universidad Privada	478	799	699	1.976
Empresa	39	296	177	512
Entidad sin fines de lucro	222	163	215	600
Total	**5.860**	**9.422**	**13.333**	**28.615**

Fuente: MINCYT. Elaboración: propia.

Las publicaciones declaradas para el año 2007 por las universidades privadas eran 1.976, de los cuales 478 correspondían a artículos en revistas de ciencia y técnica de las mismas universidades, 799 en otras revistas nacionales y 699 en revistas extranjeras. En relación con el año 2006 se ha incrementado significativamente el número de publicaciones en revistas del exterior disminuyendo en las revistas de la propia universidad, lo que es un indicador de calidad creciente.

Dividiendo el total de las publicaciones de las universidades privadas (1.976) por el número de investigadores (2.582), se obtiene un promedio de 0,76 publicaciones por investigador. Si este cálculo se hace en base a los investigadores EJC (534) tal cociente es de 3,7.

En el caso de las universidades estatales tal promedio es de 0,58 por personal de investigación, dato que se obtiene de dividir el total de publicaciones (16.496) por el total de investigadores (28.354). En cambio si se toma tal relación en cuanto al total de investigadores EJC el promedio es de 1,29, al dividir las 16.496 publicaciones por los 12.767 investigadores EJC.

Tomando sólo las revistas extranjeras, las 669 publicaciones del sector privado dan un promedio de 0,27 tomando el total de investigadores con cualquier dedicación y de 1,31 tomando los investigadores EJC. En el caso de las estatales tales promedios son de 0,26 resultante de dividir 7.552 publicaciones por 28.354 investigadores, y de 0,62 tomando los investigadores en EJC.

En el caso de los organismos estatales se publican 9.031 artículos anuales. Contrastados con los 10.862 investigadores ello arroja una producción de 0,83 artículos por año, y con los 10.220 investigadores EJC de 0,88 artículos anuales. Tomando sólo revistas extranjeras el promedio es de 0,45 para los investigadores EJC y de 0,43 contra el total de investigadores. Dado que dentro de los organismos estatales se encuentra el CONICET el resultado no deja de ser llamativo, al estar sus números por debajo de las universidades. Se observa entonces que el sistema de investigación de las universidades privadas tiene una productividad superior al de las universidades estatales y a los organismos estatales.

Cuadro 27. Publicaciones de las universidades privadas argentinas en Scopus 1997-2007.

Número de universidades	Cantidad de citas	Cantidad de citas	% del Total de citas
5	Más de 100	737	59,7
4	Entre 40 y 99 citas	258	21,0
7	Entre 20 y 39 citas	199	16,3
5	Menos de 19 citas	32	2.6
Total		**1.226**	**100**

Fuente: Base de datos Scopus. Elaboración propia.

Del análisis de la base internacional de revistas indexadas Scopus surge que las universidades privadas han publicado 1.226 trabajos en revistas indexadas por esta base en los años analizados. Para estimar el impacto relativo de esta producción digamos que la base PUB-MED (indexa ampliamente el área biomédica) informa 1.238 publicaciones de universidades argentinas en ese período. En una muestra al azar con un n = 150 las universidades privadas aparecen en el 6,94% de estos trabajos (cinco instituciones). Estos datos son similares al peso relativo de las publicaciones de las universidades privadas sobre el total nacional informadas por la MCTEIT, lo que confirma la validez de los datos.

3.2.5. El modelo institucional de la investigación en las universidades privadas

En la encuesta realizada en el 2007 por el CRUP a las universidades, en las entidades que respondieron se observa un compromiso unánime en el desarrollo de la investigación en su seno. Del contexto también se desprende consenso en el sentido de integrar la actividad en el sistema de Ciencia y Técnica patrocinado por el Estado (ingreso a la carrera del Investigador, obtención de subsidios, becarios, etc.).

La respuesta a la categorización de los investigadores muestra ciertas ambigüedades. Mientras que algunas universidades describen un sistema de categorías similar al del CONICET, otras claramente lo evitan. Evidentemente el estatuto de "investigador con estabilidad", a cargo de la universidad en lo que hace a su salario, no es una situación generalmente aceptada y menos si la dedicación es de tiempo completo. De todos modos hay universidades que han establecido sistemas transicionales que en la práctica generan estabilidad en los investigadores. En algunos casos existen carreras de investigador con categorías similares a las del CONICET y al sistema de incentivos a la investigación a las universidades privadas.

También se evidencia una creciente preocupación por integrar las actividades de investigación y docencia, particularmente en aquellas universidades donde la función de investigación es relativamente nueva. En varias universidades se están aprobando reglamentos de investigación, lo que revela que las preocupaciones por incrementar las investigaciones van determinando una creciente formalización de estas actividades. También se aprecia una creciente preocupación por incorporar investigadores del CONICET a la planta académica de las universidades y se destaca en varias presentaciones la rigidez del CONICET, que impide suplementar los salarios de los investigadores en forma significativa, lo que dificulta una incorporación más acelerada. Varias universidades realizan permanentemente concurso de proyectos de investigación entre sus docentes. Los proyectos y actividades de investigación son financiados decisivamente por las propias universidades.

Durante el año 2010 el CRUP realizó una encuesta a las universidades privadas sobre las estrategias y el modelo institucional de investigación de las universidades privadas. La encuesta fue respondida por 27 universidades que representan algo más del 60% del total de los alumnos que cursan en estas instituciones. Las respuestas procesadas permiten presentar la siguiente información:

1. ¿Existe una instancia central de la universidad que coordina estas actividades (por ejemplo departamento o dirección de investigaciones) o es un esquema descentralizado por facultad, departamentos, etc.?

	Mixto	Centralizado	Descentralizado
Cantidad	10	16	1
%	37,1	59,2	3,7

Centralizado: sólo una instancia coordina la actividad de investigación.

Descentralizado: existen institutos de investigación específicos y/o unidades académicas sin coordinación central

Mixto: Aquellas universidades o institutos que tienen espacios de coordinación a la vez que existen unidades académicas.

Se aprecia que predomina el esquema centralizado seguido por el mixto, lo que tiene que ver con el tamaño de las universidades. Para poner un ejemplo inverso, la Universidad de Buenos Aires, una federación de facultades, tiene totalmente descentralizadas en las mismas las actividades de investigación.

2. Explicar si hay personal investigando con designación y/o retribución especifica.

	Investigadores	Docentes investigadores	mixto	Docentes	Becas
Cant.	9	11	4	1	2
%	34,62%	42,31%	11,54%	3,85%	7,69%

Investigador: el personal de investigación es exclusivo.

Docentes Investigadores: el personal de investigación también se dedica a la docencia.

Docentes: reciben una retribución extra a su labor docente por la investigación.

Becas: se otorgan becas para investigación.

Mixto: ss una mezcla entre las categorías anteriores.

Se aprecian distintas estrategias. Predomina la categoría de docentes-investigadores seguida por investigadores que sólo se dedican a estas actividades. Esta última es una modalidad específica de las universidades privadas, ya que en las estatales los cargos de investigadores no pueden definirse sino a partir de ser docentes, que es la modalidad institucional que organiza a la universidad. También existen ambas estrategias como tercera variante organizacional.

3. ¿Existe una carrera de investigador en la universidad? ¿En qué consiste? ¿Existe una categorización interna de los investigadores?

	no	simple	compleja	Implementación
Cant.	9	6	8	4
%	33,3%	22,2%	29,6%	14,8%

El cuadro permite apreciar que el 51,8% de las universidades ha implementado la carrera de investigador y otro 14,8% está en proceso de hacerlo, lo que señala un avance importante en esta materia, aunque es necesario analizar en qué medida las evaluaciones se realizan con evaluadores externos y se respetan prácticas adecuadas.

No: no existe carrera de investigación

Simple: existe carrera con hasta tres categorías internas.

Compleja: existe carrera con cuatro o más categorías internas.

Implementación: la carrera está aprobada por la universidad pero se halla en etapa de implementación o proyecto.

4. ¿Existen concursos o proyectos financiados directamente por la universidad?

	Sí	no	Concurso	Convocatoria	Convocatoria y concursos	Premios
Cant.	11	1	4	8	2	1
%	38,46%	3,85%	15,38%	30,77%	7,69%	3,85%

Se aprecia que en general se financian proyectos directamente por las universidades con adjudicación directa o mediante concursos o convocatorias internas

Sí: respuesta afirmativa sin detalle.

No: no se realizan.

Concurso: se realizan concursos de proyectos.

Convocatoria: se realizan convocatorias a proyectos en diversos plazos (anuales, bianuales, etc.).

Convocatoria y Concursos: se financian ambas actividades a la vez.

Premios: los proyectos pueden recibir un premio por su desempeño, cumplimiento, etc.

5. ¿Accede la universidad a financiamiento externo?

	sí	no
Cant.	19	8
%	70,4%	29,6%

Sí: accede a financiamiento externo.

No: no accede a financiamiento externo.

La mayoría de quienes contestaron la encuesta accede a financiamiento externo, pero es todavía importante la cantidad de universidades que se manejan sólo con recursos propios, lo que indica lo incipiente de sus actividades, lo que es coherente con las datos que hemos visto de concentración de la investigación a nivel institucional.

6. ¿Cuál ha sido la experiencia de la universidad en cuanto a la formación de redes y acceso de financiamiento de las mismas?

	sí	no	No contesta
Cant.	19	7	1
%	70,4%	25,9%	3,7%

Sí: Ha tenido experiencias en la formación de redes.

No: No han tenido experiencias significativas en formación y participación en redes.

La proporción de respuestas es casi igual que en el punto anterior lo que indica la presencia de estrategias de búsqueda de recursos y de asociaciones académicas de importancia para las universidades de mayor desarrollo.

7. ¿Cuáles son las políticas de difusión de los resultados de investigación? (página Web, publicaciones, otras).

Eventos (Jornadas, seminarios)	11
Página Web	13
Revistas científica con referato	9
Revistas impresas	13
Revistas electrónicas	12
Libros	7
Catálogo de Investigaciones	4
Otras Pub	10

Se informan los distintos medios que utilizan las universidades, producto de diversas formas de difusión. Se aprecia la importancia de las revistas y de los medios electrónicos de difusión, modalidad de creciente importancia a nivel nacional e internacional por su rapidez, bajos costos y perdurabilidad en el tiempo.

8. ¿Existe un sistema interno de evaluación de las investigaciones? (proyectos o resultados). ¿Contempla evaluaciones externas? De ser afirmativo, detalle brevemente.

	interna	externa	mixta	no	no responde
Cant	6	7	11	2	1
%	22,2%	25,9%	40,7%	7,4%	3,7%

Externa: la evaluación se realiza con evaluadores externos a la universidad en forma exclusiva.

Mixta: la evaluación se realiza con evaluadores internos y/o externos a la universidad.

No: no se realizan procedimientos de evaluación.

Interna: la evaluación se realiza con evaluadores internos a la universidad en forma exclusiva.

Hay una tradición importante de las universidades privadas en no realizar evaluaciones externas. Esto ha cambiado en los últimos años, sobre todo por la presencia de la CONEAU, aunque en algunas se aprecia resistencia a estos procesos.

9. ¿Existe relación entre las líneas de investigación y los posgrados impartidos en la universidad? ¿Cómo se articula o concreta esta relación?

	no responde	no aplica	sí	moderada	no	En proyecto
Cant.	3	1	13	4	4	1
%	11,54%	3,85%	50,00%	15,38%	15,38%	3,85%

No aplica: la universidad no tiene posgrados.

Sí: existe relación entre las líneas de investigación y los posgrados.

Moderada: existe una relación moderada entre las líneas de investigación y los posgrados.

No: no existe relación.

En proyecto: se espera realizar planes de implementación.

En el documento de Fliguer y Dávila sobre relación entre investigación y posgrados que se presenta en este Seminario, se profundiza en esta temática. Se aprecia que la mitad de los posgrados se relaciona con las líneas de investigación.

10. ¿Cómo se inserta la producción de las carreras de posgrados (Tesis) en las líneas y políticas de investigación de la universidad?

	no aplica	escasa	líneas prioritarias	proyecto	no responde	no
Cant.	4	5	8	3	4	2
%	15,38%	19,23%	30,77%	11,54%	15,38%	7,69%

No aplica: la universidad no tiene posgrados.

Escasa: existe poca articulación.

Líneas prioritarias: las tesis deben enmarcarse dentro de las líneas de investigación de la universidad.

Proyecto: se espera implementar la articulación.

En proyecto: la inserción se encuentra en etapa de implementación.

No: no hay inserción.

Este rubro, complementario del punto anterior, muestra que una parte menor de los posgrados articula sus tesis con las investigaciones en curso en la universidad, lo que implica una debilidad importante en relación con garantizar el fortalecimiento de los procesos de investigación a través de la producción de los alumnos de posgrado.

11. Ídem para carreras de grado.

	no aplica	escasa	líneas prioritarias	metodología	no responde	No	trabajo de campo
Cant.	0	1	13	6	4	1	1
%	0,00%	3,85%	50,00%	23,08%	15,38%	3,85%	3,85%

No aplica: la universidad no tiene carrera de grado.

Escasa: existe poca articulación.

Líneas prioritarias: los trabajos finales de carrera deben enmarcarse dentro de las líneas de investigación de la universidad o se utilizan como insumos.

Metodología: a través de materias afines se articulan los medios de investigación.

Trabajo de Campo: se realizan como insumos de investigación.

No: No hay inserción.

A nivel de grado la articulación entre trabajos finales de carrera o tesinas e investigación cubre la mitad de las respuestas, lo que señala procesos más integrados que los de posgrado.

12. ¿Existe participación de los alumnos en las investigaciones de la universidad? ¿Cómo se articula la participación?

	Becario alumno	carrera	metodología	voluntaria	selección docente	escasa	trabajo de campo
Cant.	3	13	5	1	2	1	1
%	11,54%	50,00%	19,23%	3,85%	7,69%	3,85%	3,85%

Becario alumno: se realizan convocatorias y/o selecciones para incorporar alumnos al equipo de investigación.

Carrera: existen diversos métodos que permiten el ingreso de alumnos adelantados al sistema de investigación.

Metodología: a través de materias afines, se utilizan los resultados como insumos de investigación.

Voluntaria: se permite la aceptación de alumnos voluntarios a la investigación en curso.

Selección docente: docente de metodología o docente afectado a investigaciones, selecciona de los alumnos más avanzados candidatos a incorporarse al equipo.

Escasa: poca participación de los alumnos.

Trabajo de campo: se realizan como insumos de investigación.

Existen diversas estrategias que vinculan a los estudiantes de grado con la investigación. En algunos casos hay tesinas de grado con tutores, en otros se becan estudiantes y se hacen actividades en cátedras. Depende de las disciplinas, pero dada la obligatoriedad de estas actividades cuando son parte del *curriculum* docente ellas son significativas.

Como vemos, el modelo institucional de investigación de las universidades privadas es altamente heterogéneo. Ello tiene que ver con distintas dimensiones. En primer lugar con su antigüedad. Las primeras universidades privadas comenzaron a funcionar en 1956 y recientemente se han puesta en marcha nuevas instituciones hasta sumar las 57 que componen el sistema de institutos universitarios y universidades privadas, lo que marca momentos de inicio muy diversos y etapas de consolidación diferentes. En segundo lugar, con el perfil de las instituciones, ya sea con gran diversidad de carreras o con alta especialización temática. En tercer lugar, con las disciplinas predominantes en sus carreras, las que organizan sus procesos de investigación con tradiciones muy diversas y con formas de inserción en el sistema científico nacional e internacional también muy diferentes, lo que determina en buena parte el acceso más o menos fluido a los recursos estatales destinados a estos procesos.

De todos modos, se aprecia en las respuestas que en todas las instituciones existen espacios destinados a organizar los procesos de investigación. Sin embargo los "modelos" implícitos en los mismos son muy diversos. Mientras algunas instituciones se afilian abiertamente a la integración total con el sistema estatal a través de privilegiar a investigadores del CONICET y a los proyectos del MINCyT, otros plantean la posibilidad de un esquema propio de las privadas en esta temática. Entre ambas posiciones, y mayoritariamente, se encuentran diversos grados de desarrollo hacia "adentro", con concursos propios y esquemas de proyectos más acotados y de bajo monto, hasta crecientes inserciones en el modelo definido desde el Estado tanto en materia de carreras de investigación como en el perfil de núcleos de investigación con capacidad creciente de obtener apoyos externos.

4. Los desafíos actuales

4.1. Avances y dificultades de las universidades privadas en relación con las políticas estatales

Tal como hemos visto, el contexto nacional no ha sido para las universidades privadas, históricamente, de los mejores para desarrollar una política de investigaciones que se base en la obtención de recursos significativos, particularmente en las áreas de ciencias básicas y aplicadas de costoso equipamiento y funcionamiento. No concretados los proyectos de "universidades científicas" privadas impulsados en la década de 1940 y 1950, las instituciones se dedicaron inicialmente a consolidarse en los campos de las profesiones y en actividades vinculadas con las demandas de formación de recursos para las empresas. Los campos de investigación quedaron más restringidos a las humanidades y las ciencias sociales.

Sin embargo, los sucesivos desprendimientos de las universidades estatales en función de las dificultades políticas que dichas instituciones atravesaron o de su ineficiencia para consolidar campos académicos, motivaron el desarrollo de estas actividades en las universidades privadas existentes mediante la captación de recursos humanos de alto valor. A ello se sumó la creación de institutos de investigación luego transformados en institutos universitarios o universidades, entre los que se destacan los vinculados con las ciencias de la salud, como parte de desprendimientos del sistema hospitalario estatal o de la generación de nuevas instituciones por médicos de reconocido prestigio. En esta primera etapa la consolidación de procesos de investigación se facilitó por la posibilidad de radicar investigadores y becarios del CONICET en las universidades privadas.

La segunda etapa se desarrolla partir de la nueva Ley de Educación Superior y de la creación de la Agencia Nacional de Investigaciones. La primera permite obtener recursos de investigación de origen estatal y la segunda genera instrumentos que hacen factible competir para obtenerlos. Las universidades privadas comenzaron a beneficiarse con la aprobación de los proyectos llamados PICT del FONCyT, aunque en un número muy escaso en relación con sus necesidades. Ello tuvo que ver con dos dimensiones. Por un lado, las debilidades del sistema privado en materia de personal científico de adecuada trayectoria para dirigir estos proyectos, como también las dificultades para obtener contrapartidas financieras de las universidades para el pago de los salarios a los investigadores cuyos emolumentos no son cubiertos por estos proyectos. Las fuentes de financiamiento utilizan el viejo principio de dar recursos en contrapartida a otros fondos. Fondos a los que acceden automáticamente las universidades y los organismos estatales. Si no se dispone en forma significativa de ingresos provenientes de fuentes públicas o de grupos privados, este mecanismo es ciertamente poco funcional. En Uruguay, por ejemplo, el sistema de adjudicación de recursos permite pagar los salarios de los investigadores, lo que incentiva el desarrollo del sistema científico. Pero también pesó fuertemente la existencia de prejuicios e intereses corporativos discriminatorios por parte de los evaluadores del sistema científico, la gran mayoría de los cuales desarrolla sus actividades en las universidades o en organismos estatales.

Existen crecientes indicios de que se ha entrado en una tercera etapa en materia de acceso a recursos estatales. Así, un paso superador de esta situación ha sido la instrumentación de los PICTO, programas orientados, en este caso específicamente a estimular la presentación de proyectos de calidad en las universidades privadas. El PICTO-CRUP ha sido inicialmente el más relevante, pero se encuentran en desarrollo convenios específicos por universidad. Se abre entonces una oportunidad que las instituciones universitarias privadas deben aprovechar para consolidar grupos de investigación en áreas determinadas.

Otra de las temáticas relevantes que debe ser abordada en forma urgente por el sistema privado y por las autoridades del Ministerio de Educación es la categorización de los investigadores de las universidades privadas. Se desarrollaron gestiones muy avanzadas con la Secretaría de Políticas Universitarias para aplicar el sistema del Programa de Incentivos a la investigación en lo referente a la categorización, de manera de tener un único sistema de evaluación de los investigadores. Por cambios de autoridades no llegó a plasmarse la iniciativa pero su concreción es relevante ya que permitiría ordenar el tema dentro de las universidades y facilitar el desarrollo de la carrera de investigación en las universidades privadas. Casi la totalidad de las universidades privadas consultadas en la encuesta del 2007 plantearon la necesidad de que se concrete esta iniciativa.

Se ha señalado también como una limitante seria el mantenimiento en el Ministerio de Educación de la Nación de restricciones a la participación de las universidades privadas en diversas líneas de financiamiento que han sido exclusivas para las universidades estatales, como es el caso de los programas de mejora de las Ingenierías, o el programa de mejora de dedicaciones docentes para aumentar la cantidad de dedicaciones a tiempo completo. Estas políticas, así como las dificultades para participar en concursos para el financiamiento de equipos y laboratorios, son resabios de períodos anteriores que deben ser superados.

Se han mantenido reuniones de trabajo con la dirección del CONICET que permitieron mejorar los montos que pueden percibir los investigadores no radicados en las universidades privadas a través de la docencia en estas instituciones y se acordó inicialmente un esquema de flexibilización del sistema que debe ser retomado.

4.2. Avances y dificultades de las universidades privadas en la consolidación de los procesos de investigación

El panorama de los procesos de investigación que se desarrollan en las universidades privadas, al que difícilmente podríamos denominar sistema, por su gran heterogeneidad, nos permite, de todos modos, esbozar algunas sistematizaciones sobre las instituciones y las estrategias en curso. Para ello debemos tener en cuenta por lo menos las siguientes dimensiones:

* Tradición institucional en relación con la relevancia de los procesos de investigación.

* Niveles de articulación entre la docencia y la investigación.
* Cantidad de dedicaciones exclusivas y parciales asignadas a los docentes-investigadores o a los investigadores.
* Existencia de carreras de investigación y estabilidad de los investigadores.
* Relevancia de las evaluaciones permanentes, particularmente externas, que ayuden a consolidar los procesos de calidad en esta materia.
* Políticas de respeto a la autonomía académica de los investigadores y de respeto a los tiempos de maduración propios de los procesos de investigación.
* Porcentaje del presupuesto total de la universidad destinado a la investigación.
* Salarios de los investigadores competitivos con las retribuciones de las universidades estatales y de los investigadores del CONICET.
* Estructura administrativa y de gestión asignada a esta área.
* Obtención de financiamiento externo
* Políticas de publicaciones y de difusión de los procesos de investigación.

Se observan situaciones disímiles que están ligadas fuertemente a los diferentes orígenes de las instituciones y a su antigüedad. Pero estas cuestiones no explican totalmente las dificultades de muchas instituciones en profundizar y consolidar sus procesos de investigación. Se pueden distinguir, en grandes trazos, los siguientes tipos de instituciones:

a) Universidades de investigación.

Una parte proviene de institutos de investigación de alta excelencia, con investigadores consolidados, que comenzaron procesos de expansión académica acompañando el crecimiento del sistema nacional de posgrados y generando actividades de alto reconocimiento a este nivel.

Posteriormente, por razones de consolidación institucional y económica, expandieron su oferta a nivel de grado.

Su modelo institucional está inspirado claramente en el vigente en Estados Unidos (algunas lo señalan expresamente en las repuestas a la encuesta CRUP 2010), los docentes de posgrado-investigadores son el eje académico y los recursos presupuestales asignados son elevados y permiten altas dedicaciones y retribuciones competitivas a su personal docente. Estas asignaciones presupuestales y la calidad y continuidad de sus procesos de investigación les permiten obtener con continuidad financiamientos externos, crecientemente del Ministerio de Ciencia y Tecnología. Una parte de sus investigadores pertenecen al CONICET, que cofinancia estos procesos a través de salarios. Los investigadores tienen generalmente alta estabilidad y autonomía académica y codeterminan la asignación de los recursos institucionales y, particularmente, de los proyectos.

Los criterios de calidad que se manejan en materia de investigación tienen que ver con estándares internacionales y con los vigentes mayoritariamente en la comunidad científica nacional. En ese sentido este modelo es "abierto" y se integra en este nivel sin problemas con los modelos de sus pares de calidad similar de las instituciones estatales

Otras instituciones, no provenientes de institutos de investigación, adoptaron una estrategia similar y tienen hoy un perfil similar. El modelo abarcó tanto a instituciones de ciencias sociales como de medicina. Por su origen, costos de matrícula vinculados a la calidad de sus servicios y prestigio, fueron inicialmente instituciones de tamaño reducido en materia del número de alumnos, pero han mantenido constantes niveles de crecimiento. Su asociación en procesos de investigación con el Estado nacional les permite viabilizar financieramente este proceso.

b) Universidades con actividades de investigación en crecimiento y consolidación.

A diferencia de las anteriores, estas universidades nacieron asentadas en carreras de grado, con profesores retribuidos por horas sin dedicaciones significativas, y donde la historia institucional estuvo centrada en la consolidación institucional de la estructura física y de la oferta docente, que con el paso del tiempo y la existencia de una demanda efectiva, devino en la expansión de carreras de posgrado. Los posgrados se construyeron con la misma lógica que el grado, con profesores retribuidos por hora, sin dedicaciones importantes, aprovechando la existencia de una cantidad importante de recursos humanos del sistema público que por las bajas retribuciones vigentes en largos períodos, encontraron así complementos de sus ingresos. Desarrollaron procesos de investigación de distinta relevancia y con distintas estrategias, algunas con concursos anuales para que participaran parte de sus docentes, sin continuidad específica para los investigadores y con retribuciones bajas, con avances lentos en materia de estructuras de gestión y búsqueda de recursos externos. En este esquema la evaluación externa frente a un sistema hegemonizado por el personal de las entidades estatales, no fue incorporada como práctica habitual. En gran medida el sistema funcionaba hacia "adentro", en algunos casos con revistas de las propias instituciones y con una presencia escasa de investigadores de CONICET o de alta dedicación. A diferencia de las anteriores, a pesar de formulaciones verbales, los investigadores no tenían prestigio institucional, en el sentido efectivo de espacios presupuestales y de autonomía organizacional que permitiera consolidar a los grupos de investigación.

Las acciones impulsadas a partir de la sanción de la nueva Ley de Educación Superior, y particularmente la creación de la CONEAU y el desarrollo del proceso de evaluación de posgrados por la misma, implementado desde fines de la década de 1990, cambió en buena parte esta situación. La evaluación externa que luego también avanzó sobre las carreras de grado del Artículo 43, dejó de ser una formulación para convertirse en una realidad tangible que además ponía en riesgo años de construcción institucional en materia de oferta docente.

Esta situación alteró sensiblemente las estrategias de parte de las universidades. La demanda de la CONEAU expresada en sus pares evaluadores con fuerte tradición en el sistema estatal de investigación, ya que buena parte de ellos pertenece al CONICET, generó distintos niveles de respuesta.

En una parte significativa de las universidades, se generaron o consolidaron estructuras de gestión, incorporando investigadores de prestigio o fortaleciendo a profesionales con capacidad específica. Se diseñaron e instrumentaron carreras de investigación de las instituciones convocando en las distintas áreas a investigadores. Se fueron aumentando las dedicaciones parciales o totales y se fueron integrando procesos de investigación y docencia. En algunas se asignaron recursos financieros relevantes para el desarrollo de investigaciones en áreas que requieren de equipamiento costoso. Pero sobre todo la calidad creciente de los procesos de investigación fue valorada como una parte importante de la oferta institucional en relación con la captación de alumnos. Este prestigio hacia afuera necesariamente devino en consolidación y prestigio de quienes gestionan los procesos de investigación y de los propios investigadores. Algunas universidades de larga tradición reforzaron áreas estratégicas de investigación captando recursos humanos de alta calidad del sistema estatal, compitiendo en materia salarial, pero también en condiciones de infraestructura adecuadas frente al deterioro de las condiciones laborales en que se desenvuelven docentes e investigadores de las universidades estatales desbordadas por su crecimiento.

c) Universidades con estrategias erráticas en la definición de políticas de investigación.

Frente al desafío planteado por las evaluaciones de la CONEAU otras universidades han tenido dificultades en consolidar los procesos de investigación. Más allá de decisiones puntuales, pesó fuertemente la cultura institucional de estas entidades asentadas en un sistema docente con profesores por hora, en una baja integración entre sus actividades de docencia y las incipientes de investigación y en un bajo prestigio institucional de la problemática de la investigación y de los investigadores. Las actividades de investigación no han sido todavía estructuralmente impulsadas, las dedicaciones y salarios de los investigadores son de baja competitividad, y aunque algunas tienen núcleos de buena calidad de investigación, su presencia no repercute en el funcionamiento global de la institución, lo que realimenta la baja convicción institucional de asignar recursos significativos a estos procesos.

Algunas universidades mantienen sistemas de concursos anuales destinando recursos a las distintas unidades académicas y docentes. Esta puede ser una estrategia complementaria a la consolidación de núcleos estables y reconocidos de investigadores con alta dedicación. Los concursos y proyectos de corta duración pueden ser significativos para mejorar la calidad de la docencia, detectar recursos humanos de calidad e incorporar estudiantes, pero no deben servir para disimular la falta de construcción de espacios de alto reconocimiento, que son la base de la obtención de significativos recursos externos en base a proyectos, y son el tipo de actividades que los pares académicos valorizan en sus evaluaciones.

En cada institución el mantenimiento de estas situaciones obedece a causas diferentes, pero crecientemente estas universidades deberán definir con la asignación de recursos significativos y acciones el abordaje de esta problemática, que progresivamente definirá su inserción en el competitivo sistema universitario argentino.

d) Universidades con asignación de baja prioridad a los procesos de investigación.

Algunas instituciones, particularmente las de más reciente creación, tienen prioridades muy fuertes en términos de consolidación infraestructural, docente y de inserción en el mercado. Esta situación, más la ausencia de financiamientos estatales directos a las áreas de investigación, consolidan perspectivas de postergar la introducción de los procesos de investigación dentro del diseño de las actividades docentes. Esta fractura inicial muchas veces está ligada al perfil disciplinario de carreras como las de Administración y Negocios, donde las tradiciones vigentes no demandan personal docente que realiza habitualmente prácticas de investigación, como es el caso opuesto de disciplinas como las de Ciencias Básicas.

Sin embargo, estas instituciones deben reflexionar sobre las formas específicas de generación de nuevo conocimiento que requieren sus disciplinas, proceso todavía en discusión en relación con cómo se generan los mismos en las denominadas carreras profesionalistas. Aunque tengan otra forma de generarse estos procesos, no pueden omitir la necesidad de crear espacios institucionales adecuados para que se integren desde su matriz original y no que luego aparezcan como problemas no resueltos, como es el caso de las universidades descriptas en el punto anterior.

4.3. La asignación de recursos de las universidades privadas a los procesos de investigación

Uno de los temas más ríspidos en relación con las estrategias de investigación, es el vinculado a la asignación de recursos propios por las universidades a las actividades de investigación. En el núcleo de universidades construidas como universidades de investigación el tema está definido en gran parte a partir de que la asignación del presupuesto para la investigación y la docencia, particularmente de posgrado, es una misma y dominante partida presupuestaria.

El problema surge cuando las universidades que construyeron su estrategia presupuestaria contando con la matrícula de los estudiantes, específicamente de grado, como fuente esencial de la misma, perciben la necesidad de impulsar procesos de investigación más significativos y que requieren de importantes inversiones iniciales.

Aparece muchas veces una apreciación de que los recursos para investigación no deben provenir de lo recaudado en concepto de matrículas, cuyo empleo debería estar limitado al pago de docentes, personal administrativo y directivo y gastos globales de la institución. Por lo tanto, lo asignado a desarrollar procesos de investigación es marginal y son los propios investigadores quienes deben generar la captación de recursos externos para autofinanciarse.

Más allá de las visiones al respecto, no puede dejar de señalarse que la Ley de Educación Superior es clara cuando establece que las universidades deben desarrollar actividades de docencia, investigación y extensión. Por lo tanto la función de investigación no es optativa y debe estar incluida en el presupuesto regular de las instituciones ya que se supone que forma parte de los costos que determinan el valor de la matrícula que abonan los estudiantes. Lo que es importante debatir es la secuencia y los mecanismos que permitan integrar la investigación adecuadamente y construir espacios aptos para impactar sobre la calidad de la docencia de grado y posgrado, así como aportar al avance científico y cultural del país.

En este punto, que hace a las estrategias de construcción institucional, es donde se advierten dificultades importantes, que se visualizan en los bajos presupuestos asignados a los procesos de investigación, no sólo en cifras absolutas sino también en términos porcentuales en relación con el presupuesto total de las entidades. En muchas universidades el rubro investigaciones recibe montos similares o inferiores a otros que carecen de la centralidad que debería asignarse a la investigación.

Los modelos internacionales o nacionales de universidades de calidad reconocida, reciben recursos estatales importantes para estas actividades, o destinan de presupuesto propio porcentajes presupuestales muy significativos, lo que les permite consolidar núcleos de investigadores reconocidos y a partir de ello obtener financiamientos externos importantes. Lo segundo presupone lo primero, aunque las dimensiones de las inversiones y la secuencia del proceso dependen obviamente de cada situación institucional.

5. El papel del CRUP

La encuesta aplicada recientemente por el CRUP preguntando sobre el rol que se aspira juegue el organismo en materia de impulsar los procesos de investigación, arrojó el siguiente nivel de respuestas:

	Universidades	%
Información y contacto para fuentes de financiación Gubernamental	17	65,38%
Información y contacto para fuentes de financiación no Gubernamental	13	50,00%
Difusión de actividades de investigación de las universidades privadas	10	38,46%
Conformación de Redes	9	34,62%
Actividades de cooperación y vinculación internacional	8	30,77%
Lograr un sistema único de categorización de docentes-investigadores a nivel nacional	7	26,92%
Publicaciones independientes	6	23,08%
Base de datos de evaluadores	4	15,38%
Representación frente al sector público	4	15,38%

	Universidades	%
Seminario anual de investigación	3	11,54%
Pautas para la Carrera de investigación	3	11,54%
Actividades de cooperación y vinculación nacional	3	11,54%
Asesoramiento	3	11,54%
Unificación de criterios de evaluación propios distintos del sector público	2	7,69%
Incentivo de doctorado para docentes	1	3,85%
Vinculación proyecto Raíces	1	3,85%
Capacitación de RR.HH. en investigación	1	3,85%

Nota: Se informan los distintos pedidos realizados por las universidades, producto de diversas combinaciones entre los roles posibles.

Financiamiento. Como se advierte, se asigna un rol central al organismo en la búsqueda de financiamiento para actividades de investigación de las universidades. En lo referente a las fuentes gubernamentales, la fuente regular de acceso a los proyectos PICT del FONCYT se abre anualmente, y el rol que puede jugar aquí el CRUP es el de asesorar las universidades para la preparación de los proyectos, e impulsar redes de cooperación que son admitidas en las modalidades vigentes. Otro mecanismo que funciona crecientemente son los PICTO, y también acá sería importante socializar las experiencias exitosas que se han concretado en algunas universidades. Puede ser relevante impulsar un nuevo PICTO-CRUP, ya que en junio termina el actualmente vigente, por un monto bastante más significativo que el anterior, y con una acción técnica del CRUP destinada a asesorar a las universidades, particularmente a las de menor experiencia al respecto.

También es muy importante gestionar la inclusión de las universidades privadas en los programas de mejoras de carreras, equipamiento, infraestructura, etc. que el Ministerio de Educación de la Nación implementa actualmente para elevar la calidad en la formación y en la investigación.

Es también importante promover iniciativas para que el Congreso de la Nación sancione leyes adecuadas vinculadas a la desgravación impositiva para que el sector empresarial privado encuentre estímulos para la financiación directa de investigaciones al sistema universitario en su conjunto. Eliminar las restricciones existentes que impiden en algunas provincias (por ejemplo Buenos Aires) la firma de la contratación de servicios a las universidades privadas.

En cuanto a las fuentes no gubernamentales, la identificación de fuentes financieras nacionales e internacionales, modalidades y mecanismos de acceso, deberían sistematizarse para poder ofrecer esta información decodificada de forma de hacerla accesible.

Difusión de actividades de investigación. La sistematización por medios electrónicos y escritos de los avances de investigación de las universidades privadas requiere de un trabajo constante centralizado y de una respuesta responsable de las universidades. Una presentación permanente de conjunto permitiría mejorar la capacidad de negociación hacia fuentes externas y el Estado, y también facilitaría el intercambio entre las universidades en temas y disciplinas afines.

Conformación de redes. El punto anterior favorecería la constitución de redes a lo que el CRUP debería agregar iniciativas de reuniones disciplinarios o temáticas en que se pueda avanzar en esta dirección.

Actividades de cooperación y vinculación internacional. El CRUP debería estar en condiciones de registrar las oportunidades y demandas en este nivel y de poder difundir estos temas entre las universidades y particularmente entre quienes se agruparan según lo planteado en el punto anterior.

Lograr un sistema único de categorización de docentes-investigadores a nivel nacional. Este es un punto estratégico en relación con las políticas a concretar en relación con el Estado nacional. Posibilitaría homogeneizar los criterios de calificación de los investigadores, legitimarlos con evaluaciones externas reconocidas, facilitar las presentaciones de los proyectos. Una segunda instancia sería la discusión para que se asignen recursos para que los incentivos lleguen también a los investigadores de las universidades privadas.

Este tema está trabado en la Secretaría de Políticas Universitarias a pesar de que en el año 2005 una comisión mixta de la Secretaría y el CRUP elaboró y consensuó un Reglamento de Categorización de los Investigadores a nivel nacional.

Base de datos de evaluadores. Algunas universidades han avanzado en este tema en función de la evaluación externa de sus proyectos y sus investigadores. Avanzar en un trabajo integral del sistema en este punto sería extremadamente útil para estas actividades y también para reforzar la presencia del sector privado en la CONEAU y en la Agencia Nacional de Investigaciones incorporando en forma más significativa los evaluadores del sistema privado al banco de evaluadores de esta institución.

Consolidación institucional del CRUP. Es importante socializar a través de distintos tipos de reuniones y de asesoramientos específicos las experiencias de construcción institucional que vienen desarrollando las distintas universidades privadas en el área de investigación, y ayudar a formular estrategias adecuadas de investigación de acuerdo a los diferentes desarrollos institucionales existentes. La consolidación de un cuerpo orgánico con los responsables de las actividades de investigación y su funcionamiento regular puede ser un avance importante. Igualmente el mejoramiento de la capacidad institucional del CRUP para dar respuestas a las demandas que se generen en todos los puntos anteriormente considerados.

6. Conclusiones

El sistema de investigación de las universidades privadas iniciado un 1956 ha recorrido un camino que comenzó con grandes dificultades institucionales y escasos recursos específicos, marginado del apoyo estatal. Cuando se realizó en el año 2001 el 2º Seminario de Investigación de las Universidades Privadas en el Galpón de la Reforma del Ministerio de Educación, una encuesta del CRUP detectó la existencia de un personal de investigación (investigadores, becarios, personal de apoyo y técnicos) integrado por 2.157 personas. En el año 2006 las cifras oficiales ministeriales (cifras recogidas en el documento del 3º Seminario de Investigación) señalaban que tal número había subido a 3.034 y en el 2007 (cifras elaboradas para este 4º Seminario) a 3.463, manteniendo una tasa de crecimiento directa del 10%. Podemos estimar entonces que en el año 2010 tal cifra debe haber superado las 4.000 personas por lo menos.

El primer Seminario fue esencialmente de exploración de lo existente. En el segundo se pudo señalar claramente la relevancia creciente del sistema privado en este campo y trasmitirlo así a las autoridades nacionales. En el tercero se verificó no sólo el crecimiento continuo sino también los crecientes rasgos de calidad del sistema, confirmados en su producción académica. En el documento que aquí presentamos esta tendencia de crecimiento en cantidad y calidad se profundiza y los datos vinculados a la cantidad de becarios e investigadores de CONICET así lo prueban, al tiempo que el creciente número de becarios en relación con el resto del sistema confirma las sólidas raíces que este avance tiene.

Profundizar y ampliar la investigación cualitativa y cuantitativamente es todavía una tarea de gran magnitud. Ello supone una decisión clara de las autoridades de las universidades, lo que implica un esfuerzo considerable en términos presupuestales y también de la labor de los responsables de estas actividades, incluyendo naturalmente a los investigadores. Ello permitirá aprovechar las favorables condiciones existentes en materia de recursos y de políticas estatales, particularmente del Ministerio de Ciencia y Tecnología, y avanzar en procura de políticas favorables de otras áreas del Estado.

Los esfuerzos de consolidación institucional del sistema privado requieren de esfuerzos permanentes del CRUP y de las universidades para difundir estos avances. También de una lógica institucional que permita fortalecer a las instituciones con más dificultades para desarrollar sus actividades, lo que supone mejorar la capacidad de gestión del CRUP y generar sistemas de intercambio más permanentes.

Si los seminarios anteriores pasaron de demostrar presencia a demandar apoyos de políticas estatales, la actual etapa se caracteriza por el esfuerzo necesario del sistema universitario por generar condiciones para que la significativa cantidad de investigadores que ha logrado convocar encuentre las condiciones necesarias para potenciarse, lo que llevará inevitablemente a conseguir mejores políticas estatales y apoyos externos.

Anexo

Instituciones que integran el Consejo Interinstitucional de Ciencia y Tecnología (Cicyt) y Líneas de Acción del Consejo.

* Consejo Nacional de Investigaciones Científicas y Técnicas (CONICET).
* Comisión Nacional de Energía Atómica (CNEA).
* Instituto Nacional de Tecnología Agropecuaria (INTA).
* Instituto Nacional de Tecnología Industrial (INTI).

* Comisión Nacional de Actividades Espaciales (CONAE).
* Servicio Geológico Minero Argentino (SEGEMAR).
* Instituto Nacional de Desarrollo Pesquero (INIDEP).
* Instituto Nacional del Agua (INA).
* Instituto de Investigaciones Científicas y Técnicas para la Defensa (CITEFA).
* Administración Nacional de Laboratorios e Institutos de Salud (ANLIS).
* Consejo Interuniversitario Nacional (CIN).
* Consejo de Rectores de Universidades Privadas (CRUP).

Líneas de acción. En el marco de las Comisiones de Trabajo del CICyT:

* Recursos Humanos: Relevamiento y análisis de escalafones existentes, escalas salariales y regímenes jubilatorios para investigadores.
* Becas: Relevamiento de becas de investigación; diseño del Sistema Nacional de Coordinación de Becas al que podrán adherirse a través de la firma de un Convenio los Organismos de Ciencia y Tecnología (OCT) y universidades otorgantes.
* Relaciones Internacionales: Fortalecimiento de las relaciones de cooperación; elaboración de una base de datos conteniendo los convenios de cooperación bilaterales y multilaterales firmados por los OCT a fin de proveer información útil para el conjunto de las Instituciones.
* Comunicación Institucional: Coordinación de acciones de difusión y divulgación de actividades desarrolladas por las instituciones del Sistema Nacional de Ciencia, Tecnología e Innovación.
* Vinculación tecnológica: Discusión de acciones a ser impulsadas en materia de vinculación y/o transferencia tecnológica, creación de empresas de base tecnológica, etc.
* Grandes Proyectos en Ciencias del Universo y Astronomía: Elaboración y redacción de iniciativas de radicación en la

Argentina de proyectos de gran envergadura con participación de organismos internacionales.
* Programa Complementario de Seguridad e Higiene en Laboratorios de Investigación y Desarrollo en Ciencia y Tecnología: Financiamiento complementario de los esfuerzos de los OCT en materia de seguridad e higiene en laboratorios de investigación. www.mincyt.gov.ar/seguridadlaboratorios.php
* Programa de Apoyo a nuevas formas de Organización Interinstitucional en Temas Estratégicos: Promoción de la integración de capacidades de instituciones de ciencia y tecnología en centros físicos o virtuales sobre temas estratégicos.

Facilidades transversales del Sistema Nacional de Ciencia, Tecnología e Innovación:
* Biblioteca Electrónica de Ciencia y Tecnología: Acceso de los OCT a obras monográficas y publicaciones periódicas en formato electrónico. www.biblioteca.mincyt.gov.ar
* Programa de Organización de Sistemas Nacionales de Grandes Instrumentos y Bases de Datos, compuesto por subprogramas:
* Sistema Nacional de Resonancia Magnética: Otorgamiento de apoyo económico para formación de recursos humanos, mejora de equipos y equipamiento complementario de instituciones que adhieren al Sistema.
* Sistema Nacional de Resonancia Magnética: Otorgamiento de apoyo económico para formación de recursos humanos, mejora de equipos y equipamiento complementario de instituciones que adhieren al Sistema.
* Sistema Nacional de Datos Biológicos: Generación de una base unificada de información biótica. www.datosbiologicos.mincyt.gov.ar
* Programa Complementario de Seguridad e Higiene en Laboratorios de Investigación y Desarrollo en Ciencia y Tecnología: Financiamiento complementario de los

esfuerzos de los OCT en materia de seguridad e higiene en laboratorios de investigación.

* Programa de Apoyo a nuevas formas de Organización Interinstitucional en Temas Estratégicos: Promoción de la integración de capacidades de instituciones de ciencia y tecnología en centros físicos o virtuales sobre temas estratégicos.

Institutos y universidades privadas que integran el Crup

1. Escuela Universitaria de Teología.
2. Instituto Tecnológico de Buenos Aires.
3. Universidad del CEMA.
4. Instituto Universitario CEMIC.
5. Instituto Universitario de Ciencias de la Salud de la Fundación Barceló.
6. Instituto Universitario del Gran Rosario.
7. Instituto Universitario Escuela Argentina de Negocios.
8. Instituto Universitario Escuela de Medicina del Hospital Italiano.
9. Instituto Universitario ESEADE.
10. Instituto Universitario Gastón Dachary.
11. Instituto Universitario IDEA.
12. Instituto Universitario ISEDET.
13. Instituto Universitario de Salud Mental IUSAM.
14. Instituto Universitario Italiano de Rosario.
15. Pontificia Universidad Católica Argentina "Santa María de los Buenos Aires".
16. Universidad ISALUD.
17. Universidad San Andrés.
18. Universidad "Juan Agustín Maza".
19. Universidad Abierta Interamericana.
20. Universidad Adventista del Plata.
21. Universidad Argentina "John Fitzgerald Kennedy".
22. Universidad Argentina de la Empresa.
23. Universidad Atlántida Argentina.

24. Universidad Austral.
25. Universidad Blas Pascal.
26. Universidad CAECE.
27. Universidad Católica de Córdoba.
28. Universidad Católica de Cuyo.
29. Universidad Católica de La Plata.
30. Universidad Católica de Salta.
31. Universidad Católica de Santa Fe.
32. Universidad Católica de Santiago del Estero.
33. Universidad Champagnat.
34. Universidad de Belgrano.
35. Universidad de Ciencias Empresariales y Sociales.
36. Universidad de Concepción del Uruguay.
37. Universidad de Congreso.
38. Universidad de Flores.
39. Universidad de la Marina Mercante.
40. Universidad de la Cuenca del Plata.
41. Universidad de las Fraternidades y Agrupaciones "Santo Tomás de Aquino" (FASTA).
42. Universidad de Mendoza.
43. Universidad de Morón.
44. Universidad de Palermo.
45. Universidad del Aconcagua.
46. Universidad del Centro Educativo Latinoamericano.
47. Universidad del Cine.
48. Universidad del Museo Social Argentino.
49. Universidad del Norte "Santo Tomás de Aquino".
50. Universidad del Salvador.
51. Universidad Favaloro.
52. Universidad Maimónides.
53. Universidad Notarial Argentina.
54. Universidad Siglo XXI.
55. Universidad Torcuato Di Tella.
56. Universidad de San Pablo.
57. Universidad del Este.

Migración y movilidad de investigadores: la situación argentina

Por Lucas Luchilo

El propósito de este trabajo es dar cuenta de la situación actual en materia de migración y movilidad de científicos argentinos. Para ello, se reseñan brevemente las transformaciones globales que constituyen el marco básico para la comprensión de la situación argentina y se señalan algunas limitaciones importantes en las fuentes de información disponibles. A continuación se presentan algunas evidencias sobre las tendencias recientes sobre movilidad y migración de investigadores argentinos, procurando establecer algunos parámetros sobre su magnitud y composición. Finalmente, se sintetizan las evidencias sobre la selectividad de la emigración calificada de argentinos.

1. Las transformaciones globales

El elemento básico que debe tomarse en cuenta al analizar las migraciones calificadas en los últimos años es la profundidad de las transformaciones que se han producido. El interés por este tema –relativamente apagado en la década de 1980– se activó a principios de la década de1990. Esta renovada preocupación se inscribió en el marco de una serie de procesos que, con mayor o menor rigor conceptual, se agruparon bajo el rótulo de globalización. Probablemente el proceso de mayor visibilidad e impacto de corto plazo fue la emigración de decenas de miles de científicos y profesionales altamente calificados desde los países del bloque soviético a partir de 1989 (De Tinguy, 2004). Otros estuvieron más directamente ligados con la nueva configuración de la geografía económica mundial, en particular la emergencia de una red de vínculos cada vez más densa entre los Estados Unidos, la Unión Europea y los países del Asia oriental. Estos procesos coincidieron con cambios tecnológicos y productivos que favorecieron la integración de empresas e instituciones de distintos países en una trama cada vez más comprensiva.

En este nuevo escenario, los cambios que se produjeron en las migraciones calificadas fueron profundos. Afectaron tanto a la escala, composición y tipos de migración predominantes como a las políticas y a los enfoques conceptuales utilizados para dar cuenta del fenómeno. En un plano más general estas transformaciones se inscribieron en lo que Castles llamó la "nueva era de las migraciones" (Castles, 1993). Los datos recientes sobre las migraciones internacionales confirman esta caracterización. Uno de los más significativos es el cambio en la dirección de los flujos. Hasta 1990 la mayor parte de los movimientos de población se producían entre los países subdesarrollados, sobre todo entre los que compartían fronteras. En los censos de la ronda de 2000, esta tendencia se invirtió y los flujos principales se dirigieron a los países desarrollados. En otros términos, el crecimiento de los flujos migratorios en la década de 1990 fue sur-norte o norte-norte. Probablemente el país que mejor ejemplifica esta tendencia es los Estados Unidos, donde pasaron de 19 millones de nacidos en el extranjero en 1990 a 31 millones en el año 2000, llevando el porcentaje de nacidos en el extranjero sobre la población total al 12%, la mayor proporción desde la época de las grandes migraciones de fines del siglo XIX.

Otra transformación significativa fue el aumento de las calificaciones educativas de los migrantes. Creció la cantidad de migrantes calificados, su proporción en el conjunto de los movimientos migratorios y, más específicamente, la cantidad de migrantes de algunos grupos especialmente relevantes para el desempeño científico y tecnológico de los países receptores de los migrantes. Esta tendencia es particularmente visible en la inmigración hacia los países de la OCDE. De acuerdo con los datos de los últimos censos nacionales, hay más de 18 millones de graduados de educación superior nacidos en el extranjero que residen en los países de la OCDE. En las estimaciones de Docquier y Marfouk, entre 1990 y 2000 la cantidad de migrantes calificados en los países desarrollados aumentó el 66% (Docquier y Marfouk, 2006).

El crecimiento de la migración calificada ha sido particularmente importante para algunos grupos de profesionales que cubren posiciones clave para el despliegue de las economías basadas en el conocimiento. El ejemplo más frecuentemente citado para evidenciar este fenómeno es el de la participación de los doctores en ciencias e ingeniería extranjeros en el mercado laboral estadounidense. El 40% de los doctores en ciencias e ingeniería empleados en los Estados Unidos nació en el extranjero.

Junto con estos cambios en la escala de la migración calificada puede apreciarse una diversificación en los tipos de movilidad, y en los países de origen y destino. Si en las décadas de 1950 a 1970 Estados Unidos constituía el destino abrumadoramente mayoritario, desde la década de 1980 ha comenzado a perder peso relativo, aun cuando sigue siendo el principal país de atracción de migrantes calificados. Para los latinoamericanos, la atracción de los países europeos –sobre todo de España– está funcionando cada vez más como una alternativa competitiva con los Estados Unidos.

Aunque los movimientos de personas no tienen la misma dinámica o velocidad de los de capital o de comunicaciones, en buena medida son facetas de un mismo proceso. El incremento de las visas otorgadas por Estados Unidos entre 1991 y 2003 para las categorías H1B y de Transferencias dentro de compañías –orientadas a personal calificado, sobre todo en tecnologías de la información– revela la estrecha relación entre la expansión de los vínculos comerciales, productivos y financieros y la movilidad de personal calificado. En ambos casos se trata de personal calificado y las tendencias son similares: en un período de diez años se triplicaron las visas H1B y se quintuplicaron las de transferencias dentro de compañías.

Las tendencias reseñadas revelan un panorama más complejo que el de las décadas precedentes. Es probable que algunas de estas tendencias ya estuvieran presentes en el período previo y que la concentración de la atención en la migración permanente de profesionales no haya permitido apreciarlas. Sin embargo, los datos reseñados ponen en evidencia un cambio de escala y de características en la movilidad internacional de personal calificado.

Estos cambios fueron promovidos o acompañados por modificaciones en las políticas migratorias de los países interesados en atraer personal calificado. Los gobiernos de los países desarrollados intensificaron sus esfuerzos por reclutar internacionalmente los profesionales y técnicos que sus economías requieren y por instrumentar políticas para facilitar el ingreso de personal calificado extranjero. En Estados Unidos, la principal innovación fue la implementación de programas de migración temporaria para personal calificado. Esta tendencia a privilegiar las calificaciones educativas y las competencias ocupacionales en la legislación migratoria fue común a varios los países desarrollados (McLaughlan y Salt, 2002). La mayor movilidad de personal calificado ha sido también una consecuencia de la competencia entre instituciones y países por los recursos humanos. Esta competencia no se limita a los profesionales de los países menos desarrollados, sino que comprende también a los de los países desarrollados. Uno de los ámbitos donde esta competencia se ha intensificado es el de la educación universitaria, en el que las universidades compiten por estudiantes de grado y de posgrado y por profesores (Wycoff y Schaaper, 2005: 3).

La visión predominante sobre los impactos de la movilidad y migración calificadas continúa siendo negativa. Como señala un trabajo reciente sobre el tema, "a diferencia del comercio, en donde la teoría económica de las ventajas comparativas sugiere una tendencia hacia la convergencia, la teoría económica sugiere que la migración de profesionales, técnicos y afines puede incrementar la desigualdad acelerando el crecimiento en los destinos y retrasándolo en los países de origen" (Martin, 2003). Sin embargo, existen concepciones revisionistas acerca de los impactos de la "fuga de cerebros", que postulan la posibilidad de obtener ganancias de la pérdida. Algunos de los argumentos para sostener esta idea son de dudosa validez. Por ejemplo, la idea de que un efecto benéfico de la emigración es el estímulo del ingreso a los estudios universitarios de jóvenes que en otras circunstancias no lo hubieran hecho. Más allá de que el argumento pueda ser plausible como hipótesis de investigación, parece imposible de probar (Commander *et al.* 2004).

Otra línea más sólida se refiere al impacto de las remesas de los emigrantes sobre la actividad económica de sus países de origen. El rápido crecimiento de las remesas hacia los países en desarrollo que ha acompañado el incremento de los flujos migratorios constituye un elemento importante a tomar en cuenta para estimar el impacto de la "fuga de cerebros", sobre todo para algunos países. Finalmente, la idea de que las diásporas de emigración calificada constituyen un recurso que los países en desarrollo pueden utilizar para sostener el crecimiento de sus economías ha sido sugerida en un conjunto de trabajos y ha concitado interés en organismos internacionales, como una alternativa a la "fuga de cerebros" (Luchilo, 2006).

2. Las limitaciones de información

La insuficiencia de las fuentes de información es un lugar común de los estudios sobre migraciones internacionales y sobre movilidad del personal calificado. En el *Handbook of Economic Globalisation Indicators* de la OECD se señala que una de las razones de la ausencia de indicadores de migración de personal calificado es "la falta de progreso en la recolección de los datos relevantes, o el hecho de que la recolección de datos plantea dificultades que descartan la propuesta de recomendaciones prácticas" (OECD, 2006a).

Algunos de los problemas de información son generalizados y se presentan tanto en los países desarrollados como en los subdesarrollados. Otros son específicos de una región o de algunos de los países. Si bien en los últimos años se están llevando adelante varias iniciativas para mejorar la cobertura, calidad y accesibilidad de la información, los datos disponibles cubren de manera parcial el conjunto de dimensiones relevantes en los procesos de movilidad y migración.

En términos generales, puede decirse que el núcleo central de los problemas que enfrenta la producción de información sobre movilidad internacional de RHCT –y que comparte con otros tipos de movilidad– es la distancia entre la variedad de situaciones de movilidad que se observan en la actualidad y los instrumentos utilizados para registrarlas. En otras palabras, los sistemas de registro de los movimientos internacionales de personas solamente pueden captar algunos aspectos del heterogéneo conjunto de situaciones de movilidad.

Para el caso de la movilidad y migración de investigadores argentinos, estas limitaciones son importantes. Como se observa en la sección siguiente, hay buena información exclusivamente para Estados Unidos, elaborada y difundida por la *National Science Foundation*. Para Europa y América Latina, las fuentes son escasas y la información disponible no es sistemática ni con adecuada cobertura.

3. Una estimación del stock de investigadores argentinos residentes en el exterior

¿Cuántos de los nacidos en la Argentina con educación superior que residen en el exterior pueden ser agrupados en la categoría "científicos e ingenieros"? La propia categoría presenta algunas dificultades. Se trata de la categoría que utiliza la NSF y que comprende las disciplinas y las ocupaciones asociadas con ciencias naturales y exactas, las ingenierías en sentido amplio y las ciencias sociales. No incluye, por ejemplo, la medicina, el derecho, la administración, y las humanidades y la educación.[29] Por lo tanto, no representa al conjunto de los investigadores. Pero dado que es la clasificación utilizada por las fuentes disponibles de mejor cobertura, es la que suele adoptarse.

Partiendo de los datos de la base SESTAT de la NSF, en el Cuadro 1 se presentan los datos generales y los correspondientes a la Argentina acerca de los recursos humanos en ciencias e ingeniería. El conjunto de los recursos humanos en ciencias e ingeniería está integrado por todos aquellos que tienen un grado en esos campos o aquellos que sin tener un grado en esos campos tienen una ocupación en

---

[29] Las disciplinas y ocupaciones incluidas y excluidas de SESTAT pueden consultarse en http://www.nsf.gov/statistics/sestat/sestatfaq.cfm#question003

ciencias o ingeniería. Dentro de ese conjunto, se puede distinguir entre aquellos activos y no activos en I+D.

Cuadro 1. Estados Unidos: Recursos Humanos en Ciencias e Ingeniería, por lugar de nacimiento. Años 1999 y 2003

Lugar de Nacimiento	1999			2003		
	No activos I+D	Activos I+D	Recursos humanos S&E	No activos I+D	Activos I+D	Recursos humanos S&E
Estados Unidos	7.103.178	2.491.048	9.594.226	11.141.882	3.830.051	14.971.933
Exterior	852.792	534.595	1.387.387	1.968.794	1.080.330	3.049.124
Argentina	6.218	4.377	10.595	8.218	5.782	14.000
	58,7%	41,3%	100,0%	58,7%	41,3%	100,0%
Total	7.955.970	3.025.643	10.981.613	13.110.676	4.910.381	18.021.057

Fuente: SESTAT

Los datos de SESTAT permiten una aproximación razonablemente fiable a la emigración altamente calificada hacia Estados Unidos. Pero Estados Unidos no es el único destino migratorio. ¿Es posible estimar la cantidad total de científicos e ingenieros argentinos residentes en el exterior, para tener una visión más precisa de la pérdida de científicos? Un modo de hacerlo es considerar que la emigración a Estados Unidos representa un determinado porcentaje del total y calcular el total de doctores emigrados a partir de ese porcentaje. El problema es, entonces, establecer el porcentaje. Para el caso argentino, Albornoz, Alfaraz y Fernández Polcuch (2002) han estimado que los científicos e ingenieros argentinos residentes en los Estados Unidos representan el 40% del total. ¿Es una proporción adecuada? Un par de elementos permiten afirmar que es un orden de magnitud aceptable. Uno de ellos es que la proporción de nacidos en la Argentina graduados de educación superior en Estados Unidos sobre el total de nacidos en la Argentina graduados de educación superior en países de la OCDE era hacia el 2000 del 43,6%. Es decir, si la distribución de científicos e ingenieros es similar a la de profesionales, el 40% postulado por los autores citados es un supuesto razonable.

El otro dato que puede servir de referencia para estimar cuánto representan los científicos e ingenieros nacidos en la Argentina y que residen en Estados Unidos sobre el total de científicos e ingenieros nacidos en la Argentina que residen en el exterior es el de estudiantes universitarios argentinos en el exterior. Suponiendo tasas de permanencia similares, la proporción de estudiantes universitarios en el extranjero puede ayudar en la estimación propuesta. Para el año 2003 –que es el último que tenemos en la base SESTAT– había 8.352 argentinos estudiando en universidades de países de la OCDE. Entre ellos, 3.644 estaban en universidades estadounidenses, lo que representa el 43,6% del total (OECD 2006b). Los datos presentados no comprenden información sobre destinos fuera de la OCDE. La omisión de Brasil puede ser importante, pero no modifica el orden de magnitud propuesto.

Si se aceptan estos datos y el porcentaje propuesto, puede hacerse una primera estimación del total de científicos e ingenieros argentinos residentes en el exterior activos en I+D. Se propone realizar cuatro estimaciones, de distinto grado de cobertura. La primera toma como referencia el universo de los recursos humanos en ciencias e ingeniería argentinos residentes en el exterior. La segunda comprende a los recursos humanos en ciencias e ingeniería ocupados en I+D. La tercera comprende a los argentinos titulados de doctorado que residen en el exterior. La cuarta intenta calcular la cantidad de investigadores argentinos residentes en el exterior. Para cada una de las estimaciones se contrastan los resultados obtenidos con universos similares en la Argentina, de modo de poder contar con una aproximación a la pérdida.

3.1. Estimaciones sobre el conjunto de científicos e ingenieros

Esta estimación parte de la adopción del número total de recursos humanos en ciencias e ingeniería argentinos residentes en Estados Unidos, se asume que representan el 40% del total y se calcula ese total. Los recursos humanos en ciencias e ingeniería argentinos en Estados Unidos eran en 2003 alrededor de 14.000, por lo que el total mundial ascendería a 35.000. Este total representaría un poco más del 30% del total de graduados de educación superior argentinos residentes en el exterior censados en países de la OCDE.

¿Es posible estimar cuánto representa este conjunto en relación con el total de recursos humanos en ciencias e ingeniería en la Argentina? Como en otros casos, las comparaciones son difíciles, por dos motivos principales. Por una parte, no todas las disciplinas incluidas entre lo que la NSF considera "científicos e ingenieros" coincide con las utilizadas en el censo argentino. Por otra, la clasificación de ocupaciones del censo argentino no permite la comparación con las utilizadas por la NSF. A pesar de esto, puede hacerse una estimación sobre la base de los datos censales, complementados con los provistos por la Secretaría de Políticas Universitarias.[30] De acuerdo con esas fuentes, puede estimarse que el total de graduados universitarios en la Argentina hacia 2003 era de alrededor de 1.300.000. Dentro de ese conjunto, los científicos e ingenieros pueden estimarse en unos 350.000, alrededor del 30% del total. Dentro de este conjunto, los ingenieros son alrededor de 120.000 y los graduados de ciencias exactas y naturales unos 42.000.

---

[30] Secretaría de Políticas Universitarias, *Anuario de estadísticas universitarias*, varias ediciones

Por lo tanto, de acuerdo con estas estimaciones, los científicos e ingenieros argentinos residentes en el exterior representaban en 2003 alrededor del 10% del total de científicos e ingenieros residentes en la Argentina.

3.2. La estimación de los recursos humanos en ciencias e ingeniería ocupados en I+D

Para realizar esta estimación se toma el total de científicos e ingenieros ocupados en I+D en los Estados Unidos, se asume que representan el 40% del total y se calcula ese total. Dado que los científicos e ingenieros argentinos ocupados en I+D en los Estados Unidos son 5.782, el total mundial debería ser de 14.455.

¿Puede estimarse cuánto representa ese total sobre la dotación argentina de científicos e ingenieros? La comparación es difícil, en la medida en que los criterios de clasificación no son homogéneos. De manera tentativa, se puede tomar como referencia el total de personal en ciencia y tecnología. Dado que ese total para el año 2003 era de 55.635, los científicos e ingenieros argentinos residentes en el exterior representarían el 26% del total del personal en ciencia y tecnología ocupado en la Argentina.

3.3. La estimación de los doctores

Una tercera estimación toma como referencia a la población de doctores argentinos residentes en el exterior. De acuerdo con la estimación de SESTAT, dentro de los 14.000 científicos e ingenieros nacidos en la Argentina y residentes en Estados Unidos, unos 2.000 tienen título de doctor. Si se aplica el mismo criterio de proporción, el total de doctores argentinos residentes en el exterior debería ser de alrededor de 5.000.

De acuerdo con los *Indicadores de ciencia y tecnología 2006*, entre los investigadores argentinos, 11.649 tenían grado de doctor.[31] Por lo tanto, los doctores argentinos residentes en el exterior representaban alrededor del 43% de los residentes en el país.

3.4. ¿Se puede estimar la cantidad de investigadores argentinos residentes en el exterior?

Como se ha señalado previamente, SESTAT no utiliza la categoría "investigador", lo que torna difíciles las comparaciones.[32] De cualquier modo, la NSF proporciona una estimación de la cantidad de investigadores en Estados Unidos. Para 2003 era de alrededor de 1.400.000 en equivalente a jornada completa. Es difícil calcular a cuántas personas físicas equivale ese total, pero puede estimarse –extrapolando sobre la base de países con perfiles de distribución de investigadores similares a los de Estados Unidos– que la cantidad de personas físicas puede ser del orden del 30% más que la cantidad en equivalente a jornada completa. De acuerdo con este criterio, para 2003 los investigadores estadounidenses en personas físicas deberían ser alrededor de 1.800.000.

Esto significa que los investigadores representaban el 45% del total de los científicos e ingenieros activos en I+D. Si se asume una pauta análoga para los argentinos, puede estimarse que de los 5.782 científicos e ingenieros argentinos activos en I+D, unos 2.600 eran investigadores. Extrapolando esa cifra para obtener el total de investigadores argentinos en el exterior, se llega a un total de 6.500 investigadores.

---

[31] Véase: http://www.mincyt.gov.ar/indicadores_2005/Capitulo%20V.pdf
[32] De acuerdo con la definición del Manual de Frascati, "los investigadores son profesionales que trabajan en la concepción o creación de nuevos conocimientos, productos, procesos, métodos y sistemas y en la gestión de los proyectos respectivos." OCDE (2002), *Propuesta de norma práctica para encuestas de investigación y desarrollo experimental - Manual de Frascati*, París, OCDE.

Estos 6.500 investigadores representaban en 2003, el 18% del total de investigadores residentes en la Argentina. Cabe señalar la diferencia entre los perfiles de formación de ambos conjuntos: mientras que casi todos los investigadores residentes en el exterior tienen doctorado, para los residentes en la Argentina los doctores representan entre el 25 y el 30% del total.

4. La selectividad de la emigración altamente calificada argentina

Más allá de las limitaciones de las fuentes y del carácter aproximado de las estimaciones, puede señalarse con claridad un rasgo significativo de la emigración calificada argentina: su alta selectividad. Como se observa para los distintos conjuntos analizados, a medida que crecen los niveles de calificación, mayor es el porcentaje de argentinos residentes en el exterior sobre los argentinos residentes en el país con el mismo nivel de calificación. Sintetizando los datos presentados en los apartados previos, se observa lo siguiente:

* Los argentinos con educación superior residentes en los países de la OCDE representaban en 2001 cerca del 5% de los argentinos con educación superior residentes en la Argentina.

* Los científicos e ingenieros argentinos residentes en el exterior representaban en 2003 alrededor del 10% del total de científicos e ingenieros residentes en la Argentina.

* Los científicos e ingenieros argentinos residentes en el exterior representaban en 2003 el 26% del total del personal en ciencia y tecnología ocupado en la Argentina.

* Los doctores argentinos residentes en el exterior representaban en 2003 alrededor del 43% de los residentes en el país.

* Los investigadores argentinos residentes en el exterior representaban en 2003 el 18% del total de investigadores residentes en la Argentina.

Como se señaló previamente, estas cifras solamente indican un orden de magnitud y una tendencia. De cualquier modo, evidencian que la dotación de recursos humanos en ciencias e ingeniería argentinos residentes en el exterior es significativa en relación con la dotación local.

Bibliografía

Albornoz, Mario; Alfraz, Claudio y Fernández Polcuch, Ernesto (2002), "Hacia una nueva estimación de la fuga de cerebros", *Documento de trabajo N° 1*, Buenos Aires, Centro Redes.

Castles, Stephen y Miller, Mark (1993), *The Age of Migration: International Population Movements in the Modern World*, Nueva York, The Guilford Press.

Commander, Simon; Kangasniemi, Mari y Winters, L. Alan (2004), "The brain drain: A review of theory and facts", *Brussels Economic Review*, Bruxelles, Editions du DULBEA, Vol. 47, n°1, Spring 2004.

De Tinguy, Anne (2004), *La grande migration. La Russie et les Russes depuis l'ouverture du rideau de fer*, Paris, Plon.

Docquier, Frédéric y Marfouk, Abdeslam (2006), "International Migration by Education Attainment, 1990-2000", en Ozden, Caglar and Schiff, Maurice (ed.), *International Migration, Remittances and Development*, New York, Palgrave and Macmillan, pp. 151-199.

Luchilo, Lucas (2006), "Redes migratorias de personal calificado y fuga de cerebros", en Albornoz, Mario y Alfaraz, Claudio (ed.), *Redes de conocimientos: construcción, dinámica y gestión*, Buenos Aires, RICYT / UNESCO / CYTED / REDES.

Martin, Philip (2003), *Highly Skilled Labor Migration: Sharing the Benefits*, Geneva, International Institute for Labour Studies.

McLaughlan, Gail y Salt, John (2002), *Migration Policies towards Highly Skilled Foreign Workers. Report to the Home Office*, London, Migration Research Unit, Geography Department, University College London.

OCDE (2002), *Propuesta de norma práctica para encuestas de investigación y desarrollo experimental - Manual de Frascati*, París, OCDE.

OECD (2006a), *OECD Handbook on Economic Globalisation Indicators 2005*, Paris, OECD.

OECD (2006b), *Education at a glance 2005*, París, OECD.

Secretaría de Políticas Universitarias, *Anuario de estadísticas universitarias*, varias ediciones.

Wycoff, Andrew y Schaaper, Martin (2005), "The changing dynamics of the global market for the highly-skilled", paper presentado a la *Advancing Knowledge and the Knowledge-Economy Conference*, National Academy of Science, Washington. D.C., January 2005.

5. BECAS

FORMACIÓN DE RECURSOS HUMANOS EN ARGENTINA: ANÁLISIS DE LA POLÍTICA DE BECAS DE POSGRADO

Por Teresa Busto Tarelli

Introducción

Este trabajo se propone realizar un análisis exploratorio de las becas de posgrado de financiamiento público en nuestro país. El estudio se estructura en dos partes. En la primera parte se presentan las razones que justifican el estudio de las becas de posgrado, las características esenciales del nivel de posgrado y el contexto en el que se inscriben las mismas. Esta primera parte constituye el marco en el que se inserta la información cuantitativa que se desarrollará en la segunda parte. Específicamente, este estudio aborda las becas de posgrado otorgadas por el Consejo Nacional de Investigaciones Científicas y Técnicas (CONICET) durante el período comprendido entre el año 2000 y el 2003 inclusive.

PRIMERA PARTE

1. ¿Por qué analizar las becas de posgrado?

La oferta de becas de financiamiento público para la realización de estudios de posgrado es una política pública que se ubica en la intersección entre las áreas de educación superior y la de ciencia y tecnología. La asignación de recursos públicos para la formación de recursos humanos altamente calificados tiene incidencia en el sistema de posgrados, que conforma la oferta de dicha formación, y sobre la base del sistema científico-tecnológico, que requiere dichos recursos humanos.[33] Esta interconexión no es exclusiva de la política de becas; en la práctica, ningún área de competencia estatal constituye un compartimiento aislado del resto, las acciones llevadas a cabo en una esfera son influidas y a su vez influyen lo que acontece en otras, aunque con distintos grados de impacto.

El análisis de las becas otorgadas por el Estado para el nivel de posgrado es una deuda pendiente de los estudios sobre la política de ciencia y tecnología y de educación superior, en un doble sentido. Por un lado, son escasos aquellos en los que se aborda específicamente esta problemática, en general el tema de las becas complementa otros que despiertan más interés dentro de estas áreas (como por ejemplo el crecimiento del sistema de posgrado o la inversión en ciencia y tecnología). Por otro lado, los trabajos que sí abordan la problemática, denuncian la escasa disponibilidad de becas sin adentrarse en un estudio detallado de las mismas. Estimamos que un estudio pormenorizado de las becas de financiamiento público que incluya las características que adquiere en la práctica la distribución de las mismas, y no se estanque en la consideración de la cantidad de becas asignadas, es el punto de partida ineludible para la confirmación y refuerzo de las acciones emprendidas o la reformulación de las mismas.

La relevancia de estudiar la oferta de becas reside básicamente en dos cuestiones: la importancia de la alta calificación de los recursos humanos para el desarrollo

---

[33] Esta manera de conceptualizar la política de becas encuentra una limitación en el caso de los posgrados de corte netamente profesional, como por ejemplo las maestrías en Administración de Empresas (MBA). En éstas, el énfasis se centra en las habilidades profesionales y no en el desarrollo de las habilidades para la actividad científica.

social y económico del país, y el impacto que pueden tener sobre las características del sistema de posgrados.

El nivel de posgrado o cuarto nivel de educación presenta características que lo diferencian del resto de los niveles que conforman el sistema educativo.[34] En primer lugar, es el último en la escala educativa en términos "temporales", se accede posteriormente al paso por los niveles primario, secundario, terciario y universitario de grado. Ello implica, en segundo lugar, una magnitud cuantitativa diferente en términos de la población que "atiende"; mientras la educación primaria es universal y la superior masiva, podríamos definir al nivel cuaternario como "elitista".[35] Otra nota distintiva descansa en que además de una instancia de transmisión de conocimientos los posgrados se conforman como un espacio para la generación de conocimiento.

Asimismo, el nivel cuaternario cumple funciones específicas. Desde la perspectiva del sistema de educación superior, éstas se clasifican en endógenas y exógenas. La formación de los docentes y el desarrollo de las comunidades académicas se encuadran dentro del primer grupo; mientras que en el segundo encontramos el papel de los posgrados como generadores de ciencia y tecnología orientado a satisfacer las necesidades del sector productivo (en

---

[34] Todos los componentes del sistema educativo se encuentran interrelacionados. Por un lado, si bien existen excepciones, la regla es que cada nivel constituye un requisito para ingresar al siguiente. Por otro lado, la interrelación implica que las características de cada uno, sus problemas o falencias al igual que sus fortalezas inciden sobre el resto. Un ejemplo podría ser la incidencia del deterioro de la calidad de la educación media sobre el desempeño de los jóvenes en la educación superior. Otro, la calidad de la educación en el nivel superior o terciario de los docentes para los niveles básico y medio.

[35] Sobre la base de la tasa de escolarización los modelos de acceso a la educación se definen de la siguiente manera: elitista, cuando el porcentaje de escolarización es menor o igual al 15%; de masas, cuando se encuentra entre 15 y 35%; y universal, cuando es superior al 35% (García Guadilla, 1996).

términos de la calificación de los recursos humanos o de productos de investigación y desarrollo) y la satisfacción de la demanda de formación de usuarios potenciales, que se vincula a la devaluación educativa y a la búsqueda de una mejor inserción en el mercado laboral y mejores ingresos.

A su vez, a cada una de estas funciones le corresponden distintas políticas. Siguiendo el orden establecido podemos resumir sus objetivos de la siguiente manera: desarrollo y fomento de los posgrados como medio para fortalecer a las comunidades académico-científicas en el sistema de educación superior; articulación de los posgrados con la modernización del aparato productivo por medio de la financiación y fomento de la investigación y desarrollo; y facilitar, fomentar y/o financiar el acceso de los usuarios potenciales al nivel cuaternario (Lucio, 1993, extraído de Barsky, 1995: 31-32).

Luego, el sistema de posgrados se vincula con la función de la universidad de transmisión y generación de conocimiento, y con la capacidad docente, importante por el deterioro producto de la masificación y la desvalorización social de esta actividad. Las funciones exógenas refieren a la vinculación entre el sistema de posgrados y la sociedad, en la que se encuentran incluidos los particulares y el sector productivo.

¿Qué entendemos por beca de posgrado? En sentido estricto una beca de posgrado consiste en un estipendio, generalmente mensual, destinado a la formación académica de los becarios y que permite cubrir los costos de estudio (por ejemplo, arancel y recursos bibliográficos) y de manutención, de manera que el becario se pueda dedicar exclusivamente al estudio y a su formación. Partiendo de estas premisas, estimamos que las reducciones parciales o totales de arancel que ofrecen muchas universidades[36] no pueden catalogarse como becas en sentido estricto.

---

[36] Esto incluye tanto a las universidades públicas como a las privadas, dado que como veremos más adelantes, los estudios de posgrado son

El monto del estipendio asignado y su relación con los costos señalados es vital para que no se desvirtúe el objetivo de la beca. En caso de no ser suficiente, lo más probable es que el becario deba recurrir a una fuente de ingreso complementaria, lo cual posiblemente tenga un impacto negativo sobre su dedicación al estudio y a la investigación. En un estudio sobre las maestrías en Ciencias Sociales, García de Fanelli (2000: 44) señala que una debilidad del financiamiento de estos programas de posgrado es "[...] la baja disponibilidad de becas para que los alumnos puedan dedicarse a sus estudios con dedicación exclusiva. Son excepcionales las Maestrías que disponen de programas de becas para sus estudiantes con cobertura total, es decir, no sólo de arancel, sino también de los otros costos de enseñanza y manutención."

A nivel de posgrado las becas comparten el espíritu de equidad de las becas de los restantes niveles de educación, pero no se agotan en éste e incluyen el objetivo de la formación para la promoción de la ciencia y la tecnología.

Además, el público al que se dirigen es bien distinto al de otras becas, incluso el de las existentes en el nivel del grado universitario. Los destinatarios de las becas de posgrado que analizamos en este trabajo tienen como mínimo un título de grado universitario y muchos ya cuentan con estudios de posgrado en su haber. Luego, se observa que entre las variadas situaciones existentes muchos becarios ya han formado una familia, por lo que el estipendio se torna una variable crítica.

La incidencia de las becas sobre los programas de posgrado es distinta dependiendo del tipo de programa al cual se destinan. Básicamente existen dos tipos: académicos y profesionales, que se distinguen por el nexo entre investigación, enseñanza y aprendizaje y entre saber

---

arancelados en ambos casos.

aplicado, enseñanza y aprendizaje, respectivamente (García de Fanelli, 2000).

El carácter arancelado de los estudios de posgrado en nuestro país limita el alcance de los posgrados de corte académico, dado que éstos deben incorporar los objetivos de formación profesional que demandan los estudiantes. Esto, a su vez, nos remite a la problemática del crecimiento del sistema de posgrado en respuesta a la demanda y no como una formulación desde la oferta. En el caso de los posgrados académicos que tienen un componente mayor de bien público, las becas ofrecen un medio para operar contra las fallas de mercados que conducen a la subinversión en este tipo de posgrado (García de Fanelli, 2000).

Las becas pueden impactar positivamente sobre la tasa de graduación de posgrado al permitir la dedicación exclusiva de los becarios al estudio. En el caso argentino, ésta constituye una de las grandes falencias del nivel cuaternario[37] junto a otras relativas a la guía y supervisión para la realización de los trabajos de investigación requeridos para acceder al título. Otras razones de la baja tasa de graduación residen en la ausencia de controles institucionales en las universidades de gestión estatal que castiguen la baja cantidad de egresados en relación con los recursos asignados[38] y en la larga duración de las carreras de grado que, combinada con la duración de los posgrados, genera dificultades para quienes quieren profundizar formalmente sus estudios (cfr. Barsky, 1995: 73).

---

[37] De hecho, la baja tasa de graduación también es un problema del nivel de grado; en la Argentina, hacia comienzos de la década, en promedio solamente alrededor del 20% de quienes se matriculaban completaban sus estudios universitarios (García de Fanelli 2000).

[38] En este sentido Barsky (1995) señala que un aspecto que distorsiona el sistema de posgrados es el hecho de que los académicos a cargo tienden a aumentar los niveles de exigencia, lo cual habla muy bien de su calidad ética y profesional pero conduce a resultados preocupantes en materia de cantidad de graduados.

Otro aspecto positivo de las becas es que, junto a las oportunidades que ofrece el mercado de trabajo, permiten atraer y retener a los mejores recursos humanos, que de lo contrario emigran a países desarrollados que les ofrecen mejores oportunidades y los cuales necesitan una mayor cantidad de recursos altamente calificados que la que pueden proveer sus propios sistemas de educación en el mediano plazo (García Guadilla, 1996).

Dada esta necesidad, los países desarrollados han adoptado políticas para facilitar el ingreso de profesionales altamente capacitados, incluidas políticas migratorias selectivas.[39] Estas estrategias proponen un desafío a la capacidad de los países en desarrollo de retener a sus recursos humanos e incorporarlos en sus propios sistemas de ciencia y tecnología, a la vez que implican que los resultados de las mejoras en los niveles de formación pueden llegar a ser aprovechadas por los países desarrollados (Luchilo, 2003).

Estrechamente asociado a lo anterior identificamos otro aspecto central de las becas que es temporalmente posterior a las mismas: la inserción laboral de los becarios como investigadores "de carrera" o en instituciones universitarias. Tanto en el caso de los becarios internos como externos, su incorporación al sistema universitario o científico tiene un sentido social, derivado de la inversión de recursos públicos en su formación –se calcula que el Estado invierte alrededor de 100.000 pesos en la formación de la beca doctoral y posdoctoral de cada uno de los futuros miembros de la carrera del CONICET e investigadores que emigran (EDUCYT, 2003)– y de la necesidad de ampliar la base científico-tecnológica y asegurar la continuidad del sistema.

---

[39] El pionero fue Estados Unidos a comienzos de la década de 1990, seguido por Europa.

La ausencia de una garantía sobre la inserción de los becarios y la resistencia a la generación de espacios para ellos, tales como el atraso o la inexistencia de concursos periódicos en las universidades o la falta de transparencia de los mismos (Caillon, 2002), desconocen tal sentido. Si bien es lógico que los cursos de acción tengan límites temporales –en este caso el financiamiento de la formación por un período determinado–, esto no debiera implicar el desconocimiento de acciones necesarias para momentos previos y posteriores a las mismas.

En el caso de los becarios externos, entre las consecuencias de lo anterior se encuentran su permanencia en el exterior y la disminución de la demanda de este tipo de becas, lo cual es particularmente negativo en el caso de las disciplinas con escaso desarrollo en el país y para las cuales es vital la formación en el extranjero.

Junto a la incertidumbre laboral y a las características de la profesión académica / científica en nuestro país, otro factor que opera contra el regreso de los becarios deriva de la diferencia en la infraestructura disponible para el desarrollo de la investigación entre los centros de investigación locales y los extranjeros. Conjuntamente, estos conforman el denominado "Síndrome del ex becado".

2. Contexto: algunas notas particulares de la política de educación superior en la década de 1990

A partir de la década de 1990 la educación superior en la Argentina pasó a ocupar un lugar diferenciado en la agenda educativa gubernamental. El retorno a la democracia a comienzos de los años 1980 supuso grandes cambios en la educación superior, como por ejemplo el gran crecimiento de la matrícula en las universidades nacionales debido al establecimiento del ingreso irrestricto.

Esta medida, tendiente a la "democratización"[40] de la educación superior, se contrapuso a las restricciones al acceso vigentes durante la última dictadura militar.

Paralelamente, la creación de nuevas universidades,[41] tanto de gestión estatal como privada, condujo a la diversificación institucional del sistema. La promoción del aumento en la cantidad de instituciones procuraba conformar un contexto competitivo que elevara la eficiencia y la calidad de la educación superior. En éste, las instituciones compiten

---

[40] Existe un intenso debate en torno a la asociación automática entre las nociones de ingreso irrestricto, democratización y equidad. Sigal (2003), en un análisis sobre distintos sistemas de admisión a la universidad, señala que para el caso argentino el ingreso irrestricto se basa en la suposición de que dicho sistema facilita el acceso a la universidad de jóvenes provenientes de los sectores de menores ingresos. Pero, en la realidad los hechos contradicen este supuesto, dado que pasadas dos décadas de vigencia de dicho sistema no se observa un cambio en la composición social de los alumnos acorde con la composición social de la sociedad en su conjunto, que sería el resultado esperado en caso de que el ingreso irrestricto realmente operara como un factor de democratización.

[41] Las siguientes universidades fueron creadas a partir de la década de 1990: UN de General San Martín (1992); UN de General Sarmiento (1992); UN de la Patagonia Austral (1994); UN de La Rioja (1994); UN de Lanús (1995); UN de Tres de Febrero (1995); UN de Villa María (1995); UN del Noroeste de la Prov. de Bs. As. (2002); UN de Chilecito (2002); Universidad del Centro Educativo Latinoamericano (1992); Universidad Atlántida Argentina (1994); Universidad Abierta Interamericana (1995); Universidad Adventista del Plata (¿1990 ó 2002?); Universidad Austral (1991); Universidad Blas Pascal (1990); Universidad Champagnat (1994); Universidad de Ciencias Sociales y Empresariales (1991); Universidad de Concepción del Uruguay (1990); Universidad de Congreso (1994); Universidad de Flores (1994); Universidad de la Cuenca de Plata (1993); Universidad de ka Fraternidad de Agrupaciones Sano Tomás de Aquino (1991); Universidad de Palermo (1990); Universidad de San Andrés (1990); Universidad del CEMA (1995); Universidad del Cine (1993); Universidad Empresarial Siglo 21 (1995); Universidad Favaloro (1992); Universidad Maimónides (1990); Universidad Torcuato Di Tella (1991); Universidad de Bologna (2001).

por recursos humanos y financieros y por prestigio (García de Fanelli, 2001: 4).

La expansión, masificación y diversificación institucional de la educación superior, en general, en un contexto de restricción de recursos, tuvo un impacto cuantitativo y cualitativo sobre la oferta de programas de posgrado, en particular. Por un lado, muchas de las nuevas instituciones ofrecen programas de posgrado desde sus orígenes. Por otro lado, en el aumento de la oferta se aprecia un sesgo hacia la enseñanza en detrimento de la investigación (*teaching drift*) (García de Fanelli, 2000).

En 1993 se creó la Secretaría de Políticas Universitarias (SPU), que supuso un punto de inflexión en la gestión estatal de la educación superior. En términos generales, la creación de instancias especializadas al igual que la asignación de nuevas funciones a dependencias ya existentes, denota la importancia que desde el Estado se le otorga a un tema. En este caso, se trata del reconocimiento de que la educación superior requería una atención diferenciada y especializada en el marco de la gestión de la educación en su conjunto.[42]

Si bien contaba con un antecedente en la Dirección de Asuntos Universitarios, la creación de la SPU comportó un cambio cualitativo al suponer un paso adelante del Estado en la gestión de la educación superior frente a la predominancia tradicional de las universidades. Esta Secretaría constituye una instancia de elaboración, diseño e implementación de la política de educación superior.

Otro hito importante de los años 1990 en materia de educación superior fue la sanción de la Ley 24.521 de

---

[42] Cox (1990) señala la diferencia entre política *sobre* la educación superior y política *de* educación superior. La primera ser refiere a la competencia por el control y la dirección del sector. Por su parte, la segunda requiere determinado nivel de desarrollo de la educación superior en sí misma y del aparato gubernamental que la enmarca y regula.

Educación Superior (LES) en 1995, por medio de la cual se establecieron nuevas reglas de juego. Previamente se habían incorporado cambios en materia educativa: la transferencia de la competencia educativa desde el Estado nacional hacia las provincias y los municipios en 1992 y la Ley Federal de Educación de 1993 que reformó estructuralmente el sistema.

Resulta interesante notar que en materia de educación superior la dirección del cambio es opuesta a la que se imprimió en los niveles educativos inferiores: en los niveles primario y medio el Estado nacional delegó competencias educativas a las provincias y municipios mientras desarrolló nuevas funciones, como por ejemplo las de evaluación y acreditación, en el caso de la educación superior.

La LES señala que la finalidad de la educación superior es *"proporcionar formación científica, profesional, humanística y técnica en el más alto nivel, contribuir a la preservación de la cultura nacional, promover la generación y desarrollo del conocimiento, en todas sus formas, y desarrollar las actitudes y valores que requiere la formación de personas responsables, con conciencia ética y solidaria, reflexivas, críticas, capaces de mejorar la calidad de vida, consolidar el respeto al medio ambiente, las instituciones de la República y a la vigencia del orden democrático"* (Artículo 3). Entre los objetivos de la educación superior se incluyen los siguientes: contribuir al desarrollo científico, tecnológico y cultural de la Nación; la diversificación de los estudios de manera que se atiendan las expectativas y demandas de la población y los requerimientos del sistema cultural y de la estructura productiva; e incrementar y diversificar las oportunidades de actualización, perfeccionamiento y reconversión para los integrantes del sistema y sus egresados (Artículo 4).

Respecto de la formación de posgrado, la LES establece que incluye las especializaciones, maestrías y doctorados y que es exclusiva de las universidades aunque admite, con limitaciones, que se desarrolle en centros de investigación e instituciones de formación profesional superior de reconocido nivel y jerarquía que suscriban para tal fin convenios con las universidades. Sin embargo, otorgar títulos de Magíster o Doctor es una prerrogativa de las universidades (Artículo 40). El requisito de posesión de un título de grado o superior no universitario de una duración mínima de cuatro años para poder realizar estudios de posgrado fue atenuado por la Ley 24.754 del 2003 que señala la necesidad de poseer aptitudes, conocimientos suficientes y preparación y experiencia laboral acorde.

La LES también incluye disposiciones destinadas a mejorar la calidad de la educación cuaternaria. Establece la obligación de acreditación de las carreras de posgrado, cualquiera sea el tipo de programa y señala que gradualmente, los docentes del cuarto nivel de educación deberán poseer el título máximo.

En relación con la primera, se creó la Comisión de Acreditación y Evaluación Universitaria (CONEAU), en reemplazo de la Comisión de Acreditación de Posgrados (CAP). Entre las funciones de la nueva dependencia se incluyen la acreditación de los posgrados, de las carreras de grado de interés público, la evaluación de proyectos institucionales y la evaluación externa. Esta iniciativa se erige como respuesta desde el Estado a la expansión institucional y a la diversificación en calidad y tamaño que ésta introdujo en el sistema de educación superior (García de Fanelli, 2001).

Otro ejemplo de iniciativa estatal destinada a mejorar la calidad de la educación superior fue el Fondo para el Mejoramiento de la Calidad Universitaria (FOMEC), creado en 1995. Se trataba de un fondo concursable para el financiamiento de proyectos de las universidades nacionales que promovieran el mejoramiento de la calidad de la educación. La novedad de este instrumento residía en que establecía una vinculación entre la evaluación y el financiamiento para fines específicos. Además, el compromiso de las universidades superaba la declaración de intenciones acerca de lo que iban a hacer dado que les correspondía contribuir con una parte del financiamiento de los proyectos. El FOMEC contenía diversos rubros, entre los cuales se incluían las becas, de formación docente y abiertas. Las primeras estaban destinadas a la formación de posgrado de los docentes universitarios, en el país o en el extranjero. Las segundas tenían como destinatarios a los posgrados que habían obtenido la calificaciones A o B por la CAP, los cuales a su vez las adjudicaban a postulantes de otras universidades o de la misma universidad que los albergaba (Barsky, 1999).

Sobre la base de lo señalado es posible identificar la preocupación por la calidad y la evaluación como herramienta para lograrlo, como ejes de la política de educación superior a partir de la década de 1990. El énfasis en la evaluación de la calidad de la educación tiene lugar en un contexto caracterizado principalmente por tres tendencias: nuevas demandas de la sociedad en el marco de la internacionalización y la búsqueda de competitividad en los mercados mundiales; la crisis económica que afecta la capacidad de responder a todas las necesidades sociales; y el surgimiento de una nueva cultura de rendición de cuentas (*accountability*) junto a la desconfianza en la capacidad del Estado de ofrecer soluciones para las necesidades sociales (Pedro y Puig 1998: 79). De manera simultánea, tiene lugar un giro en la estrategia del Estado respecto del sistema de educación superior, en la forma general de actuación o el patrón de relaciones entre el Estado y dicho sistema (cfr. Cox 1990: 26). Este cambio consiste en el abandono de la "administración benevolente" y su reemplazo por el "Estado evaluador".

La "administración benevolente" supone un rol pasivo del Estado, que se limita a regular el sistema de educación superior sin grandes exigencias de *accountability*. La asignación automática del presupuesto responde a negociaciones entre el Estado y los actores del sistema y se realiza sobre la base del presupuesto anterior sin incluir consideraciones acerca de la eficiencia, objetivos o metas. Esta estrategia *"se basa en relaciones políticas y contextos carentes de relaciones de competencia"* (Cox, 1990: 27) y en ella predominan los instrumentos de autoridad (certificados) y del tesoro (transferencias). Una de sus desventajas es que cuanto mayor es la dependencia de las universidades de los recursos públicos, menor es el poder que tiene el Estado para utilizar los instrumentos financieros como instrumentos de control. Además, este modelo de financiamiento automático atenta contra la eficiencia, la productividad, el rendimiento y la formulación de políticas coherentes de desarrollo de la educación superior (Brunner, 1994).

Por su parte, el "Estado evaluativo" promueve la evaluación y la autoevaluación de las acciones y resultados de las instituciones de educación superior. El énfasis se coloca en la calidad de los productos y los instrumentos que se utilizan son los del tesoro (incentivos y contratos) y de información (Cox, 1990). El otro eje de este patrón de relación lo constituye el financiamiento orientado al logro de metas. La función reguladora del Estado no equivale a su intervención directa, sino que se trata de una orientación a distancia en la que el Estado provee incentivos para que las instituciones conduzcan sus acciones al logro de los objetivos deseados (Barsky, Domínguez y Pousadela, 2001: 13).

3. Sistema de posgrado: características y expansión

Los cambios acaecidos en la educación superior contribuyen a entender algunas de las notas particulares que adquirió el sistema de posgrado en la Argentina. La expansión de la educación superior, producto a su vez de la expansión de la educación media y de las mayores exigencias del mercado de trabajo, tuvo lugar en un contexto de restricción de recursos públicos, que condujo, entre otras medidas, al desarrollo de fuentes alternativas de financiamiento (Delfino, 2002). Esto último se justificó sobre la base de que los beneficios externos (a la comunidad) de la educación superior son difusos y de que sus principales beneficiarios, los estudiantes, deben contribuir a su sostenimiento (Delfino, 2002).

Las denominadas "políticas de recuperación de costos" incluyen el arancelamiento de los estudios en las universidades públicas y la vinculación con el sector productivo por medio de la venta de bienes y servicios. Esta diversificación de las fuentes de financiamiento contribuye a la conformación de un mercado de consumidores de la educación superior en el que se intercambian bienes y servicios por dinero (García de Fanelli, 2001).

La crisis de financiamiento de la educación superior implica que los escasos recursos disponibles se destinen a sostener la administración y los salarios docentes (Barsky, Domínguez y Pousadela, 2001). En el plano de los posgrados, la escasez de recursos también opera contra la disponibilidad de becas y contra el financiamiento adecuado de las actividades de investigación que posibilitan la consolidación de las comunidades académicas vinculadas a éstos (García de Fanelli, 1996).

Al interior de las universidades, los posgrados ofrecen una manera de obtener recursos, al igual que la vinculación de éstas con el sector productivo. Incluso en las universidades de gestión estatal los posgrados funcionan de acuerdo a una lógica cercana a la del mercado:[43] a diferencia de los estudios de grado, dado que deben autofinanciarse, los posgrados son arancelados.[44] Esto resulta en la competencia por alumnos, docentes y fondos entre los posgrados públicos y los privados (García de Fanelli, 2001).

Las diferencias entre el grado y el posgrado en las universidades de gestión estatal, también se expresan en los parámetros de admisión, selección y remuneración de los docentes. En el nivel de grado, la admisión es abierta, sin vacantes; rige la gratuidad; la selección de los docentes se realiza por concurso y la escala salarial es única. Por su parte, en el nivel cuaternario está vigente la selectividad y la noción de vacantes en la admisión; en la selección de los docentes se tienen en cuenta los antecedentes académicos o profesionales y la retribución se determina como valor / hora docente, variable según facultad y en ciertos casos según el arancel y la cantidad de alumnos[45] (cfr. García de Fanelli, 1996: 49).

Asimismo, hay otros aspectos que distinguen al nivel de posgrado. Uno de ellos es la flexibilidad en su conformación y funcionamiento, el nivel de posgrado es más autónomo y desregulado que el del grado y permite una mayor adaptación a las demandas del medio. La oferta de programas de posgrado se elabora teniendo en cuenta

---

[43] El mercado es uno de los vértices del triángulo de coordinación del sistema de educación superior desarrollado por Clark, junto a la autoridad estatal y a la oligarquía académica.

[44] Para determinar el arancel se toman en cuenta principalmente los costos corrientes totales (García de Fanelli, 2001).

[45] García de Fanelli (2001) señala que la diferencia en la retribución docente existente entre el grado y el posgrado impacta en el mercado ocupacional de la educación superior y provoca el desplazamiento progresivo de los mejores profesores hacia el nivel cuaternario, en el que además la carga de trabajo es menor debido a la cantidad de alumnos y a las mejores condiciones de trabajo.

su pertinencia académica y también su viabilidad económica, por ejemplo con respecto a la cantidad mínima de alumnos requerida para cubrir los costos. Además, en el caso de las universidades de gestión estatal, los profesores gozan de mayor poder que en el nivel de grado porque no tienen que compartir sus decisiones con otros grupos de representación (cfr. García de Fanelli, 2001: 9).

Otro aspecto distintivo de los posgrados es su carácter arancelado. Esta característica se mantuvo al margen del gran debate de los años 1990 en torno a la posibilidad de arancelar los estudios de grado en las universidades nacionales. Esta discusión giró alrededor de los principios de gratuidad y equidad de la educación pública consagrados en la Constitución Nacional reformada en 1994 (Artículo 75, Inciso 19) y de las disposiciones de la LES (Artículo 59, Inciso c).

La Ley establece que sobre la base de su autarquía económica-financiera, las universidades nacionales pueden "dictar normas relativas a la generación de recursos adicionales a los Aportes del Tesoro Nacional, mediante la venta de bienes, productos, derechos o servicios, subsidios, contribuciones, herencias, derechos o tasas por los servicios que presten, así como todo otro recurso que pudiera corresponderles por cualquier título o actividad. Los recursos adicionales que provinieren de contribuciones o tasas por los estudios de grado deberán destinarse prioritariamente a becas, préstamos, subsidios o créditos u otro tipo de ayuda estudiantil y apoyo didáctico; estos recursos no podrán financiar gastos corrientes [...]."

El argumento de quienes entonces defendían el cobro de un arancel a los estudiantes de grado en las universidades de gestión estatal sostiene que "el interés social de tener una población educada se satisface básicamente con la educación que el Estado impone como obligatoria; ello no ocurre con el nivel universitario en donde no puede afirmarse seriamente que exista un interés público en que *todos* los habitantes de más de 18 años tengan estudios universitarios [...]" (Nagata, 1996: 25. Destacado en el original). Además, dado que consideran que la educación universitaria es un servicio público cuyos beneficiarios son personas determinadas (*uti singuli*), la ausencia de una contribución por parte del usuario –como sucede en el caso de los servicios *uti universi*– es en perjuicio de quienes no lo utilizan. Por último, respecto de la convivencia entre los principios constitucionales de equidad y gratuidad, señalan que mientras el primero es un fin en sí mismo, el segundo es un medio para que nadie, con vocación y capacidad, sea excluido por razones económicas (Nagata, 1996).[46]

Las becas y la gratuidad de los estudios no son conceptos mutuamente excluyentes, es decir, la gratuidad no es sinónimo de que las becas sean innecesarias. Un ejemplo de ello en el nivel de grado, es el Programa Nacional de Becas Universitarias (PNBU). Sin embargo, cuando los estudios son gratuitos, la oferta de becas y sus características cobran un sentido distinto al caso en que éstos son arancelados.

Junto a la expansión de la educación universitaria, otros factores que incidieron en el aumento de la demanda y la oferta de posgrados fueron las nuevas demandas surgidas como resultado de un mercado laboral cada vez más competitivo, la creciente complejidad del conocimiento,

---

[46] En el nivel de grado, la polémica en torno al arancelamiento de los estudios superó el ámbito discursivo y alcanzó el ámbito judicial, como consecuencia de la negativa de algunas instituciones de incluir lo establecido en la LES en sus estatutos (el período fijado por la LES era de 180 días a partir de su promulgación). Por ejemplo, a fines de 1999, el Ministerio de Educación demandó a la Universidad de General Sarmiento por incluir en su estatuto la gratuidad generalizada e indiscriminada para los niveles de pregrado y grado. Según el entonces Secretario de Políticas Universitarias, Aníbal Jozami, eso equivalía a "*no contemplar la equidad en algún caso en que yo puedo cobrar y alguien quiere pagar*" (EDUCYT, 1999).

la demanda por un saber interdisciplinario y la creciente especialización de algunas áreas de conocimiento. La mayor competencia entre profesionales en un contexto en el que los puestos de trabajo no crecen al mismo ritmo aumenta la necesidad de estudiar un posgrado, lo que a su vez permite una mayor discriminación entre postulantes. A esto debemos sumar los fenómenos de devaluación educativa y credencialismo que contribuyen al incremento de la competitividad.[47] El desempleo de los profesionales también puede incidir sobre la demanda de posgrados, dado que reduce el costo de oportunidad de continuar estudiando; pero en nuestro país su incidencia es pequeña debido a la escasa cantidad de becas para el nivel cuaternario (García de Fanelli, 1996).

Por último, la demanda endógena, desde la propia comunidad académica, también es una variable que contribuye a explicar el crecimiento de los posgrados: dada la función de los posgrados de formación de docentes e investigadores, las universidades se convierte en su mayor productor y consumidor (Barsky, 1997).

La expansión de la formación de posgrado en nuestro país a partir de la década de 1990 no es ajena a lo que aconteció en América Latina y el Caribe. La cantidad de graduados de maestrías en la región creció 3,6 veces entre 1990 y el 2001, al pasar de 13.000 a más de 47.000. De éstos, más de la tercera parte se concentra en Brasil y México. En el caso de los doctorados, la expansión de los graduados fue menor pero igualmente superó a los del nivel de grado y se explica principalmente por la expansión de los doctorados en Brasil, que constituyen alrededor de las dos terceras partes del total de la región (cfr. Luchilo, 2003: 2).

---

[47] García de Fanelli (1996) denomina "posgrados de consumo" a aquellos que atraen a quienes buscan credenciales.

Entre 1994 y el año 2002 asistimos a un crecimiento explosivo de la oferta de posgrados en la Argentina: la cantidad de posgrados pasó de alrededor de 800 a casi 2.000, lo que representa una variación de 144,8%.

Evolución de la oferta de posgrados por modalidad de gestión 1994-2002

Modalidad de Gestión	1994	2002	Variación porcentual 1994-2002
Sistema estatal (incluido FLACSO)	518	1403	170,8%
Sistema privado	275	538	95,6%
Total	793	1941	144,8%

Fuente: Barsky y Dávila, 2004.[48]

Esta información refleja que más de la mitad de los posgrados tiene muy poca antigüedad. Luego, nos encontramos ante un sistema de posgrado que en su gran mayoría es nuevo y en el que coexisten programas ya consolidados junto a otros recientemente configurados.

Esta expansión corresponde en gran parte a las instituciones de gestión estatal (70,3%) y en menor medida a las de gestión privada (27,7%); éstas experimentaron un crecimiento del orden del 170 y 95% respectivamente. Si nos adentramos en la cantidad de alumnos y de graduados, se aprecia un cambio en el peso de la oferta de programas de gestión estatal y privada. En el primer caso, los posgrados públicos conservan el primer puesto. Por ejemplo, hacia el 2001, la Universidad de Buenos Aires contaba con 23,28% del total (8.809) y la primera universidad privada que la seguía se ubicaba en octavo lugar con sólo 3,6%. Contrariamente, al virar la mirada hacia los graduados,

---

[48] Este es el último relevamiento completo disponible de la oferta de programas de posgrados.

se aprecia una mayor efectividad relativa en el caso de las instituciones privadas, que cuentan con alrededor del 45% del total (Barsky, 2004). En las instituciones de gestión estatal, la falencia en materia de graduación es en algunas disciplinas aun mayor que en el nivel de grado, por ejemplo en Ciencias Sociales egresa alrededor del 8% de los que comienzan un posgrado (Barsky, 2004). Si consideramos los posgrados que ofrecen título oficial,[49] se observa que los programas que más crecieron fueron las maestrías (200,8%), seguidas por las especializaciones (193,7%) y en último lugar, los doctorados (28,9%).

El campo disciplinar cuya oferta creció menos fue el de Ciencias Exactas y Naturales (52,9%), en el que los doctorados representan casi el 70% del total de dicha oferta. En el otro extremo se ubican las Ciencias de la Salud (228,8%) en las que el 80% de los programas son especializaciones. Por último, en Ciencias Sociales, Humanidades y Tecnológicas, la oferta de maestrías representa alrededor de la mitad del total de posgrados en cada caso y en todos es el tipo de programa que experimentó una mayor variación porcentual entre 1994 y el 2002: 174,4; 312,1 y 184,1% respectivamente (Barsky y Dávila, 2004).

Al analizar el crecimiento de cada tipo de programa de posgrado por campo disciplinario es preciso tener en cuenta la tradición en cada uno, como así también el grado de consolidación de dichos programas en éstos. En términos generales, las prácticas en dichos campos son las siguientes: doctorado en Ciencias Exactas y Naturales y Humanidades; maestría en Ciencias Sociales y especialización en Medicina, Ingeniería y Abogacía.

Si en un campo disciplinario la tradición reside en la realización de un doctorado sería lógico que su oferta aumente; pero, si su variación porcentual es menor a la de

---

[49] Especializaciones, maestrías y doctorados.

otros tipos de programas, esto podría estar indicando que ha finalizado la construcción de la oferta de la modalidad de posgrado preponderante. El estudio de Barsky y Dávila (2004) da cuenta de algunos cambios, aunque no radicales, en las tradiciones de cada campo disciplinar, como por ejemplo el crecimiento de las especializaciones en Ciencias Sociales y las maestrías en Humanidades.

En el caso argentino, el crecimiento de los programas de maestrías se debe a la difusión del modelo norteamericano. Dadas las diferencias entre éste y el modelo europeo continental (español-francés) vigente en nuestro país, la incorporación del primero es explicativa de algunas de las falencias que caracterizan nuestro actual sistema de posgrado. Dichas debilidades derivan principalmente de la manera en que se adoptó esta modalidad de programa de posgrado.

En Estados Unidos el nivel de grado es de corta duración, ofrece una formación académica general y la habilitación profesional se obtiene con los estudios de posgrado. En términos de completar la especialización profesional, la maestría anglosajona es un título equivalente a la licenciatura vigente en el sistema de educación superior argentino (Barsky, 1997). En nuestro país, los ejes centrales de la educación superior son las cátedras y las facultades de grado, que es el nivel que otorga la habilitación profesional.

La combinación de estos modelos diferentes resultó en la superposición de los niveles de grado y posgrado, la extensión de la duración del ciclo universitario y la duplicación de los contenidos (Barsky y Dávila, 2004). La extensión de la duración de los estudios de grado resulta importante porque puede afectar la posibilidad de los graduados universitarios de acceder a becas de posgrado debido a los límites de edad que éstas tienen entre sus requisitos.

La experiencia argentina denota la ausencia de orientación alguna, un crecimiento sin dirección preestablecida. Por el contrario, en Brasil la incorporación de las maestrías de estilo norteamericano fue diferente, se optó por acortar la duración de las licenciaturas para completar la formación en el nivel de posgrado.

Otra diferencia importante entre el sistema de posgrado argentino y el de los países desarrollados y de Brasil, es la ausencia de un ordenamiento de carácter ascendente en la articulación entre el grado y el posgrado. En nuestro país, no es preciso contar con una especialización para acceder a un programa de maestría o haber realizado una maestría para inscribirse en un programa de doctorado. La consecuencia de ello es que "el nivel académico efectivo de quien ha cursado estudios de posgrado no depende tanto del título obtenido como de la estrategia que utilizó para la articulación" (Barsky, 2004: 96).

Una de las notas particulares del sistema de posgrado argentino reside en la gran concentración de los alumnos en la Ciudad de Buenos Aires. Ésta es mayor en el caso del sistema privado (78,1%) e incluye a más de un cuarto del total de quienes estudian en el marco del sistema público (33,1%). Considerando la totalidad de la matrícula, en la metrópoli se concentra el 42% de los estudiantes de posgrado (Barsky y Dávila, 2004).

En nuestro país, el crecimiento de la oferta de posgrados no fue acompañado por el desarrollo de un sistema nacional de becas; aunque sí de programas específicos que incluían el financiamiento de las mismas, como por ejemplo el FOMEC. Asimismo, coexisten becas de diversas características en cuanto a sus requisitos, amplitud de cobertura, montos, formas de reinserción de los becarios, etc. El desfase entre oferta de programas y oferta de becas implica que los posgrados se realizan de manera creciente sin apoyo financiero (Caillon, 2002).

A continuación nos adentramos en el análisis de las becas del CONICET para el período 2000-2003 inclusive. En primer lugar se presenta el marco normativo y la descripción general de las mismas, y seguidamente se aborda el perfil de los becarios y las características de la asignación de las becas de acuerdo al área de conocimiento y disciplina científica y al lugar de trabajo.

SEGUNDA PARTE

1. Las becas del CONICET 2000-2003

La misión del CONICET consiste en fomentar y ejecutar actividades científicas y tecnológicas en todo el territorio nacional y en las distintas áreas de conocimiento (Decreto 1.661/96, Artículo 1). Para ello, cuenta con diversos instrumentos de promoción, entre los que se encuentran las becas. Durante el período analizado (2000-2003) cambió el marco normativo que regula las becas del CONICET, el Reglamento de Becas establecido por la Resolución 439/97 fue reemplazado por las nuevas disposiciones de la Resolución 243/2001. Estas implicaron algunos cambios de carácter incremental y la consolidación de criterios que distinguen a ambos de reglamentos anteriores.

En el año 1997 se introdujo entre los requisitos de aprobación de las becas la exigencia de la incorporación a un posgrado acreditado para la efectivización de la misma, disposición que se mantiene en el Reglamento del 2001 y que es consistente con lo establecido en la Ley de Educación Superior de 1995. Asimismo, se modificaron las condiciones de admisión de las becas respecto al tiempo transcurrido desde la graduación: hasta dos años después de la aprobación de la última asignatura de la carrera de grado en el momento de solicitar la beca.[50]

---

[50] Esta disposición generó polémica dado que se consideraba que restringía en demasía la posibilidad de los graduados para postularse a las becas del

Esta disposición puede entenderse como una respuesta al número creciente de becarios y al hecho de que no ingresaran automáticamente al CONICET, y como una manera de limitar el acceso de becarios que luego presionarían sobre el sistema (Caillon, 2002). Además, muchos de los postulantes a las becas del CONICET usufructuaban otras becas y accedían a las del organismo cerca del límite de edad; situación que conducía no sólo al retraso etario en la incorporación de nuevos becarios, sino que también presentaba una situación no equitativa para los graduados recientes que quisieran postularse (CONICET, Plan Estratégico Plurianual 1999-2000).

Por su parte, la Resolución 243/01 establece en su Artículo 15 una combinación de las limitaciones de tiempo de graduación y edad para acceder a las becas del CONICET: las becas doctorales se otorgarán a menores de treinta años y hasta tres años después de la aprobación de la última asignatura de la carrera de grado al momento de solicitar la beca. De esta manera se acentúa el espíritu presente en el Reglamento del año 1997.

Otro punto de contacto entre los Reglamentos de 1997 y del 2001 descansa en la obligación de que los proyectos de investigación de los postulantes cuenten con financiamiento, de manera de evitar el retraso de los becarios o la

---

CONICET. Un ejemplo de ello es la carta que envió la Asociación Física Argentina al Director del CONICET en el año 1998. En ésta, se señalaba que la disposición respecto de los beneficiarios era inconsistente con el objetivo de "[...] posibilitar la formación y permitir la participación de jóvenes investigadores en la realización de proyectos de investigación [...]" incluido en el Artículo 1 del Reglamento de Becas de 1997, dado que un egresado reciente calificaba como destinatario independientemente de su edad mientras alguien más joven podía quedar descartado por haberse recibido más joven aun. La AFA concluía esta carta con el pedido de que se dejara de lado el requisito de cantidad de años de graduado y se aplicara únicamente el de la limitación por edad.

no finalización de sus becas tal como ocurría cuando no estaba incorporada esta exigencia.

El Reglamento de 1997 equiparó la duración de las becas de posgrado externas e internas en cuatro (4) años, de manera de asegurar la concreción de la capacitación en el exterior (CONICET, Plan Estratégico Plurianual 1999-2000). Asimismo, incluyó explícitamente la condición de que las becas posdoctorales externas se otorgaran a las disciplinas con escaso desarrollo de posgrado en la Argentina, para evitar el "estancamiento" de las disciplinas que no cuentan con posgrados o en las que éstos se encuentran en desarrollo incipiente. Esto último fue una respuesta a la concentración de este tipo de becas en las disciplinas que tenían programas de posgrado afianzados en el país (CONICET, Plan Estratégico Plurianual 1999-2000).

Los reglamentos de 1997 y del 2001 se diferencian en materia de denominación de las becas; por ejemplo, lo que el primero denomina Becas de Formación de Posgrado (para la realización de estudios de posgrado), el segundo se refiere a Becas Internas de Posgrado Tipo I. Hasta aquí los puntos de contacto y diferencias entre los Reglamentos de 1997 y del 2001. A continuación, nos centramos en las disposiciones contenidas en este último.

Se entiende por becas los estipendios que a título de promoción, sin implicancia alguna de relación de dependencia presente o futura, se abonan para la formación de posgrado, preferentemente doctorado o trabajos de posdoctorado, en el país o en el extranjero (Decreto 1.661/96, Artículo 24 y Resolución 243/01 Artículo 1). Es importante señalar que las becas internas que incluyen la realización de posgrados se encuentran limitadas a los programas y carreras acreditados por la CONEAU. Esta asociación supone el reconocimiento de la acción de esta última y un refuerzo en pos del objetivo de mejoramiento de la calidad de la educación. La obligación de acreditación de los posgrados no se extiende a la categorización de los mismos, aunque hubo una experiencia en este sentido en la convocatoria del año 1998.[51]

El CONICET realiza las convocatorias y determina la cantidad y los tipos de becas que se otorgarán atendiendo a las prioridades por disciplinas, áreas temáticas, regiones del país y desarrollo previsto de las Carreras de Investigador Científico y Tecnológico y del Personal de Apoyo a la Investigación y Desarrollo (Resolución 243/01 Artículo 3). En este sentido, la acción del CONICET complementa la del Gabinete Científico y Tecnológico (GACTEC) encargado de definir las prioridades nacionales en el área a través de la elaboración del Plan Nacional Plurianual de Ciencia y Tecnología, y de la programación del presupuesto para los organismos descentralizados de Ciencia y Tecnología y las funciones de programación, articulación, coordinación y evaluación de la Secretaría de Ciencia y Tecnología (SECyT).

Los *beneficiarios* de las becas del CONICET son los graduados universitarios argentinos o extranjeros con residencia en el país, "con mérito y vocación de realizar tareas originales de investigación" (Resolución 243/01, Artículo 2). Los extranjeros también pueden beneficiarse de las becas en el marco de convenios de cooperación.

La *adjudicación* de las becas se realiza sobre la base de tres dimensiones: antecedentes personales; proyecto de investigación; y calidad y ambiente académico de la Unidad de Investigación propuesta como sede de los trabajos y el programa de posgrado correspondiente (Resolución 243/01, Artículo 6). La primera incluye la consideración de las calificaciones durante la carrera de grado y el contenido de las referencias proporcionadas y en el caso de

---

[51] La categorización, a diferencia de la acreditación, no es obligatoria para los programas de posgrado.

las becas posdoctorales, el conocimiento del candidato de la disciplina y el área temática, su productividad científica, la originalidad y calidad de los trabajos de investigación realizados, las publicaciones y comunicaciones y trabajos inéditos realizados y las becas obtenidas y su desempeño en las mismas. Respecto del proyecto de investigación, en el proceso de adjudicación de las becas se consideran la relevancia y el interés del tema de investigación, sus perspectivas, enfoques futuros y vinculación con otros proyectos en la unidad de investigación que será su sede de trabajo y la factibilidad de realización del proyecto sobre la base de los conocimiento y experiencia del candidato y su director y los plazo y recursos disponibles (Resolución 243/01, Artículo 6). Cada uno de estos ítems adquiere un peso especial en los diferentes tipos de becas.

El Reglamento no especifica la manera en que se evalúan la calidad y el ambiente académico de la sede de trabajo del becario ni del programa de posgrado. Para este último se encuentran disponibles las resoluciones de acreditación de la CONEAU.

Las becas del CONICET son de *dedicación* exclusiva, solamente compatibles con un cargo de actividades docentes universitarias que, a juicio del Director, contribuyan a la formación del becario (Resolución 243/01, Artículo 8, Inciso a). Además, los becarios sólo pueden adicionar al estipendio de la beca una remuneración proveniente de un cargo docente de dedicación simple (Resolución 243/01, Artículo 10).

En términos generales, las becas pueden ser de dos *tipos*, doctorales y posdoctorales, y sobre la base del lugar en el que se lleven a cabo (en el país, parte en el país y parte en el extranjero o en el extranjero), éstas pueden ser internas o mixtas e internas o externas respectivamente.[52]

---

[52] En el año 2000 se realizó la última convocatoria del período analizado, para becas externas y mixtas para ser iniciadas a partir del año 2001,

El objetivo de las *becas doctorales* es la realización de estudios de doctorado; la opción de realizarlas en el exterior responde a la posible falta de disponibilidad o consolidación de la formación académica requerida en nuestro país (Resolución 243/01, Artículo 14). Tal como señalamos antes, en el caso de las becas a realizarse en el país los programas de posgrado deben estar acreditados por la CONEAU (Resolución 243/01, Artículo 14).

La *duración* de las becas de doctorado se resume en la siguiente fórmula: 2+2+1. Duración inicial de dos (2) años, renovación por un período de dos (2) años y prórroga excepcional de un (1) año cuando la calidad del becario y su producción científico-tecnológica lo justifiquen (Resolución 243/01, Artículos 16 y 17).[53]

Las *becas posdoctorales* están destinadas a los jóvenes investigadores que hayan obtenido el doctorado y tengan como objetivo permitir un mayor adiestramiento, perfeccionar la capacitación y reforzar la ejecución de proyectos de investigación. Además, procuran promover la movilidad de jóvenes investigadores entre distintos centros de investigación, favoreciendo la renovación y diversificación de proyectos y el establecimiento de nuevos vínculos entre colegas; y se estima que facilitarán el retorno al país de argentinos doctorados en el exterior (Resolución243/01, Artículo18). La *duración* de éstas es menor a la de las becas doctorales: tanto las internas como las externas tienen una duración máxima de dos años sin posibilidad de renovación bajo ningún concepto (Resolución 243/01, Artículo 20).

Respecto de las becas que se realizan *en el extranjero*, el Reglamento contiene una disposición que establece que

---

debido a la falta de recursos económicos.

[53] En el caso de las becas doctorales mixtas, el límite de permanencia de los becarios en el exterior es de veinticuatro meses y el número de estadías no puede ser mayor a cuatro en el período total de la beca (Resolución 243, Artículo 14).

una vez concluido el período de la beca, el becario debe regresar y permanecer en el país "por un lapso igual al de la beca usufructuada con estipendios en el exterior y volcar el fruto de la capacitación adquirida en la medida en que la reinserción laboral le brinde medios para desarrollarse profesionalmente" (Resolución 243/01, Artículo 26). Los criterios de evaluación de las becas posdoctorales externas también incluyen la preocupación por el regreso del becario, al considerar especialmente "el significado que puede tener la investigación para iniciar nuevas especialidades luego de la reinserción del becario", y la posibilidad de que éste cuente con un lugar de trabajo en el que aplicar los conocimiento adquiridos para contribuir al desarrollo científico, tecnológico, económico y social y a la formación de nuevos recursos humanos (Resolución 243/01, Artículo 24).

El requisito de volver al país es consistente con el hecho de que las becas se financian con recursos públicos y persiguen objetivos que exceden a los becarios (por ejemplo, formación de recursos humanos de alto nivel y desarrollo de la ciencia y la tecnología). Sin embargo, como hemos visto, el Reglamento establece un límite claro a la responsabilidad del organismo en cuanto a la reinserción laboral de los becarios que regresan; fija el requisito pero no se compromete a incorporarlos en tanto las becas no suponen una relación de dependencia presente o futura del becario con el CONICET (Resolución 243/01, Artículo 1).

Entre las becas que otorga el CONICET, también existen algunas que no implican la realización de estudios de posgrado, como es el caso de las Becas de Perfeccionamiento, que son becas de dos años de duración y tienen como objetivo permitir la realización de tareas de investigación.

Las becas doctorales y posdoctorales constituyen categorías generales que, a su vez, admiten una serie de opciones. Las becas doctorales se subdividen en dos tipos: *Beca Interna de Posgrado Tipo I y Beca Interna de Posgrado*

Tipo II. Ambos Tipos requieren la realización de estudios de posgrado, pero en el primer caso se otorgan para la obtención de un diploma de posgrado y en el segundo para permitir la finalización de dichos estudios. Es decir que mientras unas se asignan para comenzar los estudios las otras procuran permitir su finalización.

Si bien estas becas son doctorales, en el primer caso se admite la realización de maestrías para los postulantes de Arquitectura y Ciencias Sociales que no cuenten en el país con doctorados acreditados por la CONEAU. Esta disposición recoge la tradición en materia de posgrados que tienen estas disciplinas y les otorga la oportunidad de ser incluidas en el sistema de becas, que de otra manera les sería vedado.

Asimismo, ambos tipos se diferencian respecto de su *duración*: las primeras respetan la fórmula señalada para el caso de la becas doctorales, mientras que las segundas tienen una duración máxima de dos años, al igual que las becas posdoctorales. Por último, cada tipo de Beca Interna de Posgrado tiene distintos *límites de edad* para los postulantes; deben tener 30 y 32 años inclusive al momento de presentar la solicitud, con excepción de los médicos que tienen un límite de edad un poco más elevado (32 y 34 años respectivamente).

En el marco de las becas posdoctorales, encontramos un tipo especial que está destinado a la *reinserción de investigadores*, al regreso al país de los becarios posdoctorales que están en el exterior hasta su ingreso al sistema científico (CONICET, Universidades, etc.) (CONICET 2004). Los candidatos a estas becas deben acreditar una permanencia en el exterior no menor a dos años, estar desarrollando trabajos de investigación en instituciones de ciencia y tecnología del exterior y acreditar una producción continuada y de calidad en el período. Las presentaciones de las solicitudes se realizan desde el exterior y la convocatoria es permanente.

Asimismo, los candidatos deberán haber presentado su solicitud para el ingreso a la Carrera de Investigador Científico y Tecnológico del CONICET (CICyT) o su incorporación a una institución de investigación, pública o privada, debe encontrarse en trámite o consideración.

Estas becas caducan con el ingreso del becario a la Carrera de Investigador Científico y Tecnológico, con la denegación de dicho ingreso o con la incorporación del becario a una institución de investigación pública o privada. Tienen una duración máxima de veinticuatro meses y sólo admiten renovación en los casos en que se haya solicitado el ingreso a la CICyT y éste no se haya resuelto durante la beca. El límite de edad, hasta cuarenta años, es mayor al de los otros tipos de becas.

El lugar de trabajo de estos becarios es la institución de ciencia y tecnología en la que se proponen encarar su inserción futura en las tareas de investigación. En el caso de los miembros de la Carrera del Personal de Apoyo a la Investigación y Desarrollo del CONICET que sean beneficiarios de esta beca, deberán optar entre la beca y la continuación de dicha carrera.

Desde el año 2001 se otorgaron 72 becas[54] a investigadores residentes en el exterior; de los cuales 54 (75%) fueron aceptados en la carrera de Investigación Científica y Tecnológica (CICT) (CONICET, 2004).

Existen otras variantes de tipos de becas que, manteniendo las características señaladas anteriormente, se distinguen sobre la base de su financiamiento, específicamente se trata de las becas *cofinanciadas* entre el CONICET y alguna otra entidad. Desde el año 1999 el CONICET cuenta con becas doctorales y posdoctorales cofinanciadas con *empresas*. Los objetivos de estas becas son: promover la tarea de investigación

---

[54] Se otorgaron 16, 14 y 41 becas de reinserción en el 2001, 2002 y 2003 respectivamente.

en el ámbito empresario; facilitar la transferencia de proyectos de investigación originados en el sector público y en etapas previas al desarrollo; fomentar la inserción laboral de investigadores en el sector privado; y desarrollar la actividad de vinculación de la empresa con el sector público. El otorgamiento de estas becas no genera una relación laboral con ninguna de las partes. La cofinanciación del CONICET y la empresa se da en partes iguales, aunque esta última puede suplementar el monto básico en cada caso particular.

Las partes involucradas (el CONICET, la empresa y el becario) celebran un convenio que establece los resguardos de la propiedad intelectual y los eventuales beneficios emergentes del producto de investigación (cláusula octava) junto al acuerdo sobre confidencialidad (cláusula novena). Estos compromisos no caducan ante la rescisión unilateral por parte de las partes financiantes o por el becario, ni por la incorporación del becario como personal de la empresa.

Otras opciones de becas cofinanciadas son con *países latinoamericanos* (doctorales y posdoctorales) o con *organismos nacionales* (universidades argentinas, gobiernos provinciales y municipalidades, organismos nacionales y provinciales de ciencia y tecnología). En el primer caso, se trata de becas para extranjeros a realizarse en la Argentina. Luego, los postulantes deben proponer un codirector de su país de origen y sus presentaciones deben ser avaladas por el organismo con el cual el CONICET tiene convenio (CNPq, CONACYT, CONICIT, COLCIENCIAS, etc.). El CONICET abona el estipendio correspondiente a cada beca más el adicional por región, según el lugar de trabajo propuesto para desarrollar el plan de trabajo de la beca. Con respecto a los pasajes, gastos de instalación, seguro médico y gastos de matrícula en caso que corresponda, serán provistos por el becario o las instituciones que avalan sus presentaciones. Asimismo, el becario deberá costear los trámites migratorios y de inscripción en los doctorados.

2. Caracterización de los becarios del CONICET: género, estado civil, lugar de residencia y formación académica

Género

Las mujeres representan más de la mitad de los becarios del CONICET en cada uno de los años analizados, con una distribución de alrededor de 60% (contra 40%) a su favor.

Cantidad de becarios por género

Año	Femenino	Masculino
2000	1008	506
2001	1085	689
2002	1084	715
2003	1338	882

Fuente: Elaboración propia en base a datos del CONICET

El peso de las mujeres que indica la información precedente corresponde a la formación de recursos humanos, que es una entre las diversas actividades tendientes a la promoción de la ciencia y la tecnología.[55] Luego, esto no equivale a la participación de las mujeres en el sistema de ciencia y tecnología. Para evaluar ésta sería necesario recurrir, en el caso del CONICET, a la información correspondiente a la Carrera de Investigador Científico y Tecnológico (CICyT) y analizar el peso de mujeres y hombres en cada uno de los escalones de la carrera.[56]

---

[55] Otro instrumento son los subsidios a proyectos de investigación.

[56] Hay quienes señalan que existe un "proceso de estratificación social en las actividades de I+D que genera una mayor concentración de mujeres en los estratos inferiores de la pirámide social, y que esa participación desciende a medida que se consideran estatus jerárquicos superiores" (De Fillipo, D. *et al.*, 2001: 1). En el caso del CONICET, las becas se ubican

La distribución de las becas del CONICET por género es consistente con las características vigentes en el sistema de educación, producto de la igualación de oportunidades entre hombres y mujeres. A través del tiempo, las mujeres han alcanzado mayores niveles de educación, primero en la secundaria y después en el nivel universitario: en 1988, en la Argentina, las mujeres representaban más de la mitad de la población estudiantil de la UBA y en 1994 constituían el 52,2% de la población de todas las universidades de gestión estatal. El peso de las mujeres se mantiene en el caso de los graduados universitarios, lo que implica que su participación es relativamente constante en los diversos ciclos del sistema universitario hasta su finalización (cfr. De Fillipo, D. *et al.*, 2001: 8).

Junto al aumento de tipo cuantitativo también tuvo lugar un cambio cualitativo, como es el avance de las mujeres en carreras que antes eran privativas de los hombres, tales como ingeniería o veterinaria, hasta el punto en el que las excepciones las constituyen los casos en los que ellas no son mayoría (cfr. Wainerman, 2003: 66).

El nivel de educación de las mujeres reviste importancia no solamente en comparación con el de los hombres –y desde la perspectiva de los logros en términos de igualdad de oportunidades–, sino también debido al impacto que tiene sobre otras cuestiones, como por ejemplo en el interior de la familia o en el mundo del trabajo. Las mujeres con más educación tienen una propensión mayor a participar de la actividad económica, por diversas razones. Por ejemplo, dado el deterioro de los salarios en nuestro país en los últimos tiempos, las mujeres casadas procuran reemplazar el ingreso de sus cónyuges o mantener el nivel de consumo y evitar la "caída" o el desclasamiento. Asimismo,

---

en el extremo inferior de dicha pirámide debajo de los investigadores, profesionales, técnicos y artesanos.

la propensión a participar de la actividad económica se vincula con la persecución de valores que incluyen, entre otras cosas, la postergación de la formación de la familia, la dilatación de la maternidad y la decisión de tener pocos hijos. Además, después de invertir muchos años en su educación, la decisión de no salir a trabajar implica un costo de oportunidad mucho mayor (Wainerman, 2003: 75). Por último, la mayor tasa de actividad de las mujeres se enfrenta con el carácter selectivo, sobre la base de la educación, del reclutamiento del mercado de trabajo.

Estado civil

En cuanto al estado civil de los becarios del CONICET, la categoría predominante es "*soltero*", con más de tres cuartos del total.[57] A pesar de que esta característica se mantiene durante todo el período, se observa que año tras año aumenta la cantidad de becarios *casados*, tanto hombres como mujeres. De hecho, estos últimos duplican su peso al pasar del 10% en el 2001 al 21% en el 2003. La categoría *"divorciados"* se encuentra siempre en último lugar, sin superar el 1% ningún año.

Domicilio

La mayor parte de los becarios del CONICET tienen domicilio en la Capital Federal, en primer lugar, y en la Provincia de Buenos Aires, en segundo lugar. Considerados conjuntamente, éstos constituyen el domicilio de más del 45% de los becarios del CONICET; porcentaje que aumenta año a año y alcanza el 54% hacia el 2003. A continuación, se ubican las provincias de Córdoba, el Gran Buenos Aires y la Provincia de Santa Fe, cada una con alrededor del 10% de los becarios. En el extremo opuesto se encuentran las

---

[57] No se cuenta con esta información para el año 2000.

provincias de La Rioja, Santa Cruz, Formosa y Santiago del Estero, en las que hay años que no cuentan con ningún becario o la cantidad de los mismos es muy pequeña.[58]

La provincia en la que tiene domicilio el becario no es determinante de aquella en la que se encuentra el lugar de trabajo en el que se desempeña; por ejemplo, un becario con domicilio en Formosa que trabaja en Córdoba o un becario con domicilio en el Chaco que trabaja en Buenos Aires. De hecho, el estipendio que cobran los becarios contempla esta posibilidad al incluir un adicional por desarraigo. Sin embargo, exceptuando la Capital Federal y el Gran Buenos Aires, cuyos becarios forman parte del contingente de gente que diariamente se traslada de uno a otro, son pocos los casos en los que esto sucede. Cuando sí ocurre, esto puede responder a falencias en la oferta de posgrado en determinadas disciplinas o en la capacidad instalada para la actividad de investigación en ciertas disciplinas científicas, entre otras, que obligan al becario a trasladarse a otro lugar.

Formación académica

En relación con la formación académica de los becarios del CONICET nos interesa la disciplina científica en la que se formaron y la universidad de la que egresaron. Trabajaremos con la información correspondiente a los años 2001, 2002 y 2003.[59] Nos remitiremos a la disciplina científica en la cual los becarios obtuvieron su título, sea éste de grado o de posgrado.[60] La disciplina científica

---

[58] Por ejemplo, la Provincia de Santiago del Estero tiene un becarios en el 2000 y dos becarios en el 2003.

[59] No incluimos el año 2000 porque hay un gran porcentaje de información faltante correspondiente a este año y además presenta una clasificación diferente a la del resto de los años del período.

[60] El registro de esta información no separa títulos de grado y de posgrado. Para trabajar los agrupamos por disciplina científica.

correspondiente al título del becario no necesariamente coincide con aquella en la que se encuadra la beca, y hasta puede darse el caso en que ni siquiera coincidan las áreas de conocimiento de una y otra. Un ejemplo de lo primero es un becario graduado en Sociología cuya beca se encuadra en Historia, disciplina científica que pertenece a la misma área de conocimiento; un ejemplo de lo segundo es un becario graduado en Física cuya beca corresponde al área de Sociales y Humanidades, más específicamente en la disciplina Filosofía. Lo cierto es que al margen de que esto último es posible, en la mayoría de los casos la disciplina científica en la que se otorga la beca pertenece, como mínimo, a la misma área de conocimiento que aquella a la que corresponde el grado académico del becario.

Otra aclaración importante respecto de la formación de los becarios reside en la denominación de los programas. Dado que en esta ocasión no analizamos los planes de estudio en cada caso, para evitar asumir como iguales dos programas que en la práctica pueden no serlo, optamos por presentar al lector la denominación tal como fue ingresada en las bases de datos del CONICET.

Respecto de la universidad de egreso de los becarios, no es posible trabajar la información tal como está registrada en las bases de datos. Nos enfrentamos a un problema de codificación de las universidades: o bien los códigos no se encuentran en la lista correspondiente o son códigos que no pertenecen a universidades sino a otro tipo de instituciones. Luego, dada esta falencia en la información, lamentablemente debemos postergar esta dimensión del análisis, no obstante lo cual queremos destacar su relevancia en la caracterización de los becarios del CONICET.

Formación académica: disciplinas con mayor cantidad de becarios

Año / Disciplina científica	Biología	Bioquímica	Ingeniería	Física	Química
2001	469	145	136	121	110
2002	498	148	146	97	112
2003	585	184	197	112	145

Fuente: Elaboración propia en base a datos del CONICET

Cada año, más del 30% de los becarios del CONICET son graduados en programas –de grado o posgrado– correspondientes a Biología (32, 34 y 31%). En segundo lugar, se encuentran Bioquímica e Ingeniería, que representan entre el 9 y 10% de los becarios cada una cada año, con excepción del 2003 en el que el 11% de los becarios son graduados en la segunda de estas dos disciplinas. Los becarios graduados en Química son alrededor del 7,5% en el 2001 y 2002 y 8% en el 2003; a la inversa, a Física le corresponden 8% en el 2001 y alrededor del 6% en el 2002 y 2003. A diferencia del caso de Biología, la caída en peso de Física se debe a una disminución en la cantidad absoluta de becarios graduados en programas incluidos en ella.[61]

Conjuntamente, alrededor del 55% de los becarios del CONICET son graduados en estas cinco disciplinas científicas. En el caso de Biología, predominan los Licenciados en Biología y en Ciencias Biológicas, que suman alrededor del 70% de los becarios con formación en esta disciplina. La licenciatura en biodiversidad constituye una nota particular de esta disciplina científica; los becarios con este título pasan de nueve (2%) en el 2001 a cuarenta y seis (8%) en el 2003.

---

[61] Estos porcentajes se calcularon sobre el total de los becarios sobre los que se cuenta con información sobre su formación, que es más del 80% en todos los años.

Cada año, el 30% de los becarios con formación en Ingeniería corresponden a Ingeniería Química. A continuación, se encuentran los Ingenieros en Agronomía e Ingenieros Agrónomos que juntos representan 25, 26 y 20% de los becarios de esta disciplina científica.[62]

En el caso de Bioquímica, tres cuartas partes de los becarios tienen el grado de Bioquímico, alrededor de 15% son Licenciados en Bioquímica y cerca del 6% son Farmacéuticos. Por último, los casos de Química y Física son similares dado que en ambos predominan los egresados de una carrera, Licenciatura en Ciencias Química y Licenciatura en Física respectivamente.

3. Distribución de las becas por tipo

La cantidad de becas otorgadas por el CONICET crece sostenidamente a lo largo del período analizado. Este crecimiento constituye una continuación de la tendencia iniciada hacia comienzos de la década de 1990, con la implementación de programas de cofinanciamiento de becas con el Banco Interamericano de Desarrollo (BID) para la formación de recursos humanos calificados (CONICET 2004). Junto a la disponibilidad de recursos, el ingreso a la Carrera de Investigador Científico y Tecnológico (CICyT) es un factor que también influye en la cantidad de becas. Por ejemplo, la reducción en la cantidad de becas desde el año 1996 se debe, en parte, a la incorporación de muchos becarios a la CICyT. Asimismo, previamente, frente a las limitaciones de ingreso a la CICyT el número de becarios se prolongó en el tiempo por medio de las prórrogas de las becas (www.conicet.gov.ar).

---

[62] Las cantidades en cada caso en el 2001, 2002 y 2003 son las siguientes: 30; 23 y 16 Ingenieros en Agronomía y 4; 14 y 23 Ingenieros Agrónomos.

Distribución de los becarios por tipo de beca

Tipo de beca	Año			
	2000	2001	2002	2003
Becas Internas de Posgrado Tipo I y Tipo II	1186	1280	1459	1586
Beca Posdoctoral Interna	264	201	218	391
Becas de Posgrado Mixtas Tipo I y Tipo II	50	65	96	98
Prórroga de Perfeccionamiento		172	3	1
Beca Interna Posdoctoral Extraordinaria		31	6	62
Beca Interna Posdoctoral de Reinserción		16	14	41
Beca de Perfeccionamiento		10	1	
Beca Posdoctoral Cofinanciada				7
Beca Interna Doctoral Cofinanciada				35
Total[63]	1500	1775	1797	2221

Fuente: Elaboración propia en base a datos del CONICET.

Las becas que requieren la realización de posgrados, ya sea para iniciar o terminar dichos estudios (Tipo I y Tipo II), constituyen la mayoría todos los años con más del 70%. Dentro de este grupo predominan las becas internas sobre aquellas que incluyen estadías en el extranjero (mixtas), que alcanzan un máximo de 5,3% en el 2002. Las Becas

---

[63] Estos valores corresponden a la cantidad de becarios para cada año y no a la cantidad de becas nuevas otorgadas cada año.

Posdoctorales Internas se ubican en segundo lugar pero con porcentajes bastantes más pequeños que las de Posgrado, menores al 20%. Las Becas de Reinserción representan un porcentaje muy bajo del total a lo largo del período, a pesar de que duplican su porcentaje hacia el final del mismo: 0,9% en el 2001 y 1,8% en el 2003. Por último, las becas cofinanciadas, de posgrado y posdoctorales, tienen un peso muy pequeño en el conjunto de las becas del CONICET; éstas sólo aparecen registradas en la base de datos del año 2003.

Los únicos tipos de becas cuya cantidad absoluta aumenta todos los años son las Becas Internas de Posgrado Tipo I y II y las Becas de Posgrado Mixtas Tipo I y II; todas las cuales implican la realización de posgrados por parte de los becarios. Si embargo, éstas experimentan cambios en su participación porcentual sobre el total de las becas (por ejemplo, del 81,2% en el 2002 al 71,4% en el 2003). Esto se debe a la incorporación de nuevos tipos de becas y su cantidad de becarios respectiva. En el año 2001, se incluyen cuatro nuevos tipos de becas que no existían en el 2000 y que en conjunto representan aproximadamente el 13% del total de becarios (229). Ese año, las Becas Internas de Posgrado Tipo I y II pasan de incluir al 79,1% del total de los becarios al 72,1%. El siguiente año, disminuye drásticamente la cantidad de becarios correspondientes a los cuatro nuevos tipos de becas mencionados (veinticuatro) y en conjunto estos representan solamente 1,4% de los mismos. Por su parte aumenta el peso de las becas en cuestión hasta el 81%. Por último, en el año 2003, disminuye alrededor de 10% el peso de las Becas Internas de Posgrado Tipo I y Tipo II al mismo tiempo que se incorporan dos nuevos tipos de becas (las cofinanciadas), que suponen casi el 2% de los becarios (42). En el siguiente cuadro se observa la variación porcentual para cada tipo de beca respecto del año anterior.

Variación porcentual de la cantidad de becarios por tipo de beca

Tipo de beca	Año		
	2001	2002	2003
Becas Internas de Posgrado Tipo I y Tipo II	8%	14%	9%
Beca Posdoctoral Interna	-24%	8%	79%
Becas de Posgrado Mixtas Tipo I y Tipo II	30%	46%	2%
Prórroga de Perfeccionamiento		-98%	-67%
Beca Interna Posdoctoral Extraordinaria		-81%	933%
Beca Interna Posdoctoral de Reinserción		-13%	193%
Beca de Perfeccionamiento		-90%	
Beca Postdoctoral Cofinanciada			
Beca Interna Doctoral Cofinanciada			

Fuente: Elaboración propia en base a datos del CONICET

4. Áreas de conocimiento

El CONICET clasifica las disciplinas científicas en cinco áreas de conocimiento: Ciencias Biológicas y de la Salud; Ciencias Sociales y Humanidades; Ciencias Agrarias, de Ingeniería y de Materiales; Ciencias Exactas y Naturales y Tecnología. Durante todo el período analizado, el área de conocimiento que recibe más cantidad de becas es la de Ciencias Biológicas y de la Salud, con más del 30% cada año. Ésta comprende las siguientes disciplinas: Biología, Bioquímica, Ciencias Médicas y Veterinaria.

En segundo lugar se ubican las Ciencias Exactas y Naturales, también para todo el período, con alrededor del 22%. Ésta área se compone de las siguientes disciplinas: Astronomía; Ciencias de la Tierra, del Agua y de la Atmósfera; Física; Matemáticas y Computación; y Química.

El tercer y el cuarto lugar en cantidad de becas lo ocupan las áreas de Ciencias Sociales y Humanidades y de Ciencias Agrarias, de Ingeniería y de Materiales, que intercambian posiciones en el 2002. La primera incluye las siguientes disciplinas: Derecho, Ciencias Políticas y Relaciones Internacionales; Economía, Ciencias de la Gestión y de la Administración Pública; Filología, Lingüística y Literatura; Filosofía, Psicología y Ciencias de la Educación; Historia, Antropología y Geografía; y Sociología y Demografía. Por su parte, la segunda área está compuesta por: Arquitectura, Ciencias Agrarias e Ingenierías (civil, química, mecánica, electrónica, entre otras). En ambos casos el menor porcentaje se da en el año 2000 y mejora en los años siguientes, aunque en pequeña magnitud. El peso de estas áreas no supera el 20%.

Por último nos encontramos con el área de Tecnología, que recibe cada año alrededor del 3% de las becas. La diferencia porcentual de ésta respecto del resto de las áreas es grande y el incremento en la cantidad total de becas no impacta en ella de la misma manera que en las otras. Esta es la única área respecto de la cual no se detallan las disciplinas científicas que comprende.

Distribución de las becas entre las áreas de conocimiento

Área de conocimiento	Año			
	2000	2001	2002	2003
Ciencias Biológicas y de la Salud	589	604	625	740
Ciencias Exactas y Naturales	334	397	380	482
Ciencias Sociales y Humanidades	254	388	369	479
Ciencias Agrarias, de Ingeniería y de materiales	291	328	371	444
Tecnología	40	47	52	73
Total[64]	**1508**	**1764**	**1797**	**2218**

Fuente: Elaboración propia en base a datos del CONICET

En el Anexo I se detalla la distribución por tipo de beca para cada área de conocimiento.

4. 1. Disciplinas científicas

La distribución de las becas entre las distintas disciplinas científicas no presenta grandes cambios a lo largo del período analizado. Biología es la disciplina científica que más becas todos los años (entre 16 y 21%); seguida por Ingenierías (entre 10 y 12%) y Ciencias Médicas (entre 9 y 10%).

Por su parte, Historia, Antropología y Demografía ocupan todos los años el cuarto lugar en cantidad de becas, con 8% del total. El siguiente escalón lo comparten Ciencias Agrarias del área de Ciencias Agrarias, de Ingeniería y de Materiales (entre 7 y 8%); Ciencias de la Tierra, del Agua y de la Atmósfera (7% cada año), Química (entre 5 y 6%) y Física (entre 4 y 6%) del área de Ciencias Exactas y Naturales; Bioquímica (entre 5 y 7%), del área de Ciencias Biológicas y de la Salud.

---

[64] El total se refiere a las casillas que indican el área de conocimiento a la que pertenecen las becas; sin embargo, la diferencia respecto del total de los becarios es muy pequeña.

A continuación, encontramos la mayoría de las disciplinas del área de Ciencias Sociales y Humanidades (Filosofía, Psicología y Ciencias de la Educación, entre 2 y 4%; Sociología y Demografía, entre 3 y 4%; Filología, Lingüística y Literatura, entre 1 y 3%; y Derecho, Ciencias Políticas y Relaciones Internacionales, entre 1 y 2%) y dos correspondientes a Ciencias Exactas y Naturales (Matemáticas y Computación, entre 2 y 3%).

El anteúltimo escalón incluye las restantes disciplinas de Ciencias Exactas y Naturales, Ciencias Biológicas y de la Salud y Ciencias Agrarias, de Ingeniería y de Materiales (Astronomía, entre 1,5 y 2%; Veterinaria, entre 2 y 2,4%; y Arquitectura, entre 1,5 y 2% respectivamente).

Por último, Economía, Ciencias de la Gestión y de la Administración Pública ocupan el último lugar en cantidad de becas, todos los años, con porcentajes de becas entre 0,8 y 1%.

Mientras que la mayoría de las disciplinas del área de Ciencias Sociales y Humanidades recibe una pequeña cantidad de becas, con excepción de Historia, Antropología y Geografía; Ciencias Biológicas y de la Salud cuenta con una sola disciplina que recibe pocas becas, Veterinaria. Por otro lado, en el área de Ciencias Agrarias, de la Ingeniería y de Materiales, encontramos una gran diferencia entre las disciplinas predominantes del área (Ingenierías y Ciencias Agrarias) y la menos favorecida (Arquitectura). Por último, en el área de Ciencias Exactas y Naturales la distribución entre las distintas disciplinas que la componen es más equitativa, con excepción de Astronomía que es la menos favorecida.

Lo anterior nos ofrece un panorama general acerca del peso de las distintas disciplinas científicas en el conjunto de todas las becas del CONICET. Sin embargo, debemos ser precavidos al momento de extraer conclusiones, debido a la posible incidencia de factores externos al organismo sobre la manera en que se distribuyen las becas. Algunos ejemplos de éstos fueron señalados al comienzo de esta sección.

Distribución de las becas por disciplina científica para cada área de conocimiento

Disciplina científica	Año			
	2000	2001	2002	2003
Ciencias Sociales y Humanidades				
Historia, Antropología y Geografía	119	145	141	179
Sociología y Demografía	49	70	63	77
Filosofía, Psicología y Cs. de la Educación	34	68	63	84
Filología, Ling. y Literatura	22	48	50	67
Derecho, Cs. Políticas y RRII	18	35	35	49
Econ. Cs. de la Gestión y de la Adm. Pública	12	22	17	23
Ciencias Exactas y Naturales				
Cs. de la Tierra, del Agua y de la Atmósfera	102	120	121	157
Química	90	104	100	119
Física	86	107	88	99
Matemáticas y Computación	28	38	43	70
Astronomía	23	28	28	37
Ciencias Biológicas y de la Salud				
Biología	317	301	309	345
Ciencias Médicas	152	178	166	207
Bioquímica	81	98	117	152
Veterinaria	36	27	33	36
Ciencias Agrarias, de Ingeniería y de Materiales				
Ingenierías	164	177	200	259
Ciencias Agrarias	107	121	141	150
Arquitectura	20	30	30	35

Fuente: Elaboración propia en base a datos del CONICET

Otra mirada interesante al interior de las áreas de conocimiento reside en observar la distribución de los becarios entre las disciplinas científicas que componen cada una de éstas.

Distribución porcentual de las becas entre las disciplinas científicas que componen cada una de las áreas de conocimiento

Disciplina	Año			
	2000	2001	2002	2003
Ciencias Sociales y Humanidades				
Historia, Antropología y Geografía	47%	37%	38%	37%
Sociología y Demografía	19%	18%	17%	16%
Filosofía, Psicología y Ciencias de la Educación	13%	18%	17%	18%
Filología, Lingüística y Literatura	9%	12%	14%	14%
Derecho, Ciencia Política y Relaciones Internacionales	7%	9%	9%	10%
Economía, Cs. de la Gestión y de la Administración Pública	5%	6%	5%	5%
Ciencias Exactas y Naturales				
Ciencias de la Tierra, del Agua y de la Atmósfera	31%	30%	31,8%	32,6%
Química	27%	26%	26,3%	24,7%
Física	26%	27%	23,2%	20,5%
Matemáticas y Computación	9%	10%	11,3%	14,5%
Astronomía	7%	7%	7,4%	7,7%
Ciencias Biológicas y de la Salud				
Biología	54%	49,8%	49%	46,6%
Ciencias Médicas	26%	29,5%	27%	28%
Bioquímica	14%	16,6%	19%	20,5%
Veterinaria	6%	4,5%	5%	4,9%
Ciencias Agrarias, de Ingeniería y de materiales				
Ingenierías	56%	54%	54%	58%
Ciencias Agrarias	37%	37%	38%	34%
Arquitectura	7%	9%	8%	8%

Fuente: Elaboración propia en base a datos del CONICET

4.1.1. Comparación entre distribución de becas y sistema de posgrado

Cada disciplina tiene su tradición en materia de realización de estudios de posgrado, el valor profesional y académico de éstos, y también distintas posibilidades de insertarse en el mercado de trabajo no académico. Lo primero podría ser explicativo, por ejemplo, de que en aquellas disciplinas en las que más se valora la obtención del título académico máximo la demanda de becas sea mayor y por lo tanto la cantidad de candidatos, y ocurra lo inverso en las disciplinas que no tienen esta tradición. Lo segundo, contribuiría a explicar la diferencia en las magnitudes de becas para las áreas: hay profesiones en las que el costo de oportunidad de dedicarse a la actividad académica es muy alto si se lo compara con los salarios que pueden obtener en el mercado de trabajo no académico. Por el contrario, hay otras, en las que la dedicación a la vida académica (investigación y docencia) representa casi la única opción.[65] Luego, existen factores externos al organismo que asigna las becas que incidirían sobre la forma que adquiere la distribución de las mismas.

Dado que la mayoría de las becas que otorga el CONICET suponen la realización de estudios de posgrado, reviste importancia observar las características del sistema de posgrado. Los estudios acerca del desarrollo del sistema de posgrados, explosivo desde la década de 1990, señalan que una de sus grandes falencias es la ausencia de becas que permitan a los estudiantes dedicarse plenamente a sus estudios y al trabajo de investigación que estos requieren,

---

[65] En un estudio realizado a mediados de la década de 1990, García de Fanelli (1996: 37) señalaba que la mayoría de los graduados de la Facultad de Ciencias Exactas y Naturales de la UBA tenían escasa probabilidad de ingresar en el mercado de trabajo no universitario y que la actividad central de los egresados consistía en la combinación de investigación y docencia.

principalmente en los posgrados *strictu sensu* (maestrías y doctorados).[66] Desde esta perspectiva las becas impactarían sobre el rendimiento de los estudiantes y operarían, de manera indirecta, como instrumentos promotores de la calidad misma de los posgrados.

Para integrar la información de las becas con la del sistema de posgrado, nos referiremos al estudio de Barsky y Dávila (2004) que presenta las características generales de éste hacia el año 2002 y su comparación respecto de 1994. Dado que dicho estudio se realizó sobre la base de una clasificación en áreas de conocimiento que es diferente a la del CONICET, consideraremos las disciplinas científicas para evitar confusiones. Sobre la base de la cantidad de posgrados para los distintos campos disciplinarios, el orden descendente es el siguiente:

Oferta de posgrados por área de conocimiento

Campo disciplinario	Cantidad	%
Ciencias Sociales	656	33,9
Ciencias de la Salud	451	23,3
Tecnológicas	423	21,8
Humanidades	300	15,5
Ciencias Exactas y Naturales	106	5,5

Fuente: Barsky y Dávila (2004:15).

La disciplina que más becas del CONICET recibe (Biología, en el área de Ciencias Biológicas y de la Salud de acuerdo a la clasificación del CONICET) se encuadra en las Ciencias Exactas y Naturales, que en materia de cantidad de posgrados se encuentra en último lugar. Luego, a pesar de su escasa participación en la oferta de posgrados, mantiene una posición predominante en cuanto a becas.

---

[66] Las especializaciones se consideran posgrados *lato sensu*.

Entre los años 1994 y 2002, el campo disciplinar que experimentó un mayor crecimiento en su oferta de posgrados fue el área de Ciencias de la Salud (226,8%). Ésta comprende, de acuerdo a la clasificación de Barsky y Dávila (2004), las siguientes disciplinas: Medicina, Odontología, Veterinaria y Otras. Desde el punto de vista de la cantidad de becas asignadas sobre el total a lo largo del período, Ciencias Médicas y Veterinaria (dentro del área de Ciencias Biológicas y de la Salud de acuerdo a la clasificación del CONICET) reciben entre el 9 y 10% las primeras y alrededor del 2% la segunda.

El segundo lugar en materia de crecimiento de oferta de posgrados lo comparten las áreas de Tecnológicas y Humanidades. La primera incluye las siguientes disciplinas: Agronomía, Ingeniería, Arquitectura, Bioquímica y Farmacia y otras.[67] Nuevamente, si dirigimos la mirada a la cantidad total de becas observamos que se distribuyen de la siguiente manera: Ingenierías entre el 10 y 12%; Ciencias Agrarias entre el 7 y 8%; Arquitectura entre 1,3 y 2%; y Bioquímica entre el 5 y 7%. A lo largo del período, se observa un leve aumento en los porcentajes del total de becas para estas disciplinas.

Por su parte, el crecimiento de la oferta de posgrados en el área de Humanidades se debe a las disciplinas de Psicología y Ciencias de la Educación (Barsky y Dávila, 2004: 15). El porcentaje de becas para estas disciplinas, junto a Filosofía, aumenta del 2% en el 2000 a 4% en el 2001 y se mantiene en los restantes años analizados.

El crecimiento de la oferta de posgrados para el campo de las Ciencias Sociales (que en este caso no incluye

---

[67] Recordemos que en la clasificación de áreas de conocimiento del CONICET no se explicita qué disciplinas incluye el área de Tecnología. Las disciplinas incluidas en esta área por Barsky y Dávila (2004) se reparten entre las áreas de Ciencias Agrarias, de Ingeniería y de materiales y Biológicas y de la Salud, de acuerdo a la clasificación del CONICET.

Humanidades como la clasificación del CONICET), es un poco menor que los anteriores (131% aproximadamente) y se debe principalmente a los posgrados en Economía, Administración y Derecho. Si bien la cantidad de becas en estas últimas disciplinas aumentó, su participación en el total de las becas del CONICET para los distintos años sigue siendo pequeña, alrededor del 3%.

El porcentaje del total de becas para el área de Ciencias Sociales y Humanidades –alrededor del 20%–, y su posición relativa respecto de las restantes áreas de conocimiento, no guardan relación con su peso en el sistema de posgrado: Ciencias Sociales ocupaba el primer lugar en la oferta de posgrados tanto en 1994 como en 2002 (35,85 y 33,9% respectivamente) (Barsky y Dávila 2004).

5. Lugar de trabajo

La pertinencia de analizar la variable "clase de lugar de trabajo" de las becas del CONICET responde básicamente a dos cuestiones. En primer lugar, porque para la adjudicación de las becas se consideran, entre otras cosas, la calidad y el ambiente académico de la unidad de investigación propuesta como sede de los trabajos de los becarios (Resolución 243/01, Artículo 6). En el caso de las becas internas, el criterio cuantitativo de la selección asigna 20% del total del puntaje, en los distintos tipos de becas, al director y al lugar de trabajo.

En segundo lugar, la información registrada para esta variable nos remite a cuestiones intrínsecas de las distintas áreas de conocimiento, como por ejemplo la vinculación entre los requerimientos de la actividad de investigación y las características del lugar en el que se realiza. Así, mientras algunas disciplinas científicas requieren la disponibilidad de laboratorios y equipamiento sofisticado otras necesitan menos infraestructura. Estos requerimientos pueden ser, en algunos casos, explicativos de la distribución de los becarios entre las distintas clases de lugar de trabajo para cada área de conocimiento, dadas las diferencias entre las categorías que componen la variable.

Asimismo, el financiamiento de becas con recursos públicos implica el apoyo del Estado a la formación de recursos humanos y al mismo tiempo a la actividad del lugar en el que trabajan los becarios y a las universidades en la que estos estudian, en los casos en que las becas incluyen la realización de estudios de posgrado.

Esta sección se compone de varios apartados que abordan la clase de lugar de trabajo de los becarios desde distintas aristas. Nuestro esquema consiste en partir desde el punto de mayor agregación e ir profundizando el análisis de esta variable. En primer lugar nos detendremos en la distribución de los becarios entre las distintas clases de lugar de trabajo y entre las distintas áreas de conocimiento. En segundo lugar, nos adentraremos en las categorías predominantes de esta variable: universidades de gestión estatal y unidades ejecutoras del CONICET. En el caso de las unidades ejecutoras, junto al análisis del período 2000-2003, observaremos sus notas características: área de conocimiento a la que pertenecen, dónde tienen su sede y cuál es la institución contraparte del CONICET en el caso en que no sean exclusivas del mismo. Respecto de las universidades, nos interesa analizar tanto las de gestión estatal como las privadas, aunque estas últimas no se destaquen en materia de cantidad de becarios.

Los lugares de trabajo de los becarios del CONICET se clasifican de la siguiente manera: universidades de gestión estatal; universidades de gestión privada; organismos CONICET / unidades ejecutoras; Gobierno Nacional y organismos descentralizados de Ciencia y Tecnología; organismos privados de bien público; organismos privados con fines de lucro; provincias y Ciudad de Buenos Aires; y organismos extranjeros y multilaterales.

Los nombres de las categorías son explicativos de las mismas, con excepción de las unidades ejecutoras del CONICET. Éstas son los centros e institutos en los que se realizan tareas de investigación científica, tecnológica, de formación de recursos humanos y se brindan servicios y asesoramiento a terceros. Están organizadas bajo la responsabilidad de un director y poseen infraestructura, equipamiento y personal permanente. La producción científico-tecnológica de este sistema, está a cargo de grupos compuestos por investigadores, becarios y personal de apoyo (www.conicet.gov.ar). Para el resto de las categorías, ver ejemplos en el Anexo II.

5. 1. Distribución de los becarios por clase de lugar de trabajo

Entre las clases de lugar de trabajo la categoría predominante es la de las universidades de gestión estatal, en la que se desempeñan entre el 49 y el 57% de los becarios dependiendo del año.

En segundo lugar se ubican los organismos CONICET / unidades ejecutoras, en los que el porcentaje de becarios aumenta cada año, pasando del 34,3 al 40,5% del total. Las unidades ejecutoras pueden ser exclusivas del CONICET o en convenio con otras instituciones, como por ejemplo universidades de gestión estatal o privada, asociaciones civiles u otros organismos públicos. El primer caso nos resulta especialmente interesante debido al peso que tienen las universidades de gestión estatal como clase de lugar de trabajo independiente, lo cual resignifica el hecho de que una unidad ejecutora coincida con un instituto de investigación perteneciente a una universidad. Sobre este tema volveremos más adelante.

Es interesante destacar la diferencia en la cantidad de oferta de las dos categorías de mayor peso; esto es, la variedad al interior de cada clase de lugar de trabajo. Los organismos CONICET / unidades ejecutoras casi triplican la cantidad de universidades de gestión estatal y sin embargo se ubican detrás de éstas durante todo el período, sin discriminar por área de conocimiento. Luego, debemos descartar el tamaño de la oferta como una variable de incidencia sobre el peso de las clases de lugar de trabajo. En todo caso, lo que la información nos indica es que la predominancia de las universidades de gestión estatal equivale a una concentración de becarios en un número relativamente pequeño de instituciones.[68]

Entre las restantes clases de lugar de trabajo, la que cuenta con un mayor porcentaje de becarios, aunque muy por debajo de las clases previas, es Gobierno Nacional y organismos descentralizados de Ciencia y Tecnología con aproximadamente 5% para cada año. En el extremo opuesto encontramos a los organismos privados con fines de lucro, en algunos años sin becarios o solamente con uno.

Cantidad de becarios en cada clase de lugar de trabajo

CLT	2000	2001	2002	2003
Universidades de gestión estatal	846	909	925	1096
Organismos CONICET / unidades ejecutoras	508	661	688	899
Gobierno Nacional y org. des. y CYT	70	94	91	122
Organismos multilaterales / extranjeros	22	10	4	2
Organismos privados de bien público	18	47	38	41
Provincia y Ciudad de Bs. As	10	19	20	29
Universidades privadas	8	27	28	28
Organismos privados con fines de lucro		1	1	1
Total[69]		1482	1768	1795	2218

Fuente: Elaboración propia en base a datos del CONICET

---

[68] En otro apartado nos adentraremos en el conjunto de las universidades de gestión estatal y observaremos cuáles específicamente cuentan con más becarios.

[69] Estos totales corresponden a la cantidad de becarios sobre los que se cuenta con información acerca de la clase de lugar de trabajo; de ahí las pequeñas diferencias con al cantidad total de becas para cada año.

Distribución porcentual de los becarios entre las distintas clases de lugar de trabajo

Clase de lugar de trabajo	Año			
	2000	2001	2002	2003
Universidades de gestión estatal	57,1%	51,4%	51,5%	49,4%
Organismos CONICET / unidades ejecutoras	34,3%	37,4%	38,3%	40,5%
Gobierno Nacional y org. desc. y CyT	4,7%	5,3%	5,1%	5,5%
Organismos privados de bien público	1,2%	2,7%	2,1%	1,8%
Universidades de gestión privada	0,5%	1,5%	1,6%	1,3%
Provincia y Ciudad de Bs. As	0,7%	1,1%	1,1%	1,3%
Organismos extranjeros / multilaterales	1,5%	0,6%	0,2%	0,1%
Organismos privados con fines de lucro	—	0,1%	0,1%	0,05%
Total	**100%**	**100%**	**100%**	**100%**

Fuente: Elaboración propia en base a datos del CONICET

Las variaciones porcentuales ameritan una lectura crítica aunque no impliquen un cambio en la posición relativa de la clase de lugar de trabajo. Tanto las universidades de gestión estatal como los organismos CONICET / unidades ejecutoras conservan los primeros puestos en todo el período, pero mientras las primeras sufren una disminución porcentual (aproximadamente 8%), los segundos experimentan un crecimiento del orden del 5%.

5. 2. Clase de lugar de trabajo y áreas de conocimiento

Adentrarnos en las áreas de conocimiento nos permitirá apreciar más detalladamente las diferencias entre las distintas clases de lugar de trabajo. La actividad de investigación en cada área de conocimiento y en las disciplinas científicas que las componen comporta requisitos particulares que hacen que algunas clases de lugar de trabajo sean más adecuadas que otras para su realización. Luego, podría esperarse que existiera una suerte de "división del trabajo" entre las distintas clases de lugar de trabajo fundada en los requisitos diferenciales de las áreas de conocimiento y sus disciplinas científicas (incluidos los costos de los mismos). Si bien es posible que esto incida sobre el peso de las clases de lugar de trabajo, no debemos desestimar otras cuestiones tales como el prestigio de determinadas instituciones y la tradición vigente en cada "comunidad científica".

La distribución de los becarios entre las distintas clases de lugar de trabajo por áreas de conocimiento se caracteriza por una gran concentración en dos categorías, universidades de gestión estatal y los organismos CONICET / unidades ejecutoras. En algunos casos la concentración es mayor que en otros, como por ejemplo en las áreas de Tecnología, para ambas categorías, y en la de Ciencias Sociales y Humanidades para el caso de las universidades de gestión estatal.

Si bien excede los objetivos del presente trabajo, resulta interesante indagar respecto de las razones de la concentración de los becarios. Es posible pensar que entre otras cuestiones, ésta podría estar vinculada con las falencias en la capacidad de las otras clases de lugar de trabajo, considerando tanto la disponibilidad de recursos humanos como de infraestructura, equipamiento y otros recursos, y también la consolidación de la actividad de investigación en esas instituciones.

Solamente en un área de conocimiento la categoría organismos CONICET / unidades ejecutoras supera el porcentaje correspondiente a la de universidades de gestión estatal durante todo el período analizado y de manera creciente. Es el caso de las Ciencias Agrarias, de Ingeniería y de materiales.

En tercer lugar, con porcentajes bastante menores, se encuentra la categoría Gobierno Nacional y organismos descentralizados de Ciencia y Tecnología. En este caso, la excepción es el área de Ciencias Sociales y Humanidades, en la que es superada por las universidades de gestión privada en tanto lugar de trabajo de los becarios.

A continuación presentamos la información detallada correspondiente a las dos categorías predominantes.[70]

Cantidad de becarios en organismos CONICET / unidades ejecutoras y universidades de gestión estatal por área de conocimiento y por año

Área de conocimiento	2000		2001		2002		2003	
	UE	Univ.	UE	Univ.	UE	Univ.	UE	Univ.
Tecnología	17	21	28	19	31	20	41	26
Ciencias Sociales y Humanidades	35	199	52	288	54	278	67	368
Ciencias Exactas y Naturales	109	183	161	193	158	187	202	227
Ciencias Biológicas y de la Salud	215	317	256	275	262	291	367	305
Ciencias Agrarias, de Ingeniería y de materiales	132	126	159	130	183	148	221	168

Fuente: Elaboración propia en base a datos del CONICET

En el caso de Tecnología, los organismos CONICET / UE y las universidades de gestión estatal cambian posiciones, y mientras la cantidad de becarios en los primeros aumenta todos los años, la correspondiente a las segundas se estanca.

Tal como señalamos en el apartado anterior, el área de Ciencias Sociales y Humanidades es la única en la que las universidades de gestión estatal mantienen una predominancia absoluta respecto de todas las otras categorías de clase de lugar de trabajo. Por su parte, la cantidad de becarios en organismos CONICET / UE crece a lo largo de todo el período hasta casi duplicarse.

---

[70] Se puede consultar a información desglosada para cada área de conocimiento en el Anexo III.

En el área de Ciencias Exactas y Naturales, se observa que el incremento anual de becarios en organismos CONICET / UE es mayor que el de las universidades de gestión estatal y se achica la diferencia absoluta entre estos lugares de trabajo.

Por su parte, en el caso de Ciencias Biológicas y de la Salud la cantidad de becarios en universidades de gestión estatal disminuye y se estanca y hacia el final del período es superada por la correspondiente a organismos CONICET / UE.

Tal como señalamos antes, el caso de Ciencias Agrarias, de Ingeniería y de Materiales es particular porque es la única área en la que organismos CONICET / UE supera durante todo el período a universidades de gestión estatal y además, la brecha que las separa crece sostenidamente.

5. 3. Universidades de gestión estatal

La condición de las universidades, cualquiera sea su modalidad de gestión, como lugar de trabajo de los becarios, está indudablemente asociada a la actividad de investigación que en ellas se realiza, a las áreas de conocimiento y disciplinas científicas y al nivel de desarrollo de la misma. Además, si consideramos al nivel de posgrado como espacio para la investigación y la generación de conocimiento, el desarrollo y las características de éste también son variables que debemos incluir.

Las universidades de gestión estatal cuentan con alrededor de la mitad de los becarios trabajando en ellas todos los años del período sin discriminar por área de conocimiento. La cantidad de becarios creció constantemente entre los años 2000 y 2003 inclusive, de manera concomitante con el crecimiento en la cantidad total de becas, aunque en menor medida.

Cantidad de becarios que se desempeñan en universidades de gestión estatal

Año	Cantidad de becarios	Variación de año a año
2000	846	
2001	909	7%
2002	925	2%
2003	1096	18%

Fuente: Elaboración propia en base a datos del CONICET

Considerando las áreas de conocimiento, se observa que en todas ellas, si bien se trata de porcentajes altos, en el período analizado disminuye el peso de las universidades de gestión estatal en tanto lugar de trabajo de los becarios del CONICET.

Becarios en universidades de gestión estatal por área de conocimiento por año (en porcentaje)

Área de conocimiento	2000	2001	2002	2003
Tecnología	52,5%	60%	38%	36%
Ciencias Sociales y Humanidades	81%	74,2%	75,3%	76,8%
Ciencias Exactas y Naturales	55,8%	49%	49,3%	47,2%
Ciencias Biológicas y de la Salud	54,4%	45,7%	46,6%	41,2%
Ciencias Agrarias, de Ingeniería y de materiales	44,2%	40%	40,1%	38%

Fuente: Elaboración propia en base a datos del CONICET

Si complementamos esta información con la relativa a las unidades ejecutoras, nos aventuramos a sostener que tiene lugar una redistribución de los becarios desde las universidades de gestión estatal hacia dichas instituciones. En todas las áreas de conocimiento, entre el 2000 y el 2003 aumenta el porcentaje de los becarios que trabajan en UE, con excepción del área de Ciencias Sociales y Humanidades.

En esta última, el porcentaje se mantiene igual durante todo el período (en torno al 14%).

Al invertir nuestra mirada, observamos el peso que tienen las áreas de conocimiento en las universidades de gestión estatal en tanto lugar de trabajo de los becarios CONICET. De esta manera, se aprecia la importancia de Ciencias Biológicas y de la Salud y de Ciencias Sociales y Humanidades, que conjuntamente reúnen cerca del 60% de los becarios en este lugar de trabajo. A continuación se ubica el área de Ciencias Exactas y Naturales, con alrededor del 20%, seguida por Ciencias Agrarias, de Ingeniería y de materiales. Por último, consistentemente con la cantidad de becas de esta área, solamente el 2% de los becarios corresponde a Tecnología.

Distribución de becarios en universidades de gestión estatal para cada área de conocimiento (en porcentaje)

Área de conocimiento	2000	2001	2002	2003
Cs. Agrarias, de Ingeniería y de materiales	15%	14%	16%	15%
Ciencias Sociales y Humanidades	24%	32%	30%	34%
Ciencias Biológicas y de la Salud	37%	30%	31%	28%
Ciencias Exactas y Naturales	22%	21%	20%	21%
Tecnología	2%	2%	2%	2%

Fuente: Elaboración propia en base a datos del CONICET

Ahora bien, en el marco de las universidades de gestión estatal, hay algunas que se destacan sobre el resto. En particular, de las 36 instituciones que componen esta clase, hay seis de ellas en las que se inserta alrededor del 70% de los becarios que se desempeñan en esta clase de lugar de trabajo. Además, en este grupo, predomina la Universidad de Buenos Aires.

Nombre	2000	2001	2002	2003
Universidad de Buenos Aires	269	318	299	331
Universidad Nacional de Córdoba	123	97	95	112
Universidad Nacional de La Plata	73	96	97	98
Universidad Nacional de Mar del Plata	47	45	56	64
Universidad Nacional de Tucumán	46	52	48	59
Universidad Nacional del Sur	53	51	60	73
Total	**611**	**659**	**655**	**737**
Total del año		846	909	925	1096
% del Total	72%	72%	71%	67%

Fuente: Elaboración propia en base a datos del CONICET

En la Universidad de Buenos Aires (UBA) se desempeña alrededor del 30% de los becarios que lo hacen en universidades de gestión estatal. En segundo lugar, con alrededor de una tercera parte de los becarios de la UBA, se encuentra la Universidad Nacional de Córdoba (UNC). La Universidad Nacional de La Plata tiene una cantidad de becarios similar a la UNC pero un poco más pequeña. A continuación, se ubican las universidades de Mar del Plata, Tucumán y del Sur, con alrededor del 6% de becarios cada una.

En el extremo opuesto, con un (1) solo becario en alguno de los años del período, se encuentran las universidades de gestión estatal de La Pampa, Patagonia Austral, Luján, Santiago del Estero, Formosa, Entre Ríos y La Rioja. Además, hay otra universidades que no figuran como lugar de trabajo de los becarios durante todo el período: Universidad Nacional de Lomas de Zamora; Universidad Nacional de Tres de Febrero; Universidad Nacional de Villa María; Universidad Nacional de La Matanza; y Universidad Nacional de Lanús.

En el Anexo IV se presenta la información detallada de la cantidad de becarios que se desempeñan en cada una de las universidades de gestión estatal para cada año del período y la variación porcentual entre el comienzo y el fin del período analizado.

5. 4. Universidades de gestión privada

Si bien las universidades de gestión privada tienen un peso muy pequeño como lugar de trabajo de los becarios CONICET, estimamos relevante presentar la información correspondiente a éstas. De esta manera, se completa la información relativa al sistema de educación superior universitario abordado como lugar de trabajo de los becarios.

En este apartado optamos por desagregar la información contenida en la variable universidades de gestión privada tal como está registrada en las bases de datos del CONICET en dos: universidades de gestión privada y Sistema Internacional Público. Esta última incluye solamente a la Facultad Latinoamericana de Ciencias Sociales (FLACSO[71]). La cantidad de becarios que se desempeñan en universidades de gestión privada casi se cuadruplica entre el inicio y el fin del período analizado.

El área de conocimiento predominante en las universidades de gestión privada es la de Ciencias Sociales y Humanidades, seguida por Ciencias Biológicas y de la Salud. A la primera le corresponden 40, 67, 67 y 78% de los becarios en este lugar de trabajo cada año del período respectivamente, en tanto el porcentaje de la segunda gira en torno al 20% todos los años. Las áreas de Ciencias Exactas y Naturales y de Ciencias Agrarias, de Ingeniería y de Materiales tienen la misma cantidad de becarios en el

---

[71] Es un organismo internacional, intergubernamental, de carácter regional y autónomo integrado por los países latinoamericanos y del Caribe que se adhieren al Acuerdo. En la actualidad ellos son: Argentina, Bolivia, Brasil, Chile, Costa Rica, Cuba, Ecuador, Guatemala, Honduras, México, Panamá, República Dominicana, Surinam (www.flacso.org.ar).

2000 y 2002; en el 2003 la primera no cuenta con ninguno y lo mismo sucede con la segunda en el 2001. En todo el período analizado no se registra ningún becario correspondiente al área de Tecnología desempeñándose en alguna universidad de gestión privada.

Distribución de becarios en universidades de gestión privada por área de conocimiento

Área de conocimiento	2000	2001	2002	2003
Ciencias Sociales y Humanidades	2	10	12	14
Ciencias Biológicas y de la Salud	1	3	4	3
Ciencias Exactas y Naturales	1	2	1	0
Ciencias Agrarias, de Ingeniería y de materiales	1	0	1	1
Tecnología	0	0	0	0
Total	5	15	18	18

Fuente: Elaboración propia en base a datos del CONICET

Las universidades de gestión privada con más cantidad de becarios en todo el período son la Universidad Torcuato Di Tella (UTDT), la Universidad Católica Argentina (UCA)[72] y la Universidad Austral; las dos primeras con becarios solamente en el área de Ciencias Sociales y Humanidades y la última con becarios de Ciencias Biológicas y de la Salud y Ciencias Exactas y Naturales.[73] Se trata de instituciones de diversa antigüedad y matrícula de posgrado. La UCA data de 1969 y tiene 3,6% de los alumnos del cuarto nivel de educación (de hecho es la universidad de gestión privada mejor posicionada en este sentido en este nivel de educación); la UTDT fue creada en 1991 y cuenta solamente con 0,35% del total de los alumnos;

---

[72] Esta no cuenta con ningún becario en el año 2000.
[73] Esta universidad cuenta con un becario para cada una de estas áreas de conocimiento en los años 2000 y 2001, y desde entonces con correspondientes a Ciencias Biológicas y de la Salud.

y la Universidad Austral tiene la misma antigüedad que la UTDT pero cuenta con un mayor porcentaje de alumnos del nivel de posgrado: 2,24%[74] (Barsky y Dávila, 2004: 23).

Las universidades más antiguas de esta clase de lugar de trabajo son la Católica de Córdoba y la del Salvador, ambas creadas en 1956. Estas dos están relegadas en materia de cantidad de becarios que trabajan en ellas y ni siquiera figuran entre las universidades de gestión privada todos los años. Lo mismo sucede con las universidades Católica de Santa Fe, de Mendoza, Católica de Córdoba, de Belgrano, Adventista del Plata, Católica de Salta, de San Andrés, Favaloro y de Bologna, que datan de los años 1957, 1962, 1963, 1964, 1990, 1963, 1986, 1992 y 1998[75] respectivamente.

Distribución de becarios entre universidades de gestión privada

Nombre	2000	2001	2002	2003	Total
Universidad Torcuato Di Tella	1	3	4	6	14
Universidad Católica Argentina		3	4	2	9
Universidad Austral	2	2	2	2	8
Universidad del Salvador	1			1	2
Universidad Católica de Santa Fe	1				1
Universidad Católica de Córdoba		1	1		2
Universidad Católica de Salta		1		1	2
Universidad Católica de Rosario			1	1	2
Universidad Católica de Mendoza			1	1	2
Universidad Adventista del Plata		1	1	1	3
Universidad de San Andrés		1	2	1	4
Universidad Favaloro		1	1	1	3
Universidad de Belgrano		2	1		3
Universidad de Bologna				1	1

Fuente: Elaboración propia en base a datos del CONICET

---

[74] Estos datos corresponden al 2001.
[75] En 1998 la Universidad de Bologna puso en marcha un conjunto de cursos de posgrado; pero la sede fue inaugurada en junio del 2003.

La cantidad de becarios CONICET que tienen en FLACSO su lugar de trabajo es alrededor de la mitad de la correspondiente a las universidades de gestión privada. Tal como lo indica su nombre, todos los becarios de FLACSO corresponden al área de Ciencias Sociales y Humanidades.

Cantidad de becarios en FLACSO para cada año

Ciencias Sociales y Humanidades	Cantidad
2000	3
2001	12
2002	10
2003	10

Fuente: Elaboración propia en base a datos del CONICET

A continuación se ilustra el papel menor de las universidades de gestión privada, presentando la comparación entre las cantidades de becarios que se desempeñan en éstas y en la UBA.

Distribución de los becarios entre áreas de conocimiento en la UBA y universidades de gestión privada

Área de conocimiento	UBA	Univ. Privadas
2000		
Tecnología	4	0
Cs. Sociales y Humanidades	90	2
Cs. Exactas y Naturales	46	1
Cs. Biológicas y de la Salud	110	1
Cs. Agrarias, de Ingeniería y de materiales	20	1
Total año 2000	**270**	**5**
2001		
Tecnología	7	0
Cs. Sociales y Humanidades	140	10
Cs. Exactas y Naturales	47	2

Área de conocimiento	UBA	Univ. Privadas
Cs. Biológicas y de la Salud	106	3
Cs. Agrarias, de Ingeniería y de materiales	17	0
Total año 2001	**317**	**15**
2002		
Tecnología	6	0
Cs. Sociales y Humanidades	128	12
Cs. Exactas y Naturales	42	1
Cs. Biológicas y de la Salud	106	4
Cs. Agrarias, de Ingeniería y de materiales	17	1
Total año 2002	**299**	**18**
2003		
Tecnología	5	0
Cs. Sociales y Humanidades	156	14
Cs. Exactas y Naturales	52	0
Cs. Biológicas y de la Salud	97	3
Cs. Agrarias, de Ingeniería y de materiales	20	1
Total año 2003	**330**	**18**

Fuente: Elaboración propia en base a datos del CONICET

El desequilibrio observado entre las universidades de gestión estatal y las de gestión privada nos conduce a dirigir la mirada hacia las características del sistema de posgrado, que tal vez nos ayuden a comprenderlo.

Tal como señala el estudio de Barsky y Dávila (2004), entre 1994 y el 2002 el sistema argentino de posgrado mantuvo su característica principal: predominancia de la oferta estatal. Incluso, dicha predominancia se acentúa durante ese período (2004: 11). Hacia el año 2002, las instituciones universitarias de gestión estatal concentraban la mayor cantidad de oferta de posgrados en todos los campos disciplinares: Ciencias Exactas y Naturales (99,1%); Tecnológicas

(87%), Humanidades (75%), Ciencias de la Salud (65%), y Ciencias Sociales (62%). Por su parte, la mayor participación de las instituciones de gestión privada se da en las disciplinas de las Ciencias Sociales y Ciencias de la Salud, con aproximadamente 35% en cada caso (Barsky y Dávila, 2004).[76]

El caso de las Ciencias Sociales es el único en el que el crecimiento de la oferta del sistema estatal implica un cambio entre 1994 y el 2002 en términos de la participación de cada modalidad de gestión: hacia 1994, la oferta se dividía casi en partes iguales e incluso el sistema privado tenía una participación mayor (49,3% del sistema estatal y 50,7% del sistema privado[77]) (Barsky y Dávila, 2004).

El crecimiento global que experimentó el sector privado entre 1994 y el 2002 (95,3%), con excepción del área de Ciencias Naturales y Exactas en las que la oferta se redujo el 50%, es pequeño frente al crecimiento de 170,3% del sistema estatal.

5. 5. Organismos CONICET / unidades ejecutoras (UE)

El CONICET define las Unidades Ejecutoras de Investigación (en adelante UE) como los "Centros e Institutos en los que se realizan tareas de: investigación científica, tecnológica, de formación de recursos humanos y se brindan servicios y asesoramiento a terceros" (Disponible en línea: www.conicet.gov.ar). El sistema de UE se compone de más de cien Institutos de Investigación; seis Centros Regionales[78] que articulan la relación con las universidades

---

[76] Recordemos que esta clasificación de áreas de conocimiento es diferente a la del CONICET.
[77] La cantidad de posgrados correspondiente a cada modalidad de gestión era 144 y 140.
[78] Estos son: CADIC; CAICYT; CASLEO; CENPAT; CERIDE; CERIDER; CRIBABB y CRICYT.

y provincias; dos Centros de Servicios; y los Laboratorios Nacionales de Investigación y Servicios (LANAIS), que prestan servicios a la comunidad científica, académica y al público en general y que se financian mediante el cobro de aranceles (Disponible en línea: www.conicet.gov.ar).

En esta oportunidad nos detendremos brevemente en las características de los Centros e Institutos de Investigación, dejando de lado los Centros Regionales y de Servicios y los LANAIS.[79] En particular, nos interesa la distribución de las UE por área de conocimiento y la información relativa a la sede y contraparte de las mismas. La relevancia de la sede de las UE deriva del hecho de que no todas cuentan con infraestructura independiente o exclusiva y pueden encontrarse insertas en universidades, fundaciones o centros regionales, entre otras posibilidades. Por su parte, la categoría contraparte alude a la institución con la cual se encuentra comprometido el CONICET para el funcionamiento de las UE; ésta puede ser una universidad, una fundación, un gobierno provincial, un organismo de ciencia y tecnología provincial, entre otros.

Distribución de las UE por área de conocimiento

Área de conocimiento	Cantidad de UE	%
Ciencias Sociales y Humanidades	10	10%
Ciencias Exactas y Naturales	31	30%
Ciencias Biológicas y de la Salud	43	42%
Ciencias Agrarias, de Ingeniería y de materiales	19	18%
Total	**103**[80]	**100%**

Fuente: Elaboración propia en base a datos del CONICET

---

[79] También se incluyen los Programas como el Programa Plantas Tóxicas y Medicinales, Metabolismo de Compuestos Sintéticos y Naturales (PROPLAME).
[80] La página Web oficial del CONICET señala la existencia de 108 Unidades Ejecutoras, pero en la nómina de la misma sólo se contabilizan 106. La

La mayor parte de las UE se clasifican en las áreas de Ciencias Biológicas y de la Salud y Ciencias Exactas y Naturales.

En el caso de las sedes de las UE optamos por distinguir entre aquellas que se encuentran en universidades y fuera de éstas. Respecto de las primeras, la información disponible señala únicamente a universidades de gestión estatal. La categoría "otros" incluye tanto a centros regionales como a fundaciones y organismos de ciencia y tecnología. La condición de sede no supone necesariamente la de contraparte del CONICET en la UE; por ejemplo, una universidad puede ser sede de una UE que es exclusiva del CONICET (más adelante volvemos sobre este tema).[81]

Distribución de las UE por tipo de sede

Tipo de Sede	Cantidad	%
Universidad de Gestión Estatal	54	71%
Otros	22	29%
Total	**76**	**100%**

Fuente: Elaboración propia

La distribución de las UE por "tipo" de sede no presenta ambigüedad alguna, la mayoría encuentra su sede en las universidades de gestión estatal, ya sea como parte

---

lista que armamos para trabajar corresponde al año 2004 (es la lista vigente en el mes de diciembre del 2004), es decir que no incluye los cambios en términos de "bajas" que se pueden haber producido en los Institutos y Centros de Investigación que componen el sistema de las UE del CONICET entre el 2000 y el 2003. No obstante, son muy pocos los casos de las UE que aparecen en las bases de datos analizadas y no en nuestra lista. Además, la clasificación de las UE por área de conocimiento no incluye el área de Tecnología respecto de la cual el CONICET tampoco especifica qué disciplinas científicas la componen.

[81] Algunos ejemplos de esto son el ININFA, IFEVA y el IBYF, todos con sede en alguna facultad de la Universidad de Buenos Aires pero exclusivos del CONICET.

de una facultad o de algún departamento dentro de una facultad. Ahora bien, en el grupo de las universidades de gestión estatal identificadas como sede de UE encontramos solamente a doce (12) de éstas; es decir, que están excluidas más de la mitad del total correspondiente a esta modalidad de gestión.[82] Luego, nos encontramos frente a una concentración de las sedes de las UE del CONICET en uno de sus tipos, el cual a su vez es un tipo de modalidad de gestión de las universidades.

Las universidades de gestión estatal que son sede de una mayor cantidad de UE son la de Buenos Aires (19) y La Plata (13). En el Anexo V se puede consultar la información completa sobre distribución de la sede de las UE entre universidades de gestión estatal y otros

En el marco de la categoría "otros" predominan los centros regionales del CONICET: CERIDE, CRIBABB y CRICYT que se reparten la mitad de las UE con este tipo de sede.

Si cruzamos la sede de las UE con el área de conocimiento a la que pertenecen, observamos que casi la mitad de las UE cuya sede es una universidad de gestión estatal corresponde al área de Ciencias Biológicas y de la Salud; mientras que cuando la sede es "otros", casi el 40% de las mismas se inscribe en Ciencias Agrarias, de Ingeniería y de materiales.

Por otro lado, si miramos la distribución de las UE de cada área de conocimiento por tipo de sede, es evidente el peso predominante de las universidades de gestión estatal, que por ejemplo son la sede de más del 80% de las UE de las áreas de Ciencias Biológicas y de la Salud y de Ciencias Exactas y Naturales. Una vez más, recordamos al lector que nos encontramos analizando las UE como lugar de trabajo de los becarios CONICET.

---

[82] Las Universidades de gestión estatal son 36 en total.

Tal como señalamos antes, las UE del CONICET pueden depender exclusivamente de éste o de manera combinada del CONICET y otras instituciones, tales como universidades, asociaciones, fundaciones, organismos de ciencia y tecnología, entre otros.

Respecto de los casos en que se trata de UE exclusivas del CONICET, ¿cómo debemos entender el hecho de que tengan su sede, por ejemplo, en una universidad de gestión estatal? Cuando es así, la universidad se beneficia de los recursos de las UE y específicamente de la disponibilidad de recursos humanos calificados y en formación, los becarios. Entonces, la condición de exclusividad supondría un medio diferente al de la adjudicación de becas a través del cual el CONICET destinaría recursos a la actividad de investigación en las universidades de gestión estatal o desde una perspectiva más macro, un medio por el cual el Estado destinaría más recursos a las universidades de gestión estatal.

Al igual que en el caso de la sede, se mantiene la predominancia de las universidades de gestión estatal (56%). Las UE exclusivas del CONICET representan casi el 30% del total; y aquellas en las que la contraparte es diferente a universidades de gestión estatal son minoría, con menos del 20%.[83] El detalle de esta información se puede consultar en el Anexo VI.

Si unimos la información relativa a las universidades de gestión estatal con más peso en tanto sedes de UE y su condición de contraparte, observamos lo siguiente. Las universidades de gestión estatal de Córdoba y Rosario

---

[83] Estos porcentajes derivan de la lista que confeccionamos y no coinciden con los señalados por el CONICET en su página Web oficial: el 41% de las UE surgió por convenio con universidades, privadas y públicas; 30% depende exclusivamente del CONICET y 29% surgió por convenio con asociaciones civiles u organismos públicos (Disponible en línea: www.conicet.gov.ar).

participan en el financiamiento de todas las UE de las que son sede. La UNLP constituye un caso intermedio: es contraparte del CONICET en once de las trece UE de las que es sede (85%); comparte su condición de contraparte con la Comisión de Investigaciones Científicas de la Provincia de Buenos Aires (CIC) en dos casos en los que no es sede; y es sede de dos UE que son exclusivas del CONICET.[84]

Dejamos para lo último el caso de la UBA, porque presenta algunas particularidades que queremos destacar. Como vimos antes, esta universidad es sede de diecinueve UE (35%). Ahora bien, a diferencia del resto de las universidades con más peso como sedes de UE, la UBA sólo es contraparte del CONICET en nueve casos, 50% aproximadamente. Otras nueve UE tienen sede en ella pero son exclusivas del CONICET. Además, es contraparte de una UE de la cual no es sede (CIIPME), y a la inversa, es sede de una UE de la cual no es contraparte y tampoco es exclusiva (INGEIS). Luego, en este caso se aprecia claramente que la condición de sede y contraparte no necesariamente coinciden.

Una reflexión obligada después de analizar las variables "sede" y "contraparte" refiere a la clasificación de las clases de lugar de trabajo. La diferencia entre las categorías universidades de gestión estatal y organismos CONICET / unidades ejecutoras se torna confusa debido al peso que tienen las primeras en la segunda. Esto es, las universidades consideradas no en términos de la clasificación que hace el CONICET sino como lugar de trabajo de hecho de los becarios, porque aunque revistan la condición de sede de una UE del CONICET no por ello dejan de ser universidades de gestión estatal. Entonces, confirmando lo señalado anteriormente, las universidades de gestión estatal tendrían,

---

[84] Además, la UNLP es contraparte de 2 UE cuyas sedes no pudimos determinar en qué categoría encuadrar: CINDECA, IFLYSIB.

en los hechos, un peso mucho mayor que aquel que percibimos si nos limitamos a la categoría homónima de la variable clase de lugar de trabajo. Si bien esta información no contradice lo que se observa en la distribución de los becarios entre las clases de lugar de trabajo (porque las universidades de gestión estatal ya ocupan un lugar preponderante), sí es un importante complemento de cara a una mejor comprensión acerca de cómo se materializa, en esta dimensión, la política de becas.

5.5.1. Cantidad de becarios en las UE

La cantidad de becarios que se desempeñan en las UE se incrementa cada año y representa un porcentaje importante del total.

Cantidad de becarios en UE

2000	2001	2002	2003
508	661	688	899

Fuente: Elaboración propia en base a datos del CONICET

Todos los años, aproximadamente el 40% del total de los becarios que se desempeñan en UE corresponde al área de Ciencias Biológicas y de la Salud. En segundo lugar, con excepción del año 2001, encontramos al área de Ciencias Agrarias, de Ingeniería y de Materiales cuyo porcentaje gira en torno al 25%. El área de Ciencias Exactas y Naturales se ubica en tercer lugar, con aproximadamente el 22% cada año y un máximo de 25% en el 2001. Las restantes áreas, Ciencias Sociales y Humanidades y Tecnología, conservan la tercera y cuarta posición respectivamente en todo el período, con alrededor del 7% y entre 3 y 5%, respectivamente.

Si bien en casi todos los casos se observa simultaneidad en el crecimiento de la cantidad de becas y de la cantidad de becarios en UE para las distintas áreas de conocimiento, las magnitudes en uno y otro caso difieren.

Si nos limitáramos al resultado de esta comparación, podríamos concluir que se modifica el peso de las clases de lugar de trabajo al interior de las áreas de conocimiento en los casos en los que se observan diferencias entre una y otra magnitud de crecimiento (un ejemplo sería el de las Ciencias Sociales y Humanidades en la que a pesar de la caída en su cantidad total de becarios en el 2002, aumenta su cantidad de becarios en UE). La información del siguiente cuadro nos presenta el peso de las UE para cada área de conocimiento y nos previene de sacar conclusiones apresuradas.

Becarios en UE por área de conocimiento (en porcentaje)

Área de conocimiento	2000	2001	2002	2003
Tecnología	43%	60%	60%	56%
Ciencias Sociales y Humanidades	14%	13%	15%	14%
Ciencias Exactas y Naturales	33%	41%	42%	42%
Ciencias Biológicas y de la Salud	37%	42%	42%	50%
Ciencias Agrarias, de Ingeniería y de materiales	45%	48%	49%	50%

Fuente: Elaboración propia en base a datos del CONICET

Las UE que se destacan sobre el resto, aunque con algunas variaciones dependiendo del año, son: INTEC; PLAPIQUI; IIB-INTECH; IIBA; IBYME; INFIQC; IBR; IMBIV; e INTEMA. Ninguna de estas es exclusiva del CONICET y en el 80% de los casos, la contraparte es una universidad de gestión estatal (Universidad Nacional de Córdoba, Universidad Nacional del Litoral, Universidad Nacional del Sur, Universidad Nacional de Rosario, entre otras).[85]

---

[85] Sobre la base de información correspondiente a los años 2001, 2002 y 2003.

6. Reflexiones finales

Esta investigación surgió con el propósito de conocer cómo era la política de becas para la formación de recursos humanos altamente capacitados, en un intento de responder a una pregunta simple: ¿Cómo promueve el Estado esta formación? Había dos opciones, volcarse al estudio del sistema de posgrado, es decir a la oferta de programas y adentrarse por ejemplo en el análisis de las acreditaciones y evaluaciones institucionales, o mirar hacia las becas como instrumento de promoción de este nivel de educación. La decisión de optar por lo segundo se debió a que en ese entonces el estudio sobre las becas era un tema relegado.

La elección del CONICET se funda en la trayectoria y en el peso indiscutido del organismo en el ámbito de la promoción de la ciencia y la tecnología en general, y particularmente por ser el que mayor cantidad de becas otorga.

En segundo lugar, la selección de las variables para el análisis tuvo como objetivo principal abordar de manera integral las becas del CONICET, incluyendo tanto el perfil de quienes acceden a las mismas como el conocimiento que se promueve gracias a éstas (qué áreas de conocimiento y qué disciplinas científicas). Asimismo, inicialmente se había planteado el estudio de la incidencia de las becas en el sistema de posgrado pero como veremos más adelante, las características de la información relevada no permitieron avanzar en este sentido.

La información analizada en este trabajo de investigación nos ofrece una imagen comprehensiva del resultado de la política de becas del CONICET en el período 2000-2003 inclusive. Sobre la base de las variables seleccionadas para el análisis se pudo conformar una descripción completa de estas becas. De esta manera, se presentó al lector una fotografía de la política de becas del CONICET para un período determinado. Asimismo, en el transcurso de esta exploración se introdujeron reflexiones cualitativas al respecto que dotan de sentido a la información cuantitativa y constituyen un valor agregado de la misma. En este apartado se procura resaltar las cuestiones tanto cuantitativas como cualitativas más relevantes, evitando profundizar en aquellas que se desarrollaron extensamente a lo largo de la investigación.

Ensayando el ejercicio de destacar las características de las becas de financiamiento público otorgadas por el CONICET entre los años 2000 y 2003 inclusive podríamos hacerlo con las siguientes proposiciones:

* Más de la mitad de los becarios son mujeres.
* La mayoría de los becarios son solteros.
* La mayor parte de los becarios tiene domicilio en la Capital Federal y el Gran Buenos Aires.
* La disciplina científica en la que se formó la mayor cantidad de becarios es Biología, que triplica en cantidad de becarios a las que la siguen, Bioquímica e Ingeniería.
* La cantidad de becas otorgadas aumenta sostenidamente durante todo el período estudiado.
* La mayor cantidad de becas otorgadas corresponde a las que implican la realización de estudios de posgrado en el país, Tipo I y Tipo II.
* Alrededor del 35% de las becas corresponden al área de Ciencias Biológicas y de la Salud que a su vez comprende las siguientes disciplinas: Biología, Bioquímica, Ciencias Médicas y Veterinaria.
* El área de conocimiento más postergada en cantidad de becas es la de Tecnología, con menos del 5% de los becarios cada año.
* En general, la mayor cantidad de becas corresponden en orden decreciente a las siguientes disciplinas: Biología; Ingenierías; Ciencias Médicas; Historia, Antropología y Geografía; y Ciencias Agrarias.

* No se observa correlación entre el peso que tienen las áreas de conocimiento en la oferta de programas de posgrado y en la distribución de la asignación de las becas.

* La mayor parte de los becarios se desempeñan en primer lugar en universidades de gestión estatal y en segundo lugar en Organismos CONICET / Unidades Ejecutoras.

* Las universidades de gestión privada desempeñan un papel insignificante como lugar de trabajo de los becarios (alrededor de 1,5%).

* Solamente catorce universidades de gestión privada constituyen el lugar de trabajo de los becarios en los cuatro años estudiados.

* La Universidad de Buenos Aires es el lugar de trabajo por excelencia de los becarios que se desempeñan en universidades de gestión estatal.

* La Universidad Torcuato Di Tella es la institución de gestión privada que cuenta con una mayor cantidad de becarios en todo el período analizado.

* En el caso de las universidades de gestión estatal como lugar de trabajo predominan los becarios de Ciencias Biológicas y de la Salud y de Ciencias Sociales y Humanidades, con alrededor de un tercio de los becarios respectivamente.

* En los Organismos CONICET / Unidades Ejecutoras, Ciencias Biológicas y de la Salud también es el área de conocimiento predominante, seguida por Ciencias Agrarias, de Ingeniería y de Materiales, con alrededor del 40 y 25% de los becarios, respectivamente.

* En el caso de las universidades privadas como lugar de trabajo de los becarios, predomina el área de Ciencias Sociales y Humanidades.

* La mayor parte de los Organismos CONICET / Unidades Ejecutoras tiene su sede en alguna universidad de gestión estatal.

* Más de la mitad de los Organismos CONICET / Unidades Ejecutoras tiene como contraparte del CONICET a una universidad de gestión estatal.

* Los Organismos CONICET / Unidades Ejecutoras que tienen más cantidad de becarios son INTEC, PLAPIQUI, IIB-INTECH, IIBA, IBYME, IBR, IMBIV e INTEMA

La radiografía del resultado de la política de becas nos invita a reflexionar acerca de cuestiones asociadas a las becas tales como el peso de las áreas de conocimiento y las disciplinas científicas que éstas contienen, el papel de las universidades de gestión estatal y de las de gestión privada, entre otras.

Sin embargo, por sus propias características de registro, existen algunas cosas que la información utilizada para el análisis no permite aprehender. Tal es el caso de la incidencia de las becas en el sistema de posgrado (la oferta de programas). ¿A qué modalidad de gestión corresponden los programas de posgrado que realizan los becarios? En el marco de cada grupo, universidades de gestión estatal y de gestión privada, ¿qué instituciones tienen una mayor cantidad de becarios entre sus estudiantes?[86] ¿Qué tipos de programas de posgrado (maestría o doctorado) son los que reciben mayor cantidad de becas? ¿Las becas contribuyen a consolidar las tradiciones de las disciplinas científicas relativas al posgrado o a profundizar aires de cambio en este sentido?

Todos estos interrogantes quedan pendientes de ser contestados dado que en las bases de datos los códigos de las universidades en las que estudian los becarios presentan errores y no se incluye el registro del tipo de programa de posgrado; la única alternativa al registro informático son

---

[86] La identificación de las instituciones no es un dato menor, ya que muchas veces el prestigio de la universidad en la que se realizó el doctorado es un factor más importante al comienzo de la carrera académica que la productividad de la investigación (cfr. Becher 1989: 81).

los expedientes en papel de los becarios. Respecto de la formación de los becarios, no se distingue el grado académico, y en la misma variable se encuentran mezclados los títulos de grado y los de posgrado.

Al no saber el tipo de programa de posgrado que estudian los becarios no es posible examinar si en la práctica de la asignación de las becas se toma en cuenta la oferta disponible y sus características y de manera indirecta, la tradición que tienen algunas disciplinas científicas en materia de posgrado. Desde el aspecto formal, la normativa incorpora estas cuestiones al permitir que las becas se destinen a estudios de maestría en caso de Arquitectura y Ciencias Sociales, aunque la justificación a ello reside en que no cuentan en el país con doctorados acreditados por la CONEAU y no en el hecho de que éstas valoren más las primeras. Al margen de estas disciplinas, las maestrías constituyen el tipo de programa que más ha crecido en los últimos tiempos y hacia el año 2002 componía cerca del 40% del total de la oferta de posgrado de nuestro país, mientras que los doctorados eran sólo el 15% de la misma.

La preferencia por los doctorados podría implicar además un doble sesgo. Por un lado, un sesgo de área de conocimiento ya que por ejemplo, el 70% de la oferta de posgrado en Ciencias Exactas y Naturales, son programas de doctorado y estos son apenas el 10% en el caso de Ciencias Sociales. Por el otro, un sesgo por modalidad de gestión, en tanto tres cuartas partes del total de los doctorados corresponden al sistema estatal. Si además consideramos que casi toda la oferta de posgrado de Ciencias Exactas y Naturales es del sistema estatal, entonces las probabilidades de acceder a una beca se incrementan en este caso y se reducen para las disciplinas de Ciencias Sociales.[87]

---

[87] En el caso de la oferta de programas de posgrado se utiliza la clasificación elaborada por Barsky y Dávila (2004).

Es importante no subestimar las falencias de la información, ya que ésta es central para conocer el estado de las cosas y poder evaluarlo, y es lo que permite eventualmente modificarlo. La información es considerada un recurso de poder y por lo tanto tiene valor, tanto para quien la posee como para quien carece de ella. Es posible que los problemas identificados en la información respondan a una costumbre arraigada o a la ausencia de visión respecto de la utilidad de la misma. Además, la disociación que a partir de ésta se observa entre las becas y los programas de posgrado podría estar señalando que se los considera dos compartimentos aislados.

Esta investigación parte de la base de que tanto la información como la vinculación de las becas con el sistema de posgrado que constituye la oferta de formación para los becarios, son cuestiones nucleares para la formulación de una política de becas coherente e integral. Es difícil imaginar que esfuerzos paralelos destinados a las becas por un lado y a los programas de posgrados por el otro, que se desconocen mutuamente, rindan resultados óptimos.

Otro aspecto vital de la política de becas es el seguimiento de la trayectoria de los becarios. En primer lugar, es preciso que exista un sistema de monitoreo de los estudios de los becarios y de su finalización, incluida la elaboración de la tesis. Las becas constituyen un instrumento para la promoción de la formación de recursos humanos con una duración específica, y el hecho de que en la práctica ésta pueda extenderse no equivale a desestimarla como límite esencial de dicho instrumento. De lo contrario, sería preciso redefinir el concepto. En segundo lugar, conocer la inserción laboral de los becarios una vez terminada la beca permitiría evaluar la utilidad de las mismas como instancia preparatoria para la incorporación al mercado de trabajo, sea académico o no, y además conocer qué tipos de instituciones (qué actividades realizan, en qué áreas de conocimiento, etc.) constituyen la demanda de estos recursos humanos. De esta manera se incorpora en el ciclo de la política de becas a todos los actores involucrados.

La distribución de las becas por género es consistente con la participación de las mujeres en el sistema de educación superior creciente desde hace ya varias décadas. El peso de las mujeres como alumnas y graduadas de la educación superior, incluido el nivel de posgrado al que remiten las becas del CONICET, corresponde a una instancia de la carrera académica, por lo que esta información no debe leerse como un avance de las mujeres en el mundo académico. Para dicho análisis sería necesario profundizar el estudio en los siguientes estadios de la misma, en el caso del CONICET habría que explorar el universo de los técnicos y artesanos, profesionales e investigadores.

Lo cierto es que la participación de las mujeres comporta algunas particularidades. Por ejemplo, en el marco del universo de becarios del CONICET, plantea la probabilidad de la maternidad para un amplio porcentaje y por lo tanto introduce necesidades especiales asociadas a ella. Durante el período analizado no estaba prevista la licencia por maternidad, de manera que el período equivalente a ella se hacía a costa del "consumo" de la duración de la beca, planteando una situación de desigualdad respecto de los becarios varones.

Si asumimos que el domicilio de los becarios coincide con el de la institución en la que estudian el posgrado (no lo podemos confirmar dada la información disponible), entonces las becas no se distribuyen por todo el territorio nacional. De hecho, la distribución de los becarios por domicilio es acorde a la de los alumnos que caracteriza al sistema de posgrado argentino, con una concentración del orden del 40% de los estudiantes de posgrado en la Capital Federal. Si bien es cierto que en la metrópoli se encuentra una gran parte de la oferta de programas de posgrado, las becas podrían aprovecharse para favorecer la distribución geográfica de los posgrados como así también el desarrollo de una oferta congruente con los temas propios de cada lugar o región.

La formación, de grado o posgrado, de los aspirantes a becarios CONICET es un indicio del interés en la actividad académica de las distintas áreas de conocimiento y sus disciplinas científicas. Dado que contamos solamente con la información de quienes sí obtuvieron una beca, no podemos saber la proporción de candidatos que no fueron seleccionados; es decir, no sabemos por ejemplo si la mayor parte de los candidatos de un área obtuvieron la beca o si los pocos becarios correspondientes a otra área en realidad son todos los postulantes que se presentaron. Eso conformaría parte de la exploración acerca de la capacidad de las comunidades académicas de las disciplinas para obtener recursos que permitan su reproducción y supervivencia y que remite a una de las posibles definiciones de poder en el marco de la actividad científica.

El análisis realizado señala que alrededor de un tercio de los becarios tiene formación en Biología y además que esta es la disciplina que individualmente tiene una mayor cantidad de becarios. Por otro lado, aproximadamente el 10% de quienes obtuvieron una beca se formaron en alguna Ingeniería y este porcentaje se mantiene al considerar el peso de ésta como disciplina científica a la que corresponde la beca. Tal como se mencionó en el desarrollo de la investigación, hay profesiones en las que la dedicación a la vida académica (investigación y docencia) representa casi la única opción, y hay otras en las que el costo de oportunidad de dedicarse a la actividad académica es muy alto si se lo compara con los salarios que pueden obtener en el mercado de trabajo no académico. Biología e Ingeniería representan dos casos paradigmáticos de esto.

La tendencia creciente en la cantidad total de becarios y el hecho de que la mayoría de las becas otorgadas sean aquellas que tienen por objetivo el inicio o la finalización de estudios de posgrado, es una pauta del reconocimiento de este instrumento y del cuarto nivel de educación para la formación de recursos humanos y la promoción de la ciencia y la tecnología. La característica mayoritaria de ser becas internas, es decir para realizarse en el país, y la obligatoriedad de tratarse de programas acreditados por la CONEAU, deben considerarse separadamente para las distintas disciplinas científicas, ya que algunas cuentan con un desarrollo mayor que otras debido a una tradición de más larga data y por lo tanto cuentan con una oferta de programas de posgrado de calidad.

Es difícil juzgar si las magnitudes y características de las becas son apropiadas *per se*, siquiera estableciendo una comparación con lo que sucede en otros países, ya que la adecuación de la formación de recursos humanos altamente capacitados es una cuestión particular de cada caso sobre la base de las necesidades existentes y los objetivos planteados. Asimismo, calificar como adecuados o no, objetivos tales como el incremento de becas de tal tipo en tal área de conocimiento es un ejercicio interesante pero que carece de una respuesta unívoca. Las estrategias no sólo deben elaborarse desde el ámbito estatal, sino también desde la participación de todos los actores involucrados, incorporando las necesidades del sector público y del sector productivo, e idealmente fundándose en una visión del desarrollo del conjunto de la sociedad. A pesar de ello, no están exentas de ser contestadas en el futuro.

El CONICET, además de ser el órgano que mayor cantidad de becas asigna anualmente, se distingue de aquellos de corte sectorial sobre la base de que su misión abarca todas las áreas de conocimiento. Pero en la práctica, la distribución de las becas por áreas de conocimiento y disciplinas científicas muestra que la representación es bastante desigual. ¿A qué se debe?

Hay factores tanto propios como ajenos al organismo otorgante de las becas que inciden en la distribución de las mismas entre las diferentes áreas de conocimiento y disciplinas científicas que las componen. Desde su creación a fines de la década de 1950, el CONICET tiene una fuerte impronta del área de las Ciencias Biológicas y de la Salud a la que pertenecía su fundador, Bernardo Houssay, y en la que se desatacaron grandes figuras de la ciencia nacional (como Federico Leloir, que fue galardonado con el Premio Nobel al igual que el Dr. Houssay). Una situación muy diferente es la de las Ciencias Sociales y Humanidades, tradicionalmente postergadas en el marco de este organismo, y la del área de Tecnología, de reciente creación y escasa claridad en cuanto a sus objetivos y a las disciplinas que deben incluirse en la misma. Otra arista de la cuestión podría ser el denominado "efecto Mateo" en el ámbito de la actividad científica, "porque al que tiene, le será dado y tendrá más, y al que no tiene, aun lo que tiene le será quitado", y que implica claramente una ventaja acumulativa.

Por otro lado, es muy probable que también incidan en la cantidad de personas que se postulan y eventualmente obtienen becas del CONICET, el valor que desde cada disciplina científica se le otorga al nivel de posgrado y la posibilidad de inserción en el mercado de trabajo no académico.

Respecto de la distribución de las becas por área de conocimiento, por disciplina científica, también por género o región, e incluso por lugar de trabajo de los becarios, es importante revisar y analizar a qué responde, cómo resulta, quiénes participan, entre otras cuestiones, con el fin de minimizar la inercia de la misma y ajustarla a una formulación clara de objetivos a alcanzar. El efecto Mateo al que se hizo referencia no constituye una característica exclusiva del estudio de caso realizado, pero no por ello debe aceptarse de manera incontestada, ya que éste implica de alguna manera la cooptación de recursos –que en este caso son las becas– por parte de algunos y en detrimento de otros.

Las becas CONICET no se distribuyen de acuerdo a la oferta de programas de posgrado, como muestra el cruce de información sobre la distribución de las becas por área de conocimiento y la distribución de los programas de posgrado según área de conocimiento. Mientras que Ciencias Sociales y Humanidades representan cerca de la mitad de la oferta de posgrados en cuanto a las becas CONICET se refiere, le corresponden alrededor del 20% de las mismas. Un ejemplo contrario es el de Biología, que pertenece a un área cuya oferta de posgrado representa 5% y que recibe entre 16 y 21% del total de becas cada año analizado.[88]

Dentro de las áreas de conocimiento, el peso de las disciplinas científicas que las componen no se distribuye de manera equitativa. Así, Historia, Antropología y Geografía tienen una cantidad de becarios que duplica a la de Sociología y Demografía, que le sigue, y es ocho veces mayor que la correspondiente a Economía, Ciencias de la Gestión y Administración Pública. En Ciencias Biológicas y de la Salud, Biología duplica la cantidad de becarios de Ciencias Médicas, que es la disciplina que le sigue y tiene diez veces más becarios que Veterinaria. El área que presenta una menor divergencia de la cantidad de becas entre sus disciplinas científicas es Ciencias Exactas y Naturales.

Una herramienta útil para el análisis del peso de las disciplinas científicas en la asignación de las becas del CONICET es la caracterización que realiza Becher (1989) de las comunidades de cada disciplina sobre la base de la densidad de población de las mismas: urbanas (alta proporción de personas por problema, alto grado de actividad colectiva, estrecha competencia por el espacio y

---

[88] Se trata del área de Ciencias Exactas y Naturales de acuerdo a la clasificación elaborada por Barsky y Dávila (2004).

los recursos) y rurales (definidas en contraposición a las urbanas). Otra diferencia reside en las características de los problemas que estudian, mientras las primeras tienen un área de estudio restringida que contiene problemas diferenciados y separables, las especialidades rurales abarcan una extensión más amplia del territorio intelectual con problemas no demarcados con precisión (cfr. 1989: 110-111). Además, es posible asociar cada uno de estos ámbitos con las áreas de conocimiento; así, el ámbito urbano favorece a la "gran ciencia", propia del conocimiento duro puro de las ciencias naturales y la matemática, y en el ámbito rural se encuentra la mayor parte de las áreas blandas puras (humanidades y ciencias sociales), duras aplicadas (profesiones basadas en las ciencias como las ingenierías) y blandas aplicadas (profesiones sociales como por ejemplo educación y derecho). Becher (1989) señala que los subsidios a la investigación suelen ir a los grupos urbanos porque tienen un perfil más alto y además porque es común que éstos exijan grandes subsidios.

Del mismo modo, el prestigio del que gozan las diferentes áreas de conocimiento puede ser un factor de incidencia en la magnitud del apoyo que reciben; en un extremo se ubica el conocimiento duro puro y en el otro el blando aplicado.[89]

Por último, las características de convergencia (fuerte sentido de colectividad y de mutua identidad) o divergencia (cismáticas e ideológicamente fragmentadas) de las comunidades de las disciplinas también deben considerarse, en tanto tienen consecuencias tales como la de inspirar respeto y admiración, y conducir a ser identificadas como la elite académica en el primer caso, o ser percibidas como carentes de una buena posición intelectual en el segundo caso.

---

[89] El prestigio atrae los recursos esenciales para el desarrollo cognitivo de las disciplinas (Becher, 1989: 188).

Es inevitable preguntarse acerca de la relación del peso de las áreas de conocimiento en materia de becas de posgrado con la formación en el nivel de grado, que a su vez remite a lo señalado respecto de la salida laboral de las distintas áreas de conocimiento. En todo caso, una pregunta que atañe al planeamiento de la formación de recursos humanos altamente calificados en tanto política pública refiere a qué debe priorizar el Estado, si las necesidades de las disciplinas y de las comunidades académicas que se forman en torno a éstas de reproducirse y sobrevivir, o las necesidades y pautas de desarrollo para todo el conjunto de la sociedad. Si bien estas cuestiones no necesariamente deben ser contrapuestas, desde la perspectiva del quehacer estatal parece importante que, dadas las implicancias para el sistema de educación superior y el de ciencia y tecnología, exista una decisión deliberada al respecto, y que no se deje librado al azar o a la decisión de grupos que tienen preferencias e intereses sectoriales.

Los escenarios posibles son diversos. Por ejemplo, si se diagnosticaran las necesidades y se estableciera la manera de satisfacerlas, y éstas no coincidieran con las disciplinas que más demandan la formación de posgrado, sería necesario revisar qué acciones se desarrollan en el nivel de educación previo al mismo, esto es, en el grado. Una posibilidad sería el establecimiento de cupos en las diferentes carreras de grado acorde a los objetivos y metas planteados, y un sistema de becas de posgrado que los acompañe.

En la introducción del presente trabajo se señaló la diferencia sustancial que existe entre los niveles de grado y de posgrado para el caso de las universidades de gestión estatal. A diferencia de las instituciones de gestión privada en las que ambos niveles comparten la característica de ser arancelados, en las de gestión estatal, mientras el grado es gratuito, el posgrado es arancelado. En ambos niveles existen becas, aunque sus objetivos, características y públicos a los que se refieren no son iguales. Así, es plausible considerar que en el caso del nivel de posgrado en estas instituciones, las becas además de ser un premio al mérito de los becarios constituyen una manera de financiar estos programas.[90]

El estudio realizado revela que alrededor de la mitad de los becarios desarrollan sus trabajos de investigación en institutos o centros que forman parte de universidades de gestión estatal. Mientras cerca de la mitad de los becarios de Ciencias Biológicas y de la Salud y de Ciencias Exactas y Naturales se insertan en universidades de gestión estatal, este porcentaje asciende a 75% para aquellos de Ciencias Sociales y Humanidades. Además, en muchos casos las universidades de gestión estatal son sede y/o contraparte de los organismos CONICET / unidades ejecutoras (alrededor de 70 y 55% respectivamente), que es el segundo lugar de trabajo en importancia. Es decir, que estas dos clases de lugar de trabajo en muchos casos coinciden.

Esta imbricación equivale a recursos humanos disponibles para actividades de investigación y por lo tanto constituye un fuerte apoyo a las universidades de gestión estatal, que es adicional y complementario a las becas en sí mismas y que contribuye al nivel de posgrado como espacio para la generación de conocimiento. En fin, el peso real de las universidades de gestión estatal como lugar de trabajo de los becarios CONICET es mayor que el que indica la información correspondiente a esta clase.

La disponibilidad de programas de posgrado y sus características en las universidades de distinto tipo de gestión (por ejemplo, si están o no acreditados y si están

---

[90] Respecto de esta cuestión resulta decepcionante que la información de las becas tal como está registrada no permita analizar en qué universidades y qué programas estudian los becarios.

categorizados) también podrían contribuir a explicar el peso de las mismas como lugar de trabajo de los becarios. Mientras el 55% de los posgrados en universidades de gestión estatal están acreditados y alrededor del 60% están categorizados como A o B, el 55% de los posgrados en universidades de gestión privada no se ha acreditado y cerca del 60% de las categorizaciones son C. En el caso de Ciencias Biológicas, que tiene un porcentaje de acreditación cercano al 70% de los programas de posgrado, gran parte de los becarios tiene como lugar de trabajo una universidad de gestión estatal, y son contados los casos en los que éstos se insertan en universidades de gestión privada.

Al detenernos en la predominancia de las universidades de gestión estatal y prestar atención a las instituciones de manera individual, se observa que la Universidad de Buenos Aires es el lugar de trabajo de una tercera parte de los becarios en universidades de gestión estatal y alrededor del 15% de todos los becarios de cada año estudiado. Le sigue la Universidad Nacional de Córdoba con menos de la mitad cada año, y encima es una de las pocas universidades en las que la cantidad de becarios decrece.

Si consideráramos que el lugar de trabajo de los becarios es indicativo de la universidad en la que estudian el posgrado, por lo menos en el caso de la clase de lugar de trabajo "universidades de gestión estatal", entonces alrededor del 15% del total de los becarios CONICET estudia en la UBA, en tanto este porcentaje se duplica si nos limitamos a los becarios que se desempeñan en la clase universidades de gestión estatal. Esta aproximación no incluye aquellos lugares que corresponden a universidades de gestión estatal pero que se encuentran registrados como organismos CONICET / unidades ejecutoras.

Tras observar la distribución de los becarios entre las distintas clases de lugar de trabajo surge el interrogante acerca de la relación entre ésta y la disponibilidad de facilidades necesarias para la actividad académica y de investigación. ¿Condiciona esta distribución la preexistencia de los requerimientos necesarios para el desarrollo de la actividad de los becarios? Si es así, ¿es posible considerar a los becarios como uno de los recursos necesarios para el desarrollo de estas capacidades en las instituciones que no cuentan con ellas? ¿A qué se debe la predominancia de las Ciencias Sociales y Humanidades en las universidades de gestión privada como lugar de trabajo? ¿Tal vez a que los requerimientos para la actividad de investigación en esta área de conocimiento son menores en términos de infraestructura y por lo tanto más económicos? ¿Se trata de una cuestión de prestigio o prejuicio? Esta investigación ofrece la base a partir de la cual indagar acerca de todas estas cuestiones con fundamento.

Dado que la calidad y el ambiente académico de la unidad de investigación propuesta como sede de trabajo de los becarios constituyen variables consideradas en la evaluación de las solicitudes, es plausible tener en cuenta que en este caso opera el denominado "efecto Mateo". Entonces, ¿es posible incrementar las posibilidades de aquellas instituciones con pocos becarios desempeñándose en ellas? ¿Cómo?

Si bien la calidad de la educación de posgrado no ha sido directamente objeto de análisis en el desarrollo de la presente investigación, lo cierto es que se trata de una cuestión central a la que las becas pueden contribuir, pero para ello éstas deben ir acompañadas de otras medidas complementarias.

Hemos visto que la acreditación obligatoria de los posgrados de la Ley de Educación Superior de 1995 es una disposición que procura operar en pos de la mejora de la calidad de la educación de posgrado. El CONICET la apoya y complementa al establecer que los posgrados que realicen sus becarios deben estar acreditados. Además, como hemos visto más arriba, indirectamente se acota el universo de programas en los que pueden insertarse sus becarios. En la práctica, la acreditación no escapa a la *política sobre la educación superior* que se traduce en que las universidades de gestión estatal acreditan más que las de gestión privada. La categorización, aunque voluntaria, es también un aspecto central de la calidad porque refiere a la "calificación" de los programas de posgrado. ¿Qué sentido tiene obligar a los programas a acreditarse y no a obtener una categoría?

Varias cuestiones particulares de los programas de posgrado se dan en un nivel micro y tienen gran incidencia en la calidad de los mismos. En particular, se trata de la dedicación al estudio y la investigación y la disponibilidad de tutores y directores de tesis. En el primer caso, las becas pueden desempeñar un papel vital si sus características son las adecuadas. Por ejemplo, el CONICET exige a sus becarios una dedicación exclusiva aunque admite una pequeña dedicación a la docencia como complemento de la formación. Para que ésta sea realmente factible, el monto del estipendio de la beca debe ser suficiente para costear los estudios que son arancelados, por un lado, y el mantenimiento del becario, por el otro. De lo contrario, el becario deberá complementarlo con otras actividades rentadas en desmedro de sus actividades académicas y de investigación. Durante el período analizado, el monto promedio de las becas del CONICET giraba en torno a los 1.000 pesos y era insuficiente para garantizar la dedicación exclusiva de los becarios a su formación de posgrado.

En el caso de los tutores y directores de tesis, a diferencia de los profesores del nivel de posgrado que están muy bien pagos y a pesar de las características de su actividad y la importancia de la misma, ellos no son remunerados. Esto, sumado al escaso reconocimiento institucional y académico, da por resultado la exigua cantidad de candidatos para directores de tesis o la práctica de aquellos que aceptan formalmente serlo pero no asumen las correspondientes responsabilidades. La responsabilidad de esto también recae sobre las instituciones que ofrecen los programas de posgrado sin tener previamente resuelta esta debilidad. Algunos explican esto sobre la base del carácter arancelado de los posgrados y de los programas como factor de ganancias.[91]

El análisis desarrollado en esta investigación presenta el resultado de la política de beca para un período determinado de tiempo pero también propone interrogantes generales respecto de la misma. Asimismo, aunque no se planteó la formulación de una política como objetivo, es ineludible que surja una recomendación respecto de la política de becas de posgrado como corolario del presente trabajo.

Desde el punto de vista conceptual en este trabajo se ubicó a la política de becas en la intersección entre las áreas de educación superior y de ciencia y tecnología en el entendimiento de que las becas tienen incidencia en ambas: en el sistema nivel de posgrado como espacio de formación y en el sistema de ciencia y tecnología que requiere dichos recursos humanos. De ahí se desprende la relevancia de una política que promueva esta articulación de manera expresa y directa. La imbricación de la política de posgrados y la de ciencia y tecnología debe darse en el plano de la gestión y no limitarse al plano normativo o del discurso. La participación conjunta de estas dos áreas en las distintas etapas por las que atraviesa la política de becas, desde la definición de la misma hasta su implementación pasando por su formulación y diseño, es una manera de evitar la distancia y propiciar un resultado que atienda las necesidades e intereses de cada una de ellas. La conexión debe necesariamente implicar

---

[91] El desarrollo de estos temas se puede ver en Follari (2001).

el registro de la información de las becas: si sabemos qué estudian pero no dónde ni qué tipo de programa, o dónde estudian pero no dónde desarrollan sus trabajos de investigación, no es posible conectarlas.

Una manera de lograrlo podría ser la conformación de un nuevo espacio institucional, bien específico y acotado, diferente al de la Secretaría de Políticas Universitarias y la CONEAU desde el ámbito de la educación superior y al CONICET desde el propio de la ciencia y la tecnología. De otra manera no parece posible sortear las diferentes formas de entender una misma cuestión. Un nuevo espacio institucional podría superar las costumbres que natural e inevitablemente están arraigadas en cada uno de los espacios dedicados a los posgrados y a las becas respectivamente.

Esta instancia debería incorporar el seguimiento sostenido de la trayectoria de los becarios durante todo el tiempo que comportan tal condición. Este monitoreo constituye un recurso de gran importancia para la evaluación de la política de becas en su conjunto.

Bibliografía

AFA (1997), "Posición del FORO frente a la creación de la Agencia Nacional de Promoción Científica y Tecnológica", *Boletín*, Año 5, N° 32, Argentina.

Albornoz, Mario (2002), "Situación de la ciencia y la tecnología en las Américas", Documento elaborado para la Secretaría General de la OEA, *Documento de Trabajo n° 3*, Argentina, Centro de Estudios sobre Ciencia, Desarrollo y Educación Superior, REDES.

Banco Mundial (1995), *La enseñanza superior. Lecciones derivadas de la experiencia*, Washington D.C., EE.UU., Publicaciones BM,

Bär, Nora (2003), "Fuga de cerebros", en *EDUCYT*, Año 7, Nº 245, 24 de octubre, Buenos Aires, Argentina, Facultad de Ciencias Exactas y Naturales, Universidad de Buenos Aires.

Barsky, Osvaldo (1995), *Los posgrados universitarios en la República Argentina*, Buenos Aires, Secretaría de Políticas Universitarias, Ministerio de Cultura y Educación.

Barsky, Osvaldo (1997), *Los posgrados universitarios en la República Argentina*, Buenos Aires, Editorial Troquel.

Barsky, Osvaldo (1999), "El desarrollo de las carreras de posgrado", en Sánchez Martínez, E. (ed.), *La educación superior en la Argentina. Transformaciones, debates y desafíos*, Buenos Aires, Secretaría de Políticas Universitarias, Ministerio de Cultura y Educación.

Barsky, O.; Domínguez, R. y Pousadela, I (2001), "La Educación Superior en América Latina: entre el aislamiento insostenible y la apertura obligada", *Documento de Trabajo nº 71*, Buenos Aires, Departamento de Investigación, Universidad de Belgrano.

Barsky, O. y Dávila, M. (2002), "Las transformaciones del sistema internacional de Educación Superior", *Documento de Trabajo Nº 93*, Buenos Aires, Departamento de Investigación, Universidad de Belgrano.

Barsky, Osvaldo, (2004), "El sistema de investigación y posgrado en el sistema universitario argentino", en Delamata, Gabriela (ed.), *La Universidad argentina en el cambio de siglo*, Buenos Aires, UNSAM, Jorge Baudino Ediciones.

Barsky, O. y Dávila, M. (2004), "Las tendencias actuales de los posgrados en la Argentina", *Documento de Trabajo Nº 117*, Buenos Aires, Departamento de Investigación, Universidad de Belgrano.

Brunner, J. J., (1994), "Educación Superior en América Latina: coordinación, financiamiento y evaluación", en Marquis, C. (comp.), *Evaluación universitaria en el MERCOSUR*, Buenos Aires, Secretaría de Políticas Universitarias, Ministerio de Cultura y Educación.

Caillon, Adriana (2002), "La oferta de becas de posgrado en la Argentina", *Documento de Trabajo n° 92*, Buenos Aires, Departamento de Investigación, Universidad de Belgrano.

CONICET, *Plan Estratégico Plurianual 1999-2000*, Buenos Aires, Argentina.

CONICET (2004), *CONICET Hoy*, presentación ante la SECyT, Buenos Aires, Argentina.

Cox, Christian (1990), *Políticas de Educación Superior: categorías para su análisis*, Santiago de Chile, FLACSO.

Decreto 1.661/96, Presidencia de la Nación, Buenos Aires, Argentina.

Delfino, José (2002), "La gestión financiera de la educación superior", *Documento de Trabajo N° 97*, Buenos Aires, Departamento de Investigación, Universidad de Belgrano.

De Fillipo, D.; Estébanez, E. y Kreimer, P. (2001), "Participación de la mujer en el sistema de investigación y desarrollo en la Argentina", ponencia presentada en el Primer Taller de Indicadores de Género, Ciencia y Tecnología, Montevideo, SEGECYT, RICYT y DINACYT.

Doberti, Juan I. (1999), "Gratuidad y equidad en los debates de esta década", en Sánchez Martínez, E. (ed.), *La educación superior en la Argentina. Transformaciones, debates y desafíos*, Buenos Aires, Secretaría de Políticas Universitarias, Ministerio de Cultura y Educación.

EDUCYT (1997), "¿La promoción es vital para la supervivencia del sistema?", entrevista a Mario Mariscotti, *EDUCYT*, Año 1, N° 27, 18 diciembre, Buenos Aires, Facultad de Ciencias Exactas y Naturales, Universidad de Buenos Aires.

EDUCYT, (1999), "La gratuidad en los estatutos universitarios", *EDUCYT*, Año 3, N° 98, 5 de noviembre, Buenos Aires, Facultad de Ciencias Exactas y Naturales, Universidad de Buenos Aires.

Follari, Roberto (2001), "Argentina: el acceso a los posgrados como urgencia reglamentaria", en *Contextos de Educación*, N° V, Córdoba, Universidad Nacional de Río Cuarto.

GACTEC, (1998), "Primer Plan Nacional Plurianual de Ciencia y Tecnología 1998-2000".

GACTEC, (1999), "Segundo Plan Nacional Plurianual de Ciencia y Tecnología 1999-2001"

García de Fanelli, A. M, (1996), "Estudios de posgrado en la Argentina: alcances y limitaciones de su expansión en las universidades nacionales", *Serie Educación Superior*, n° 114, Buenos Aires, CEDES.

García de Fanelli, A. M (1998), *Gestión de las Universidades Públicas. La experiencia internacional*, Serie Nuevas Tendencias, Buenos Aires, Secretaría de Políticas Universitarias, Ministerio de Cultura y Educación.

García de Fanelli, A. M. (2000), "Estudios de posgrado en Argentina: una visión desde las Maestrías en Ciencias Sociales", *Serie Educación Superior*, n° 119, Buenos Aires, CEDES.

García de Fanelli, A. M., (2001), "La gestión universitaria en tiempos de restricción fiscal y crecientes demandas sociales", *Documento de Trabajo n° 80*, Buenos Aires, Departamento de Investigación, Universidad de Belgrano.

García Guadilla (1996), *Conocimiento, educación superior y sociedad en América Latina*, sin referencias.

Gunn, Lewis A., "Why is implementation so difficult?", *Management Services in Government*, N° 33, pp. 169-176.

Krotsch, Pedro (2001), *Educación superior y reformas comparadas*, Buenos Aires, Universidad Nacional de Quilmes.

Levy, Daniel (1994), "La educación superior dentro de las transformaciones políticas y económicas de los años 90", *Informe del Grupo de Trabajo sobre Educación Superior de la Asociación de Estudios Latinoamericanos*, N° 98, Buenos Aires, CEDES.

Ley de Educación Superior 24.521 (1995).

Luchilo, Lucas (2003), *América Latina: formación y movilidad internacional de recursos humanos en ciencia y tecnología*, Buenos Aires, Centro de Estudios sobre Ciencia, Desarrollo y Educación Superior (REDES).

Lucio, Ricardo (1993), *Políticas de Posgrado en América Latina: Análisis comparativo*, Buenos Aires, CEDES.

Marquis, C.; Spagnolo, F y Valenti Nigrini, G. (1998), *Desarrollo y acreditación de los posgrados en Argentina, Brasil y México*, Seria Nuevas Tendencias, Buenos Aires, Secretaría de Políticas Universitarias, Ministerio de Cultura y Educación.

Marquis, C.; Martínez Porta, G. y Riveiro, G. (s/r), "El FOMEC: innovación y reformas en las universidades nacionales", en Sánchez Martínez, E. (ed.), *La educación superior en la Argentina. Transformaciones, debates y desafíos*, Buenos Aires, Secretaría de Políticas Universitarias, Ministerio de Cultura y Educación.

Ministerio de Cultura y Educación (1996), *La política universitaria del gobierno nacional*, Argentina.

Nagata, Javier (1996), *El principio de gratuidad y equidad en la Universidad Estatal*, Serie Estudios y Propuestas, Buenos Aires, Secretaría de Políticas Universitarias, Ministerio de Cultura y Educación.

Nagata, Javier (1999), "El principio constitucional de gratuidad y equidad de la educación pública estatal", en Sánchez Martínez, E. (ed.), *La educación superior en la Argentina. Transformaciones, debates y desafíos*, Buenos Aires, Secretaría de Políticas Universitarias, Ministerio de Cultura y Educación.

Pedro, F. y Puig, I. (1998), *Las reformas educativas. Una perspectiva política y comparada*, Barcelona, Papeles de Pedagogía, Paidós.

Pugliese, Juan Carlos (ed.) (2003), *Políticas de estado para la Universidad argentina. Balance de una gestión en el contexto nacional e internacional*, Buenos Aires, Secretaría de Políticas Universitarias, Ministerio de Cultura y Educación.

Resolución 243/2001, *Reglamento de becas de investigación científica y tecnológica*.

Sampaio, H. y Klein, L. (1993), "Políticas de Ensino Superior na América Latina: Una análise comparada", *Serie Educación Superior*, N° 1, Buenos Aires, CEDES.

Sigal, Víctor (2003), "La cuestión de la admisión a los estudios universitarios en Argentina", *Documento de Trabajo*, N° 113, Buenos Aires, Departamento de Investigación, Universidad de Belgrano.

Tiramonti, G. (1999), "Los cambios en la universidad: una modernización diferenciadora", *Serie de Estudios e Investigaciones*, N° 38, La Plata, Facultad de Humanidades y Ciencias de la Educación, Universidad Nacional de La Plata.

Wainerman, Catalina (2003), "La reestructuración de las fronteras del género", en *Familia, trabajo y género. Un mundo de nuevas relaciones*, UNICEF – FCE.

Anexo I

Distribución por tipo de beca para cada área de conocimiento (porcentajes)

Área de conocimiento	Tipo de beca	2000	2001	2002	2003
Ciencias Biológicas y de la Salud	Becas Internas de Posgrado Tipo I y Tipo II	78,8%	74,8%	82,7%	71,1%
	Beca Posdoctoral Interna		17,9%	10,8%	11,2%	20,0%
	Becas de Posgrado Mixtas Tipo I y II	3,2%	3,8%	5,0%	4,2%
	Prórroga de Perfeccionamiento	0,0%	8,4%	0,0%	0,0%
	Beca Interna Posdoctoral Extraordinaria	0,0%	1,5%	0,3%	2,8%
	Beca Interna Posdoctoral de Reinserción	0,0%	0,5%	0,6%	1,4%
	Beca de Perfeccionamiento	0,0%	0,2%	0,2%	0,0%
	Beca Posdoctoral cofinanciada	0,0%	0,0%	0,0%	0,1%
	Beca Interna Doctoral cofinanciada	0,0%	0,0%	0,0%	0,4%
Ciencias Sociales y Humanidades	Becas Internas de Posgrado Tipo I y Tipo II	79,1%	70,9%	84,0%	74,9%
	Beca Posdoctoral Interna	16,1%	10,1%	9,8%	15,7%
	Becas de Posgrado Mixtas Tipo I y II	4,7%	4,6%	6,0%	5,2%
	Prórroga de Perfeccionamiento	0,0%	11,6%	0,0%	0,2%
	Beca Interna Posdoctoral Extraordinaria	0,0%	1,5%	0,0%	2,9%
	Beca Interna Posdoctoral de Reinserción	0,0%	0,8%	0,3%	0,4%
	Beca de Perfeccionamiento	0,0%	0,5%	0,0%	0,0%
	Beca Posdoctoral cofinanciada	0,0%	0,0%	0,0%	0,0%
	Beca Interna Doctoral cofinanciada	0,0%	0,0%	0,0%	0,6%

Área de conocimiento	Tipo de beca	2000	2001	2002	2003
Ciencias Exactas y Naturales	Becas Internas de Posgrado Tipo I y Tipo II	78,7%	67,8%	79,5%	69,7%
	Beca Posdoctoral Interna	18,2%	12,6%	12,9%	16,6%
	Becas de Posgrado Mixtas Tipo I y II	3,0%	2,5%	5,3%	3,9%
	Prórroga de Perfeccionamiento	0,0%	12,1%	0,8%	0,0%
	Beca Interna Posdoctoral Extraordinaria	0,0%	2,8%	0,5%	2,9%
	Beca Interna Posdoctoral de Reinserción	0,0%	0,8%	1,1%	2,5%
	Beca de Perfeccionamiento	0,0%	1,5%	0,0%	0,0%
	Beca Posdoctoral cofinanciada	0,0%	0,0%	0,0%	0,8%
	Beca Interna Doctoral cofinanciada	0,0%	0,0%	0,0%	3,5%
Ciencias Agrarias, de Ingeniería y de materiales	Becas Internas de Posgrado Tipo I y Tipo II	81,4%	74,1%	78,2%	71,6%
	Beca Posdoctoral Interna	16,2%	11,9%	14,8%	16,4%
	Becas de Posgrado Mixtas Tipo I y II	2,4%	3,4%	5,4%	4,5%
	Prórroga de Perfeccionamiento	0,0%	7,9%	0,0%	0,0%
	Beca Interna Posdoctoral Extraordinaria	0,0%	1,2%	0,5%	2,3%
	Beca Interna Posdoctoral de Reinserción	0,0%	1,5%	1,1%	3,4%
	Beca de Perfeccionamiento	0,0%	0,0%	0,0%	0,0%
	Beca Posdoctoral cofinanciada	0,0%	0,0%	0,0%	0,2%
	Beca Interna Doctoral cofinanciada	0,0%	0,0%	0,0%	1,6%

Área de conocimiento	Tipo de beca	2000	2001	2002	2003
Tecnología	Becas Internas de Posgrado Tipo I y Tipo II	67,5%	72,3%	76,9%	63,5%
	Beca Posdoctoral Interna	27,5%	12,8%	15,4%	20,3%
	Becas de Posgrado Mixtas Tipo I y II	5,0%	4,3%	5,8%	4,1%
	Prórroga de Perfeccionamiento	0,0%	4,3%	0,0%	0,0%
	Beca Interna Posdoctoral Extraordinaria	0,0%	2,1%	0,0%	1,4%
	Beca Interna Posdoctoral de Reinserción	0,0%	4,3%	1,9%	2,7%
	Beca de Perfeccionamiento	0,0%	0,0%	0,0%	0,0%
	Beca Posdoctoral cofinanciada	0,0%	0,0%	0,0%	1,4%
	Beca Interna Doctoral cofinanciada	0,0%	0,0%	0,0%	6,8%

Fuente: Elaboración propia en base a datos del CONICET

Anexo II

Clases de lugar de trabajo de los becarios. Ejemplos:

Universidades de Gestión Estatal: Universidad de Buenos Aires; Universidad Nacional de La Plata; Universidad Nacional de Rosario; Universidad Nacional de Tucumán; Universidad Nacional de Córdoba; etc.

Universidades de Gestión Privada:[92] Universidad Austral, Universidad Católica Argentina; Universidad de San Andrés; Universidad Católica de Salta; Universidad de Mendoza; Universidad Favaloro; Universidad Torcuato Di Tella; Universidad Adventista del Plata; etc.

---

[92] Cuando nos referimos detalladamente a las clases de lugar de trabajo, desglosamos esta categoría en dos: Universidades de Gestión Privada y Sistema Internacional Público, integrada solamente a FLACSO.

Organismos CONICET/Unidades Ejecutoras: Instituto de Investigaciones en Ingeniería Genética y Biología Molecular (INGEBI); Centro Argentino de Etnología Americana (CAEA); Centro Experimental de la Vivienda Económica (CEVE); Centro de Investigaciones Geológicas (CIG); Instituto de Investigaciones Bioquímicas y Fisiológicas (IBYF); Instituto de Química Orgánica y de Síntesis (IQUIOS); Instituto Rosario de Investigaciones en Ciencias de la Educación (IRICE); etc.

Gobierno Nacional y Organismos Descentralizados de Ciencia y Tecnología: Centro Atómico Bariloche de la Comisión Nacional de Energía Atómica; Instituto de Virología del Instituto Nacional de Tecnología Agropecuaria; Instituto Nacional de Estadísticas y Censos; Servicio Geológico Minero Argentino de la Secretaría de Industria y Minería; Instituto Nacional de Investigación y Desarrollo Pesquero (INIDEP); etc.

Organismos Privados de Bien Público: Centro de Estudios de Estado y Sociedad (CEDES); Fundación Bariloche; Instituto de Desarrollo Económico y Social (IDES); Academia Nacional de Ciencias; Centro de Estudios de Población; Asociación Civil "Grupo Redes"; Asociación Argentina de Investigaciones Éticas; Fundación Miguel Lillo; Academia Nacional de Medicina de Buenos Aires; Fundación para Investigaciones Biológicas Aplicadas (FIBA); Sociedad Argentina de Análisis Filosóficos; etc.

Organismos Privados con Fines de Lucro: el Instituto de Ciencias Básicas y Medicina Experimental del Hospital Italiano es el único que aparece registrado en las bases analizadas.

Provincias y Ciudad de Buenos Aires: Hospital General de Niños "R. Gutiérrez" del Gobierno de la Ciudad de Buenos Aires; Museo Municipal de Historia Natural de la Provincia de Mendoza; Centro de Ecología Aplicada de Neuquén de la Provincia de Neuquén; Centro de Excelencia en Productos y Procesos de la Provincia de Córdoba; etc.

Organismos Extranjeros / Multilaterales: Universidad de Brasilia, Universidad de Sevilla; Max Planck Institut fur Strahlenchemie del Gobierno de la República Federal Alemana; State University of Washington; Programa de Investigación sobre el Movimiento de la Sociedad Argentina (PIMSA) del Consejo Latinoamericano de Ciencias Sociales (CLACSO); Universidad de Salamanca; Universidad de Cataluña; etc.

Anexo III

Distribución porcentual de los becarios por clase de lugar de trabajo para cada área de conocimiento por año

Tecnología				
Clase de lugar de trabajo	2000	2001	2002	2003
Universidades de Gestión Estatal	52,5%	40%	38%	36%
Organismos CONICET/Unidades Ejecutoras	42,5%	60%	60%	56%
Gobierno Nacional y Org. Des. y CYT	2,5%	0%	2%	8%
Organismos Extranjeros / Multilaterales	0%	0%	0%	0%
Organismos Privados de Bien Público	2,5%	0%	0%	0%
Provincias y Ciudad de Bs. As	0%	0%	0%	0%
Universidades Privadas	0%	0%	0%	0%
Organismos Privados con fines de lucro	NA	0%	0%	0%
Total	100%	100%	100%	100%

Fuente: Elaboración propia en base a datos del CONICET

Ciencias Sociales y Humanidades				
Clase de lugar de trabajo	2000	2001	2002	2003
Universidades de Gestión Estatal	81%	74,2%	75,3%	76,8%
Organismos CONICET/Unidades Ejecutoras	14%	13,4%	14,6%	14%
Gobierno Nacional y Org. Des. y CYT	0,5%	0,5%	0,5%	0,6%
Organismos Extranjeros / Multilaterales	2%	0,8%	0,5%	0,2%

Ciencias Sociales y Humanidades				
Clase de lugar de trabajo	2000	2001	2002	2003
Organismos Privados de Bien Público	0%	5,2%	2,7%	3,1%
Provincias y Ciudad de Bs. As	0,5%	0,3%	0,3%	0,2%
Universidades Privadas	2%	5,7%	6%	5%
Organismos Privados con fines de lucro	NA	0%	0%	0%
Total	100%	100%	100%	100%

Fuente: Elaboración propia en base a datos del CONICET

Ciencias Exactas y Naturales				
Clase de lugar de trabajo	2000	2001	2002	2003
Universidades de Gestión Estatal	55,8%	49%	49,3%	47,2%
Organismos CONICET/Unidades Ejecutoras	33,2%	40,5%	41,7%	42%
Gobierno Nacional y Org. Des. y CYT	7,3%	9%	7,7%	9,6%
Organismos Extranjeros / Multilaterales	1,8%	0,8%	0%	0%
Organismos Privados de Bien Público	0,5%	0%	0,3%	0,4%
Provincias y Ciudad de Bs. As	1,2%	0,3%	0,8%	0,8%
Universidades Privadas	0,5%	0,5%	0,3%	0%
Organismos Privados con fines de lucro	NA	0%	0%	0%
Total	100%	100%	100%	100%

Fuente: Elaboración propia en base a datos del CONICET

Ciencias Biológicas y de la Salud				
Clase de lugar de trabajo	2000	2001	2002	2003
Universidades de Gestión Estatal	54,4%	45,7%	46,6%	41,2%
Organismos CONICET/Unidades Ejecutoras	36,9%	42,5%	42%	49,6%
Gobierno Nacional y Org. Des. y CYT	3,9%	4,5%	4,5%	3,5%
Organismos Extranjeros / Multilaterales	1,2%	0,2%	0,2%	0%
Organismos Privados de Bien Público	2,6%	3,8%	3,5%	2,7%
Provincias y Ciudad de Bs. As	0,9%	2,7%	2,4%	2,4%
Universidades Privadas	0,2%	0,5%	0,6%	0,4%
Organismos Privados con fines de lucro	NA	0,2%	0.2%	0.1%
Total	100%	100%	100%	100%

Fuente: Elaboración propia en base a datos del CONICET

Ciencias Agrarias, de Ingeniería y de materiales				
Clase de lugar de trabajo	2000	2001	2002	2003
Universidades de Gestión Estatal	44,2%	40%	40,1%	38%
Organismos CONICET/Unidades Ejecutoras	46,2%	49%	49,6%	50%
Gobierno Nacional y Org. Des. y CYT	7,4%	9%	8%	9,3%
Organismos Extranjeros / Multilaterales	1,4%	1%	0,3%	0,2%
Organismos Privados de Bien Público	0,4%	1%	1,4%	0,9%
Provincias y Ciudad de Bs. As	0%	0%	0,3%	1,4%
Universidades Privadas	0,4%	0%	0,3%	0,2%
Organismos Privados con fines de lucro	NA	0%	0%	0%
Total	100%	100%	100%	100%

Fuente: Elaboración propia en base a datos del CONICET

Anexo IV

Cantidad de becarios que se desempeñan en Universidades de gestión estatal

Universidad de gestión estatal	2000	2001	2002	2003	variación 2000-2003
Univ. de Buenos Aires	269	318	299	331	23%
Univ. Nacional de Córdoba	123	97	95	112	-9%
Univ. Nacional de La Plata	73	96	97	98	34%
Univ. Nacional del Sur	53	51	60	73	38%
Univ. Nacional de Mar del Plata	47	45	56	64	36%
Univ. Nacional de Tucumán	46	52	48	59	28%
Univ. Nacional de Río Cuarto	40	37	32	49	23%
Univ. Nacional del Comahue	23	27	35	46	100%
Univ. Nacional de Rosario	32	36	35	35	9%
Univ. Nacional del Centro de la Prov. de Bs. As.	15	20	22	33	120%

Universidad de gestión estatal	2000	2001	2002	2003	variación 2000-2003
Univ. Nacional del Litoral	13	18	21	29	123%
Univ. Nacional de San Juan	17	18	22	28	65%
Univ. Nacional de Quilmes	10	11	17	26	160%
Univ. Nacional de Cuyo	22	21	25	23	5%
Univ. Nacional de San Luis	12	14	15	16	33%
Univ. Nacional de Jujuy	4	10	9	11	175%
Univ. Nacional de Misiones	5	6	5	10	100%
Univ. Nacional de Salta	12	7	7	10	-17%
Univ. Nacional de General San Martín	6	5	2	6	0%
Univ. Nacional del Nordeste	4	5	4	6	50%
Univ. Nacional de General Sarmiento	3	2	3	5	67%
Univ. Nacional de La Pampa	1	1	1	5	400%
Univ. Nacional de la Patagonia "San Juan Bosco"	6	2	3	5	-17%
Univ. Tecnológica Nacional	3	3	4	5	67%
Univ. de Catamarca	4	2	2	3	-25%
Univ. Nacional de Luján	1	2	4	2	100%
Univ. Nacional de Santiago del Estero	1			2	100%
Univ. Nacional de Entre Ríos		2	1	1	
Univ. Nacional de Formosa				1	
Univ. Nacional de la Patagonia Austral	1	1	1	1	0%
Univ. Nacional de La Rioja				1	
Total	846	909	925	1096	

Fuente: Elaboración propia en base a datos del CONICET

Anexo V

Distribución de las UE con sede en universidades de gestión estatal

Detalle Tipo de Sede - Univ. de gestión estatal	Cantidad	%
Univ. de Buenos Aires	19	35%
Univ. Nacional de Córdoba	5	9%
Univ. Nacional de Cuyo	1	2%
Univ. Nacional de La Plata	13	24%
Univ. Nacional de Mar del Plata	1	2%
Univ. Nacional de Rosario	5	9%
Univ. Nacional de Salta	2	4%
Univ. Nacional de San Luis	2	4%
Univ. Nacional de Tucumán	2	4%
Univ. Nacional del Litoral	1	2%
Univ. Nacional del Nordeste	2	4%
Univ. Nacional del Sur	1	2%
Total	**54**	**100%**

Fuente: Elaboración propia

Distribución de las UE con sede en "otros"

Detalle Tipo de Sede – Otros	Cantidad	%
AVE	1	5%
CERIDE	2	9%
CERIDER	1	5%
CIC	4	18%
CITEFA	4	18%
CRIBABB	4	18%
CRICYT	4	18%
Fundación Instituto de Biología y Medicina Experimental	1	5%
Fundación Instituto de Neurobiología	1	5%
Total	**22**	**100%**

Fuente: Elaboración propia

Anexo VI

Distribución de las UE por tipo de contraparte

Contraparte		
Exclusivo	**Cantidad**	**%**
CONICET	29	
SubTotal	**29**	27%
Otros	**Cantidad**	
Academia Nacional de Ciencias Exactas, Físicas y Naturales	1	
Asociación Argentina de Cultura	1	
AVE (Asociación de Vivienda Económica)	1	
CIC (Comisión de Investigaciones Científicas de la Prov. de Buenos Aires)	3	
CITEFA (Instituto de Investigaciones Científicas y Técnicas de las FFAA)	3	
Comisión Nacional de Energía Atómica	1	
FECIC Fundación para la Educación, la Ciencia y la Cultura	1	
Fundación Instituto de Biología y Medicina Experimental	1	
Fundación Instituto de Biología y Medicina Experimental	1	
Fundación Leloir / Instituto de Investigaciones Bioquímicas	1	
FUNDANORD (Fundación para el Desarrollo del Nordeste)	1	
Instituto de Investigación Médica "Mercedes y Martín Ferreyra"	1	
Municipalidad de Bs. AS / FEI	1	
Prov. de Entre Ríos	1	
SubTotal	**18**	17%

Universidades de Gestión Estatal	Cantidad	
Univ. de Buenos Aires	10	
Univ. Nacional del Nordeste	1	
Univ. Nacional de Córdoba	5	
Univ. Nacional de Cuyo	1	
Univ. Nacional de Cuyo / Prov. de Mendoza	1	
Univ. Nacional de Cuyo / Prov. de Mendoza / Univ. Nacional del Sur / INA/ SER	1	
Univ. Nacional de La Plata	13	
Univ. Nacional de La Plata / CIC (Comisión de Investigaciones Científicas de la Prov. de Buenos Aires)	2	
Univ. Nacional de La Rioja / Prov. La Rioja / SEGEMAR / UNCAT	1	
Univ. Nacional de Mar del Plata	1	
Univ. Nacional de Rosario	6	
Univ. Nacional de Salta	2	
Univ. Nacional de San Luis	2	
Univ. Nacional de San Martín	1	
Univ. Nacional de Tucumán	1	
Univ. Nacional de Tucumán / FECIC (Fundación para la Educación, la Ciencia y la Cultura)	1	
Univ. Nacional del Litoral	4	
Univ. Nacional del Sur	5	
Univ. Tecnológica Nacional	1	
SubTotal	59	56%
Total	106	100%

Fuente: Elaboración propia

ANÁLISIS DE LAS BECAS DEL CONICET: DIMENSIÓN NORMATIVA Y CARACTERIZACIÓN DE LAS BECAS. CONCURSOS 2003-2006

Por Teresa Busto Tarelli

Introducción

En el presente trabajo se desarrolla el análisis de las becas del CONICET correspondientes a los concursos 2003, 2004, 2005 y 2006 que equivalen a los becarios ingresados en los años 2004, 2005, 2006 y 2007 respectivamente.

El propósito de este trabajo es doble. Por un lado, pretende dar continuidad en el tiempo a una línea de trabajo iniciada hacia el año 2004 sobre las becas de financiamiento público para la realización de estudios de posgrado.[93] Por otro lado, procura profundizar el conocimiento acerca de este instrumento particular de promoción de la ciencia y la tecnología y de formación de recursos humanos de gran importancia en términos del desarrollo socioeconómico del país. En este sentido el CONICET presenta la particularidad de ser el organismo estatal que mayor cantidad de becas otorga por año, sus becas representan alrededor del 40% del total de las becas que se otorgan en el país; y además no reviste carácter sectorial.[94]

---

[93] Ese trabajo incluyó también el análisis de las becas otorgadas en el marco de los Proyectos de Investigación Científica y Tecnológica (PICT) del Fondo Nacional de Ciencia y Tecnología (FONCYT) de la Agencia Nacional de Promoción de la Ciencia y la Tecnología.

[94] Algunos organismos públicos que desarrollan actividades de ciencia y tecnología con carácter sectorial son el INTA, INTI, SEGEMAR Y CONEA.

Específicamente, este trabajo aborda las becas internas que implican la realización de estudios de posgrado *strictu sensu*, maestrías y doctorados. Esto significa que no se considerará la información correspondiente a todas aquellas becas que no cumplan con estos requisitos, como por ejemplo las becas mixtas y externas en el primer caso, o posdoctorales o de perfeccionamiento en el segundo caso. Esta elección se funda en la magnitud de este tipo de beca y en su relación estrecha con el sistema de posgrado, al que se dedica el trabajo en el que se inserta este apartado de becas.

En el período seleccionado para el análisis en el presente trabajo se observa una ruptura en la política del CONICET respecto de los años anteriores al 2003. Los cambios en la política de becas coinciden con el cambio en la conducción del CONICET y la asunción de la Presidencia por parte del Dr. Eduardo Charreau hacia el año 2002. Si bien la duración del cargo es de dos (2) años, éste fue renovado en dos oportunidades como medida para dar continuidad a la transformación impulsada bajo su presidencia.

Uno de los pilares fundamentales de esta gestión del CONICET reside en los recursos humanos, en un doble sentido: formación de recursos humanos e ingreso al sistema científico y tecnológico.[95] Estos se encuentran íntimamente relacionados, ya que para incrementar la cantidad de investigadores por PEA (población económicamente activa) era necesario aumentar las posibilidades de formación, de realizar estudios de posgrado.[96]

Con este objetivo se decidió implementar una política de aumento sostenido de la cantidad de becas, hasta

---

[95] La "preocupación mayor, y podría decirse, obsesiva, del Directorio del CONICET durante 2003 y 2004, fue la recomposición del sistema de becas y la admisión a la Carrera de Investigador" (Rapela, 2007).

[96] Esta es una de las tres etapas en la formación de científicos: formación de grado, de posgrado o doctorado y de posdoctorado.

alcanzar el nivel actual que supera las 1.500 becas anuales, la mayoría de las cuales corresponde a formación de doctorado.[97] Además, como complemento de esta medida, se avanzó en la coordinación con las becas que otorga la Agencia, principalmente aquellas encuadradas en los PICT, para evitar que la desconexión entre éstas implicara la prolongación de los estudios de doctorado y el retraso del ingreso al CONICET.[98]

Otra arista de la política de becas de esta gestión son las becas para áreas de vacancia geográfica destinadas a provincias donde la inserción de la ciencia en las universidades nacionales es baja. Iniciadas hacia el año 2006, se otorgaron alrededor de 35 becas y actualmente hay cerca de cien candidatos. Se trata de convocatorias cerradas para las universidades invitadas, que seleccionan en primera instancia a los candidatos a los que luego se somete a una evaluación conjunta entre el CONICET y la universidad. Junto a la beca, el directorio del CONICET propone un director y un lugar de trabajo para que se desempeñe el becario. Para estas becas, se establece un cupo independiente. A diferencia de lo que sucede en los restantes tipos de becas, en éstas, el becario tiene la obligación de regresar a la universidad que lo preseleccionó por un tiempo no menor al que ha usufructuado su beca, y la universidad deberá comprometerse a otorgar al becario a su regreso, un cargo docente de dedicación exclusiva.

Un tercer aspecto a destacar se refiere a los directores de los becarios doctorales. Para ellos, se estableció el límite máximo de tres (3) becarios doctorales de manera

---

[97] Esta medida es una de las actividades programadas para el período 2005-2008 en el Programa Estratégico para el Desarrollo Institucional del CONICET. El aumento de la cantidad de becas debe servir como base para seleccionar a los futuros miembros de la Carrera de Investigador.

[98] Esto sucedía porque en muchos casos las becas de la Agencia eran el paso previo a la solicitud de las del CONICET.

de evitar la concentración de los mismos en ciertas personas, categorías de investigadores y regiones. Al mismo tiempo que se procura asegurar la función que cumplen los directores que podría desvirtuarse debido a una gran cantidad de becarios a su cargo, esta medida tiende a la democratización de la misma hacia diferentes personas, categorías de investigadores y regiones.

En cuanto a la Carrera de Investigador Científico y Tecnológico (CIC), esta gestión ha logrado mantener desde hace un par de años una cantidad promedio de vacantes anuales de alrededor de quinientos, si bien en la práctica no siempre se logran cubrir estas vacantes porque no todos los candidatos reúnen el perfil requerido. Junto al aumento en la cantidad de becarios, el de las vacantes de ingreso al CIC también supone un cambio sustantivo en el funcionamiento del CONICET, ya que permite el ingreso de los más jóvenes, a diferencia de lo que sucedía antes, cuando las vacantes eran limitadas y "por lo común sólo accedían a la categoría de Asistentes investigadores con antecedentes de Adjunto" (Rapela, 2007). Esto ha suscitado la crítica de algunos que consideran que la ampliación del cupo de admisión a la carrera ha disminuido la calidad de los ingresantes. Lo cierto es que dado que tienen un promedio de edad menor a los de los ingresantes de épocas anteriores, obviamente tienen, además, menores antecedentes.

Otra dimensión del cambio del CONICET se refiere a la cuestión presupuestaria. Entre el año 2003 y el 2007, el presupuesto del CONICET creció paralelamente al PBI y se duplicó al pasar de alrededor de $240.000.000 a $500.000.000, a diferencia de la etapa anterior en la que descendió respecto del PBI. Como resultado de ello se incrementaron los salarios de becarios e investigadores, sobre todo de las categorías inferiores;[99] por ejemplo el

---

[99] Esto condujo a un achicamiento de la diferencia entre categorías.

salario de los Investigadores Asistentes creció 132% entre el 2003 y el 2006. Además, en el caso de los becarios se restituyeron adicionales que se habían discontinuado, tales como el adicional por familia y el de salud, y se incorporaron otros nuevos como las licencias por enfermedad, maternidad y adopción.[100]

Los cambios impulsados en el CONICET, tales como el aumento del presupuesto asignado y el descongelamiento de las vacantes, tuvieron implicancia en la gestión del organismo, que también ha sido objeto de transformaciones. Básicamente, éstas refieren al cambio desde una administración burocrática tradicional a una de tipo tecnocrática (CONICET, 2006) caracterizada por el pase de una estructura vertical a una horizontal, la incorporación de la gestión por resultados, técnicas de planeamiento, programación y presupuestación, entre otros. Una parte central de esta transformación se apoya en la incorporación de tecnología informática, vital para el manejo y la administración de la información, que constituía una de las falencias más serias del organismo (de acuerdo al diagnóstico realizado hacia fines de los años 1980). Así, por ejemplo, el sistema de evaluación se ha informatizado completamente,[101] mejorando la velocidad, la calidad y transparencia del mismo.[102]

El siguiente trabajo se estructura en dos partes. En la primera, se realiza el análisis de la normativa que regula las becas del CONICET, específicamente las disposiciones del Reglamento de Becas y de las bases de las

---

[100] Estas son de vital importancia ya que alrededor del 60% de los becarios son mujeres. De esta manera, la licencia extiende la duración de la beca, a diferencia de lo que sucedía antes cuando la maternidad "consumía" esta duración.
[101] Cada miembro de la Comisión Asesora tiene en la computadora todos los antecedentes de todos los candidatos y los artículos completos en pdf.
[102] Cabe destacar que estas mejoras derivaron de desarrollos propios del CONICET.

convocatorias correspondientes a cada uno de los años del período de estudio. Por otro lado, la segunda parte se dedica al análisis de la información cuantitativa de las becas para cada año del período, considerando sus características particulares, tales como tipo de beca, área del conocimiento y disciplina científica a la que pertenece. En ésta, también se incluye una breve referencia a la cuestión presupuestaria.

PRIMERA PARTE: Dimensión normativa de las becas del CONICET

El Directorio del CONICET establece el Reglamento de Becas (Artículo 25, Decreto 1.661/96), que constituye el marco normativo que señala los lineamientos generales de la evaluación, admisión y permanencia de los becarios en el Programa de Formación de Recursos Humanos del CONICET. Sobre esta base, cada año, el directorio determina las modalidades de las becas, su eventual cofinanciamiento con otras instituciones, la convocatoria, los criterios académicos específicos para la consideración y gestión de las solicitudes y otras condiciones que deberán cumplir los postulantes en cada concurso y modalidad de beca.

Durante el período de análisis, comprendido entre los años 2004 y 2007 inclusive, nos encontramos con dos reglamentos de becas, la Resolución 243/2001 y la Resolución 2.056/2005, vigente para las becas otorgadas a partir del 1 de enero del 2006. A continuación presentamos los aspectos que éstos regulan y algunas similitudes y divergencias entre los mismos.

En ambos reglamentos las *becas* se definen como un instrumento de promoción que no implica relación de dependencia actual o futura y se otorgan para la formación doctoral y la realización de investigación posdoctoral.[103]

Hay dos aspectos esenciales de las becas que se desprenden de la definición de las mismas. Las becas son instrumentos de *promoción* de la ciencia y la tecnología; la promoción es una de las funciones en esta área de competencia del Estado que en el caso del CONICET se complementa con la función de ejecución.[104] La segunda nota a destacar es que la actividad de los becarios *no comporta una relación laboral*. Esta característica ha sido centro de confusiones y ha requerido aclaración en reiteradas ocasiones. "El concepto que rige las becas del CONICET no es exclusivo de esta institución. Las experiencias internacionales se encuentran en la misma línea, al considerar que la actividad de los becarios está desprovista de relación laboral; el becario es un titulado universitario que adquiere una formación mediante la realización de una actividad solventada económicamente por la institución que concede la beca. Las tareas que realiza el becario no corresponden a una contraprestación de servicios por el importe económico de la beca, ni el objetivo de las mismas es que las instituciones que la otorgan se beneficien de su actividad. El estipendio de una beca es un premio al mérito de quien ha sido evaluado a través de una rigurosa selección, y su objetivo facilitar la formación académica y científica del beneficiario" (Lattuada, 2005). Esta explicación destaca el mérito del becario que lo hace acreedor del estipendio de

---

[103] Estas definiciones de beca concuerdan con la establecida por el Decreto 1.661/96 en su Artículo 24, "estipendios que a título de promoción, sin implicancia alguna de relación de dependencia presente o futura, se abonan para la formación de posgrado, preferentemente de doctorado, o trabajos de posdoctorado en el país o en el extranjero".

[104] Hay otros organismos que se dedican específicamente a la promoción de la ciencia y tecnología, el ejemplo paradigmático es la Agencia Nacional de Promoción de Ciencia y Tecnología (ANPCyT).

la beca. Si bien el objetivo de la beca refiere a la formación del becario, es importante tener presente que el propósito de la misma excede el ámbito del individuo y se proyecta en la sociedad.

La confusión respecto de lo que se entiende por beca también trae aparejados otros reclamos y demandas, como por ejemplo los vinculados con los aportes jubilatorios. Dado que como se explicó anteriormente no se trata de una relación laboral, no corresponden estos aportes. Además, se argumenta que el sistema de becas está pensado para el ingreso a la Carrera de Investigador en algún momento entre los 30 y 35 años de edad, por lo que a partir de entonces serían suficientes los años de aportes que requiere la normativa nacional.

Los *beneficiarios* de las becas deben reunir las siguientes condiciones mínimas en cuanto a formación, nacionalidad y características: ser graduados universitarios, argentinos o extranjeros con residencia en el país, y poseer mérito y vocación para realizar tareas originales de investigación.

Las bases de las convocatorias correspondientes a los años analizados señalan que se aceptarán solicitudes de postulantes no graduados pero que éstos deben acreditar la finalización de la carrera de grado antes de la fecha estipulada de inicio de la beca. La convocatoria del año 2006 es incluso más detallada y especifica la tramitación de las solicitudes de quienes adeuden hasta cinco (5) materias y más materias de la carrera de grado. Además, las convocatorias indican que no se aceptarán las solicitudes de quienes hayan usufructuado becas del CONICET o de otras instituciones nacionales o extranjeras para el caso de las becas de posgrado Tipo I y quienes se hayan beneficiados con becas por el término de cuatro (4) o cinco (5) años previstas en el reglamento de becas, de 1997 y del 2001.

En el caso de los extranjeros el reglamento actual es un poco más detallado que el anterior y señala que aquellos provenientes de países latinoamericanos pueden solicitar becas con el aval de instituciones con las que el CONICET mantenga convenios de cooperación (Artículo 2).

El CONICET *convoca a concurso* y establece la cantidad y tipos de becas de acuerdo a las prioridades por disciplinas, áreas temáticas, regiones del país y desarrollo previsto de las Carreras de Investigador y de Personal de Apoyo. Respecto de las convocatorias, el reglamento actual distingue entre anuales, que se realizan en el mes de mayo y cuyas becas asignadas se inician en abril del año siguiente, y permanentes, que se inician en la fecha más conveniente de acuerdo a las tareas previstas por las mismas (Artículo 3).

En cuanto a los *tipos de becas* se observan diferencias entre los reglamentos del 2001 y del 2005. En primer lugar, el reglamento anterior se refiere a dos tipos de becas y el actual a tres tipos. En esencia se trata de las mismas becas, doctorales y posdoctorales, pero la Resolución 2.056/2005 establece dos tipos en el caso de las primeras: las becas destinadas a iniciar el doctorado (Tipo I) y aquellas que tienen como objetivo permitir la finalización del mismo (Tipo II). Lo cierto es que el reglamento actual recoge aquello que establecían las diferentes convocatorias realizadas durante la vigencia del reglamento anterior. De esta manera se alinean el reglamento y las bases de las convocatorias que previamente presentaban diferencias en la denominación de las becas. Si bien se trata de un cambio formal y no de fondo, tiene relevancia porque previene las confusiones que se podrían suscitar producto de esta diferencia, y además, respecto del registro de la información.[105]

---

[105] En el estudio de las becas del CONICET 2000-2003 se observó la falta de uniformidad en las bases de datos de los becarios respecto de la

En cuanto al *lugar de ejecución* de las becas, ambos reglamentos contemplan la posibilidad de que sea en centros de investigación del país o del extranjero.

Las becas del CONICET financian la formación de los becarios de manera complementaria a los *proyectos de investigación* en los que se inscriben los planes de trabajo de éstos. De ello se deriva el énfasis de los dos reglamentos analizados en que los solicitantes de becas dejen constancia de que estos proyectos cuentan con financiamiento que permitirá su ejecución.

Junto al proyecto de investigación, otra dimensión importante de las becas es el *director* de las mismas. En este sentido, el reglamento anterior era un poco más exigente porque señalaba que debía tratarse de un miembro de la Carrera del Investigador Científico y Tecnológico del CONICET o de un investigador que se desempeñara en una Unidad Ejecutora del CONICET. En cambio, el reglamento del 2005 solamente indica que debe tener antecedentes calificados para realizar investigaciones en forma independiente en la disciplina o área temática de la cual se trate (Artículo 5). A través de las figuras del director y del codirector, el organismo procura brindar apoyo personal y directo al becario; éstos son los "encargados de proveer información, facilitar acceso a la infraestructura de las unidades de investigación y promover la formación de sus dirigidos, especialmente en materia de conocimientos científicos y tecnológicos y metodología de la investigación" (CONICET, 2006: 105).

La *evaluación* de las solicitudes de becas se realiza de acuerdo al sistema del CONICET y los criterios consideran las características de las actividades científicas y tecnológicas y de las áreas de conocimiento.

---

denominación de las becas en los diferentes años.

Respecto de los aspectos considerados en la evaluación se observan diferencias entre el reglamento del 2001 y el del 2005. El reglamento actual es más detallado y diferencia los aspectos considerados en la evaluación de las solicitudes para cada tipo de beca (posgrado Tipo I y Tipo II y posdoctorales). Ambos reglamentos incluyen el ítem de los antecedentes personales pero el actual distingue el caso de las solicitudes para becas de posgrado Tipo I de los otros dos tipos, al considerar las calificaciones de la carrera de grado y la regularidad de los estudios de los candidatos. En cuanto a los ítems restantes, el reglamento del 2005 incluye la consideración del director, codirector y lugar de trabajo para todas las becas; el plan de trabajo para las de posgrado Tipo I, las posdoctorales; y la carrera de doctorado y el plan de tesis para las de posgrado Tipo II. Obviamente, el análisis del plan de trabajo es diferente en los dos tipos de becas señalados.[106]

En este sentido, resulta interesante que la consideración del programa de posgrado que el candidato se propone realizar se tome en cuenta en las becas Tipo II, que procuran facilitar la finalización del posgrado que ya se encuentra realizando el candidato, y no en las de Tipo I, cuyo objetivo es el comienzo de un posgrado. En todo caso y dado que las becas Tipo II admiten candidatos que no han usufructuado becas, debería también analizarse el programa de posgrado en el caso de las becas Tipo I.

Las *obligaciones* de los becarios (Artículo 8) contribuyen a definir de manera más acabada la forma y la esencia de las becas del CONICET. Ambos reglamentos establecen que las becas son de *dedicación exclusiva*, solamente compatibles con un cargo docente universitario cuando

---

[106] Los ítems restantes del reglamento del 2001 son el proyecto de investigación y la calidad y el ambiente académico de la unidad de investigación propuesta como sede de los trabajos y el programa de posgrado.

el director considere que éste contribuye a su formación. Asimismo, los becarios deben abstenerse de modificar el plan de investigación, el lugar de trabajo y el director que fueran aprobados al otorgarse la beca, para lo que se requiere la autorización del CONICET, y deben cumplir con los plazos y objetivos previstos. Otro elemento en común de los reglamentos del 2001 y del 2005 es la disposición que establece la obligación de informar al CONICET todo conocimiento, desarrollo, o innovación susceptible de ser registrado intelectualmente o transferible al sector productivo.

El reglamento del 2005 enfatiza dos cuestiones adicionales. En relación con la dedicación exclusiva y la autorización de desarrollar otra actividad, señala que la posesión de un cargo remunerado incompatible con la beca resultará en la suspensión del estipendio y la cancelación de la beca. Por otro lado, incluye en el apartado de las obligaciones una referencia a quienes realicen parte o toda su formación en el exterior. Estos becarios deberán firmar un compromiso de retorno al país y permanencia en el mismo durante un período igual al de su estadía en el extranjero, y en caso de no cumplirse, el CONICET podrá exigir la devolución de los fondos e iniciar las acciones administrativas y judiciales correspondientes. La mención al retorno al país ya se encontraba en el reglamento del 2001 (Artículo 26), pero no se incluía la firma de un compromiso y la posibilidad de exigir el reintegro de los fondos. En el reglamento del 2005 se mantiene esa disposición que es reforzada por la obligación descripta.

Otra de las obligaciones de los becarios se refiere a la presentación de informes. En este sentido, el reglamento actual comparte con el anterior las consideraciones generales de los informes, como por ejemplo la necesidad de que sean calificados como satisfactorios para la continuidad de la beca. Pero, a diferencia de su predecesor, el actual reglamento solamente exige un informe final a los becarios doctorales que de acuerdo a la normativa anterior también debían presentar un informe a los dieciocho meses como condición para su renovación (Artículo 11). Según fuentes consultadas, este cambio se debe a que el período de tiempo establecido en el anterior reglamento no era suficiente para que el becario desarrollara su trabajo.

En cuanto a los *derechos* de los becarios los dos reglamentos coinciden en señalar que éstos pueden realizar actividades relacionadas con su formación, tales como cursos, pasantías o actividades fuera del lugar de trabajo, por un período máximo de seis meses a lo largo de los dos años de duración de la beca (Artículo 8).

La modificación del reglamento de becas no comportó cambios relativos al estipendio de las mismas. El CONICET fija el *estipendio* correspondiente a cada tipo de beca. A éste, el becario solamente puede adicionar la remuneración de un (1) cargo docente universitario de dedicación simple. Además, se prevén las situaciones particulares de los becarios que realizan parte o toda su formación en el exterior (en cuanto al traslado y el seguro de salud y accidentes).

La finalización de las becas otorgadas por el CONICET (Artículo 12) puede darse anticipadamente al cumplimiento del tiempo de duración de las mismas. En este caso, los reglamentos del 2001 y 2005 incluyen entre las causas de *cancelación* la renuncia de los becarios y el cese por parte del CONICET cuando los informes no sean aprobados o por incumplimiento de las tareas de investigación. Asimismo, ambos señalan que la cancelación de la beca inhabilita al becario para recibir en el futuro becas u otros beneficios del CONICET. Además, el reglamento actual reitera en este apartado las consecuencias de que los becarios tengan un cargo remunerado no compatible con la beca y de la no autorización de cambios de lugar de trabajo, tema o director de la misma.

A continuación describiremos las notas características de cada tipo de beca sobre la base de la distinción general de doctorales o posdoctorales, salvo que resulte necesario referirnos a los becas Tipo I y Tipo II que distingue el reglamento actual. El reglamento del año 2005 es bastante más detallado y claro que su predecesor respecto de los tipos y características de las becas.

Las *becas doctorales* son para la realización de estudios de doctorado en el país o en el exterior. En el primer caso los programas deben estar acreditados por la CONEAU (la Ley de Educación Superior estableció esta obligatoriedad para todos los programas de posgrado). En el segundo caso, la previsión atañe a los casos en los que la formación requerida no esté disponible en el país.

Existe una diferencia central entre las convocatorias realizadas durante la vigencia del reglamento del 2001 y las correspondientes al reglamento actual (desde 2006). Las primeras admiten la posibilidad de que los estudios de posgrado correspondan a una maestría en lugar de un doctorado, de manera excepcional y en el caso de Arquitectura y Ciencias Sociales. Esto desaparece a partir del reglamento actual.

Si bien esta disposición no estaba incluida en el reglamento anterior, formaba parte de las convocatorias realizadas durante la vigencia del mismo. Esta implicaba el reconocimiento de la diferencia en el grado de desarrollo y consolidación del nivel de posgrado en las distintas disciplinas y además contemplaba la tradición que éstas tenían respecto de la formación en este nivel.

Desde el punto de vista institucional, la aceptación de las maestrías se debía al desarrollo reciente de los programas de doctorado en varias disciplinas; pero en la actualidad éstos se han consolidado y no habría razón para que los becarios no obtengan el título máximo que es el de doctorado. En todo caso, este cambio cuestionaría las propuestas de las universidades que en muchos casos plantean maestrías con niveles de exigencia desproporcionados o propios de doctorados.

El reglamento del 2005, además, establece el requisito de presentar el inicio del trámite de inscripción al posgrado y demostrar el grado de avance de la tesis doctoral y los cursos realizados para las becas de posgrado Tipo I y II respectivamente. El seguimiento de los becarios en términos del progreso del posgrado es un aspecto vital de la política de becas, si bien la realización de tareas de investigación bajo las indicaciones del director y como parte de un equipo también implica la formación del becario.[107]

Además de distinguir los tipos de becas doctorales (Tipo I y II), en el reglamento del 2005 se señalan los diferentes subtipos tanto de éstas como de las posdoctorales sobre la base del lugar de realización y del financiamiento, aspecto este último no incluido en el reglamento anterior.[108]

En ambos casos, las *becas doctorales* pueden ser *internas o mixtas* (Artículo 14), para desarrollarse en centros de investigación con sede en el país o en parte fuera del país cuando la especialidad no tenga desarrollo adecuado en el país o haya una justificación técnica, respectivamente. Las becas mixtas admiten la permanencia del becario por un lapso máximo de veinticuatro meses en el exterior y un número de estadías no mayor a cuatro en el período de duración de la beca, que es de dos años y renovable por un período igual de acuerdo al reglamento del 2005.

Las becas internas pueden ser con países latinoamericanos, en cuyo caso el postulante debe proponer un

---

[107] Se supone que este seguimiento se realiza por medio de los informes y de los directores, pero en la práctica no se sabe con certeza cuántos becarios efectivamente terminan el doctorado.

[108] Lo cierto es que estas disposiciones se encuentran en las bases de las convocatorias que se realizaron durante la vigencia del reglamento anterior pero no en el texto del mismo.

codirector de su país de origen y las solicitudes estar avaladas por el organismo de ciencia y técnica con el cual el CONICET tenga convenio (por ejemplo, Consejo Nacional de Desarrollo Científica y Tecnológico –CNPq– de Brasil).

Considerando el financiamiento de las becas internas, tanto doctorales como posdoctorales, éstas pueden ser *cofinanciadas con universidades argentinas, gobiernos provinciales y municipales y organismos nacionales y provinciales de ciencia y tecnología* o cofinanciadas con empresas. En el primer caso, las instituciones informan cantidad y tipo de becas que están dispuestas a cofinanciar; en este tipo de becas deben hacerse cargo del 50% del estipendio de la beca. En segundo lugar, cada institución realiza una preselección de solicitudes de acuerdo a sus propios criterios en términos de parámetros de calidad, prioridad temática y estrategia institucional. Estas solicitudes son evaluadas por las comisiones asesoras del CONICET, que además realizan un orden de mérito de las mismas. La institución es informada acerca de los candidatos aprobados por el directorio, y sobre la base de la cantidad de becas que está dispuesta a financiar decide a qué candidatos se les otorgan las becas en función de sus prioridades institucionales (Resolución 2.056/2005, Anexo I)

Los objetivos de las becas *cofinanciadas con empresas* no han sufrido cambios con el nuevo reglamento e incluyen la promoción de la tarea de investigación en el ámbito empresario; facilitar la transferencia de proyectos de investigación desde el sector público y en etapas previas al desarrollo; fomentar la inserción laboral de los investigadores en el sector privado y vincular a la empresa con el sector público. En estas becas, las empresas pueden suplementar el monto básico cuyo financiamiento comparten en partes iguales con el CONICET y que se fija en el convenio que firman las partes. Estas becas no implican relación laboral con las empresas, y en el caso que el becario se incorpore como personal de la empresa caducan las obligaciones del convenio firmado pero se mantienen los compromisos de confidencialidad, titularidad de derechos de propiedad intelectual y beneficios acordados (Resolución 2.056/2005, Anexo III).

Las *becas posdoctorales* pueden ser *internas o externas*. La primera posibilidad es igual que las becas doctorales aunque hay un tipo adicional que se distingue sobre la base de su objetivo: facilitar la *reinserción* de los investigadores en el sistema científico nacional, ya sea público o privado (Artículo 19). Los candidatos a estas becas deben acreditar una permanencia en el exterior de por lo menos dos (2) años y haber presentado su solicitud para el ingreso a la Carrera de Investigador Científico y Tecnológico o su incorporación a una institución de investigación pública o privada debe estar en trámite. En este caso, no se observan diferencias entre las características de estas becas durante la vigencia de los reglamentos analizados.

Los objetivos de las becas posdoctorales externas (Artículo 23) se mantienen en el reglamento actual y se refieren a la formación de los becarios en el extranjero de manera que puedan aplicar sus conocimientos en el país y contribuir al desarrollo económico y social y realizar investigaciones que dada su naturaleza no puedan desarrollarse en el país. Asimismo, no cambian los requisitos específicos que deben reunir estos postulantes, tales como acreditar el dominio del idioma del país y que el período de su estadía en el exterior no supere los tres años, ni los criterios específicos de evaluación, que se refieren a la importancia de la investigación para iniciar nuevas especialidades en el país a su regreso y la posibilidad de aplicación de sus conocimientos para el desarrollo científico, tecnológico, económico y social del país y para la formación de nuevos recursos humanos.

La postulación a las becas del CONICET presenta diferentes *límites de edad* que varían según el tipo de beca de que se trate. El reglamento del 2001 establecía que los candidatos a becas doctorales debían ser menores de treinta años, mientras que el reglamento actual distingue entre las becas de posgrado Tipo I, hasta treinta años, y Tipo II, hasta 33 años[109] (Artículo 15). Aunque ninguno de los dos reglamentos señala el límite de edad para el caso de las becas posdoctorales, las convocatorias realizadas durante su vigencia fijan estos límites y se observa que se amplía el límite con la entrada en vigencia del reglamento 2005: 32 y 34 años para los graduados médicos que acrediten las realización de su residencia en el primer caso, y 34 y 36 años en el segundo caso.

En el marco de las *limitaciones* para postularse a las becas del CONICET, resulta interesante notar que el reglamento sancionado en el año 2005 excluye la mención a la cantidad de años que separan la finalización de la carrera de grado del momento de la postulación en el caso de los becarios doctorales. En el reglamento del 2001, esta limitación (hasta tres años después de aprobar la última materia) se combinaba con la de la edad.

En su momento, la inclusión de esta consideración en el reglamento del año 1997 había generado polémica porque se pensaba que restringía en demasía la posibilidad de los graduados de postularse. Además, se argumentaba que podría operar como desventaja para aquellos que se hubieran graduado muy jóvenes.

Otra limitación que establecen los reglamentos analizados reside en que los postulantes a las becas posdoctorales no podrán haber sido becarios posdoctorales del CONICET con anterioridad.

En materia de *duración* de las becas, los reglamentos del 2001 y 2005 son iguales, aunque en el caso de las

---

[109] En el caso de los graduados en Medicina que acrediten la realización de la residencia estos límites son 32 y 35 años respectivamente.

becas doctorales se presente con otra fórmula. Las becas posdoctorales tienen una duración máxima de veinticuatro meses sin posibilidad de renovación. En el caso de las becas doctorales, el reglamento del 2001 establece la siguiente fórmula: 2 + 2 + 1 (duración de veinticuatro meses renovable por otros veinticuatro meses y excepcionalmente la concesión de una prórroga de doce meses). Por su parte, el reglamento actual establece que las becas de posgrado Tipo I duran 36 meses y no son renovables, aunque estos becarios pueden optar por postularse para una beca Tipo II cuya duración es de veinticuatro meses. Luego, en ambos casos la duración de las becas doctorales alcanza los cinco (5) años, e incluso el reglamento actual es más benévolo porque no establece la excepcionalidad de una prórroga.

Además de la cantidad de años, el reglamento anterior incluía otro límite a la duración de las becas, ya que para renovaciones o prórrogas se requería la aprobación de los informes. Esta disposición no está incluida en el reglamento vigente.

SEGUNDA PARTE: Becas CONICET, concursos 2003-2006

En el caso de las becas del CONICET podemos distinguir tres momentos de interés para el análisis: postulaciones en cada concurso, becas nuevas otorgadas en cada concurso y becarios totales por año. Estos momentos constituyen el recorrido de las becas, desde que los candidatos presentan sus solicitudes, se asignan las mismas y por último, pasan a integrar el universo de becarios.

Cada momento comporta un sentido propio y su análisis reviste interés por diferentes motivos. Las solicitudes de becas del CONICET nos informan acerca de la población que tiene una *inclinación académica*, en términos globales, y también en un sentido particular respecto de las áreas de conocimiento y disciplinas científicas a las que corresponden. En este sentido, presentamos la información disponible de los egresados de carreras de grado en instituciones de gestión estatal para algunas disciplinas y años. Al observar las solicitudes de becas de los diferentes concursos, nos interesa analizar si el peso de las áreas y disciplinas se mantiene o si, a pesar de que el período es acotado, existen cambios en este sentido. Por último, presentaremos la evolución de la cantidad de postulaciones en los diferentes concursos analizados.

En cuanto a la cantidad de becas otorgadas resulta de interés su relación con la cantidad de solicitudes presentadas, su evolución a lo largo del tiempo y su distribución por área de conocimiento y disciplina científica. En este caso, nos limitaremos al análisis de los tipos de becas predominantes. Respecto de los nuevos becarios de cada concurso, además se los caracterizará sobre la base del género y lugar de residencia. En esta oportunidad, a diferencia de nuestro trabajo anterior y a pesar de la importancia que consideramos tiene esta dimensión de las becas, dado que la información acerca del lugar de trabajo de los becarios presenta cierta inexactitud, optamos por no trabajar esa variable.

El tercer momento de análisis se refiere al universo completo de becarios de cada año. En este caso, se puede apreciar la evolución en la magnitud del mismo que incluye a becarios nuevos y becarios de años anteriores ya que la duración de las becas de posgrado es siempre mayor a un (1) año. Además de la cantidad total de becarios, se analizará la información relativa al género, edad, región, lugar de trabajo y área de conocimiento y disciplina científica correspondiente a cada año.

Hacia el final de esta segunda parte se hará una breve referencia a la información sobre la evolución y distribución del presupuesto del CONICET, con especial énfasis en las becas.

Cantidad total por tipo de beca: solicitudes, becas nuevas, becarios por año

Solicitudes de becas

La cantidad de solicitudes de becas del CONICET crece de manera sostenida en todos los concursos analizados. Considerando el tipo de beca, se observa que alrededor del 90% de las solicitudes corresponde siempre a las becas de posgrado Tipo I (para iniciar estudios de posgrado). Entre el año 2003 y el 2004 se observa un gran incremento en la cantidad de solicitudes de estos dos tipos de becas presentadas, del orden del 45%.

Solicitudes de becas por Tipo de beca y concurso

Concurso	Posgrado Tipo I	Posgrado Tipo II	Total
2003	1138	141	**1279**
2004	1724	130	**1854**
2005	2136	184	**2320**
2006	1976	292	**2268**

Fuente: Elaboración propia en base a datos CONICET.

Becas nuevas

Becas nuevas otorgadas por concurso por tipo de beca (Tipo I y Tipo II)

Concurso	Posgrado Tipo I	Posgrado Tipo II	Total
2003	780	108	888
2004	1255	109	1364
2005	1239	207	1446
2006	1210	232	1442

Fuente: Elaboración propia en base a datos del CONICET

De manera consistente con las solicitudes de becas presentadas en cada concurso, la mayoría de las becas nuevas otorgadas en cada caso, corresponden a las becas de posgrado Tipo I. Éstas representan más del 80% de las nuevas becas asignadas en cada concurso.

Al comparar la cantidad de solicitudes presentadas por un lado, y la cantidad de nuevas becas asignadas correspondiente a cada concurso, se observa que en términos generales, dos tercios de las solicitudes son aprobadas.

Porcentaje de becas nuevas sobre solicitudes por concurso

Concurso	Porcentaje
2003	69%
2004	74%
2005	62%
2006	64%

Fuente: Elaboración propia en base a datos del CONICET

Total de becarios por año

La cantidad total de becarios correspondiente a cada año incluye a becarios nuevos y a otros que ya vienen usufructuando su beca, que tiene siempre una duración mayor a un (1) año.[110] En el corto período de tres años comprendido entre el 2004 y 2006, se observa un crecimiento importante en esta cantidad, de alrededor del 60%. Este incremento equivale a más del doble de la cantidad de becarios internos correspondiente al año 2003 (2.221). Además, entre el año 2003 y el 2004, la cantidad total de becarios hacia el mes de diciembre experimentó un crecimiento del 30%, al pasar de 2.221 a 2.888.

---

[110] Es importante señalar que la cantidad total de becarios por año incluye todos los tipos de becas internas, entre las que se incluyen las de posgrado Tipo I y Tipo II que de manera conjunta son el tipo mayoritario.

Cantidad total de becarios por año (información correspondiente a diciembre de cada año)

Año	Becas internas
2004	2888
2005	3696
2006	4610

Fuente: Elaboración propia en base a datos CONICET.

Género

La distribución de las nuevas becas del CONICET es a favor de las mujeres en todos los concursos analizados, correspondiéndoles a ellas alrededor del 60%. Esta distribución es la misma que se observa para el total de los becarios de cada año en el estudio realizado sobre el período 2000-2003 inclusive y en el analizado en este trabajo (2004-2006 inclusive).

Distribución porcentual del total de nuevas becas por concurso por género

Concurso	Mujeres	Varones
2003	58%	42%
2004	58%	42%
2005	60%	40%
2006	62%	38%

Fuente: Elaboración propia en base a datos CONICET.

Residencia

Al considerar el domicilio particular de los nuevos becarios de cada concurso, se observa una clara concentración de los mismos en la Capital Federal, Provincia de Buenos Aires, Córdoba, Santa Fe y Gran Buenos Aires. En particular, los dos primeros lugares de residencia implican cerca de la mitad de los becarios nuevos en cada concurso.

De manera conjunta, todos equivalen al 80% de los mismos. Luego, ocho de cada diez nuevos becarios tienen estos lugares como residencia.

Resulta importante señalar que el domicilio del becario puede diferir del lugar en el que se haga efectiva la beca y el desempeño del trabajo del becario. En esta oportunidad no nos adentraremos en este detalle, pero nos aventuramos a proponer, sobre la base de nuestro trabajo anterior, que el peso de esos casos sobre el total es pequeño.

Distribución porcentual de nuevas becas por domicilio particular de los becarios

Concurso	2004	2005	2006
Capital Federal	25,5%	27,0%	26,0%
Prov. Bs. As.	21,8%	20,6%	20,6%
Córdoba	14,9%	13,2%	13,3%
Santa Fe	9,2%	8,3%	10,5%
Gran Bs. As.	9,2%	10,8%	10,2%

Fuente: Elaboración propia en base a datos del CONICET

La misma característica se observa en el caso del total de los becarios CONICET por año, para el cual la información se encuentra registrada por regiones. En la región metropolitana, que incluye a la Capital Federal y el Gran Buenos Aires, se encuentra más de un tercio de todos los becarios del CONICET, seguida por la región Pampeana, que equivale a las provincias de Buenos Aires (sin el conurbano) y La Pampa en la que se encuentra una quinta parte de los becarios.

Distribución de los becarios por región (información a diciembre de cada año)

Región / Año	2004	2005	2006
Noroeste	6,3%	6,0%	5,6%
Noreste	1,0%	0,9%	1,0%
Centro	14,0%	14,6%	13,7%
Litoral	9,8%	9,8%	9,4%
Cuyo	6,2%	6,4%	6,5%
Pampeana	22,2%	21,5%	22,0%
Metropolitana	34,8%	35,5%	36,3%
Sur	5,8%	5,3%	5,5%

Fuente: Elaboración propia en base a datos del CONICET

Área de conocimiento y disciplina científica

La estructura del CONICET y todas las actividades que se enmarcan en él, incluidas las becas, se clasifican en áreas de conocimiento, que representan el mayor nivel de agregación de la especificidad disciplinaria: Ciencias Biológicas y de la Salud, Ciencias Exactas y Naturales, Ciencias Sociales y Humanidades, Ciencias Agrarias, de la Ingeniería y de Materiales y Tecnología. Cada una de éstas tiene una trayectoria y desarrollo diferente.

Desde su origen, la historia del organismo se encuentra íntimamente asociada a la primera área, en la que se destacaron grandes figuras de la ciencia nacional.[111] Un caso diferente es el de Ciencias Sociales y Humanidades, tradicionalmente postergada y excluida, aunque en la ac-

---

[111] Como por ejemplo Bernardo Houssay y Federico Leloir, ambos galardonados con el Premio Nobel.

tualidad esta situación se ha revertido. Por último, el área de Tecnología es reciente y se compone de las "especialidades orientadas a la generación de desarrollos, productos, procesos y servicios factibles de ser transferidos o aplicados para la solución de problemas concretos de la sociedad y del sector productivo" (CONICET, 2006).

La cantidad de postulaciones o el peso de las disciplinas en el conjunto de las postulaciones a las becas del CONICET se deben en parte a la tradición que comportan las disciplinas. En principio, se esperaría que aquellas en las que más se valora en grado académico máximo contaran con una mayor cantidad de postulantes.

A continuación presentamos la información correspondiente a los egresados de 2002 y 2003 de todas las instituciones universitarias de gestión estatal y a las postulaciones en los concursos de becas de los años inmediatamente posteriores, respectivamente.

Egresados de pregrado y grado, instituciones universitarias de gestión estatal[112]

Disciplina	Egresados 2002	Postulantes 2003 (posgrado Tipo I)	Egresados 2003	Postulantes 2004 (posgrado Tipo I)
Total	**56489**	**1138**	**59606**	**1724**
Astronomía	19	21	22	19
Informática	2627	10	2762	22
Ingeniería	3321	45	2953	76
Biología	727	224	770	289
Física	110	37	112	70
Matemática	229	28	211	52
Química	447	71	493	93

[112] Las disciplinas se seleccionaron de manera que coincidiera la manera en que están registradas en el Anuario y en la información suministrada por el CONICET.

Disciplina	Egresados 2002	Postulantes 2003 (posgrado Tipo I)	Egresados 2003	Postulantes 2004 (posgrado Tipo I)
Veterinaria	692	16	711	32
Filosofía, Psicología y Educación	5604	35	5928	85
Derecho, Cs. Políticas y Relaciones Internacionales	7693	22	8808	38

Fuente: Elaboración propia en base a Anuario 2005 Estadísticas Universitarias, Secretaría de Políticas Universitarias, Ministerio de Educación Ciencia y Tecnología de la Nación.

El cuadro anterior muestra una serie de cuestiones importantes. Por un lado, al contrastar la cantidad total de egresados con la cantidad correspondiente a las disciplinas, se observan claramente las diferencias entre ellas: mientras cerca del 15% de los egresados corresponden a Derecho, Ciencias Políticas y Relaciones Internacionales, en el caso de Astronomía, no alcanzan el 0,05%. Por otro lado, en todos los casos con excepción de Astronomía, aumenta la cantidad de postulaciones a becas del CONICET en el año 2004 respecto del 2003.

Además, optamos por comparar la información de egresados y postulaciones como una aproximación a la "inclinación" de los egresados de las diferentes disciplinas a solicitar becas del CONICET. Es una aproximación porque muchos postulantes no son recién recibidos de la carrera de grado y tienen más de un año de antigüedad como egresados. Hecha esta aclaración, se observa que la relación entre egresados y postulantes a becas CONICET es pequeña en el caso de Informática, Ingeniería, Veterinaria, Filosofía, Psicología y Educación y Derecho, Ciencias Políticas y Relaciones Internacionales. Química y Física son casos intermedios, con un porcentaje cercano al 15%. En las restantes disciplinas, la relación supera el 30% y crece de un año al otro.

Antes de presentar la información respecto de la asignación de nuevas becas por año para cada área de conocimiento, resulta interesante señalar que en este sentido la gestión actual del CONICET introdujo un cambio de relevancia al desterrar la práctica de la existencia de cupos por área de conocimiento. En la actualidad, la distribución en la asignación de las becas ya no responde a ésta y la razón de las cantidades debe en todo caso buscarse en la mayor cantidad de solicitudes y en el mayor desarrollo de la actividad de investigación de las distintas disciplinas científicas, entre otras cuestiones. Lo que sí se hace, es reservar una cantidad de becas para disciplinas o temas deficitarios, como por ejemplo Economía, Informática y Veterinaria.

Las áreas de conocimiento a las que se asignan una mayor cantidad de nuevas becas en cada concurso son las de Ciencias Biológicas y de la Salud y Ciencias Sociales y Humanidades.

El área de Ciencias Biológicas y de la Salud representa todos los años analizados el mismo porcentaje de nuevas becas, 33%. Éste es superado por el correspondiente al área de Ciencias Sociales y Humanidades del concurso 2006, 34%. Resulta interesante destacar que el porcentaje de nuevas becas correspondientes a esta última área crece sostenidamente y en un período de tres años, experimentando un incremento del orden del 10%.

A continuación se ubican las áreas de Ciencias Agrarias, de la Ingeniería y de Materiales y Ciencias Exactas y Naturales, en ese orden. La nota particular en ambos casos reside en que disminuye la cantidad total de nuevas becas que corresponden a éstas en los tres concursos analizados (2004, 2005 y 2006).[113]

---

[113] No contamos con la información del concurso del año 2003.

Por último, las variaciones en la cantidad total de nuevas becas correspondientes al área de Tecnología no implican cambios sustantivos en cuanto a su peso, que se mantiene en torno al 2%.

Distribución nuevas becas por área de conocimiento por concurso (Posgrado Tipo I y Tipo II)

Área de conocimiento / concurso	2004	2005	2006
Ciencias Agrarias, de la Ingeniería y de materiales	298	244	227
Ciencias Biológicas y de la Salud	455	479	476
Ciencias Exactas y Naturales	260	247	218
Ciencias Sociales y Humanidades	350	433	486
Tecnología	25	43	33

Fuente: Elaboración propia en base a datos del CONICET

Distribución porcentual nuevas becas por área de conocimiento (Posgrado Tipo I y Tipo II)

Área de conocimiento / concurso	2004	2005	2006
Ciencias Agrarias, de la Ingeniería y de materiales	21%	17%	16%
Ciencias Biológicas y de la Salud	33%	33%	33%
Ciencias Exactas y Naturales	19%	17%	15%
Ciencias Sociales y Humanidades	25%	30%	34%
Tecnología	2%	3%	2%
Total	**100%**	**100%**	**100%**

Fuente: Elaboración propia en base a datos del CONICET

A continuación, presentamos conjuntamente la información de la cantidad total de becarios por área de conocimiento en los años del período 2000-2003 inclusive, y en los años del período analizado en este trabajo, con el fin de observar si tuvo lugar algún cambio en este sentido.

Cantidad total de becarios (becas internas) por área de conocimiento, información a diciembre de cada año

Área de conocimiento / Año	2000	2001	2002	2003	2004	2005	2006
Ciencias Agrarias, de la Ingeniería y de materiales	376	389	422	479	599	743	870
Ciencias Biológicas y de la Salud	682	690	688	775	1030	1310	1586
Ciencias Exactas y Naturales	513	492	453	528	653	764	945
Ciencias Sociales y Humanidades	370	414	387	497	613	867	1170
Tecnología	41	61	74	99	128	124	145

Fuente: Elaboración propia en base a datos del CONICET.

El área de Ciencias Biológicas y de la Salud se ubica en primer lugar todos los años analizados, desde el año 2000. En segundo lugar, se encuentra el área de Ciencias Exactas y Naturales, hasta el año 2004. A partir del 2005, en el que la cantidad de becarios incluye a los nuevos becarios ingresados como resultado del concurso del 2004, esta posición pasa a ser ocupada por el área de Ciencias Sociales y Humanidades. Cabe destacar que entre el año 2000 y el 2006, la cantidad de becarios correspondientes a esta última área se triplicó al pasar de 370 a 1.170.

A diferencia de lo que se observa al analizar solamente las becas nuevas correspondientes a cada concurso, en el caso del total de los becarios la cantidad del área de Ciencias Biológicas y de la Salud es bastante mayor a la de Ciencias Sociales y Humanidades, y ésta no logra superarla. En el mismo sentido, se observa que la cantidad de becas nuevas asignadas al área de Ciencias Sociales y Humanidades es mayor a la correspondiente a Ciencias Exactas y Naturales, situación que se observa recién a partir del año 2005 en el caso del total de becarios.

El área de Ciencias Exactas y Naturales pasa al tercer lugar en cantidad de becarios, seguida por la de Ciencias Agrarias, de Ingeniería y de Materiales. En último lugar, con valores muy inferiores, se encuentra el área de Tecnología.

Con respecto al año inmediato anterior al período analizado (2003), se observa que en todas las áreas de conocimiento, la cantidad de becarios se incrementa entre 25 y 30%, incluso en el área de Tecnología.

Área de conocimiento y disciplina científica por tipo de beca (Posgrado Tipo I y Tipo II)

Distribución de nuevas becas por disciplina científica (Posgrado Tipo I y Tipo II) por concurso

	Disciplina	2004	2005	2006
Ciencias Agrarias de la Ingeniería y de materiales	Ciencias Agrarias	72	40	58
	Ing. Civil, Eléctrica, Mecánica e Ing. relacionadas	55	53	31
	Hábitat	21	14	15
	Informática	22	39	26
	Ing. de procesos industriales y Biotecnología	128	98	97
	Total	**298**	**244**	**227**
Ciencias Biológicas y de la Salud	Ciencias Médicas	115	98	135
	Biología	211	207	242
	Bioquímica	96	80	73
	Veterinaria	33	94	26
	Total	**455**	**479**	**476**

Disciplina		2004	2005	2006
Ciencias Exactas y Naturales	Ciencias de la Tierra, del Agua y de la Atmósfera	76	58	73
	Matemáticas y Computación	40	33	27
	Física	55	60	39
	Astronomía	9	18	7
	Química	80	78	72
	Total	**260**	**247**	**218**
Ciencias Sociales y Humanidades	Derecho, Cs. Políticas y RRII	37	74	48
	Filología, Lingüística y Literatura	27	33	45
	Filosofía, Psicología y Ciencias de la Educación	55	64	93
	Historia, Antropología y Geografía	118	119	151
	Sociología y Demografía	85	112	114
	Economía, Cs. de la Gestión y de la Administración Pública	28	31	35
	Total	**350**	**433**	**486**
Tecnología	Tecnología	25	43	33
	Total	**25**	**43**	**33**

[114]Fuente: Elaboración propia en base a datos del CONICET

---

[114] En marco del 2007, la Resolución N° 650 del Directorio del CONICET reemplazó Arquitectura por Hábitat, sobre la base de que éste refleja "la complejidad del campo de investigación relacionado con la Arquitectura, entendiendo al hábitat como un campo de estudio en proceso de definición de sus límites y contenidos, pero en el que confluyen diferentes disciplinas".

En el marco del área de Ciencias Biológicas y de la Salud, el mayor porcentaje de becas nuevas en cada concurso corresponde a Biología. Este porcentaje alcanza la mitad de las nuevas becas del área en el concurso del año 2006. En segundo lugar, con alrededor de un cuarto de las becas nuevas, se encuentran las Ciencias Médicas. En el caso de las restantes disciplinas, Bioquímica y Veterinaria, se observa una disminución en la cantidad total de becas nuevas por concurso y en su peso porcentual, que es más aguda en el caso de Veterinaria.

Ya señalamos que en cada concurso aumenta la cantidad de becas nuevas para el área de Ciencias Sociales y Humanidades. Ahora, nos interesa observar cómo se distribuyen entre las disciplinas que la componen. Las disciplinas predominantes son Historia, Antropología y Geografía, que de manera conjunta reciben cerca del 30% de las nuevas becas de esta área de conocimiento. A continuación, se ubican Sociología y Demografía, con alrededor de un cuarto de las becas nuevas de cada concurso. Las disciplinas de Filosofía, Psicología y Ciencias de la Educación superan el 15% de las nuevas becas en cada concurso, seguidas por Derecho, Ciencias Políticas y Relaciones Internacionales, cuya cantidad de becas nuevas disminuye considerablemente hacia el concurso del año 2006 y pasan a representar el 10% de las becas nuevas de esta área. En último lugar se ubican las siguientes disciplinas, que reúnen hasta el 9% de las becas nuevas del área de Ciencias Sociales y Humanidades en todos los concursos analizados: Filología, Lingüística y Literatura por un lado, y Economía, Ciencias de la Gestión y Administración Pública, por el otro.

Tal como señalamos más arriba, en los casos de Ciencias Exactas y Naturales y Ciencias Agrarias, de Ingeniería y de Materiales la cantidad total de becarios disminuye en los años analizados, dato que es preciso tener presente al momento de considerar las variaciones porcentuales de las disciplinas científicas.

En el área de Ciencias Exactas y Naturales, todos los años Química es la disciplina que cuenta con mayor cantidad de becarios (alrededor del 33%), seguida por Ciencias de la Tierra, del Agua y de la Atmósfera que representa más del 20% de los mismos y alcanza el 33% hacia el año 2006.

Los becarios de Matemáticas y Computación representan el 15% en el año 2004 y disminuyen hasta el 12% en el 2006. Por último, se encuentra Astronomía con el 3% de los becarios del área en el 2004 y 2006 y un pico de 7% en el 2005.

En el área de Ciencias Agrarias, de Ingeniería y de Materiales predominan los becarios correspondientes a Ingeniería de procesos industriales y Biotecnología (alrededor del 40%). A continuación, con un cuarto de los becarios del área se encuentra Ciencias Agrarias. La cantidad de becarios de Ingeniería Civil, Eléctrica, Mecánica y relacionadas desciende desde el 2004 y pasa del 18 al 14% del total del área. Las disciplinas de menor peso del área son Informática y Hábitat.

Presupuesto

La información presentada muestra el crecimiento concomitante de las solicitudes de becas, las nuevas becas asignadas y la cantidad total de becarios del CONICET. Para completar esta imagen de las becas, presentamos la información presupuestaria que da cuenta de este crecimiento.[115]

---

[115] En relación con el presupuesto, se considera la información publicada por el CONICET en su página oficial de Internet y en particular las cifras correspondientes a "pagado".

En el presupuesto, la clasificación más agregada de los gastos se presenta en incisos: gastos en personal, bienes de consumo, servicios no personales, bienes de uso, transferencias y servicio de la deuda y disminución de otros pasivos. En este caso, nos interesan especialmente los incisos 1 (gastos en personal)[116] y 5 (transferencias).[117]

Desde el año 2003, el presupuesto general del CONICET experimenta un crecimiento sostenido de alrededor del 25% cada año respecto del año anterior. Incluso, en el año 2005, este aumento es del 32%. Como resultado de ello, entre el 2003 y el 2006, el presupuesto global del CONICET se duplica.

Presupuesto CONICET (Pagado). Distribución de recursos del Tesoro Nacional.

Ejercicio	Total	Gastos en personal	Transferencias
2000	155.355,14	114.701,54	34.261,03
2001	140.678,07	104.455,00	31.290,60
2002	145.154,38	106.854,76	33.142,11
2003	179.230,44	119.419,92	49.035,65
2004	222.876,29	135.993,05	75.994,20
2005	295.294,04	187.567,18	96.117,83
2006	369.838,64	235.007,51	123.060,06

Fuente: Elaboración propia en base a datos del CONICET.
Nota: Excluidos recursos propios y amortización préstamo (BID). Datos al 31 de diciembre de cada año.

---

[116] Incluye la retribución de los servicios personales prestados en relación de dependencias y a los miembros de directorio y comisiones fiscalizadoras de empresas públicas y las correspondientes contribuciones patronales. Asimismo, incluye retribuciones en concepto de asignaciones familiares, servicios extraordinarios y prestaciones sociales recibidas por las agentes del Estado (Decreto 866/92).

[117] Éste comprende los gastos que corresponden a transacciones que no suponen la contraprestación de bienes o servicios y cuyos importes no son reintegrados por los beneficiarios (Decreto 866/92).

El cuadro anterior muestra que la mayor parte de los recursos se destina en primer lugar a gastos en personal, que incluyen el Sistema Nacional para la Profesión Administrativa (SINAPA) y las Carreras que son las que más recursos reciben. En segundo lugar se ubican las transferencias, en las que se inscriben las becas junto a subsidios para gastos corrientes y de capital de las unidades ejecutoras y proyectos, y los subsidios para organismos internacionales.

Todos los años analizados, alrededor del 95% de los recursos del Tesoro Nacional del Presupuesto del CONICET se destina a los gastos en personal y transferencias. Sin embargo, cabe destacar que desde el año 2003 disminuye de manera sostenida la participación porcentual de los gastos en personal a favor de las transferencias: hacia el año 2000, la distribución era 74% / 22% y hacia el 2006 cambió a 64% / 33%.

Presupuesto del CONICET. Fondos del Tesoro Nacional. (Pagado)

Ejercicio	Transferencias (miles de pesos)	Becas (miles de pesos)	% becas/ transferencias
2000	34.261,03	22.031,18	64%
2001	31.290,60	20.328,29	65%
2002	33.142,11	25.338,59	76%
2003	49.035,65	28.123,20	57%
2004	75.994,20	37.441,11	49%
2005	96.117,83	52.268,39	54%
2006	123.060,06	69.873,21	57%

Fuente: Elaboración propia en base a datos del CONICET
Nota: Excluidos recursos propios y amortización préstamo (BID). Datos al 31 de diciembre de cada año-

El cuadro anterior presenta los montos correspondientes a las transferencias, y dentro de éstas a las becas, para el período analizado en este trabajo y también para años anteriores, hasta el 2000 inclusive. En ambos casos, sólo se observan disminuciones en el año 2001 del orden del 10% respectivamente.

Todos los años, las becas son el rubro que mayor porcentaje de recursos recibe en el marco de las transferencias del CONICET. Esta participación porcentual varía en los diferentes años: en el 2002 ascendía a 76% en tanto en el 2004 representaba el 49%.

Al comparar los años 2004[118] y 2006, la información muestra que el monto de recursos correspondiente a transferencias aumentó 62%, y el correspondiente a las becas experimentó un crecimiento mayor, que casi alcanza el 90%. Si ampliamos el período considerado y comparamos los montos del año 2000 y del 2006, se observa un crecimiento de gran magnitud en ambos casos, un poco mayor para el conjunto de las transferencias (259% frente a 217%).

Bibliografía

Cámara de Diputados de la Nación (junio de 2006), reunión conjunta de comisiones de Ciencia y Tecnología, de Educación, de Acción Social y Salud Públicas, de Economías y Desarrollo Regional, de Pequeñas y Medianas Empresas, de Asuntos Municipales y de Agricultura y Ganadería, visita del Dr. Charreau, Dr. Mario Lattuada y Dr. Ricardo Farías, Buenos Aires.

CONICET (2005), "Programa Estratégico para el Desarrollo Institucional". Disponible en línea: www.conicet.gov.ar/institucional

CONICET (2006), *CONICET. Ciencia y Tecnología para el desarrollo. Reseña histórica*. Tomo I, Edición Nacional, Buenos Aires, Argentina.

---

[118] Este año ingresan los becarios del concurso de becas 2003.

CONICET (2006a), *CONICET. Ciencia y Tecnología para el desarrollo. Reseña histórica.* Tomo II, Edición Nacional, Buenos Aires, Argentina.

Entrevista con el Dr. Mario Lattuada, Vicepresidente de Asuntos Tecnológicos del CONICET, realizada el 2 de noviembre 2007.

Lattuada, Mario (2005), "Sistema de becas". Disponible en línea: www.conicet.gov.ar (18 de agosto).

Química Viva (2003), "Entrevista al Dr. Charreau, Presidente del CONICET", *Revista Electrónica del Depto. de Química Biológica*, Buenos Aires, Facultad de Ciencias Exactas y Naturales, Universidad de Buenos Aires.

Rapela, Carlos (2007), *Propuestas de gestión para el Directorio del CONOCET 2007-2010*, La Plata.

Resolución Directorio CONICET N° 2056/2005, *Reglamento de Becas de Investigación Científica y Tecnológica*, Buenos Aires.

Resolución Directorio CONICET N° 243/2001, *Reglamento de Becas de Investigación Científica y Tecnológica*, Buenos Aires.

Resolución Directorio CONICET N° 650/2007, *Directorio Creación de Comisión Asesora por Disciplina de Hábitat*, Buenos Aires.

FORMACIÓN DE RECURSOS HUMANOS EN ARGENTINA: ANÁLISIS DE LA POLÍTICA DE BECAS DE POSGRADO. LAS BECAS DE LOS PROYECTOS DE INVESTIGACIÓN CIENTÍFICA Y TECNOLÓGICA (PICT)

Por Teresa Busto Tarelli

1. Introducción

El objetivo general de este trabajo es analizar las becas otorgadas en el marco de los Proyectos de Investigación Científica y Tecnológica (PICT) del Fondo Nacional de Ciencia y Tecnología (FONCYT) de la Agencia Nacional de Promoción de la Ciencia y la Tecnología (ANPCyT). En particular, se analizan las primeras seis convocatorias de los PICT correspondientes a los años 1997, 1998, 1999, 2000, 2002 y 2003.

Este trabajo complementa un estudio sobre las becas otorgadas por el CONICET en el período 2000-2003 inclusive, en el que se presentan las razones que describen la importancia de las becas y justifican el estudio de las mismas. Si bien en ambos casos el objeto de análisis son las becas para la realización de estudios de posgrado, éstas ocupan un lugar diferente en cada uno. Mientras que en el marco del CONICET, las becas constituyen un instrumento diferenciado de promoción de la ciencia y la tecnología, en el caso del FONCYT, las becas se inscriben dentro de proyectos de investigación (PICT), constituyen un rubro de los mismos. Esta diferencia tiene implicancias en la normativa –veremos que en el caso de las becas de los PICT no existe un reglamento específico– y también respecto de la información relevada y disponible. En el caso de los PICT, la unidad de registro son los proyectos y no las becas.

El estudio de estos dos casos procura ofrecer una imagen del "sistema" de becas desde el lado de los organismos especializados en el ámbito de ciencia y tecnología. En esta oportunidad, no abordamos las becas que ofrecen las universidades de gestión estatal y de gestión privada, como así tampoco las que otorgan otros organismos estatales o privados nacionales o internacionales.

2. El marco normativo

El objetivo del financiamiento de los Proyectos de Investigación Científica y Tecnológica (PICT), es la generación de conocimiento científico y/o tecnológico original. Se trata de proyectos que deben tener objetivos definidos e incluir una metodología de trabajo que conduzca a resultados verificables y evaluables. En principio estos resultados están destinados al dominio público a través de publicaciones o documentos de circulación abierta. Quedan excluidos los proyectos que durante su desarrollo o a través de sus resultados, generen impactos ambientales desfavorables, o sean discriminatorios respecto de raza, religión o género así como los que se orienten a generar tecnologías o productos bélicos.[119]

En el marco de los PICT, las becas constituyen uno de los rubros incluidos en la estimación del costo total de los proyectos. Las bases de la convocatoria de 1997 son las únicas que no indican esto específicamente, pero al detallar aquellos rubros para los que no está permitido utilizar los recursos de la subvención, se exceptúan las becas frente

---

[119] En la convocatoria de 1997 no se detalla respecto de la discriminación y en la del año 2003 se incluye una Salvaguarda Ética y Ambiental.

a los sueldos y salarios. En el resto de las convocatorias analizadas, las becas se presentan como un rubro detallado (7°) entre aquellos que se pueden financiar con el subsidio de la Agencia.

La posibilidad de financiar becas con el subsidio de la Agencia comporta *limitaciones*. Por ejemplo, sobre la base del tipo de proyecto, algunos no pueden incluir becas y otros tienen establecidas cantidades máximas: en la convocatoria del 2003 se estipula un monto máximo igual al estipendio de dos (dos) becas para los Proyectos Tipo A (Equipos de trabajo integrados por un Grupo Responsable y un Grupo de Colaboradores), de cuatro (4) becas para los Proyectos Tipo C (Redes formadas por varios Equipos de Trabajo) y no se permite solicitar becas para los Proyectos B (Propuestos por Investigadores Jóvenes de hasta 36 años).

Otra limitación refiere a la categoría a la que corresponden los proyectos. Hasta la convocatoria del 2002, son cuatro[120] y después se reducen a dos y (Temas Abiertos y Áreas de Alta Prioridad e Impacto Económico y Social). Por ejemplo, en la convocatoria de 1999 se admite solamente una (1) beca en cada una de las categorías, aunque en el caso de los PICTO (PICT orientados) no se admite ninguna cuando se trata de proyectos cofinanciados con el Consejo de Investigación Científicas y Tecnológicas de la Provincia de Córdoba.

En el caso de los PICT, no existe un reglamento de becas. Las disposiciones relativas a las mismas se encuentran en la Cláusula Duodécima del Contrato que firma la Agencia con la institución beneficiaria del proyecto.

---

[120] Las categorías son las siguientes para las distintas convocatorias: Temas Abiertos, Temas Sectoriales y Específicos y Prioridades del Plan Plurianual de Ciencia y Tecnología correspondiente y PICTO (1998 y 1999) y Temas Abiertos, Temas Prioritarios, Presentados por investigadores menores de cuarenta años (IM40) y PICTO (2000-2001).

Los *destinatarios* de las becas son jóvenes graduados y posgraduados, y el *objetivo* su formación como investigadores. Para incorporar un becario a un proyecto de investigación es necesario instrumentar un *concurso* con difusión a nivel nacional que debe ser resuelto por un jurado. Las bases de las convocatorias especifican que las becas no son instrumentos para financiar actividades que deban encuadrarse en un contrato de trabajo, para prestación de servicios técnicos o realización de tareas de consultoría, entre otros. Asimismo, no se considera que los becarios tengan una relación contractual o laboral con las instituciones de investigación en las que desarrollan sus tareas, al igual que en el caso de las becas del CONICET, condición que sí se exige a los investigadores responsables de los proyectos.[121] Sin embargo, esta disposición no afecta la característica de exclusividad de las becas otorgadas en el marco de los PICT.

A lo largo de las seis convocatorias analizadas no se observan cambios de gran relevancia respecto de las becas, con excepción de la cantidad y denominación de las mismas. Así, hacia 1997 y 1998 había tres (3) tipos de becas, cantidad que luego se redujo a dos.[122] Esta disminución se funda en la discontinuidad de las becas de formación cuyo objetivo era capacitar a graduados universitarios en tareas de investigación, tenían una duración que no excedía los dos años[123] y un límite de edad establecido en treinta años.

Los dos tipos de becas restantes se refieren al nivel de posgrado y al de posdoctorado respectivamente en

---

[121] Esta disposición constituye uno de los criterios de admisibilidad. Junto a la acreditación curricular éstos constituyen los requisitos mínimos para que un proyecto ingrese al sistema de evaluación de la calidad.
[122] Ver detalle más adelante.
[123] La convocatoria de 1997 detalla el máximo de duración permitida (dos años) y la de 1998 también señala una duración mínima de un año para este tipo de beca.

todas las convocatorias analizadas, aunque se presentan con diferentes denominaciones y algunos cambios en sus disposiciones. Respecto del primero, la convocatoria de 1997 es la única que solamente contempla el estudio de un programa de doctorado, en tanto las restantes también incluyen a las maestrías. Esta inclusión es importante desde el punto de vista de la tradición que tienen las distintas disciplinas científicas en materia de estudios de posgrado; es decir, que al incluir las Maestrías se expande el abanico de disciplinas científicas que abarcan estas becas.[124]

Las disposiciones relativas a las becas incluyen la *acreditación y categorización* de los programas de posgrado. En nuestro país, la Ley 24.521 de Educación Superior de 1995 estableció la acreditación obligatoria de todos los posgrados y de las carreras de grado cuyos títulos corresponden a profesiones reguladas por el Estado, entre las funciones de la Comisión Nacional de Evaluación y Acreditación Universitaria (CONEAU). Por su parte, la categorización es voluntaria y se constituye de tres categorías: A (excelente), B (muy buena) y C (buena).

La acreditación procura contribuir a la calidad de la educación y en la práctica su inclusión como requisito de los programas de posgrado implica achicar el universo de posgrados en los que pueden inscribirse los becarios, dado que hay programas que no reúnen los requisitos para la acreditación detallados en la Resolución 168/1997. Además, la "política" de la educación superior explica en algunos casos la suerte que corren algunas universidades en la acreditación y la decisión de algunas universidades y disciplinas respecto de solicitar la categorización.[125] La

---

[124] Esto coincide con las convocatorias de becas del CONICET del período 2000-2003, que también admiten las maestrías en casos excepcionales para Arquitectura y Ciencias Sociales.

[125] Una de las aristas de la crisis del proceso de evaluación de posgrados en la Argentina reside en el hecho de que la comunidad académica traslada

falta de categorización puede deberse a la institución y a la calidad de la actividad pero también a la "alta desconfianza que existe entre las instituciones privadas por la composición estatal hegemónica de la CONEAU y los Comités de Pares" (Barsky y Dávila, 2004: 27).

Hacia el año 2002 el 50% de la oferta de posgrados estaba acreditada; de los cuales el 76,8% correspondía al sector estatal, 21,7% al privado y 1,5% a FLACSO. Al interior de cada modalidad de gestión, los programas acreditados representaban 55,6%, 40,5% y 88,2% respectivamente. La diferencia entre las modalidades de gestión también se aprecia en materia de categorización: 89% corresponden al sector estatal, 9,3% al privado y 1,7% a FLACSO. Mientras sólo 7,9% de los posgrados acreditados del sector estatal no estaban categorizados, este porcentaje ascendía a casi la mitad (49,1%) en el caso del sector privado. Por su parte, todos los posgrados acreditados de FLACSO se encontraban categorizados. Por último, cabe destacar el resultado de la categorización, mientras en el sector estatal y en FLACSO predomina la categoría B (41,6 y 58,3% respectivamente[126]) en el sector privado la mayoría corresponde a C (58,2%) (Barsky y Dávila, 2004).

En las tres primeras convocatorias PICT (1997, 1998 y 1999) los posgrados debían estar acreditados y categorizados. Este nivel de exigencia disminuye en el año 2000, a partir del cual para beneficiarse de las ahora denominadas becas de Nivel Inicial, el becario debe incorporarse a un programa formal de posgrado *preferentemente* acreditado por el Ministerio de Educación.

---

los criterios de excelencia de sus disciplinas a campos disciplinarios diferentes (cfr. Barsky y Dávila, 2004: 34).

[126] El sector estatal y FLACSO se diferencian en tanto la segunda categoría de mayor peso en el primero es la C, en el segundo este lugar lo ocupa la más alta, A.

Sobre la base de la información presentada más arriba, se observa que las disposiciones combinadas de acreditación y categorización implican un sesgo en materia de becas hacia las universidades de gestión estatal y del sistema internacional público (FLACSO). Dicho sesgo también se aplica a las áreas del conocimiento, dada la diferencia en la consolidación de estos procesos entre éstas y su tradición en materia de programas de posgrado. Por ejemplo, Ciencias Exactas y Naturales[127] es la que tiene un mayor porcentaje de posgrados acreditados (68,2%) y el programa dominante es el doctorado, que a su vez es el tipo de programa con mayor porcentaje de acreditación (60,6%) (Barsky y Dávila, 2004).

Se observa una contradicción entre la obligación combinada de acreditación y categorización y la falta de un sistema de monitoreo o seguimiento de que los becarios realicen efectivamente los estudios a los que se comprometen. En la práctica, durante el período analizado, bastaba con que los becarios expresaran su compromiso de realizar el posgrado.

La *duración* de las becas constituye una variable central a la hora de pensar en la formación de los recursos humanos, dado que se trata de una empresa que ineludiblemente se desarrolla en el tiempo; es decir, que se requiere de tiempo para que los becarios se formen. Las becas que duran menos son las de formación, en las convocatorias en las que están vigentes (1997 y 1998), y las de posdoctorado; ninguna de éstas puede superar los dos años de duración. Por su parte, las becas que incluyen estudios de maestría y/o doctorado tienen una duración máxima de cuatro

---

[127] En este caso se trata de la clasificación utilizada por Barsky y Dávila (2004) que incluye disciplinas que se mezclan con las que corresponden a Ciencias Biológicas, Ciencias Físicas y Matemáticas, Ciencias Químicas y Ciencias de la Tierra e Hidroatmosféricas en la vigente para los PICT: Matemática, Física, Biología, Química, Astronomía, Meteorología, otras.

años en las tres primeras convocatorias (en la de 1999 se trata de una duración de dos años sólo renovable una vez, lo que equivale a cuatro años de duración) y de tres años a partir de la convocatoria del año 2000. En estas últimas no se incluyen referencias a la renovación de las mismas.

El *límite de edad* de los becarios también sufre modificaciones en el caso de las becas de posgrado y posdoctorado. Desde la convocatoria de 1997 hasta la de 1999 inclusive, estos límites están fijados en 30 y 35 años para cada tipo de beca respectivamente. A partir de la siguiente convocatoria (2000) pasan a ser 35 y 39 años de edad respectivamente.

El monto del *estipendio* de las becas no puede ser superior al monto de las becas del CONICET en casos equivalentes. Además, en ambos casos se incluye el adicional por zona, pero en el caso de los PICT no se incluye el adicional por desarraigo sino que el estipendio corresponde al lugar en el que se ejecuta la beca.

Para cerrar esta síntesis de la normativa relativa a las becas en el marco de los PICT, interesa señalar dos cuestiones que conciernen indirectamente a las mismas y que se incluyen en las bases de las convocatorias bajo los rótulos de calidad y pertinencia respectivamente. En el primer caso, uno de los criterios complementarios[128] que utilizan los pares para la evaluación es la formación de recursos humanos (1998, 1999 y 2000-2001), mientras que uno de los criterios generales de pertinencia es el análisis del impacto del proyecto en el sistema educativo, en particular en la formación de recursos humanos (convocatorias de 1999 y 2000-2001) o el impacto sobre las capacidades institucionales de investigación y desarrollo que contiene a la formación de recursos humanos (2002 y 2003).

---

[128] Si corresponde aplicarlos por la naturaleza del proyecto.

A continuación se presentan las características generales de las becas de los PICT para cada una de las convocatorias analizadas. Más adelante se analizan detalladamente las mismas.

<table>
<tr><td rowspan="3">1997</td><td>**Becas de Formación.** *Objetivo*: capacitar al becarios para la ejecución de tareas de investigación
Duración: no más de 2 años. *Límite de edad*: 30 años</td></tr>
<tr><td>**Becas de Doctorado.** *Destinatarios*: graduados universitarios en el marco de un programa de doctorado reconocido con categoría A en el Ministerio de Cultura y Educación. *Duración*: no más de 4 años. *Límite de edad*: 30 años</td></tr>
<tr><td>**Becas de Posdoctorado.** *Destinatarios*: candidatos que hayan obtenido el título de Doctor. *Duración*: no más de 2 años. *Límite de edad*: 35 años *Restricciones*: No se otorgarán a postulantes que desarrollen tareas de investigación en el mismo grupo de investigación en el que culminaron su Tesis Doctoral, salvo que hayan realizado actividades posdoctorales en otros grupo de Investigación por un período no menor a 2 años</td></tr>
<tr><td rowspan="3">1998</td><td>**Becas de Formación.** *Objetivo*: capacitar graduados universitarios en tareas de investigación científica y tecnológica. *Duración*: período no menor a 1 año y no mayor a 2 años. *Límite de edad*: 30 años. *Restricciones*: no podrán otorgarse a quienes hayan sido beneficiados por otras becas de posgrado por un período de 2 años o más</td></tr>
<tr><td>**Becas de Posgrado.** *Destinatarios*: graduados universitarios que se incorporen en el marco de un programa formal de posgrado acreditado con categoría A o B por el Ministerio de Cultura y Educación *Duración*: no superior a 4 años *Límite de edad*: 30 años *Restricciones*: no podrán otorgarse a quienes hayan sido beneficiados por otras becas de posgrado por un período de 4 años o más</td></tr>
<tr><td>**Becas de Posdoctorado** *Destinatarios*: candidatos que tengan el grado de Doctor *Duración*: no mayor de 2 años *Límite de edad*: 35 años *Restricciones*: no se otorgarán a quienes desarrollen sus tareas en el mismo grupo de investigación donde culminó su Tesis Doctoral, salvo que hayan desarrollado actividades posdoctorales por un período no menor a 2 años en otro grupo de investigación</td></tr>
</table>

1999	**Becas de Maestría o Doctorado** *Destinatarios*: graduados universitarios que se incorporen al proyecto en el marco de un programa formal de posgrado acreditado con categoría A o B por el Ministerio de Cultura y Educación *Duración:* hasta 2 años, renovable sólo una vez *Límite de edad:* 30 años *Restricciones:* no se otorgarán a quienes hayan sido beneficiarios de becas de posgrado por un período de 4 años o más
	Becas de Posdoctorado *Destinatarios:* candidatos con grado de Doctor *Duración:* no más de 2 años *Límite de edad:* 35 años *Restricciones*: no se otorgarán a postulantes que desarrollen sus tareas en el mismo grupo de investigación en el que culminaron su Tesis Doctoral, salvo que hayan desarrollado actividades posdoctorales en otro grupo de investigación por un período no menor a 2 años
2000-2001	**Becas de Nivel Inicial** *Destinatarios:* graduados universitarios que se incorporen al proyecto en el marco de un programa formal de posgrado, preferentemente acreditado por el Ministerio de Cultura y Educación *Duración:* hasta 3 años *Límite de edad:* hasta 35 años *Restricciones:* no se otorgarán a quienes se hayan beneficiado de becas de posgrado por un período de 4 años o más
	Becas de Nivel Superior *Destinatarios:* candidatos con grado de Doctor *Duración:* no más de 2 años *Límite de edad:* hasta 39 años *Restricciones*: no se otorgarán a postulantes que desarrollen sus tareas en el mismo grupo de investigación en el que culminaron su Tesis Doctoral, salvo que hayan desarrollado actividades posdoctorales en otro grupo de investigación por un período no menor a 2 años
2002	**Becas de Nivel Inicial** *Destinatarios:* graduados universitarios que se incorporen al proyecto en el marco de un programa formal de posgrado, preferentemente acreditado por el Ministerio de Cultura y Educación *Duración:* hasta 3 años *Límite de edad:* hasta 35 años *Restricciones:* no se otorgarán a quienes se hayan beneficiado de becas de posgrado por un período de 4 años o más
	Becas de Nivel Superior *Destinatarios:* candidatos con grado de Doctor *Duración:* no más de 2 años *Límite de edad:* hasta 39 años *Restricciones*: no se otorgarán a postulantes que desarrollen sus tareas en el mismo grupo de investigación en el que culminaron su Tesis Doctoral, salvo que hayan desarrollado actividades posdoctorales en otro grupo de investigación por un período no menor a 2 años

> **Becas de Nivel Inicial** *Destinatarios:* graduados universitarios que se incorporen al proyecto en el marco de un programa formal de posgrado, preferentemente acreditado por el Ministerio de Cultura y Educación *Duración:* hasta 3 años *Límite de edad:* hasta 35 años *Restricciones:* no se otorgarán a quienes se hayan beneficiado de becas de posgrado por un período de 4 años o más
>
> **2003**
>
> **Becas de Nivel Superior** *Destinatarios:* candidatos con grado de Doctor *Duración:* no más de 2 años *Límite de edad:* hasta 39 años *Restricciones*: no se otorgarán a postulantes que desarrollen sus tareas en el mismo grupo de investigación en el que culminaron su Tesis Doctoral, salvo que hayan desarrollado actividades posdoctorales en otro grupo de investigación por un período no menor a 2 años

Fuente: Elaboración propia

Becas

Tal como indicamos más arriba, las becas constituyen un rubro de los PICT. De ello se deriva que la unidad para el registro de la información son los proyectos y no las becas, a diferencia del caso de las becas del CONICET que conforman un instrumento de promoción en sí mismas. Luego, a continuación se presenta la información relativa a las becas desagregando la misma a partir de los proyectos de investigación de los que forman parte.

3. Presupuesto

Desde la convocatoria PICT 1997 fueron financiados un total de 2.911 proyectos, 62% incluyó el rubro becas en su presupuesto. La mayor cantidad de proyectos financiados corresponde a la primera convocatoria, pero la cantidad máxima de proyectos que incluyen becas en su presupuesto corresponde a la convocatoria del 2003 (372). Es importante destacar que la inclusión de becas en el presupuesto no equivale necesariamente a la designación efectiva de los becarios (más adelante volveremos sobre este tema).

Cantidad de proyectos financiados por convocatoria

Convocatoria	Cantidad
1997	713
1998	447
1999	379
2000	364
2002	499
2003	509
Total	**2911**

Fuente: Elaboración propia en base a datos del FONCYT

A partir de la convocatoria del año 1999, alrededor del 70% de los proyectos incluyen el rubro becas en sus presupuestos.[129]

El objetivo declarado de los PICT es la generación de nuevos conocimientos en todas las áreas de Ciencia y Tecnología y refiere directamente a la actividad de investigación, sin embargo, el porcentaje de proyectos con becas nos indica que nos encontramos ante un instrumento para la formación de recursos humanos. Es decir, que en la búsqueda del cumplimiento de su objetivo los PICT actúan indirectamente sobre otra arista de la Ciencia y la Tecnología que es la formación de recursos humanos, los que constituyen la base científica del sistema y a su vez son indispensables para la generación de nuevos conocimientos.

---

[129] Los porcentajes correspondientes a las convocatorias 1997 y 1998 son menores, alrededor del 50%, pero es posible que la información en estos casos no sea exacta.

Cantidad de proyectos financiados por convocatoria que incluyen en rubro becas en su presupuesto

Convocatoria	Cantidad
1997	311
1998	228
1999	267
2000-2001	277
2002	343
2003	372

Fuente: Elaboración propia en base a datos del FONCYT.

En términos absolutos, la cantidad de proyectos financiados que presupuestaron becas aumenta sostenidamente desde la convocatoria de 1999, e incluso desde la convocatoria del 2002 dicha cantidad supera a la correspondiente a la primera convocatoria (1997), a pesar de que la cantidad total de proyectos es bastante menor (499 frente a 713). Respecto de la cantidad total de proyectos financiados, aquellos que incluyen becas en sus presupuestos experimentan un crecimiento mayor o una disminución menor en los distintos años. Incluso, en las convocatorias de 1999 y 2000-2001 la cantidad total de proyectos financiados disminuye 15 y 4% respecto de la anterior, mientras la de los proyectos con becas aumenta 17 y 4% respectivamente.

En el marco del presupuesto de los PICT se encuentra la información relativa al monto destinado a las becas. Esta no está desglosada por cantidad de becas solicitadas e incluye los adicionales por zona que se suman al estipendio básico por beca vigente en cada momento. Además, dado que no se especifican las vacantes de becas, las variaciones en el presupuesto de este rubro pueden deberse a diferentes razones, tales como cambios en la cantidad de becas, en el monto para cada beca o en el monto de los adicionales. En esta oportunidad no nos detendremos en este aspecto.

4. Áreas temáticas

Los PICT se distribuyen en catorce (14) áreas temáticas:

	Áreas Temáticas
1	Ciencias Biológicas
2	Ciencias Económicas y Derecho
3	Ciencias Físicas y Matemáticas
4	Ciencias Humanas y Sociales
5	Ciencias Médicas
6	Ciencias Químicas
7	Ciencias de la Tierra e Hidroatmosféricas
8	Tecnología Agraria, Pecuaria, Forestal y Pesquera
9	Tecnología de Alimentos
10	Tecnología Energética y Minera
11	Tecnología Informática, de las Comunicaciones y Electrónica
12	Tecnología Mecánica y de Materiales
13	Tecnología del Medio Ambiente, Arquitectura y Urbanismo
14	Tecnología Química

Las áreas temáticas con mayor cantidad de proyectos financiados a lo largo de las seis convocatorias analizadas son las de Ciencias Biológicas (538 - 18%); Ciencias Médicas (456 - 16%); y Tecnología Agraria, Pecuaria, Forestal y Pesquera (384 - 13%). En el extremo opuesto encontramos a las áreas de Tecnología Energética y Minera (39 - 1%); Tecnología Informática, de las Comunicaciones y Electrónica (63 - 2,2%) y Ciencias Económicas y Derecho (70 - 2,4%).

Al considerar la distribución de los proyectos que incluyeron el rubro becas se observa que se repite el peso de las áreas temáticas señalado para el total de los proyectos: 19,8% corresponde a Ciencias Biológicas (356 proyectos); 17,6% a Ciencias Médicas (317 proyectos); 15% a Tecnología Agraria, Pecuaria, Forestal y Pesquera (270 proyectos); 1,4% a Tecnología Energética y Minera (26 proyectos); 1,8% a Tecnología Informática, de las Comunicaciones y Electrónica (32 proyectos); y 2,4% a Ciencias Económicas y Derecho (44 proyectos).

Cantidad de proyectos financiados que presupuestaron becas para cada área temática por convocatoria

Área Temática	1997	1998	1999	2000-2001	2002	2003
Cs. Biológicas	66	41	63	46	74	66
Cs. Económicas y Derecho	8	8	2	11	7	8
Cs. Físicas y Matemáticas	20	11	14	15	13	18
Ciencias Humanas y Sociales	32	13	18	23	34	45
Cs. Médicas	49	33	49	44	70	72
Cs. Químicas	26	12	19	12	21	24
Cs. de la Tierra e Hidroatmosféricas	22	3	17	18	21	21
Tecnología Agraria, Pecuaria, Forestal y Pesquera	32	63	33	50	48	44
Tecnología de Alimentos	10	15	12	14	7	10
Tecnología Energética y Minera	5	3	2	5	4	7
Tecnología Informática, de las Comunicaciones y Electrónica	3	1	4	4	11	9
Tecnología Mecánica y de Materiales	11	3	13	9	7	16
Tecnología del Medio Ambiente, Arquitectura y Urbanismo	16	13	7	12	12	16
Tecnología Química	11	9	14	14	14	16

Fuente: Elaboración propia en base a datos del FONCYT

Al complementar esta información con el porcentaje de proyectos que representa para cada área, es posible observar las diferencias entre las áreas temáticas en cuanto a la solicitud de becas. Tal vez la diferencia en la demanda de becas se deba las características propias de la actividad de investigación de cada área temática.

Porcentaje de proyectos que incluyen becas en su presupuesto para cada área temática en cada convocatoria

Área Temática	1997	1998	1999	2000-2001	2002	2003
Cs. Biológicas	50%	55%	78%	88%	71%	69%
Cs. Económicas y Derecho	62%	62%	40%	61%	88%	62%
Cs. Físicas y Matemáticas	32%	38%	70%	75%	37%	49%
Cs. Humanas y Sociales	45%	43%	69%	55%	72%	73%
Cs. Médicas	43%	60%	70%	92%	84%	85%
Cs. Químicas	48%	33%	66%	75%	68%	77%
Cs. de la Tierra e Hidroatmosféricas	26%	16%	63%	58%	68%	75%
Tecnología Agraria, Pecuaria, Forestal y Pesquera	60%	59%	75%	85%	71%	81%
Tecnología de Alimentos	50%	58%	67%	88%	54%	67%
Tecnología Energética y Minera	45%	60%	67%	71%	80%	88%
Tecnología Informática, de las Comunicaciones y Electrónica	23%	20%	44%	57%	65%	75%
Tecnología Mecánica y de materiales	38%	20%	81%	56%	33%	70%
Tecnología del Medio Ambiente, Arquitectura y Urbanismo	57%	59%	54%	71%	71%	73%
Tecnología Química	42%	75%	78%	93%	74%	70%

Fuente: Elaboración propia en base a datos del FONCYT

El cuadro muestra que el peso de los proyectos con becas varía entre las áreas temáticas y cambia a lo largo de las convocatorias. Al interior de las áreas temáticas se observan variaciones en la participación porcentual de los proyectos con becas; y no necesariamente coinciden la convocatoria con la mayor participación porcentual de los proyectos que presupuestaron becas con aquella en que dicha cantidad es mayor en términos absolutos, y lo mismos respecto del extremo opuesto.

5. Duración

La importancia de la duración de las becas deriva del objetivo que ellas persiguen; las becas constituyen, por definición, un instrumento para la formación de recursos humanos que supone un proceso que se desarrolla en el tiempo. En esta ocasión no nos detendremos a argumentar en torno al tiempo de duración de las becas que sería el adecuado para lograr dicho objetivo, simplemente nos limitaremos a señalar que el tiempo no es una variable fungible con otras que colaboran en la formación de recursos humanos. Así, la cantidad de recursos destinada a becas es importante y un aumento de los mismos puede implicar una mejora en la calidad de la formación (por la institución en la que se forma el becario o por permitir una dedicación exclusiva), pero no acorta el período necesario para la formación de los becarios.

En el marco de los PICT la cuestión de la duración de las becas se encuentra íntimamente asociada a la duración del proyecto del cual forman parte. En este sentido existen dos posibilidades: la duración de la beca es menor o igual a la duración del proyecto. Los proyectos pueden tener una duración de entre uno y tres años, con excepción de la convocatoria 1997 en la que sólo existían de uno o dos años. Esta es la duración formal que establece la normativa, en la práctica los proyectos pueden extenderse más en el tiempo.

La duración de los proyectos está asociada al tiempo que requieren para alcanzar los objetivos planteados de investigación. Ahora bien, en el caso de las becas que incluyen estudios de posgrado, si su duración es menor a la del programa de posgrado se plantea un interrogante respecto de la "efectividad" de la misma en términos de la formación del becario.

El presente análisis de la duración de las becas se descompone en tres aristas. Primero se refiere a la distribución de los proyectos de cada convocatoria entre las distintas duraciones, tengan o no presupuestadas becas. En segundo lugar, se acota la mirada al peso de aquellos que sí incluyen becas. Por último, se detiene en la cantidad de años en la que estos últimos presupuestan el rubro becas.

Total de proyectos presupuestados y proyectos con becas por duración para cada convocatoria

Convocatoria	1 año		2 años		3 años	
	Total	Con becas	Total	Con becas	Total	Con becas
1997	34	3	679	308		
1998	32	2	115	36	300	190
1999	6	1	44	14	329	252
2000-2001	7	5	64	23	293	249
2002	12	0	121	16	366	327
2003	3	1	120	21	386	350

Fuente: Elaboración propia en base a datos del FONCYT

Los proyectos de un (1) año de duración son los que tienen una menor participación porcentual; desde la convocatoria de 1999 no superan el 2% del total. Por su parte, los proyectos que duran dos (2) años tienen una participación porcentual que oscila entre 12% (1999) y 26% (1998). En este caso no incluimos la primera convocatoria PICT (1997) porque al contar solamente con proyectos de uno (1) y dos

(2) años, el peso de estos últimos no es comparable con el resto de las convocatorias, que además incluyen proyectos de tres años de duración.[130] Luego, los proyectos predominantes en todas las convocatorias con excepción de la de 1997 son los de mayor duración (tres años).

Esta situación se repite en materia de distribución de proyectos con becas según su duración. La participación porcentual de los proyectos más cortos (un año de duración) es muy pequeña cuando se trata de proyectos con becas, igual o menor a 1%. El porcentaje de proyectos de dos (2) años de duración que incluyen becas es menor al 10% en las convocatorias de 1999, 2000-2001, 2002 y 2003. Desde la convocatoria de 1999, más del 90% de los proyectos con becas tienen una duración formal de tres (3) años.

El peso de los proyectos con becas sobre el total para cada duración difiere en los tres casos posibles (uno, dos o tres años). El caso de los proyectos que duran un año es bastante variable: no supera el 10% en las de 1997 y 1998 (9 y 6% respectivamente); 17% en 1999; 33% en 2003; y 71% en la del 2000-2001. Por su parte, cuando la duración es de dos años, se observa un corte hacia la convocatoria 2000-2001; antes de ésta la participación porcentual de estos proyectos se ubica entre 31 y 45% y después de ésta, por debajo del 20% (13% en 2002 y 18% en 2003).

El caso de los proyectos que duran tres años es el único en el que el peso de los proyectos que incluyen becas aumenta de manera sostenida a lo largo de todas las convocatorias (desde 63% en 1998 hasta 91% en el 2003). Cabe destacar que dicho crecimiento ocurre paralelamente a la disminución de la participación porcentual de los proyectos de esta duración sobre el total para cada convocatoria.

---

[130] En la convocatoria de 1997, los proyectos de dos años de duración representan el 95%.

En la solicitud de presupuesto, el proyecto es desglosado en cada uno de sus años de duración y se detallan los rubros y montos para cada uno. Esta información nos permite saber si los proyectos que incluyen el rubro becas en sus presupuestos lo hacen para todos o sólo algunos de sus años de duración. En todas las convocatorias, entre el 94 y el 100% de los proyectos de dos años de duración presupuestan becas por el mismo período. Para los proyectos que duran tres años este porcentaje es un poco menor hasta la cuarta convocatoria (2000-2001): 78% en la convocatoria de 1998 y 89% en la de 1999. Desde entonces supera el 94% pero no logra alcanzar la totalidad de los proyectos.

6. Tipos de beca

Las características de las becas constituyen una pieza clave para comprender la dimensión de la formación de recursos humanos en el marco de los PICT. Así, existe una diferencia cualitativa entre una beca que exige el estudio de un posgrado y aquella beca que no incluye dicha obligación.

En materia de tipo de becas otorgadas en el marco de los PICT, nos encontramos con un problema en el registro de dicha información, basado en los cambios entre las convocatorias y también en la diferencia entre la cantidad y denominación de las becas, tal como se detalla en las bases de las distintas convocatorias y la manera en que dicha información es registrada en el sistema. Así, en las convocatorias de 1997 y 1998 existía la misma cantidad de becas, tres, pero con diferentes nombres: de formación, de doctorado y de posdoctorado en el primer caso y de formación, de posgrado (incluía de maestría y de doctorado) y de posdoctorado, en el segundo caso. Por otro lado, en la convocatoria de 1999, dicha cantidad se reduce a dos y vuelve a cambiar la denominación, becas de maestría o doctorado y de posdoctorado. En las tres convocatorias restantes, se mantiene la cantidad y características de los tipos de becas pero vuelve a modificarse su denominación; ahora se trata de becas de Nivel Inicial y de Nivel Superior.

La falta de inclusión de estos cambios en el registro de la información dificulta el análisis de la misma. Para ingresar esta información en el sistema al momento de realizar este trabajo, se contaba con una clasificación de cuatro tipos de becas: de formación, maestría, doctorado y posdoctorado.

Desde el año 2000, las becas se clasifican en becas de Nivel Inicial y de Nivel Superior, nombres ambos que no se trasladaron a la clasificación de registro. Frente a esto, hacia el año 2004 las becas de Nivel Inicial se registraban por omisión como becas de doctorado, aunque podía tratarse de becarios que realizaban maestrías. Luego, se "pierde" el registro de las becas de maestría dentro de este conjunto. Este error es pasible de ser solucionado chequeando el compromiso de inscripción del becario al posgrado o la copia de dicha inscripción o modificando la especificación solicitada al momento de completar la información sobre la designación del becario.

Otra cuestión de gran importancia reside en la realización efectiva de los estudios de posgrado que suponen las becas. De hecho, una de las mayores debilidades de las becas otorgadas en el marco de los PICT observadas al momento de realizarse este estudio, consistía en la falta de control de ello. Tal como funcionaba el sistema, los becarios se limitaban a presentar un compromiso de que se iban a inscribir en un posgrado, pero no se les exigía la inscripción efectiva al mismo, un comprobante de regularidad o alguna documentación similar que acreditara fehacientemente que se encontraban enrolados en los programas. Si bien es posible considerar que la formación del becario tiene lugar igual como resultado de su participación en un proyecto de investigación, al margen de la realización efectiva de estudios de posgrado, dicho requisito y su cumplimiento constituyen una suerte de garantía acerca de la formación de los recursos humanos y de la asignación de los recursos públicos. En fin, aquí nos encontramos ante un problema relativo a la propia definición de lo que entendemos por beca. Asimismo, la ausencia de esta información nos impide cruzar el análisis de las becas con la del sistema de posgrados para analizar, por ejemplo, la distribución de los becarios entre universidades de distintas modalidades de gestión según el área del conocimiento en la que se inscriben.

En el siguiente cuadro se presenta la información cuantitativa de las becas considerando la denominación vigente en cada convocatoria.[131]

Cantidad de becarios por tipo de beca en cada convocatoria[132]

Denominación beca	Convocatoria					
	1997	1998	1999	2000-2001	2002	2003
Formación	310	313				
Maestría			4			
Doctorado	22		395			
Posgrado		31				
Posdoctoral	17	12	28			
Nivel Inicial				422	435	96
Nivel Superior				14	10	4
Total	349	356	427	436	445	100[133]

Fuente: Elaboración propia en base a datos del FONCYT

---

[131] Para ajustarnos a lo que indica la normativa, excluimos los registros de becas de formación ingresados para las convocatorias de 1999 (2) y 2000-2001 (1) y sumamos los de beca de maestría y doctorales de la de 1998 y desde la convocatoria del 2000-2001 hasta la del 2003 inclusive para incluirlos en los tipos "Posgrado" y "Nivel Inicial" respectivamente.

[132] Las cantidades se refieren a los becarios designados; es decir, que no se trata de las vacantes de becas por tipo de beca sino de las personas que efectivamente fueron becarios y de qué tipo.

[133] Este no es un valor final porque la ejecución de los proyectos de esta convocatoria había comenzado recientemente al momento de relevar

En las primeras dos convocatorias PICT, 1997 y 1998, alrededor del 90% de las becas corresponde a becas de formación, que tienen como objetivo capacitar al becario en tareas de investigación. Este tipo de beca no exige que el becario realice un posgrado. Cuando este requisito está incluido puede tratarse de estudios de doctorado (6% en 1997) y de maestría o doctorado (9% en 1998).

La situación cambia radicalmente en las siguientes cuatro convocatorias en las que más del 90% de las becas incluyen la realización de posgrados, maestrías y/o doctorados. Mientras 31 becas de la convocatoria de 1998 respondían a estas características, dicha cantidad ascendía a casi 400 en la convocatoria de 1999 y supera dicho nivel en las del 2000-2001 y 2002. Esto supone un cambio cualitativo en materia de becas.

Las becas posdoctorales son las de menor peso en todas las convocatorias, con un máximo porcentual y absoluto en la de 1999 con veintiocho becas que representan 7% del total y un mínimo de diez becas que suponen el 2% del total de la convocatoria 2002.

7. Becarios[134]

Entre la primera convocatoria PICT 1997 y la del año 2003, contabilizamos 2.116 registros relativos a becas. Esta cantidad constituye el historial de designaciones, es decir, se refiere a todas las personas que durante ese período revistieron la condición de becarios, tanto personas que

---

la información.

[134] En este apartado excluimos a la convocatoria del 2003 porque el proceso de designación de becarios de sus proyectos no había concluido al momento de iniciar nuestro análisis.

ocuparon una misma vacante de beca en distintos momentos como a personas que fueron becarios de más de un proyecto.

Historial de designaciones de becarios para cada área temática por convocatoria

Área Temática	1997	1998	1999	2000-2001	2002
Cs. Biológicas	56	65	106	81	86
Cs. Económicas y Derecho	17	23	5	15	14
Cs. Físicas y Matemáticas	22	15	17	19	11
Cs. Humanas y Sociales	35	19	22	37	50
Cs. Médicas	52	54	84	70	84
Cs. Químicas	27	29	37	25	27
Cs. de la Tierra e Hidroatmosféricas	14	4	26	23	25
Tecnología Agraria, Pecuaria, Forestal y Pesquera	42	88	52	73	85
Tecnología de Alimentos	15	19	18	25	11
Tecnología Energética y Minera	7	8	2	7	2
Tecnología Informática, de las Comunicaciones y Electrónica	4	1	5	3	14
Tecnología Mecánica y de materiales	11	3	19	13	7
Tecnología del Medio Ambiente, Arquitectura y Urbanismo	32	15	12	20	13
Tecnología Química	15	13	24	26	16

Fuente: Elaboración propia en base a datos del FONCYT

En las primeras cinco convocatorias se repiten las áreas temáticas con mayor cantidad de becarios designados, las mismas que cuentan con más cantidad de proyectos en general, y que más becas presupuestaron en particular. Además, la cantidad de becarios designados en cada una es bastante mayor a la correspondiente a las restantes.

El área temática de Ciencias Biológicas tiene la mayor cantidad de becarios en las convocatorias de los años 1997,

1999, 2000-2001 y 2002. En la del año 1998 ese puesto lo ocupa el área de Tecnología Agraria, Pecuaria, Forestal y Pesquera con 88 designaciones; en el 2000-2001 y 2002 se ubica detrás de Ciencias Biológicas y en la convocatoria de 1999 es superada por el área de Ciencias Médicas.

Entre las áreas temáticas con menos cantidad de becarios designados encontramos a las siguientes: Ciencias Económicas y Derecho; Ciencias Físicas y Matemáticas; Tecnología de Alimentos; Tecnología Energética y Minera; Tecnología Informática de las Comunicaciones y Electrónica; y Tecnología Mecánica y de Materiales.

Junto a ellas, también encontramos áreas temáticas en las que se presupuestaron más proyectos con becas y sin embargo no designaron tantos becarios,[135] y también con situaciones inversas. Por ejemplo entre las convocatorias de 1997 y de 2002, en el área de Tecnología Mecánica y de Materiales se presupuestaron 43 proyectos con becas, y en la de Ciencias Económicas y Sociales 36, pero en la primera se designaron 53 becarios y en la segunda 74. Estas situaciones pueden deberse a la cantidad de vacantes, la rotación de los becarios o al hecho de que si bien las becas pueden estar aprobadas en los presupuestos no se lleguen a concretar. Por el momento no contamos con una respuesta certera.

Al depurar el historial de designaciones de manera de evitar contar dos veces a las mismas personas, la información registrada indica que entre 1997 y el 2003 (siempre considerando como límite de designación el 1 de mayo del 2005) el total de becarios es 2.018.[136]

---

[135] Por ejemplo, Ciencias Físicas y Matemáticas; Tecnología de Alimentos y Tecnología Mecánica y de Materiales.

[136] La diferencia entre cantidad total de proyectos financiados (2.911) y cantidad de becarios se debe a que no todos los proyectos solicitan becarios y además, algunos becarios lo son de diferentes proyectos.

Del total de las personas que revistieron la condición de becarios entre 1997 y 2003, el 95% (1.920) lo hizo como parte de un solo proyecto; un poco menos del 5% (95) participó de dos proyectos y los restantes (tres) lo hicieron en tres proyectos diferentes.

Aproximadamente el 99% de los becarios PICT se encuadra en una sola área temática. Entre éstos, el 96% es becario de un (1) solo proyecto y casi todos los restantes lo son de dos (2) proyectos de investigación. En el caso de los becarios que participan en proyectos correspondientes a distintas áreas temáticas, 96% lo hace en un (1) proyecto en cada una de ellas.

Distribución de becarios que participan en una sola área temática y cantidad de proyectos

Área temática	Cantidad de becarios	1 proy.	2 proy.	3 proy.
Cs. Biológicas	383	369	14	
Cs. Económicas y Derecho	77	74	3	
Cs. Físicas y Matemáticas	82	79	3	
Cs. Humanas y Sociales	174	169	5	
Cs. Médicas	341	327	14	
Cs. Químicas	138	133	5	
Cs. de la Tierra e Hidroatmosféricas	93	91	2	
Tecnología Agraria, Pecuaria, Forestal y Pesquera	324	308	15	1
Tecnología de Alimentos	83	79	4	
Tecnología Energética y Minera	26	25	1	
Tecnología Informática, de las Comunicaciones y Electrónica	29	29		
Tecnología Mecánica y de materiales	53	51	2	
Tecnología del Medio Ambiente, Arquitectura y Urbanismo	92	92		
Tecnología Química	95	94	1	

Fuente: Elaboración propia en base a datos del FONCYT

Distribución de becarios que participan en dos áreas temáticas y total de proyectos para cada becario

Área temática	Cantidad de becarios	2 proyectos	3 proyectos
Cs. Biológicas	11	11	
Cs. Económicas y Derecho	1	1	
Cs. Físicas y Matemáticas	1	1	
Cs. Humanas y Sociales	2	2	
Cs. Médicas	9	8	1
Cs. Químicas	5	5	
Cs. de la Tierra e Hidroatmosféricas	2	2	
Tecnología Agraria, Pecuaria, Forestal y Pesquera	9	8	1
Tecnología de Alimentos	1	1	
Tecnología Energética y Minera	1	1	
Tecnología Informática, de las Comunicaciones y Electrónica	0	0	
Tecnología Mecánica y de materiales	2	2	
Tecnología del Medio Ambiente, Arquitectura y Urbanismo	3	3	
Tecnología Química	1	1	

Fuente: Elaboración propia en base a datos del FONCYT

Tal como se observa en el cuadro anterior, es poca la cantidad de becarios que además de participar en más de un proyecto, esos proyectos corresponden a diferentes áreas temáticas.

Luego, las áreas temáticas se vinculan a través de los becarios de sus proyectos. Por ejemplo, becarios de Ciencias Biológicas también lo son de proyectos de Ciencias Médicas o de Tecnología Agraria, Pecuaria, Forestal y Pesquera, o becarios de Ciencias Químicas que a su vez también lo son de proyectos correspondientes al área de Tecnología Mecánica y de Materiales. Esta información detallada se presenta en el siguiente cuadro.

Cantidad de becarios que participan en proyectos de más de un área temática

	Área temática														Total
	1	2	3	4	5	6	7	8	9	10	11	12	13	14	
1. Cs. Biológicas					5		1	5							11
2. Cs. Económicas y Derecho				1											1
3. Cs. Físicas y Matemáticas												1			1
4. Cs. Humanas y Sociales		1					1								2
5. Cs. Médicas	5					2		2							9
6. Cs. Químicas					2							1	1	1	5
7. Cs. De la Tierra e Hidroatmosf.	1			1											2
8. Tecn. Agraria, Pecuaria, Forestal y Pesquera	5				2				1				1		9
9. Tecnología de Alimentos								1							1
10. Tecnología Energética y Minera													1		1
11. Tecn. Informática, de las Comunicac. y Electrónica															0
12. Tecnología Mecánica y de materiales			1			1									2
13. Tecn. del Medio Ambiente, Arquitectura y Urbanismo						1		1		1					3
14. Tecnología Química						1									1
Total	11	1	1	2	9	5	2	9	1	1	0	2	3	1	48

Fuente: Elaboración propia en base a datos del FONCYT

Hasta aquí la referencia corresponde a la cantidad de becarios y no a la cantidad de becas. En este caso, dada la manera en que se encuentra registrada la información resulta difícil descifrar la cantidad total de becas. Si embargo, es posible abordar la relación entre la cantidad de becarios y la cantidad de vacantes de becas que refiere a la rotación de los becarios, una de las problemáticas distintivas de las becas en el marco de los PICT.[137] La alternancia de personas para una misma vacante puede deberse, por ejemplo, a que renuncien a esa vacante para poder usufructuar otra beca.

Distribución de los proyectos que designaron dos becarios según cantidad de vacantes de becas

Cantidad de vacantes	%
1 vacante	55%
2 vacantes	45%

Fuente: Elaboración propia en base a datos del FONCYT

Los proyectos que designaron dos becarios representan alrededor del 20% del total de los PICT. El cuadro anterior muestra que se reparten casi en partes iguales entre los

---

[137] La información relativa a las becas está ingresada según los montos para cubrir dicho rubro pero no desglosada por cantidad de vacantes. Luego, dada la dificultad para distinguir estas últimas, optamos por analizar el caso de los proyectos que designaron dos (2) becarios en todas las convocatorias. La cantidad de vacantes se calculó sobre la base de las fechas de designación de los becarios. Específicamente, se consideraron entre las cuatro fechas posibles (dos de inicio y dos de baja), la fecha mínima de baja y la máxima de inicio. La primera refiere al primer becario en irse del proyecto y la segunda al último que fue incorporado. Al obtener esta información de la base de datos nos aseguramos que las fechas señaladas correspondieran a distintas personas. Luego, la manera de definir la cantidad de vacantes fue la siguiente: si la fecha máxima de inicio se superponía a la mínima de baja, era menor, entonces nos encontramos frente a dos vacantes (el último en incorporarse lo hizo antes de que se retirara el primero en hacerlo). Por otro lado, si la fecha máxima de inicio es posterior a la mínima de baja, consideramos que hay solamente una vacante de beca.

que designaron dos personas para una misma vacante y aquellos que lo hicieron para dos vacantes diferentes. Es decir, que en un poco más que la mitad de los casos hay dos personas que cubren una misma vacante de beca. Queda pendiente explorar la razón de esto en los expedientes de los proyectos correspondientes.

Por último, para complementar la información de este apartado, observamos la cantidad de proyectos que designaron becarios.

Cantidad de proyectos que designaron becarios para cada área temática por convocatoria

Área Temática	1997	1998	1999	2000-2001	2002	2003
Cs. Biológicas	46	40	64	44	64	12
Cs. Económicas y Derecho	8	8	2	10	6	6
Cs. Físicas y Matemáticas	16	10	13	14	10	2
Cs. Humanas y Sociales	28	12	15	22	30	12
Cs. Médicas	41	33	49	43	67	19
Cs. Químicas	19	13	17	12	19	3
Cs. de la Tierra e Hidroatmosféricas	13	3	17	18	18	4
Tecnología Agraria, Pecuaria, Forestal y Pesquera	29	60	33	48	48	11
Tecnología de Alimentos	10	12	11	15	7	0
Tecnología Energética y Minera	5	3	2	5	1	2

Área Temática	1997	1998	1999	2000-2001	2002	2003
Tecnología Informática, de las Comunicaciones y Electrónica	2	1	4	3	9	2
Tecnología Mecánica y de materiales	8	3	13	8	5	4
Tecnología del Medio Ambiente, Arquitectura y Urbanismo	16	11	8	12	10	3
Tecnología Química	11	9	14	14	13	4
Total	**252**	**218**	**262**	**268**	**307**	**84**

Fuente: Elaboración propia en base a datos del FONCYT

No se observan discrepancias entre las áreas temáticas que cuentan con mayor cantidad de proyectos que incluyen el rubro becas en sus presupuestos y aquellas en las que se designan la mayor cantidad de becarios. Además, la mayor cantidad de proyectos corresponden a la categoría Temas Abiertos (I).

Cantidad de proyectos que designaron becarios por línea de financiamiento por convocatoria

Convocatoria	Línea de Financiamiento			
	I	II	III	IV
1997	252	0	0	0
1998	100	76	35	7
1999	122	111	28	1
2000-2001	143	125	0	0
2002	164	121		
2003	55	28		

Fuente: Elaboración propia en base a datos del FONCYT

La categoría II corresponde a Temas Sectoriales y Específicos en las convocatorias de 1998 y 1999; Temas Prioritarios en la convocatoria 2000-2001 y a Áreas de Alta Prioridad e Impacto Económico y Social en las del 2002 y 2003. La categoría III hace referencia a las Prioridades Regionales del Plan Plurianual de Ciencia y Tecnología en las convocatorias de 1998 y 1999, y a Proyectos presentados por Investigadores menores de 40 años (IM40) en el 2000-2001; en tanto los PICTO constituyen la categoría IV en las convocatorias de 1998 y 1999.

En la siguiente tabla se presenta la información relativa a la distribución de los proyectos según cantidad de becarios designados para las primeras cinco convocatorias. Una vez más, cabe aclarar que la información se refiere a la cantidad de becarios y no a la cantidad de vacantes de becas.

Distribución porcentual de proyectos según cantidad de becarios designados en cada convocatoria[138]

Convocatoria	Proyectos con 1 becario	Proyectos con 2 becarios	Proyectos con 3 becarios	Proyectos con 4 becarios	Proyectos con 5 becarios
1997	67,1%	26,2%	6,3%	0,4%	0%
1998	56%	29%	12%	2%	0%
1999	52,7%	34,7%	9,2%	3,1%	0,4%
2000-2001	49,6%	38,8%	10,1%	1,1%	0,4%
2002	63%	30%	6%	1%	0%

Fuente: Elaboración propia en base a datos del FONCYT

Si bien las disposiciones sobre la cantidad de becas permitidas para los distintos tipos de proyectos cambian a lo largo de las convocatorias analizadas, para la mayoría de los proyectos no excede el máximo de dos (2) becas. Los

---

[138] La información correspondiente a la convocatoria 2003 no estaba completa al momento de realizar este estudio.

únicos tipos de proyectos que admiten una cantidad superior de becas son los de redes formadas por varios equipos de trabajo (Tipo C) que existen desde la convocatoria del año 2000 y respecto de los cuales las bases del 2002 y 2003 indican que el monto máximo permitido en el rubro becas es igual al estipendio de cuatro becas.

La cantidad de becarios por proyecto reviste importancia porque refiere directamente a la magnitud de la actividad de formación de recursos humanos en el marco de los proyectos de investigación en general y a los requerimientos de la actividad de investigación de las distintas áreas temáticas, en particular.

En el caso de los proyectos que registran un (1) becario, dicha magnitud puede coincidir con la cantidad de vacantes de beca del proyecto pero también podría tratarse de un proyecto que tenía presupuestado más de una beca y sólo utilizó una (1) de manera efectiva. Para los proyectos que cuentan con dos (2) becarios es posible que el proyecto tenga una sola vacante que es ocupada alternativamente por dos personas distintas o que el proyecto tenga dos vacantes de beca. En los casos de proyectos con tres, cuatro y cinco becarios, es indiscutible que la/s vacante/s ha/n sido ocupada/s por diferentes personas dado que, como señalamos, son excepcionales los casos en los que la norma permite más de dos (2) becas para los proyectos.

En las convocatorias de 1997, 1998 y 2002, más del 55% de los proyectos con becarios designó efectivamente a uno (1). En las de 1999 y 2000-2001, dicho porcentaje es un poco menor y gira alrededor del 50% de los proyectos. A medida que aumenta la cantidad de becarios, disminuye la cantidad de proyectos

Al analizar la cantidad de becas y la cantidad de becarios resulta interesante comparar la cantidad de proyectos que presupuestaron becas y la cantidad de proyectos que efectivamente designó becarios. Dado que la designación de becarios de proyectos de la convocatoria 2003 no había finalizado al momento de iniciar este análisis, ésta queda excluida de la comparación.

Cantidad de proyectos que presupuestaron becas y cantidad de proyectos que designaron becarios por convocatoria

Convocatoria	Presupuestado	Efectivo	Diferencia
1997	311	252	59
1998	228	218	10
1999	267	262	5
2000	277	268	9
2002	343	307	36

Fuente: Elaboración propia en base a datos del FONCYT

A lo largo de las primeras cinco convocatorias PICT el 59% de los proyectos financiados incluyeron el rubro beca en su presupuesto, y el 54% llevó a la práctica dicha solicitud (92%). En total, hay 119 que si bien incluyeron el rubro becas en sus presupuestos, en la práctica no designaron becarios. En todas las convocatorias encontramos proyectos con esta situación. En este sentido, corresponde indagar acerca de la razón de ello y también acerca de los recursos que estaban previstos para cubrir este rubro. Queda pendiente para otra oportunidad profundizar en este tema, remitiéndonos a los expedientes para analizar casos puntuales.

Las mayores diferencias se observan en los proyectos correspondientes a la convocatoria 1997; si bien no desestimamos dichas magnitudes tenemos presente que es posible que se deba en cierta medida a una cuestión de registro en el sistema (esto es, que no se hayan registrado en el sistema algunas designaciones de becarios sobre la base de las que se calculan los proyectos que efectivamente contaron con becarios). Ahora bien, esta razón no se aplica al caso de la convocatoria del 2002, que se ubica en segundo lugar en materia de diferencia entre proyectos con becas presupuestadas y aquellos que efectivamente designaron becarios (36 proyectos).

8. Dimensión institucional: institución beneficiaria del proyecto y lugar de trabajo de los becarios

La institución beneficiaria del proyecto y el lugar de trabajo de los becarios, instancias que no necesariamente coinciden, constituyen la dimensión institucional de las becas de los Proyectos de Investigación Científica y Tecnológica (PICT).

La *institución beneficiaria* es la que firma el contrato con la Agencia, por medio del cual ésta le otorga las subvenciones por los montos y para la ejecución de los proyectos (cláusula primera del contrato). Por su parte, la institución beneficiaria debe aplicar las subvenciones a los destinos estipulados, efectuar el aporte de contraparte de la subvención[139] y designar la unidad administradora (cláusula segunda), que a su vez debe administrar los recursos financieros afectados a la ejecución del proyecto (cláusula sexta), entre otras obligaciones.

Por su parte, el *lugar de trabajo* de los becarios nos remite al espacio en el cual desarrollan su actividad. Esta

---

[139] La institución beneficiaria debe aportar por sí o a través de fondos de terceros una contribución que varía entre convocatorias: no inferior a 25% (1997) o superior a 33% (1998) del monto solicitado a la Agencia; una contribución mínima igual al monto total del subsidio solicitado a la Agencia (1999); una contribución igual o mayor al monto total del subsidio solicitado a la Agencia (2000-2001); una contribución al menos igual al monto total del subsidio solicitado a la Agencia (2002 y 2003). Entre estos fondos pueden computarse los salarios de los investigadores integrantes del grupo, el costo derivado del uso de las instalaciones e infraestructura existentes y otros fondos asignados al proyecto.

información está registrada en dos niveles de agregación: dependencia y unidad ejecutora. Dada la diferencia existente entre la cantidad de becarios designados y la cantidad de vacantes de becas correspondientes a los proyectos, si consideramos a los becarios individualmente corremos el riesgo de sobredimensionar el peso de alguna institución beneficiaria o lugar de trabajo de los becarios. Para evitar dicho riesgo, optamos por tomar como unidad de medida los proyectos que efectivamente designaron becarios.

Antes de abordar el análisis de estos espacios institucionales, fue necesario clasificar la información disponible. Las clases son las mismas en ambos casos: Gobierno Nacional y organismos descentralizados de Ciencia y Tecnología (por ejemplo, el INTA); provincias y Ciudad de Buenos Aires que incluyen los que pertenecen a sus respectivas jurisdicciones (por ejemplo, el Hospital Garrahan y la Comisión de Investigaciones Científicas de la Provincia de Buenos Aires); organismos CONICET / unidades ejecutoras, entre los que encontramos al CONICET mismo pero también a diversos centros de investigación que dependen de éste, sea o no de manera exclusiva; universidades de gestión estatal; universidades de gestión privada; Sistema Internacional Público, que remite exclusivamente al caso de FLACSO; y organismos privados de bien público, en los que se incluyen fundaciones, asociaciones y centros de investigación.[140]

Tanto en el caso de las instituciones beneficiarias como en el del lugar de trabajo de los becarios, primero presentaremos la distribución de los PICT con becarios entre las distintas clases posibles y en segundo lugar nos detendremos especialmente en aquellas que sean predominantes.

---

[140] Cabe señalar que para poder realizar esta clasificación fue necesario revisar cada uno de los registros dado que la información no estaba ingresada de manera homogénea.

Institución beneficiaria

A continuación presentamos las características de la distribución de los PICT entre las distintas instituciones beneficiarias desde la convocatoria de 1997 hasta la del año 2002 inclusive.[141]

Distribución de los proyectos entre clase de institución beneficiaria

Clase	Cantidad
Gobierno Nacional y Organismos Descentralizados de Ciencia y Tecnología	194
Organismo privado de bien público	68
Organismos CONICET/Unidades Ejecutoras	285
Organismos CONICET/Unidades Ejecutoras - exclusivo	2
Provincias y Ciudad de Bs. As	13
Sistema Internacional Público	6
Universidad de gestión privada	6
Universidad de gestión pública[142]	734
Total	**1390**

Fuente: Elaboración propia en base a datos del FONCYT

En más de la mitad de los casos de los PICT que designaron becarios, la institución beneficiaria es una universidad de gestión estatal (56%). En segundo lugar encontramos a los organismos CONICET / unidades ejecutoras, con 22% del total de los proyectos, seguidos por Gobierno Nacional y organismos descentralizados de Ciencia y Tecnología con 15%. Las clases restantes cuentan con una cantidad

---

[141] La convocatoria del 2003 está excluida porque el proceso de designación de becarios comenzó recientemente y no había concluido para el 1 de mayo del 2005, fecha límite de nuestro análisis.

[142] En la clase universidades de gestión estatal se incluyen las universidades nacionales y el Instituto Universitario Aeronáutico (dependiente de la Fuerza Aérea Argentina).

bastante menor de proyectos e incluso entre ellas existen grandes diferencias: por ejemplo, 68 proyectos corresponden a organismos privados de bien público y solamente seis involucran a universidades de gestión privada.

Respecto de cada tipo de institución beneficiaria, se observa que no hay grandes diferencias en las cantidades de proyectos correspondientes a cada uno entre las distintas convocatorias. Las dos únicas excepciones son las universidades de gestión estatal en la convocatoria de 1998 con una cantidad de proyectos con becarios bastante menor que las restantes y, a la inversa, los organismos CONICET / unidades ejecutoras en la convocatoria 2002 con una cantidad mayor a la de las convocatorias anteriores.

Distribución de proyectos con becarios entre clase de institución beneficiaria por convocatoria

Clase	1997	1998	1999	2000-2001	2002
Gobierno Nacional y Organismos Descentralizados de Ciencia y Tecnología	33	51	33	38	38
Organismo privado de bien público	16	14	5	18	13
Organismos CONICET / Unidades Ejecutoras	43	52	55	51	84
Organismos CONICET / Unidades Ejecutoras - exclusivo					2
Provincias y Ciudad de Bs. As	3	2	5	2	1
Sistema Internacional Público		1	3		2
Universidad de gestión privada		3	1		2
Universidad de Gestión Estatal	157	95	160	159	165

Fuente: Elaboración propia en base a datos del FONCYT

La UBA es la universidad de gestión estatal que reviste la condición de institución beneficiaria en la mayor cantidad de proyectos con becarios correspondientes a las convocatorias de 1997 hasta la del 2002 inclusive (41%).

El segundo lugar lo ocupa la Universidad Nacional de La Plata, con una cantidad tres veces menor que la de la UBA y representando alrededor del 13% del total de los proyectos. Por su parte, la Universidad Nacional de Córdoba es la institución beneficiaria del 8% de los proyectos en esta clase. Cabe mencionar los casos de las universidades nacionales de Rosario y del Litoral, con 7 y 5% de los proyectos, para todo el período, respectivamente. Con excepción de la UBA, el orden de las restantes universidades con mayor cantidad de proyectos con becarios varía entre las distintas convocatorias analizadas.

En el extremo opuesto, encontramos universidades que no figuran como institución beneficiaria de proyectos con becarios en ninguna de las convocatorias analizadas: La Pampa; UTN; Formosa; de la Patagonia Austral; La Rioja; Lomas de Zamora; Tres de Febrero; Villa María; La Matanza; y Lanús. En total, las universidades nacionales suman 36 instituciones.

Distribución de los proyectos con becarios en la clase universidad de gestión estatal

Institución	Cantidad de proyectos con becarios
UBA	302
UN de Catamarca	1
UN Córdoba	58
UN de Cuyo	8
UN de Entre Ríos	3
UN de General Sarmiento	6
UN de Jujuy	1
UN de la Patagonia San Juan Bosco	1
UN de La Plata	96
UN de Luján	1
UN de Mar del Plata	17

Institución	Cantidad de proyectos con becarios
UN de Misiones	2
UN de Quilmes	28
UN de Río Cuarto	15
UN de Rosario	51
UN de Salta	6
UN de San Juan	8
UN de San Luis	10
UN de San Martín	17
UN de Santiago del Estero	1
UN de Tucumán	20
UN del Centro de la Prov. de Bs. As	14
UN del Comahue	12
UN del Litoral	40
UN del Nordeste	1
UN del Sur	13
Instituto Universitario Aeronáutico	2
Total	734

Fuente: Elaboración propia en base a datos del FONCYT

El caso de los organismos CONICET / unidades ejecutoras como instituciones beneficiarias de los proyectos con becarios es particular. Tal como está registrado en la base de datos del FONCYT, en casi todos los casos la institución beneficiaria es el CONICET. Esto se debe a que en torno a este organismo, se estructura un "sistema" de numerosas instituciones en las que se desarrollan los proyectos de investigación y que por lo tanto albergan a los becarios. Sólo en diez casos el registro refiere a instituciones particulares; éstas son: INAPLA, INIMEC, INGEBI y MACN (las dos últimas son unidades ejecutoras exclusivas del CONICET).

En el marco de la clase Gobierno Nacional y organismos descentralizados de Ciencia y Tecnología encontramos nueve instituciones diferentes. Aproximadamente el

90% del total de los proyectos que cuentan con becarios (excluyendo siempre la convocatoria del año 2003) y que tienen a alguna de éstas como institución beneficiaria se reparten entre el INTA (69%), la CNEA (20%).

Respecto de las convocatorias consideradas separadamente cabe subrayar las de 1998 y 2002. En ambas, la participación porcentual del INTA se incrementa más de 20% respecto de la que le antecede, pero mientras en la primera la cantidad total de proyectos para esta clase crece (55%),[143] en el segundo caso se mantiene igual a la convocatoria anterior.

Distribución de los proyectos con becarios en la clase Gobierno Nacional y organismos descentralizados de Ciencia y Tecnología

Institución	1997	1998	1999	2000-2001	2002
ANLIS	0	0	0	1	1
CNEA	9	5	13	8	4
Instituto Antártico Argentino	1	1	0	1	0
Instituto de Investigaciones Científicas y Técnicas de las FF.AA.	4	0	2	2	1
INIDEP	1	0	0	1	0
Instituto Nacional de Parasitología Dr. Fatala Chabén	0	1	0	0	0
INTA	17	43	18	24	32
INTI	1	0	0	0	0
Instituto Nacional del Agua y el Ambiente	0	1	0	1	0

Fuente: Elaboración propia en base a datos del FONCYT

---

[143] La explicación del aumento en la cantidad de proyectos ganados por el INTA en la convocatoria de 1998, coincide con la del aumento de los proyectos del área de Tecnología Agraria, Pecuaria, Forestal y Pesquera: la inclusión en dicha convocatoria de las necesidades y demandas señaladas en el Plan Nacional Plurianual de Ciencia y Tecnología (GACTEC 1999).

Al considerar las instituciones beneficiarias y las áreas temáticas en las que se inscriben los proyectos a los que corresponden los convenios se aprecia una suerte de asociación entre ambas. El ejemplo más paradigmático lo constituye la clase *Gobierno Nacional y Organismos Descentralizados de Ciencia y Tecnología*, en la que, considerando conjuntamente las convocatorias (con excepción de la del 2003), el 65% de los proyectos corresponden al área de Tecnología Agraria, Pecuaria, Forestal y Pesquera. En el caso de los *Organismos CONICET / Unidades Ejecutoras*, casi el 30% de los proyectos corresponden a Ciencias Médicas y 26% a Ciencias Biológicas. Por último, en la clase *Universidades de Gestión Estatal* alrededor del 20% de los proyectos corresponde a Ciencias Biológicas y Ciencias Médicas respectivamente.

Lugar de trabajo de los becarios

El lugar de trabajo de los becarios es una universidad de gestión estatal en casi la mitad (44%) de los proyectos que tienen becarios. Por su parte, en el 38% de los casos, el lugar de trabajo corresponde a organismos CONICET / unidades ejecutoras, de los que el 30% se refiere a los centros e institutos de investigación compartidos con otras instituciones, a los centros regionales y de servicios, y a los LANAIS, y el 8% a las unidades ejecutoras exclusivas del CONICET. En tercer lugar se ubica la clase Gobierno Nacional y organismos descentralizados de Ciencia y Tecnología, con una cantidad de proyectos con becarios bastante menor a las clases anteriores y que supone el 14% del total de los mismos. Las cantidades de proyectos correspondientes a cada una de las restantes clases de lugar de trabajo son bastante menores a las señaladas.

Distribución de los proyectos con becarios entre clases de lugar de trabajo por convocatoria

Clase de lugar de trabajo	1997	1998	1999	2000-2001	2002
Gobierno Nacional y Organismos Descentralizados de Ciencia y Tecnología	25	49	30	34	36
Organismo privado de bien público	6	6	1	9	9
Organismos CONICET/Unidades Ejecutoras	68	67	72	77	93
Organismos CONICET/Unidades Ejecutoras - exclusivo	25	14	21	15	28
Provincias y Ciudad de Bs. As	2	2	4	2	1
Sistema Internacional Público		1	3		2
Universidad de gestión privada	1	3	1		2
Universidad de Gestión Estatal	112	71	126	122	133

Fuente: Elaboración propia en base a datos del FONCYT

El 75% (550/734) de los proyectos firmados entre la Agencia y universidades de gestión estatal tiene becarios que trabajan en alguna institución de esta clase. Los proyectos restantes se reparten entre organismos CONICET / unidades ejecutoras (145 - 20%) y unidades ejecutoras exclusivas del CONICET (39 - 5%).[144]

De todos los proyectos con becarios cuya institución beneficiaria pertenece a la clase organismos CONICET / unidades ejecutoras (lo que equivale al CONICET como institución beneficiaria), el lugar de trabajo es un organismo CONICET / unidad ejecutora en el 71% de los casos (201/285) y alguna unidad ejecutora exclusiva del CONICET en el 20% de los casos (58/285). Otro 5% de los proyectos tienen becarios que se desempeñan en universidades de gestión estatal

---

[144] Esta información y la correspondiente a las restantes clases de lugar de trabajo no incluye la información del año 2003.

(14/285).[145] Sólo hay un caso en el que cuando la institución beneficiaria es el CONICET, el lugar de trabajo del becario se encuentra en una universidad de gestión privada.

Antes de continuar con las restantes clases de lugar de trabajo de los becarios resulta interesante destacar la estrecha vinculación que existe entre las clases organismos CONICET / unidades ejecutoras y universidades de gestión estatal. En la gran mayoría de las unidades ejecutoras del CONICET, las universidades son la contraparte del CONICET y/o la sede de las mismas.[146] Las UE exclusivas del CONICET sólo representan alrededor del 30% del total. Esto explica la cantidad de proyectos cuya institución beneficiaria es una universidad de gestión estatal y el lugar de trabajo de los becarios un organismo CONICET / unidad ejecutora (152/777). Si bien contabilizamos dichos proyectos para la clase de lugar de trabajo del CONICET, éstos deben considerarse al momento de realizar un análisis acerca de la participación de las universidades de gestión estatal en materia de becas PICT.

Aproximadamente el 90%[147] de los proyectos firmados con instituciones correspondientes a Gobierno Nacional y organismos descentralizados de Ciencia y Tecnología tienen su lugar de trabajo también dentro de esta clase (174/194).

Aproximadamente la mitad de los becarios de PICT firmados entre organismos privados de bien público y la Agencia se desempeñan en instituciones de la misma clase

---

[145] La mitad de estos se desempeñan en la UBA: tres en la Facultad de Ciencias Sociales, dos en la Facultad de Ciencias Exactas y Naturales y dos en la Facultad de Filosofía y Letras.

[146] Cuando se trata de un centro o instituto de investigación que forma parte de una universidad y que también es considerado una Unidad Ejecutora del CONICET, lo incluimos dentro de esta última clase.

El sistema de Unidades Ejecutoras del CONICET también incluye seis centros regionales, dos centros de servicios y los Laboratorios Nacionales de Investigación y Servicios (LANAIS).

[147] Recordemos que no incluimos la convocatoria del 2003.

(31/68 - 46%) y aquellas correspondientes a organismos CONICET / unidades ejecutoras (25/68 - 37%). En este último caso, los organismos privados de bien público son las fundaciones que corresponden a los centros o institutos de investigación del CONICET: Fundación Instituto Leloir (IIBBA), Fundación Instituto de Neurobiología (IDNEU) y Fundación para Investigaciones Biológicas Aplicadas (INBIOP).

A continuación se presenta la información detallada para las clases de lugar de trabajo que se destacan sobre el resto, universidades de gestión estatal, organismos CONICET / unidades ejecutoras y en Gobierno Nacional y organismos descentralizados de Ciencia y Tecnología.

Cantidad de proyectos cuyos becarios se desempeñan en Universidades de Gestión Estatal para cada área temática

Área Temática	1997	1998	1999	2000-2001	2002
Cs. Biológicas	23	13	29	19	23
Cs. Económicas y Derecho	7			7	3
Cs. Físicas y Matemáticas	12	2	6	5	4
Cs. Humanas y Sociales	14	4	11	16	20
Cs. Médicas	19	12	28	15	33
Cs. Químicas	6	6	10	8	7
Cs. de la Tierra e Hidroatmosféricas	5	1	11	4	8
Tecnología Agraria, Pecuaria, Forestal y Pesquera	6	18	9	20	14
Tecnología de Alimentos	3	4	6	6	2
Tecnología Energética y Minera	2	1	1	4	1
Tecnología Informática, de las Comunicaciones y Electrónica	2		4	2	6
Tecnología Mecánica y de materiales	1	2	2	4	1
Tecnología del Medio Ambiente, Arquitectura y Urbanismo	9	7	6	6	8
Tecnología Química	3	1	3	6	3

Fuente: Elaboración propia en base a datos del FONCYT

En la primera convocatoria PICT el área temática de mayor peso en esta clase de lugar de trabajo fue la de Ciencias Biológicas (21%). Los becarios del 39% de dichos proyectos (nueve) trabajaban en la UBA y de ellos, el 44% (cuatro) lo hacía en la Facultad de Ciencias Exactas y Naturales. En segundo lugar se ubicaron los proyectos del área de Ciencias Médicas (17%), 79% (quince) de los cuales también tenían en la UBA el lugar de trabajo de sus becarios, su mayoría repartida entre las Facultades de Medicina y Farmacia y Bioquímica (cinco proyectos en cada una respectivamente).

La cantidad de proyectos cuyos becarios trabajan en universidades de gestión estatal desciende en la convocatoria del año 1998 de manera concomitante a lo que sucede a nivel global, aunque su caída es un poco más pronunciada (36% frente a 13%). En dicha convocatoria, 25% de los proyectos (dieciocho) en los que son la clase de lugar de trabajo de sus becarios se encuadra en el área de Tecnología Agraria, Pecuaria, Forestal y Pesquera. De esos proyectos, en el 28% (cinco) de los casos los becarios trabajan en la UBA, repartidos entre la Facultad de Agronomía (dos) y la de Ciencias Veterinarias (tres). En segundo lugar se encuentra el área de Ciencias Biológicas (18%); en el 54% (siete proyectos) de los casos los becarios trabajan en la UBA (cinco proyectos corresponden a la Facultad de Ciencias Exactas y Naturales y dos a las facultades de Medicina y Farmacia y Bioquímica). Por último, el 83% de los proyectos (diez) del área de Ciencias Médicas (17%) tiene como lugar de trabajo también a la UBA, específicamente a la Facultad de Medicina.

En la convocatoria de 1999, el área temática que tiene más cantidad de proyectos con becarios en esta clase de lugar de trabajo es la de Ciencias Biológicas (23%), seguida muy de cerca por la de Ciencias Médicas (22%). El 45% de los proyectos de la primera tienen becarios que trabajan en la UBA (trece), la mitad en la Facultad de Ciencias Exactas y Naturales (seis proyectos), tres proyectos en las facultades de Medicina y de Farmacia y Bioquímica respectivamente y un proyecto en la Facultad de Agronomía. Respecto de la segunda área temática, es un poco mayor el porcentaje de becarios que se desempeñan en la UBA (60% - diecisiete proyectos), de los cuales, a su vez, los becarios de nueve proyectos lo hacen en la Facultad de Medicina, cinco en la Facultad de Ciencias Exactas y Naturales y tres en la de Farmacia y Bioquímica.

En la convocatoria correspondiente a los años 2000 y 2001, las áreas temáticas con más peso son las de Tecnología Agraria, Pecuaria, Forestal y Pesquera y la de Ciencias Biológicas. El 30% de los proyectos (seis) de la primera tienen becarios cuyo lugar de trabajo es la UBA, en su mayoría la Facultad de Agronomía (66% - cuatro proyectos); el 25% en la UNLP, repartidos entre las facultades de Ciencias Veterinarias (dos) la de Ciencias Exactas (dos) y Ciencias Naturales y Museo (uno); y el 15% en la Universidad del Centro de la Provincia de Buenos Aires (tres proyectos). Por su parte, alrededor de la mitad de los proyectos del área de Ciencias Biológicas tienen becarios que trabajan en la UBA (nueve), el 67% (seis proyectos) de los cuales lo hace, una vez más, en la Facultad de Ciencias Exactas y Naturales; dos proyectos corresponden a la Facultad de Agronomía y uno a la de Farmacia y Bioquímica.

La convocatoria del 2002 es la única en la que el primer puesto en esta clase de lugar de trabajo lo ocupan las Ciencias Médicas (25%). En un poco más de la mitad de los proyectos (dieciocho) los becarios se desempeñan en la UBA, la mitad de los cuales lo hacen en la Facultad de Medicina (nueve) seguidos por aquellos en la Facultad de Farmacia y Bioquímica (siete). Por su parte, casi la mitad de los proyectos del área de Ciencias Biológicas tiene becarios cuyo lugar de trabajo es la UBA (diez proyectos), específicamente la Facultad de Ciencias Exactas y Naturales en el 60% de los casos.

En el Anexo I se puede consultar la distribución detallada de la cantidad de proyectos con becarios que se desempeñan en universidades de gestión estatal, por universidad.

Cantidad de proyectos cuyos becarios se desempeñan en organismos CONICET / Unidades Ejecutoras para cada área temática

Área Temática	1997	1998	1999	2000-2001	2002
Cs. Biológicas	13	19	23	22	30
Cs. Económicas y Derecho	0	0	0	0	0
Cs. Físicas y Matemáticas	1	5	2	4	2
Cs. Humanas y Sociales	2	3	1	2	2
Cs. Médicas	15	15	12	17	20
Cs. Químicas	10	5	2	2	9
Cs. de la Tierra e Hidroatmosféricas	5	1	4	6	5
Tecnología Agraria, Pecuaria, Forestal y Pesquera	1	2	4	3	3
Tecnología de Alimentos	6	6	5	7	5
Tecnología Energética y Minera	2	1	0	0	0
Tecnología Informática, de las Comunicaciones y Electrónica		1	0	0	3
Tecnología Mecánica y de materiales	2	1	6	2	3
Tecnología del Medio Ambiente, Arquitectura y Urbanismo	4	2	2	4	2
Tecnología Química	8	8	11	8	10

Fuente: Elaboración propia en base a datos del FONCYT.

A diferencia de lo que sucede cuando el lugar de trabajo de los becarios es una universidad de gestión estatal, en el caso de los organismos CONICET / UE no se observa concentración en ninguno de ellos. Las instituciones que cuentan con una mayor cantidad de becarios, no superan el 6% de los mismos; éstas son en orden decreciente:

IIB-INTECH; IIBBA; IBYME; IQUIFIB; CIDCA; INTEC y PLAPIQUI.

Casi la mitad (49%) de los proyectos cuyos becarios se desempeñan en la clase organismos CONICET / UE se reparte entre las áreas de Ciencias Biológicas y Ciencias Médicas, 28 y 21% respectivamente. Con excepción de la primera convocatoria PICT (1997), la cantidad correspondiente a la primera de estas áreas es siempre mayor; mientras la participación porcentual de Ciencias Biológicas se estabiliza en torno al 30% desde la convocatoria de 1998, la de Ciencias Médicas gira en torno al 20%.

Cantidad de proyectos cuyos becarios se desempeñan en Gobierno Nacional y organismos descentralizados de Ciencia y Tecnología para cada área temática

Área Temática	1997	1998	1999	2000-2001	2002
Cs. Biológicas	1	1	1	0	1
Cs. Económicas y Derecho	0	2	0	1	1
Cs. Físicas y Matemáticas	2	3	5	3	3
Cs. Humanas y Sociales	0	0	0	0	0
Cs. Médicas	1	1	0	1	0
Cs. Químicas	0	0	2	1	0
Cs. de la Tierra e Hidroatmosféricas	1	1	0	4	1
Tecnología Agraria, Pecuaria, Forestal y Pesquera	15	37	17	20	29
Tecnología de Alimentos	0	2	0	2	0
Tecnología Energética y Minera	1	0	1	1	0
Tecnología Informática, de las Comunicaciones y Electrónica	0	0	0	0	0
Tecnología Mecánica y de materiales	3	0	4	1	1
Tecnología del Medio Ambiente, Arquitectura y Urbanismo	1	2	0	0	0
Tecnología Química	0	0	0	0	0

Fuente: Elaboración propia en base a datos del FONCYT.

Desde una perspectiva global, la clase de lugar de trabajo compuesta por Gobierno Nacional y organismos descentralizados de Ciencia y Tecnología se ubica en tercer lugar en cantidad de proyectos cuyos becarios trabajan en ella. La gran mayoría de éstos corresponde al área de Tecnología Agraria, Pecuaria, Forestal y Pesquera (68%), la cual reúne más del 50% en cada una de las convocatorias. En el extremo opuesto, cabe señalar que en esta clase de lugar de trabajo no se desempeña ningún becario del área de Tecnología Química.

Aunque la convocatoria en la que esta área temática reúne más proyectos con becarios es la de 1998 (37/49), alcanza su mayor participación porcentual en la del año 2002 (81%) debido a la diferencia en la cantidad total de proyectos correspondientes a esta clase de lugar de trabajo. Respecto de esto último, observamos que la cantidad total de proyectos cuyos becarios trabajan en esta clase de lugar de trabajo y los que corresponden a esta área temática varían en el mismo sentido; y que en las convocatorias de 1998 y del 2002 la cantidad para esta área temática crece bastante más que el total para la clase de lugar de trabajo (147 y 45% frente a 96 y 6%).

Anexo I

Cantidad de proyectos con becarios en cada universidad por convocatoria

Institución	1997	1998	1999	2000-2001	2002	Total
Instituto Universitario Aeronáutico	1		1			2
UBA	60	31	63	51	53	258
UN de Catamarca					1	1
UN de Cuyo		1		1	1	3
UN de Entre Ríos	1	1			1	3

Institución	1997	1998	1999	2000-2001	2002	Total
UN de Jujuy					1	1
UN de la Patagonia San Juan Bosco				1	1	2
UN de Luján	1		1			2
UN de Misiones				1	1	2
UN de Río Cuarto	3	1	6	4	1	15
UN de Salta	1		2	1	1	5
UN de San Juan	1		1	4	2	8
UN de San Luis	2	2	1	2	1	8
UN de Santiago del Estero		1				1
UN del Centro de la Prov. de Bs. As	3	4	1	3	3	14
UN del Comahue	2	2	4	1	3	12
UN del Nordeste			1			1
UN del Sur	2		2	3	5	12
UN de Córdoba	6	4	14	8	16	48
UN de General Sarmiento		1	1	2	2	6
UN del Litoral	1	4	5	4	1	15
UN de La Plata	12	7	5	12	17	53
UN de Mar del Plata	2	2	1	3	2	10
UN de Quilmes	5	4	7	7	7	30
UN de Rosario	7	3	8	11	8	37
UN de San Martín					1	1
UN de Tucumán	2	3	2	3	4	14

Fuente: Elaboración propia en base a datos del FONCYT.

6. VINCULACIÓN CON EL SECTOR PRODUCTIVO

VINCULACIÓN ENTRE POSGRADOS Y SECTOR PRODUCTIVO

Por Osvaldo Barsky (coordinador), Teresa Busto Tarelli, Emma Di Tullio, Leonardo Fernández, Inés Pousadela y Marcela Petrantonio

1. Introducción

El sistema científico-tecnológico ha mostrado, durante décadas, dificultades en mantener una fluida articulación con los sectores productivos del país, e incluso con organismos del Estado Nacional con funciones vinculadas a los procesos productivos. Diversos estudios realizados con empresas muestran que parte importante de las mismas no tienen en cuenta a los institutos nacionales de ciencia y tecnología y a las universidades como fuente externa de conocimiento, en tanto instituciones.

Sin embargo, los mismos empresarios declaran que asignan alta prioridad a la contratación de personal altamente calificado como una vía directa de acceso al conocimiento. De ahí la relevancia que adquiere crecientemente la vigorosa expansión de los posgrados universitarios cuyo número ha crecido fuertemente en las últimas dos décadas, llegando actualmente a casi 2.000 actividades que emiten títulos de doctorados, maestrías y especializaciones.

Dentro de esta expansión es remarcable la importancia de los doctorados, maestrías y especializaciones asociados a las áreas tecnológicas. Importancia que se vincula con las relaciones que con sectores productivos estratégicos mantienen los recursos humanos involucrados en sus plantas académicas.

A pesar de su importancia, estas actividades no siempre tienen los apoyos necesarios que permitan su desenvolvimiento en condiciones de alta calidad. Un punto central es la escasez de becas para los estudiantes. Ello dificulta su satisfactoria dedicación temporal, alargando los estudios y afectando las tasas de egreso. Al mismo tiempo, la no percepción de un número suficiente de matrículas, hace que los cuerpos docentes no puedan elevar su dedicación o que se carezca de recursos adicionales en materia de infraestructura, en algunos casos de laboratorios y otros elementos imprescindibles.

El bajo número de becas para estas actividades está vinculado a distintos procesos, además de la escasez global de recursos en el área educativa nacional. Por un lado, las becas en algunos organismos del Estado son captadas predominantemente por las actividades no vinculadas más directamente a los procesos productivos. Por otra parte, se destinan recursos para becas en el exterior o en otras áreas, sin que exista una estrategia nacional de la asignación de las mismas en relación con las demandas definidas desde las prioridades de desarrollo fijadas nacionalmente.

Debe tenerse en cuenta, además, que los recursos humanos formados a nivel de los posgrados son portadores potenciales del conocimiento de innovaciones que son decisivos para que en forma permanente el sector productivo se plantee transformaciones que permitan el aumento de su competitividad. Si bien estos temas han sido abordados mediante estrategias más puntuales, como las pasantías tecnológicas, es evidente que la oferta permanente de los posgrados constituye una opción estructural más significativa.

El objetivo central de este trabajo fue identificar el perfil de las demandas de formación de recursos humanos con formación de posgrado en áreas productivas consideradas como estratégicas. Como existe un gran déficit en el país sobre estudios que hayan identificado con precisión el perfil de las demandas de los sectores productivos en materia de recursos humanos, en este proyecto se abordó esta temática a partir de precisar las áreas productivas estratégicas con mayor dinámica en materia de innovación tecnológica. Paralelamente se identificaron las actividades de posgrado ligadas a la formación de recursos humanos en áreas tecnológicas que correspondan a los sectores productivos definidos.

Para ello se elaboró un listado de los posgrados universitarios de la gran Área de Tecnología y de Ciencias Exactas y Naturales que tienen capacidad potencial de transferencia de conocimientos a profesionales y académicos de la misma. Con tal fin se redefinió metodológicamente qué actividades se incluyen en este rubro y se sistematizó la oferta actual que realizan las instituciones públicas y privadas en el país.

Se analizaron las articulaciones de los posgrados seleccionados con empresas privadas y organismos oficiales, y la disponibilidad de financiamiento con particular énfasis en materia de becas, y de sus necesidades. Para estudiar la relación –concreta y real– entre los posgrados universitarios y las demandas de las empresas se acudió a diversas fuentes de información para determinar el tipo de demandas y el grado de vinculación con el sector productivo. Por el lado de la oferta, se aplicó un cuestionario a los directores de los posgrados, y se realizó una minuciosa revisión de las resoluciones emitidas por la Comisión Nacional de Evaluación y Acreditación Universitaria (CONEAU) para la acreditación de los distintos programas. De ambas fuentes se obtuvo información relacionada con transferencia, vinculaciones e inserción laboral de los posgraduados.

Se elaboró un estudio en base a encuestas y entrevistas sobre el perfil de demanda de recursos humanos especializados de las empresas y organismos estatales vinculados a las actividades productivas definidas.

Respecto a la demanda de los sectores productivos de recursos humanos con posgrados, se consideró su gran heterogeneidad en Argentina no sólo dada por la gran diversidad de actividades productivas ligadas a diversas ramas del conocimiento, sino también aquellas heterogeneidades intrasector dadas básicamente por diferentes tamaños de empresas (relacionados con la facturación y la mano de obra ocupada) y diversos niveles tecnológicos en los procesos productivos. De allí que no exista una sola demanda de conocimiento desde los sectores productivos, sino por el contrario, una gran complejidad en términos de cuáles son las demandas, y más aun, cuál debería ser la oferta en relación con esas demandas, que en muchas ocasiones ni siquiera son explícitas.

La conducta innovadora del sector productivo del que se trate en términos generales y en particular de cada empresa, se convierte en una de los aspectos a considerar para analizar el tipo de demanda de recursos humanos. De allí que hemos esbozado algunos aportes en este sentido desde el análisis del sector agroalimentario argentino, que a su vez constituye una de las ramas a la que mayoritariamente va dirigida la oferta de posgrados.

El desarrollo de estos aspectos, permitió organizar el informe en dos apartados. El primero acerca de la oferta de posgrados y el segundo sobre las características de la oferta productiva.

2. Relación entre los posgrados y el sector productivo

Para estudiar la relación entre los posgrados universitarios y las demandas de las empresas se acudió a dos fuentes de información para determinar el tipo de demandas y el grado de vinculación con el sector productivo. Por un lado se aplicó un cuestionario a los directores de los posgrados, mientras que por otro lado se realizó una revisión de las resoluciones emitidas por la Comisión Nacional de

Evaluación y Acreditación Universitaria (CONEAU) en la acreditación de los distintos programas.

De ambas fuentes se obtuvo información relacionada con transferencia, vinculaciones e inserción laboral de los posgraduados. La sección comienza con una clasificación y elección de los posgrados que se incluyen en el estudio, continúa con los resultados del análisis de las resoluciones efectuado por la CONEAU para la acreditación de las carreras de posgrado y finaliza con una descripción de los aspectos más importantes que surgen de las encuestas realizadas a los directores de posgrados.

2.1. Consideraciones metodológicas para la clasificación y elección de los posgrados

Para identificar los posgrados vinculados a las actividades productivas se optó por modificar la convencional clasificación de los campos disciplinarios utilizada por el Ministerio de Educación: Ciencias Básicas, Ciencias Aplicadas, Ciencias Sociales, Humanidades y Ciencias de la Salud (Cuadro 1). La nueva opción se diferencia tanto en los nombres de los campos, como en los criterios de clasificación, justificándose por un conjunto de razones que se desarrollan a continuación.

En general, las clasificaciones no permiten apreciar debidamente la complejidad y variación de los procesos de investigación y las estructuras de conocimiento de las diversas disciplinas, sin embargo, resultan de utilidad para reconocer dimensiones útiles para describir las variaciones disciplinares. También ayudan a poner de manifiesto continuidades e interconexiones que un escrutinio más minucioso y localizado podría no mostrar. Según Becher (1989) cualquier clasificación tendría que proporcionar un conjunto de categorías eficaz y una terminología básica útil para explorar el conocimiento en toda su variedad –campos temáticos– y en toda su particularidad (especialidades).

La utilización por parte del Ministerio de Educación de la misma clasificación para grado y posgrado, al no considerar los aspectos diferenciales entre ambos niveles, genera contradicciones entre los criterios de clasificación y la naturaleza de las carreras de posgrado, al tiempo que excluye algunas características relevantes del posgrado. Estos problemas se ejemplifican en la clasificación del Ministerio.

Las Ciencias Básicas tienen una primera subdivisión en Física, Matemática, Química y Biología. En una segunda instancia, Biología se subdivide en Biología –nuevamente–, Ciencias Naturales, Ecología y Ciencias del Ambiente. No sólo hay una Biología como subrama de otra Biología, sino que además Ciencias Naturales queda como subdivisión secundaria de Biología, cuando debería ser exactamente al revés, dado que la Biología es precisamente una Ciencia Natural.

Esta confusión creada por el propio esquema clasificatorio aumenta al tratar de comprender los criterios utilizados para la clasificación de las carreras de posgrado en él. Un ejemplo paradigmático resulta la carrera de Especialista en Manejo de Agroquímicos dictada por una Facultad de Agronomía que se clasifica bajo el área de Química incluida en Ciencias Básicas, cuando en este caso, por la naturaleza del conocimiento impartido, no hay duda de que se trata de una aplicación y, por ende, no puede clasificarse como Ciencia Básica. Esta confusión no es un hecho aislado, dado que aparecen posgrados básicos en las Ciencias Aplicadas y posgrados aplicados en las Ciencias Básicas, con criterios clasificatorios que, como el anterior, son inadecuados.

Estas contradicciones se relacionan, más allá de algún posible error, con conceptos de Ciencias Básicas y Ciencias Aplicadas que exceden el terreno de lo meramente terminológico. Si por Básico se intenta hacer referencia a un corpus teórico fundamental, entonces lo básico, al estar presente en todas las áreas disciplinares, no sería patrimonio exclusivo de ninguna rama en especial, argumento que también es apropiado para conceptualizar las aplicaciones.

Por otra parte, como la investigación básica puede generar expectativas de concreción práctica y la investigación aplicada puede realizarse por sí misma y no con un fin ulterior en vista, resulta más difícil separar la ciencia básica de la ciencia aplicada. Las principales razones son, por un lado, la constante presión por manejar la ciencia en consonancia con las instituciones políticas y burocráticas ejecutivas, y por otro, la presión del mercado, en un momento en que los conjuntos tecnológicos emergentes como la microelectrónica, la biotecnología y los materiales industriales avanzados tienen que basarse en las reservas estratégicas de la investigación básica (Becher, 1989).

La conceptualización anacrónica de lo básico y aplicado, resabio del positivismo del siglo XIX y herencia de épocas en que el estatus de ciencia correspondía exclusivamente a las comúnmente llamadas Ciencias Duras, se asocia a ideas tales como el laboratorio como reducto fundamental de la producción de conocimiento –desestimando otras opciones– y una relación lineal y unidireccional entre conocimiento básico y aplicado que, según la lógica de la argumentación desarrollada, no responde a la realidad actual. Hoy son varias las disciplinas de distintas áreas del conocimiento que han adquirido la jerarquía de ciencia, al tiempo que la importancia que han alcanzado otros ámbitos en la producción de conocimiento evidencia cada vez más la existencia de múltiples y variables interacciones entre lo básico y lo aplicado, así como la creciente retroalimentación que existe entre ambos.

A esto se suma una profundización de la especificidad y una creciente integración interdisciplinaria, que producen modificaciones en las disciplinas tradicionales y en sus fronteras, generando también nuevas áreas, fenómenos vinculados a los diversos niveles de concentración del conocimiento, que van desde amplios agrupamientos temáticos hasta pequeños segmentos dentro de las especialidades subdisciplinares. El impresionante volumen de conocimientos y su rápida expansión obligan al científico a abrir su propio nicho de especialización. Asimismo, en las especialidades se encuentra muy poco de la relativa constancia y estabilidad de las disciplinas, en la medida que cada especialidad manifiesta ciertas características estructurales que la distinguen de las otras especialidades de la misma disciplina, pero que la acercan a las especialidades comparables de otras. Con respecto a las áreas de terreno común, a menudo sucede que grupos de disciplinas colindantes reclaman las mismas porciones de territorio intelectual, aunque esto no supone necesariamente un conflicto entre ellos, sino que en algunos casos, dependiendo de la naturaleza de los reclamantes y de la disposición de la tierra de nadie, puede implicar directamente la división de intereses, mientras que en otros, puede señalar una creciente unificación de ideas y enfoques. Compartir el territorio puede llevar a la convergencia. Según Geertz (1980) lo que estamos viendo no es sólo otra revisión del mapa cultural –el desplazamiento de algunos límites en conflicto– sino también una alteración de los principios cartográficos. Algo le está sucediendo a la manera como pensamos sobre la manera como pensamos.

La compleja situación creada por estas transformaciones se suma al convencional y variable tipo de relación entre las disciplinas y los campos del conocimiento de los cuales se ocupan, lo que contribuye a generar diversidad nacional e institucional. Si bien las disciplinas se identifican, en parte, por la existencia de los departamentos pertinentes, eso no implica que cada uno de ellos represente una disciplina. Las formas que asume esta relación dependen del modo en que las instituciones académicas trazan el mapa del conocimiento, las distinciones entre las disciplinas tradicionales y los campos interdisciplinarios, la complejidad de la organización de la estructura administrativa, los mecanismos para incorporar agrupamientos intelectuales recientemente definidos y para eliminar los que ya no se consideran viables, la difusión e independencia internacional de la disciplina.

Teniendo en cuenta estas consideraciones se genera un conjunto de complicaciones en la aplicación actual de clasificaciones clásicas. No sólo las llamadas Ciencias Básicas tienen cada vez más conocimientos aplicados, sino que también surgen de ellas aplicaciones que luego se separan y conforman como ciencias diferentes. Por otra parte, las supuestas Ciencias Aplicadas no sólo tienen conocimientos básicos, sino que además en sí representan diferentes grados de aplicación y formas de integración de conocimientos básicos, aplicados y técnicas. En este sentido el concepto de Tecnología resulta más amplio que el de Ciencia Aplicada, en la medida que incluye cada uno de estos componentes. A su vez, los criterios tradicionales impiden captar la evolución de las disciplinas, la creación, crecimiento y consolidación de otras nuevas y los cambios en las antiguas, de forma tal que se terminan considerando las disciplinas como estructuras rígidas, estables y atemporales y no como construcciones que se desarrollan a partir de procesos complejos, multicausales y con una importante influencia contextual que alterna períodos de aislamiento y apertura.

A nivel de posgrado se advierte una situación de mayor complejidad. Como los conceptos de básico y aplicado suelen utilizarse como sinónimos de general-teórico y de específico-práctico, un doctorado en Ciencias Aplicadas sería específico, pero una especialización en Ciencias Básicas sería general. Esta profundización del problema de la clasificación a nivel de posgrados se debe principalmente a que éstos reflejan las tendencias actuales a la especialización, la interdisciplinariedad y la integración entre conocimiento básico y aplicado. En este sentido, cualquier intento por adecuarlos a una clasificación convencional, que ya tiene problemas para sistematizar los estudios de grado, no permite captar claramente las tendencias del sistema, provocando entre otros desajustes, una disminución de los posgrados en ciencias básicas y un aumento en ciencias aplicadas.

Acorde a las transformaciones que se han expuesto se identifican algunas características destacables en las actuales carreras de posgrados. Se observa el crecimiento de propuestas de posgrados en temáticas como Biotecnología, Ambiente y Tecnología de los Alimentos que atraviesan varias disciplinas de distintos campos tradicionales y las analizan a través de diferentes enfoques –conocimiento básico, aplicaciones, aspectos legales, gestión, entre otros–, constituyendo ofertas que incluso se ofrecen en conjunto entre diferentes facultades. Asimismo, se incrementaron los posgrados aplicados en Ciencias Exactas y Naturales y los posgrados básicos en Ciencias de la Salud y Tecnológicas, así como también los posgrados profesionales en todos los campos.

Para superar las dificultades explicadas se modifica la clasificación tradicional, como se puede observar en los Cuadros 1 y 2, y se utilizan criterios de clasificación de los posgrados basados en contenidos, modalidad y ámbito institucional. En la nueva clasificación se producen modificaciones en los campos de Ciencias Exactas y Naturales y Tecnológicas basados en los argumentos expuestos. Además del cambio en los nombres de los campos, también se agrupan algunas disciplinas en otras que las comprenden –Industrias e Informática en Ingeniería o Ciencias del Suelo en Agronomía que además de Ciencias incluye Tecnologías agropecuarias– y se cambian algunas disciplinas de campo –Astronomía y Meteorología pasan de Tecnológicas a Exactas y Naturales–. Por último, Estadística se repartió entre Exactas y Naturales, Tecnológicas o Ciencias Sociales de acuerdo a la modalidad del posgrado –básicamente su aplicación– y la Facultad que lo dicta.

Por otra parte, la misma confusión disciplinar que se observa en las Tecnológicas, se presenta también en otros campos, particularmente en Ciencias Sociales. Un ejemplo de este problema se muestra en la cuarta rama de este campo (Cuadro 1) que abarca desde Antropología, Servicio Social y Sociología, hasta una nueva categoría, Ciencias Sociales, que tiene el mismo nombre del campo correspondiente generando mayor confusión. En la nueva clasificación se plantea una simplificación en Ciencias de la Salud y Ciencias Sociales; se dejan las grandes ramas y se envía al rubro Otras a las carreras de posgrado que existen en número limitado.

Cuadro 1. Listado de ramas de estudio y disciplinas de la Guía de carreras de grado 1998 y la Guía de posgrados 1999 del Ministerio de Educación

Ciencias Básicas	Ciencias Aplicadas	Ciencias Sociales	Ciencias Humanas	Ciencias de la Salud
Física Matemática Química Veterinaria Biología Psicología Bioquímica Salud pública	Ciencias Agropecuarias Arquitectura y diseño Ingeniería Paramédicas y auxiliares de medicina Informática Estadística Ciencias del suelo Astronomía Meteorología Bioquímica y Farmacia Otras	Derecho Administración y Economía Ciencia Política, Relaciones Internacionales y Diplomacia Antropología, ciencias sociales, servicio social y sociología Ciencias de la información y de la comunicación Relaciones Institucionales y humanas Demografía y Geografía Otras	Filosofía Letras e idiomas Educación Historia Teología Artes	Medicina Odontología

Cuadro 2. Nueva Clasificación de Áreas y Disciplinas.

Ciencias Exactas y Naturales	Tecnológicas	Ciencias Sociales	Humanidades	Ciencias de la Salud
Matemática Física Biología Química Astronomía Meteorología Otras	Agronomía Ingeniería Arquitectura Bioquímica y Farmacia Otras	Ciencias Jurídicas Administración y Economía Ciencia Política y Relaciones Internacionales Sociología Comunicación Geografía y Demografía Otras	Filosofía Letras e idiomas Educación Psicología Historia Teología Artes	Medicina Odontología Veterinaria Otras

En este trabajo se incluyeron dos de los campos disciplinarios mencionados en el Cuadro 2: Ciencias Exactas y Naturales y Tecnológicas. Esta distinción se realizó por considerar que estos posgrados son los que tienen mayor capacidad potencial de transferencia de conocimientos al sector productivo. Dentro de los 1.941 posgrados identificados por Barsky y Dávila (2004), en este estudio se trabajó sobre los 107 correspondientes a Ciencias Exactas y Naturales y los 423 correspondientes a Tecnológicas, según los campos disciplinarios definidos por estos autores.

La distribución de los posgrados de acuerdo con el tipo de programa –especialización, maestría o doctorado– puede verse en los Cuadros 3 y 4. Si bien el foco inicial estuvo puesto en las maestrías y los doctorados, también fueron incluidas las especializaciones en el análisis.

Cuadro 3. Distribución de los doctorados, maestrías especializaciones en tecnología por área de estudio

Área	Especializaciones	Maestrías	Doctorados	Total
Agropecuarias	15	15	7	37
Alimentos	7	13	7	27
Ambiente	13	19	2	34
Arquitectura	3	5	3	11
Bioquímica	20	-	-	20
Biotecnología	-	2	1	3
Calidad	2	2	0	4
Construcción	12	20	5	37
Energía	11	10	4	25
Farmacia	6	1	2	9
Forestal	1	5	1	7
Higiene y seguridad	12	-	-	12
Informática	7	24	9	40
Otros	27	39	27	93
Paisajismo	3	2	0	5
Química	-	8	5	13
Riego	-	4	0	4
Suelo	4	5	0	9
Telecomunicaciones	3	5	0	8
Urbanismo	10	14	1	25
Total	156	193	74	423

Fuente: elaboración propia.

Cuadro 4. Distribución de los doctorados, maestrías y especializaciones en ciencias exactas y naturales por área de estudio

Área	Especializaciones	Maestrías	Doctorados	Total
Biología	2	4	15	21
Ecología y Ciencias del Ambiente	2	5	2	9
Física	-	2	13	15
Matemáticas	-	8	8	16
Otros	2	3	14	19
Química	1	6	20	27
Total	**7**	**28**	**72**	**107**

Fuente: elaboración propia.

En los Cuadros 5 y 6 puede verse un listado completo de los 107 posgrados de Ciencias Exactas y Naturales y los 423 de Tecnológicas.

Cuadro 5. Listado de posgrados en Ciencias Exactas y Naturales

Nombre del Programa	Institución
Carrera de Especialización en Ciencias Químicas Y Ambiente	Universidad de Buenos Aires
Carrera de Especialización en Entomología	Universidad Nacional de Tucumán
Carrera de Especialización en Geología Minera	Universidad de Buenos Aires
Carrera de Especialización Principal en Estadística	Universidad de Buenos Aires
Carrera de Especialización en Pesquerías Marinas	Universidad Nacional de Mar del Plata
Carrera de Especialización en Estadística Con Orientación en Diseño Experimental	Universidad Nacional de Río Cuarto

Nombre del Programa	Institución
Carrera de Especialización en Geología Ambiental	Universidad Nacional de Río Cuarto
Maestría en Estadística Matemática	Universidad de Buenos Aires
Maestría en Física Médica	Universidad de Buenos Aires
Maestría en Ciencias Ambientales	Universidad de Buenos Aires
Maestría en Matemática	Universidad Nacional del Centro de la Provincia de Buenos Aires
Maestría en Química	Universidad Nacional de Córdoba
Maestría en Matemática Aplicada	Universidad Nacional de Río Cuarto
Maestría en Ciencias Químicas	Universidad Nacional del Comahue
Maestría en Matemática	Universidad Nacional del Comahue
Maestría en Matemática	Universidad Nacional de San Luis
Maestría en Química Analítica	Universidad Nacional de San Luis
Maestría en Ecología Acuática Y Continental	Universidad Nacional del Litoral
Maestría en Matemática	Universidad Nacional del Litoral
Maestría en Química	Universidad Nacional del Litoral
Maestría en Síntesis Orgánica	Universidad Nacional de Rosario
Maestría en Ciencias Químicas	Universidad Nacional de Tucumán
Maestría en Física de La Atmósfera Superior	Universidad Nacional de Tucumán
Maestría en Ciencias Biológicas	Universidad Nacional de Tucumán

Nombre del Programa	Institución
Maestría en Entomología	Universidad Nacional de Tucumán
Maestría en Ecología Marina Bentónica	Universidad Nacional de la Patagonia "San Juan Bosco"
Maestría en Matemática	Universidad Nacional del Sur
Maestría en Meteorología Agrícola	Universidad de Buenos Aires
Maestría en Plantas Medicinales	Universidad Nacional de La Plata
Maestría en Ciencias Del Laboratorio Clínico	Universidad Nacional de La Plata
Maestría en Geología	Universidad Nacional del Sur
Maestría en Manejo de Vida Silvestre	Universidad Nacional de Córdoba
Maestría en Matemática Aplicada A Fenómenos de Transferencia	Universidad Nacional de Misiones
Maestría en Geología	Universidad Nacional de Tucumán
Maestría en Química	Universidad Nacional del Sur
Doctorado en Ciencias Químicas. Orientación Bioquímica Y Biología Molecular	Universidad de Buenos Aires
Doctorado en Ciencias Biológicas	Universidad de Buenos Aires
Doctorado en Ciencias de La Atmósfera	Universidad de Buenos Aires
Doctorado en Ciencias Físicas	Universidad de Buenos Aires
Doctorado en Ciencias Matemáticas	Universidad de Buenos Aires
Doctorado en Ciencias Químicas. Orientación Química Orgánica	Universidad de Buenos Aires
Doctorado en Ciencias Químicas. Orientación Industrial	Universidad de Buenos Aires

Nombre del Programa	Institución
Doctorado Área Ciencias Biológicas	Universidad Nacional de La Plata
Doctorado Área Física	Universidad Nacional de La Plata
Doctorado Área Matemática	Universidad Nacional de La Plata
Doctorado Área Química	Universidad Nacional de La Plata
Doctorado en Ciencias Naturales	Universidad Nacional de La Plata
Doctorado en Ciencias Áreas Biología	Universidad Nacional de Mar del Plata
Doctorado en Ciencias, Área Física	Universidad Nacional de Mar del Plata
Doctorado en Ciencias, Área Matemática	Universidad Nacional de Mar del Plata
Doctorado en Ciencias, Área Química	Universidad Nacional de Mar del Plata
Doctorado en Química	Universidad Nacional del Sur
Doctorado en Física	Universidad Nacional del Centro de la Provincia de Buenos Aires
Doctorado en Biología	Universidad Nacional del Sur
Doctorado en Matemática	Universidad Nacional del Sur
Doctorado en Ciencias Biológicas	Universidad Nacional de Córdoba
Doctorado en Ciencias Químicas	Universidad Nacional de Córdoba
Doctorado en Física	Universidad Nacional de Córdoba
Doctorado en Matemática	Universidad Nacional de Córdoba
Doctorado en Ciencias Biológicas	Universidad Nacional de Río Cuarto

Nombre del Programa	Institución
Doctorado en Ciencias Químicas	Universidad Nacional de Río Cuarto
Doctorado en Química	Universidad Nacional de La Pampa
Doctorado en Física	Universidad Nacional de La Pampa
Doctorado en Física	Universidad Nacional de Cuyo
Doctorado en Ciencias Del Ambiente	Universidad Nacional de La Rioja
Doctorado en Biología	Universidad Nacional del Comahue
Doctorado en Ciencias Biológicas	Universidad Nacional de Cuyo
Doctorado en Ciencias Biológicas	Universidad Nacional de Salta
Doctorado en Ciencias, Área Energías Renovables y Área Química	Universidad Nacional de Salta
Doctorado en Ciencias Biológicas	Universidad Nacional del Litoral
Doctorado en Física	Universidad Nacional del Litoral
Doctorado en Matemática	Universidad Nacional del Litoral
Doctorado en Química	Universidad Nacional del Litoral
Doctorado en Ciencias Biológicas	Universidad Nacional de Rosario
Doctorado en Ciencias Químicas	Universidad Nacional de Rosario
Doctorado en Biología Molecular	Universidad Nacional de San Luis
Doctorado en Ciencias Biológicas	Universidad Nacional de San Luis
Doctorado en Química	Universidad Nacional de San Luis

Nombre del Programa	Institución
Doctorado en Física	Universidad Nacional de Rosario
Doctorado en Ciencias Químicas	Universidad Nacional de Tucumán
Doctorado en Física de La Atmósfera Superior	Universidad Nacional de Tucumán
Doctorado en Matemática	Universidad Nacional de Rosario
Doctorado en Ciencias Biológicas	Universidad Nacional de Tucumán
Doctorado en Biología	Universidad Nacional del Nordeste
Doctorado en Ciencias Químicas	Universidad Nacional del Nordeste
Doctorado en Matemática	Universidad Nacional del Nordeste
Doctorado en Física	Universidad Nacional del Nordeste
Doctorado de la Universidad de Buenos Aires, área Ciencias Exactas y Naturales	Universidad de Buenos Aires
Doctorado de la Universidad de Buenos Aires, área de Química, Subárea de Química Inorgánica, Química Analítica y Química Física	Universidad de Buenos Aires
Doctorado en Física	Universidad Nacional de San Luis
Doctorado en Ciencias Geológicas	Universidad de Buenos Aires
Doctorado en Astronomía	Universidad Nacional de La Plata
Doctorado en Geofísica	Universidad Nacional de La Plata
Doctorado en Geología	Universidad Nacional de Catamarca
Doctorado en Bioquímica	Universidad Nacional del Sur
Doctorado en Geología	Universidad Nacional del Sur

Nombre del Programa	Institución
Doctorado en Astronomía	Universidad Nacional de Córdoba
Doctorado en Ciencias Geológicas	Universidad Nacional de Córdoba
Doctorado en Ciencias Geológicas	Universidad Nacional de Río Cuarto
Doctorado en Bioquímica	Universidad Juan A. Maza
Doctorado en Ciencias Geológicas	Universidad Nacional de Salta
Doctorado en Bioquímica	Universidad Nacional de San Luis
Doctorado en Geología	Universidad Nacional de Tucumán
Doctorado en Geología	Universidad Nacional de la Patagonia "San Juan Bosco"
Doctorado en Ciencias Geológicas	Universidad Nacional de San Juan
Doctorado en Ciencias Geológicas	Universidad Nacional de San Luis
Doctorado en Bioquímica	Universidad Nacional de Tucumán

Fuente: elaboración propia.

Cuadro 6. Listado de posgrados en Tecnológicas

Nombre del Programa	Institución
Carrera De Especialización En Manejo De Sistemas Pastoriles	Universidad de Buenos Aires
Carrera De Especialización En Siembra Directa	Universidad de Buenos Aires
Carrera De Especialización En Manejo De Agroquímicos	Universidad Nacional del Litoral
Carrera De Especialización En Seguridad De Los Alimentos De Origen Animal	Universidad Nacional de La Pampa
Carrera De Especialización En Producción Animal	Universidad Nacional de Mar del Plata

Nombre del Programa	Institución
Carrera De Especialización En Reproducción Bovina	Universidad Nacional de Córdoba
Carrera De Especialización en Salud y Producción Porcina	Universidad Nacional de Río Cuarto
Carrera De Especialización En Ciencias Y Tecnología De La Leche Y Productos Lácteos	Universidad Nacional del Litoral
Carrera De Especialización En Producción Lechera	Universidad Nacional del Litoral
Carrera De Especialización En Cultivo De Granos	Universidad de Buenos Aires
Carrera De Especialización En Manejo De Poscosecha De Granos	Universidad Nacional de Rosario
Carrera De Especialización En Producción Vegetal Orientac.: Produc. De Cultivos, Mej. Genét., Manejo Y Fert. De Suelos, Fitopat., Cultiv. Hortícolas	Universidad Nacional de Mar del Plata
Carrera De Especialización En Manejo De Poscosecha De Frutas Y Hortalizas	Universidad Nacional de Rosario
Carrera De Especialización En Inocuidad Y Calidad Agroalimentaria	Universidad de Buenos Aires
Carrera De Especialización En Tecnología De Alimentos	Universidad Nacional de Salta
Carrera De Especialización En Tecnología De Los Alimentos	Universidad Tecnológica Nacional
Carrera De Especialización En Calidad De Alimentos	Universidad Nacional de General San Martín
Carrera De Especialización En Calidad Industrial De Alimentos	Universidad Nacional de General San Martín
Carrera De Especialización En Gestión Ambiental En Sistemas Agroalimentarios	Universidad de Buenos Aires
Carrera De Especialización En Diagnóstico Y Evaluación Ambiental	Universidad de Buenos Aires
Carrera De Especialización En Ingeniería Sanitaria Y Ambiental	Universidad de Buenos Aires
Carrera De Especialización En Ingeniería Ambiental	Universidad Tecnológica Nacional
Carrera De Especialización En Gestión Ambiental	Instituto Tecnológico de Buenos Aires

Nombre del Programa	Institución
Carrera De Especialización En Gestión Ambiental	Universidad Nacional de General San Martín
Carrera De Especialización En Evaluación En Contaminación Ambiental Y Su Riesgo Toxicológico	Universidad Nacional de General San Martín
Carrera De Especialización En Management Ambiental	Universidad Católica Argentina
Carrera De Especialización En Ingeniería Ambiental	Universidad Nacional de Cuyo
Carrera De Especialización En Gestión De Producción Y Ambiente	Universidad Nacional de Misiones
Carrera De Especialización En Gestión Ambiental	Universidad Nacional de San Luis
Carrera De Especialización En Gestión De Riesgos Ambientales	Universidad Nacional del Comahue
Carrera de Especialización en Desarrollo Sustentable	Universidad Nacional de Lanús
Carrera De Especialización En Diseño Y Proyectación	Universidad Nacional del Litoral
Carrera De Especialización En Inspección Y Obras	Universidad Nacional de San Juan
Carrera De Especialización En Calidad En La Construcción	Universidad Nacional de General San Martín
Carrera De Especialización En Bioquímica Clínica En El Área De Bacteriología Clínica	Universidad de Buenos Aires
Carrera De Especialización En Bioquímica Clínica En El Área De Citología	Universidad de Buenos Aires
Carrera De Especialización En Bioquímica Clínica En El Área De Endocrinología	Universidad de Buenos Aires
Carrera De Especialización En Bioquímica Clínica En El Área De Hematología	Universidad de Buenos Aires
Carrera De Especialización En Bioquímica Clínica En El Área De Química Clínica	Universidad de Buenos Aires
Carrera De Especialización En Bioquímica Clínica En El Área Gestión De Calidad Y Auditoría Bioquímica	Universidad de Buenos Aires
Carrera De Especialización En El Área De Bioquímica Clínica, Área Bacteriología	Universidad Nacional de Córdoba

Nombre del Programa	Institución
Carrera De Especialización En El Área De Bioquímica Clínica, Área Bromatología	Universidad Nacional de Córdoba
Carrera De Especialización En El Área De Bioquímica Clínica, Área Hematología	Universidad Nacional de Córdoba
Carrera De Especialización En El Área De Bioquímica Clínica, Área Toxicología Y Bioquímica Legal	Universidad Nacional de Córdoba
Carrera De Especialización En El Área De Bioquímica Clínica, Área Parasitología	Universidad Nacional de Córdoba
Carrera De Especialización En El Área De Bioquímica Clínica, Área Virología	Universidad Nacional de Córdoba
Carrera De Especialización En Bioquímica Clínica, Área Citología	Universidad Nacional de San Luis
Carrera De Especialización En Bioquímica Clínica, Área Endocrinología	Universidad Nacional de San Luis
Carrera De Especialización En Bioquímica Clínica, Área Hematología	Universidad Nacional de San Luis
Carrera De Especialización En Bioquímica Clínica - Área Endocrinología	Universidad Nacional de Tucumán
Carrera De Especialización En Bioquímica Clínica - Área Hepatología	Universidad Nacional de Tucumán
Residencia En Bioquímica Clínica	Universidad de Buenos Aires
Carrera De Especialización En El Área De Bioquímica Clínica, Área Endocrinología	Universidad Nacional de Córdoba
Carrera De Especialización En El Área De Bioquímica Clínica, Área Inmunología	Universidad Nacional de Córdoba
Carrera De Especialización En Gestión De La Calidad	Universidad Nacional del Sur
Especialización en Gestión de la Calidad	Instituto Tecnológico de Buenos Aires
Carrera De Especialización En Ingeniería Portuaria	Universidad de Buenos Aires
Carrera De Especialización En Aire Acondicionado (Paa)	Universidad Católica Argentina
Carrera De Especialización En Seguridad E Higiene Para La Industria De La Construcción (Shic)	Universidad Católica Argentina
Carrera De Especialización En Ingeniería Estructural Sismorresistente	Universidad Tecnológica Nacional

Nombre del Programa	Institución
Carrera De Especialización En Siderurgia	Universidad de Buenos Aires
Carrera De Especialización En Siderurgia	Universidad Tecnológica Nacional
Carrera De Especialización En Soldadura	Universidad Tecnológica Nacional
Carrera De Especialización En Calidad Industrial	Universidad Nacional de General San Martín
Carrera De Especialización En Tecnología De Transformación De Plásticos	Universidad Nacional de General San Martín
Carrera De Especialización En Tecnología Y Construcciones De Hormigón	Universidad Nacional del Centro de la Provincia de Buenos Aires
Carrera De Especialización En Industria Cerámica	Universidad Nacional del Centro de la Provincia de Buenos Aires
Carrera De Especialización En Ingeniería De Caminos De Montaña	Universidad Nacional de San Juan
Carrera De Especialización En Petróleo	Universidad de Buenos Aires
Carrera De Especialización En Explotación De Yacimientos - Rama Ingeniería De Reservorios	Universidad de Buenos Aires
Carrera De Especialización En Gas	Universidad de Buenos Aires
Especialización en Ingeniería de Reservorios	Instituto Tecnológico de Buenos Aires
Carrera De Especialización En Energías Renovables	Universidad Nacional de Salta
Carrera De Especialización En Ingeniería (Orientación Geofísica)	Universidad de Mendoza
Carrera De Especialización En Radioquímica	Universidad Tecnológica Nacional
Carrera De Especialización En Reactores Nucleares	Universidad Tecnológica Nacional
Carrera De Especialización En Aplicaciones Tecnológicas De La Energía Nuclear	Universidad de Buenos Aires
Carrera De Especialización En Ingeniería Hidrográfica	Universidad de Buenos Aires
Carrera De Especialización En Hidráulica Aplicada. Dpto. De Hidráulica	Universidad Nacional de La Plata

Nombre del Programa	Institución
Carrera De Especialización En Esterilización Para Farmacéuticos	Universidad de Buenos Aires
Carrera De Especialización En Industrias Bioquímico Farmacéuticas. Orientación Desarrollo Galénico Y Producción Farmacéutica	Universidad de Buenos Aires
Carrera De Especialización En Industrias Bioquímico Farmacéuticas. Orientación Desarrollo Y Garantía De Calidad	Universidad de Buenos Aires
Residencia Farmacéutica. Orientación En Farmacia Clínica	Universidad de Buenos Aires
Carrera De Especialización En Industria Farmacéutica	Universidad Nacional de San Luis
Carrera De Especialización En Farmacia - Área Esterilización	Universidad Nacional de Tucumán
Carrera De Especialización En Celulosa Y Papel	Universidad Nacional de Misiones
Carrera De Especialización En Higiene Y Seguridad En El Trabajo	Universidad de Buenos Aires
Carrera De Especialización En Higiene Y Seguridad En El Trabajo	Universidad de Buenos Aires
Carrera De Especialización en Ciencias De La Ingeniería	Universidad Nacional de Río Cuarto
Carrera De Especialización En Higiene Y Seguridad En El Trabajo Agrario	Universidad de Buenos Aires
Carrera De Especialización En Higiene Y Seguridad En El Trabajo	Universidad Católica Argentina
Carrera De Especialización En Higiene Y Seguridad En El Trabajo	Universidad de Morón
Carrera De Especialización En Higiene Y Seguridad En El Trabajo	Universidad Nacional de General San Martín
Carrera De Especialización En Higiene Y Seguridad En El Trabajo	Universidad Nacional de Misiones
Carrera De Especialización En Higiene Y Seguridad En La Construcción De Obras Arquitectónicas	Universidad Nacional de Mar del Plata
Carrera De Especialización En Higiene Y Seguridad En El Trabajo	Universidad Nacional de Mar del Plata

Nombre del Programa	Institución
Carrera De Especialización En Higiene Y Seguridad En Obras De Arquitectura	Universidad Nacional de Rosario
Especialización en Seguridad, Higiene y Protección Ambiental	Universidad Católica Argentina
Carrera de Especialización en Seguridad e Higiene en el Trabajo	Universidad Católica de Salta
Carrera De Especialización En Ingeniería Del Software	UNIVERSIDAD CAECE
Carrera De Especialización En Seguridad Informática Y Criptografía	Universidad del Ejército - Escuela Superior Técnica
Carrera De Especialización En Ingeniería De Sistemas	Universidad de Buenos Aires
Carrera De Especialización En Gestión De Sistemas De Información	Universidad Católica Argentina
Carrera De Especialización En Redes De Datos	Instituto Tecnológico de Buenos Aires
Carrera De Especialización En Tecnologías De La Información	Universidad Católica de Cuyo
Carrera De Especialización En Conservación Preventiva De Soportes De Información	Universidad del Museo Social Argentino
Carrera De Especialización En Diseño De Interiores	Universidad de Buenos Aires
Carrera De Especialización En Diseño De Mobiliario	Universidad de Buenos Aires
Carrera De Especialización En Tecnología Y Producción De La Arquitectura	Universidad de Buenos Aires
Carrera De Especialización Principal En Lógica Y Técnica De La Forma	Universidad de Buenos Aires
Carrera De Especialización Principal En Teoría Del Diseño Comunicacional	Universidad de Buenos Aires
Carrera De Especialización En Ingeniería Acústica Y De Sonido	Universidad Tecnológica Nacional
Carrera De Especialización En Historia Y Crítica De La Arquitectura Y Del Urbanismo	Universidad de Buenos Aires
Carrera De Especialización En Medio Ambiente Visual E Iluminación Eficiente	Universidad Nacional de Tucumán

Nombre del Programa	Institución
Carrera De Especialización En Ingeniería De Planta Y Producción	Universidad Nacional de Misiones
Carrera De Especialización En Georeferenciación	Universidad Nacional de San Juan
Carrera De Especialización En Tecnologías Del Agua	Universidad Nacional de San Juan
Carrera De Especialización En Ingeniería Gerencial	Universidad Nacional de Rosario
Carrera De Especialización En Ingeniería Sanitaria	Universidad Nacional de Rosario
Carrera De Especialización En Ingeniería Azucarera	Universidad Nacional de Tucumán
Carrera de Especialización en Ingeniería Estructural Con Orientación en Recipientes Contenedores de Presión, Cañerías y Equipos	Universidad Tecnológica Nacional
Carrera De Especialización En Ingeniería En Control Automático	Universidad Tecnológica Nacional
Carrera De Especialización En Ingeniería Geodésica-Geofísica	Universidad de Buenos Aires
Carrera De Especialización En Ingeniería De La Producción Dpto. Ing. De La Producción	Universidad Nacional de La Plata
Carrera De Especialización En Tecnología Aeroespacial	Universidad Tecnológica Nacional
Carrera de Especialista en Ingeniería Clínica	Universidad Favaloro
Carrera De Especialización En Seguridad Bancaria	Instituto Universitario de la Policía Federal Argentina
Carrera De Especialización En Producción De Cosméticos	Universidad de Buenos Aires
Residencia En Toxicología	Universidad de Buenos Aires
Carrera De Especialización Principal En Bromatología Y Tecnología De Alimentos	Universidad de Buenos Aires
Carrera De Especialización En Esterilización	Universidad Juan A. Maza
Carrera de Especialización en Bacteriología Clínica	Universidad Nacional de San Luis
Carrera De Especialización En Prevención, Planificación Y Manejo Integrado De Áreas Propensas A Desastre	Universidad Nacional de Cuyo

Nombre del Programa	Institución
Carrera De Especialización En Planificación Del Paisaje	Universidad de Buenos Aires
Carrera De Especialización En Planeamiento Paisajista Y Medio Ambiente	Universidad Nacional de La Plata
Carrera de Especialización en Paisajismo	Universidad de Mendoza
Carrera De Especialización En Fertilidad Del Suelo Y Fertilización	Universidad de Buenos Aires
Carrera De Especialización En Riego De Tierras Agrícolas	Universidad Nacional del Litoral
Carrera De Especialización En Agroindustrias De Zonas Áridas	Universidad Nacional de La Rioja
Carrera De Especialización En Cultivos De Zonas Áridas	Universidad Nacional de La Rioja
Carrera De Especialización En Ingeniería En Telecomunicaciones	Universidad de Buenos Aires
Carrera De Especialización En Telecomunicaciones	Instituto Tecnológico de Buenos Aires
Carrera De Especialización En Telecomunicaciones Telefónicas	Universidad Nacional de Córdoba
Carrera De Especialización En Planificación Urbana Y Regional	Universidad de Buenos Aires
Carrera De Especialización En Gestión Estratégica De Diseño	Universidad de Buenos Aires
Carrera De Especialización En Gestión Ambiental Metropolitana	Universidad de Buenos Aires
Carrera De Especialización En Gestión Urbana	Universidad Nacional del Litoral
Carrera De Especialización En Proyecto Urbano	Universidad de Buenos Aires
Carrera De Especialización Internacional En Ordenación Del Territorio Y Medio Ambiente	Universidad Nacional de Tucumán
Carrera De Especialización En Preservación Y Reciclaje Del Patrimonio Monumental Urbano Y Rural	Universidad de Buenos Aires
Especialización en Planificación Urbana	Universidad de Buenos Aires
Carrera De Especialización En Ciencias Del Territorio	Universidad Nacional de La Plata

Nombre del Programa	Institución
Carrera de Especialización en Planeamiento Regional	Universidad de Mendoza
Maestría en Ciencias Agrarias	Universidad Nacional del Sur
Maestría En Ciencias Agrarias- Or. Producción Sostenible	Universidad Nacional de Tucumán
Maestría En Ciencias Agropecuarias (Currícula Personalizada)	Universidad Nacional de Córdoba
Maestría en Ciencias Agropecuarias	Universidad Nacional de Río Cuarto
Maestría En Producción Animal	Universidad Nacional de Mar del Plata
Maestría En Biometría Y Mejoramiento	Universidad de Buenos Aires
Maestría En Ciencias Agropecuarias - Mención Tecnología De Semillas	Universidad Nacional de Córdoba
Maestría En Gestión Ambiental Agropecuaria	Universidad Nacional de Córdoba
Maestría En Ciencias Del Suelo	Universidad de Buenos Aires
Maestría En Producción Vegetal Orientac.: Produc. De Cultivos, Mej. Genét., Manejo Y Fert. De Suelos, Fitopat., Cultiv. Hortícolas	Universidad Nacional de Mar del Plata
Maestría En Genética Vegetal	Universidad Nacional de Rosario
Maestría En Ciencias Agropecuarias - Mención Agrometeorología	Universidad Nacional de Córdoba
Maestría En Manejo Y Conservación De Recursos Naturales	Universidad Nacional de Rosario
Maestría En Horticultura	Universidad Nacional de Cuyo
Maestría En Sistemas De Producción Agrícola Para Áreas De Subsistencia	Universidad de Buenos Aires
Maestría En Agricultura Intensiva De Zonas Áridas Y Semiáridas	Universidad de Buenos Aires
Maestría En Prevención Y Control De La Desertificación	Universidad Nacional de La Rioja
Maestría En Desarrollo De Zonas Áridas Y Semiáridas	Universidad Nacional de La Rioja

Nombre del Programa	Institución
Maestría En Planificación Y Manejo De Cuencas Hidrográficas	Universidad Nacional del Comahue
Maestría En Riego Y Drenaje	Universidad Nacional de Cuyo
Maestría En Recursos Hídricos En Zonas De Llanuras	Universidad Nacional de Rosario
Maestría En Gestión Del Agua	Universidad de Buenos Aires
Maestría En Manejo Y Conservación De Recursos Naturales Para La Agricultura Orientaciones: Recursos Genéticos, Agroecosistemas	Universidad Nacional de Mar del Plata
Maestría En Ecología Y Manejo De Sistemas Boscosos	Universidad de Buenos Aires
Maestría En Producción Vegetal	Universidad de Buenos Aires
Maestría En Ciencias Vegetales	Universidad Nacional de Tucumán
Maestría *Scientiae* En Protección Vegetal	Universidad Nacional de La Plata
Maestría En Calidad En Alimentos	Universidad Nacional de General San Martín
Maestría En Ciencias Forestales	Universidad Nacional de Misiones
Maestría En Ciencias De Madera, Celulosa Y Papel	Universidad Nacional de Misiones
Maestría En Tecnología De La Madera, Celulosa Y Papel	Universidad Nacional de Misiones
Maestría En Desarrollo De Tecnología Para La Industria Maderera	Universidad Nacional de Santiago del Estero
Maestría En Tecnología De Productos Forestales	Universidad Nacional de Santiago del Estero
Maestría En Entomología Aplicada	Universidad Nacional de La Rioja
Maestría En Acuicultura	Universidad de Buenos Aires
Maestría En Control De Plagas Y Su Impacto Ambiental	Universidad Nacional de General San Martín
Maestría *Scientiae* En Ingeniería Rural	Universidad Nacional de La Plata

Nombre del Programa	Institución
Maestría En Investigación Biológica Aplicada	Universidad Nacional del Centro de la Provincia de Buenos Aires
Maestría En Tecnología De Los Alimentos Con Mención En Ingeniería De Procesos De Producción De Alimentos	Universidad Católica de Cuyo
Maestría En Diseño Arquitectónico Avanzado	Universidad de Buenos Aires
Maestría En Calidad En La Construcción	Universidad Nacional de General San Martín
Maestría En Diseño	Universidad Católica de Córdoba
Maestría en Diseño	Universidad de Palermo
Maestría En Gestión Urbana	Universidad Nacional del Litoral
Maestría En Gestión Ambiental Del Desarrollo Urbano	Universidad Nacional de Mar del Plata
Maestría En Urbanismo	Universidad de Morón
Maestría En Administración De Ciudades	Universidad de Belgrano
Maestría En Ciencias Del Territorio	Universidad Nacional de La Plata
Maestría En Planificación Territorial, Medioambiental Y Urbana	Universidad Nacional de Tucumán
Maestría en Planificación Urbana-regional	Universidad de Buenos Aires
Maestría En Desarrollo Urbano	Universidad Nacional de Córdoba
Maestría En Diseño Arquitectónico Y Urbano	Universidad Nacional de Córdoba
Maestría En Gestión Ambiental Y Desarrollo Urbano	Universidad Nacional del Comahue
Maestría En Gestión Ambiental Del Desarrollo Urbano	Universidad Nacional de Córdoba
Maestría en Gestión Ambiental	Universidad Nacional del Nordeste
Maestría En Gestión Y Desarrollo Habitacional	Universidad Nacional de Córdoba
Maestría En Conservación Y Rehabilitación Del Patrimonio Arquitectónico	Universidad Nacional de Córdoba

Nombre del Programa	Institución
Maestría En Planeamiento Y Gestión Del Paisaje	Universidad de Morón
Maestría En Arquitectura Paisajista	Universidad Católica de Córdoba
Maestría En Historia De La Arquitectura Y Urbanismo Latinoamericanos	Universidad Nacional de Tucumán
Maestría En Morfología Del Diseño	Universidad Nacional de San Juan
Maestría En Hábitat Y Vivienda	Universidad Nacional de Mar del Plata
Maestría En Arquitectura De Zonas Áridas Sísmicas	Universidad Nacional de San Juan
Maestría En Hábitat Y Vivienda	Universidad Nacional de Rosario
Maestría En Auditoria Energética En La Edificación	Universidad Nacional de Tucumán
Maestría En Protección Ambiental	Universidad de Buenos Aires
Maestría En Ingeniería Ambiental	Universidad Tecnológica Nacional
Maestría En Gestión Ambiental	Universidad Nacional de General San Martín
Maestría En Gestión Ambiental	Universidad Nacional de La Matanza
Maestría *Executive* De Tecnología Y Gestión Medioambiental (Mtgm)	Universidad Católica Argentina
Maestría En Ingeniería Sanitaria Y Ciencias Del Ambiente	Universidad de Buenos Aires
Maestría En Ingeniería En Petróleo Y Gas Natural	Universidad de Buenos Aires
Maestría En Gestión De Recursos Minerales	Universidad Nacional de San Juan
Maestría En Ingeniería Y Economía De La Refinación	Universidad de Belgrano
Maestría En Metalurgia Extractiva	Universidad Nacional de San Juan
Maestría En Energías Renovables	Universidad Nacional de Salta
Maestría En Reactores Nucleares	Universidad Tecnológica Nacional

Nombre del Programa	Institución
Maestría En Radioquímica	Universidad Tecnológica Nacional
Maestría En Manejo De Cuencas Hidrográficas	Universidad Nacional de La Plata
Maestría En Ciencias De La Ingeniería - Mención En Recursos Hídricos	Universidad Nacional de Córdoba
Maestría En Ingeniería De Los Recursos Hídricos	Universidad Nacional del Litoral
Maestría En Ingeniería De Software	Universidad Nacional de La Plata
Maestría En Ingeniería De Software	Universidad Nacional de Catamarca
Maestría En Ingeniería De Sistemas	Universidad Nacional del Centro de la Provincia de Buenos Aires
Maestría En Tecnología De La Información	Universidad CAECE
Maestría En Teleinformática Y Redes De Computadoras	Universidad de Morón
Maestría En Informática	Universidad Nacional de La Matanza
Maestría En Redes De Datos	Universidad Nacional de La Plata
Maestría En Conservación Preventiva De Soportes De Información	Universidad del Museo Social Argentino
Maestría En Ciencias De La Computación	Universidad Nacional del Sur
Maestría En Control De Sistemas	Universidad Nacional del Sur
Maestría En Informática Aplicada A Los Sistemas De Información	Universidad Nacional de La Rioja
Maestría En Liderazgo Y Gestión Tecnológica	Universidad del Ejército - Escuela Superior Técnica
Maestría En Ingeniería De Software	Universidad Blas Pascal
Maestría En Teleinformática	Universidad de Mendoza
Maestría En Informática Y Computación	Universidad Nacional de Misiones

Nombre del Programa	Institución
Maestría En Tecnología Informática Con Orientación En Educación	Universidad Blas Pascal
Maestría En Tecnología Informática Aplicada En Educación	Universidad Nacional de La Plata
Maestría En Tecnologías De Información En La Fabricación, Con Orientación En Robótica O Control De Procesos	Universidad Nacional de Cuyo
Maestría En Ciencias De La Computación, Con Orientación En Teoría De La Computación	Universidad Nacional de San Luis
Maestría En Ingeniería De Software	Universidad Nacional de San Luis
Maestría En Ingeniería De Sistemas De Control	Universidad Nacional de San Juan
Maestría En Informática	Universidad del Norte 'Santo Tomás de Aquino'
Maestría En Métodos Numéricos Y Computacionales	Universidad Nacional de Santiago del Estero
Maestría En Métodos Numéricos Y Computacionales En Ingeniería	Universidad Nacional de Tucumán
Maestría En Ingeniería En Telecomunicaciones	Universidad de Buenos Aires
Maestría En Telecomunicaciones	Instituto Tecnológico de Buenos Aires
Maestría En Ciencias De La Ingeniería - Mención En Telecomunicaciones	Universidad Nacional de Córdoba
Maestría *Executive* En Gestión De Las Comunicaciones Y Tecnologías De La Información (Mgc)	Universidad Católica Argentina
Maestría En Ciencias De La Ingeniería - Mención En Telecomunicaciones	Universidad Adventista del Plata
Maestría En Ciencia Y Tecnología De Materiales	Universidad Nacional de General San Martín
Maestría En Ciencia Y Tecnología De Materiales	Universidad Nacional de Mar del Plata
Maestría En Ciencia Y Tecnología De Los Materiales	Universidad Nacional del Sur
Maestría En Tecnología Y Construcciones De Hormigón	Universidad Nacional del Centro de la Provincia de Buenos Aires

Nombre del Programa	Institución
Maestría En Ciencias De La Ingeniería - Mención En Estructuras Y Geotecnia	Universidad Nacional de Córdoba
Maestría En Ciencias De Materiales Tecnológicos	Universidad Nacional de Río Cuarto
Maestría En Ingeniería De Estructuras Sismorresistentes	Universidad Nacional de San Juan
Maestría En Ciencias De Superficie Y Medios Porosos, Con Orientación: Fisicoquímica De Superficies.	Universidad Nacional de San Luis
Maestría En Ciencias De Superficie Y Medios Porosos, Con Orientación: Medios Porosos Y Procesos Separativos.	Universidad Nacional de San Luis
Maestría en Ingeniería Estructural Sismorresistente	Universidad Tecnológica Nacional
Maestría En Estructuras	Universidad Nacional de Rosario
Maestría En Ingeniería Estructural	Universidad Nacional de Tucumán
Maestría En Luz Y Visión	Universidad Nacional de Tucumán
Maestría En Luminotecnia y/o Fotometría y/o Percepción Visual y/o Ergonomía Visual Percepción Visual y/o Ergonomía Visual	Universidad Nacional de Tucumán
Maestría En Medio Ambiente Visual E Iluminación Eficiente	Universidad Nacional de Tucumán
Maestría En Ingeniería Acústica Y De Sonido	Universidad Tecnológica Nacional
Maestría En Siderurgia	Universidad Tecnológica Nacional
Maestría En Siderurgia	Universidad de Buenos Aires
Maestría En Ingeniería Vial	Universidad Nacional de La Plata
Maestría En Ingeniería Vial	Universidad Nacional de Rosario
Maestría En Electrónica	Universidad Nacional de Tucumán
Maestría En Optoelectrónica	Universidad de Buenos Aires

Nombre del Programa	Institución
Maestría En Ingeniería Electrónica	Universidad Nacional de Tucumán
Maestría En Ingeniería Dpto. Electrotecnia	Universidad Nacional de La Plata
Maestría En Simulación Numérica Y Control	Universidad de Buenos Aires
Maestría en Ciencias de la Ingeniería	Universidad Nacional del Nordeste
Maestría En Computación Gráfica	Universidad de Belgrano
Maestría En Seguridad Ocupacional E Higiene Ocupacional	Universidad del Ejército - Escuela Superior Técnica
Maestría En Ingeniería En Control Automático	Universidad Tecnológica Nacional
Maestría En Tecnología Aeroespacial	Universidad Tecnológica Nacional
Maestría En Ingeniería Dpto. De Mecánica	Universidad Nacional de La Plata
Maestría En Ingeniería De Vehículos Automotores	Universidad de Belgrano
Maestría En Transporte	Universidad del Ejército - Escuela Superior Técnica
Maestría En Ciencias De La Ingeniería - Mención En Transporte	Universidad Nacional de Córdoba
Maestría En Ingeniería Química	Universidad Nacional de Mar del Plata
Maestría En Ingeniería Química	Universidad Nacional del Sur
Maestría En Ingeniería Dpto. de Ingeniería Química	Universidad Nacional de La Plata
Maestría En Química Industrial	Universidad Nacional de Río Cuarto
Maestría En Ingeniería Química	Universidad Nacional del Litoral
Maestría En Tecnología Química	Universidad Nacional del Litoral
Maestría En Emergencias Químicas	Universidad Nacional de General San Martín

Nombre del Programa	Institución
Maestría En Geodesia (Geomática)	Universidad Nacional de San Juan
Maestría En Ingeniería (Orientación Geofísica)	Universidad de Mendoza
Maestría En Ingeniería	Universidad Nacional del Sur
Maestría En Ciencias De La Ingeniería	Universidad Nacional de Córdoba
Maestría En Matemática Aplicada	Universidad Nacional de San Juan
Maestría En Ingeniería De Planta Y Producción	Universidad Nacional de Misiones
Maestría En Ciencias De La Ingeniería - Mención En Administración	Universidad Nacional de Córdoba
Maestría En Tecnología Biomédica	Universidad Nacional de Entre Ríos
Maestría En Ingeniería Biomédica	Universidad Nacional de Entre Ríos
Maestría En Bioingeniería	Universidad Nacional de Tucumán
Maestría En Biología Molecular Médica	Universidad de Buenos Aires
Maestría En Microbiología Molecular	Universidad Nacional de General San Martín
Maestría En Fisiopatología Endrocrinológica: Bioquímica Y Métodos Diagnósticos	Universidad Nacional de La Plata
Maestría En Bromatología Y Tecnología De La Industrialización De Alimentos	Universidad de Buenos Aires
Maestría En Ciencias Químico-Farmacéuticas	Universidad Nacional de San Luis
Maestría En Gestión Ambiental	Universidad Nacional de Cuyo
Maestría En Ingeniería Ambiental	Universidad Nacional de Cuyo
Maestría En Tecnología Ambientales	Universidad Nacional de San Juan
Maestría En Gestión Ambiental	Universidad Nacional de San Luis

Nombre del Programa	Institución
Maestría En Recursos Naturales Y Medio Ambiente Con Orientación En Economía Ambiental	Universidad Nacional de Salta
Maestría En Recursos Naturales Y Medio Ambiente Con Orientación En Ordenación De Cuencas Hidrográficas	Universidad Nacional de Salta
Maestría En Recursos Naturales Y Medio Ambiente Con Orientación En Recursos Faunísticos	Universidad Nacional de Salta
Maestría En Recursos Naturales Y Medio Ambiente Con Orientación En Recursos Forestales	Universidad Nacional de Salta
Maestría En Recursos Naturales Y Medio Ambiente Con Orientación En Saneamiento Ambiental	Universidad Nacional de Salta
Maestría en Gestión Ambiental	Universidad Católica de Salta
Maestría en Desarrollo Sustentable	Universidad Nacional de Lanús
Maestría En Evaluación De Impacto Y Gestión Ambiental	Universidad Católica de Santa Fe
Maestría En Calidad Industrial	Universidad Nacional de General San Martín
Maestría en Ingeniería en Calidad	Universidad Tecnológica Nacional
Maestría En Biotecnología	Universidad Nacional de Río Cuarto
Maestría En Biotecnología	Universidad de Buenos Aires
Maestría En Alimentos, Mención En Ciencias	Universidad Nacional de Cuyo
Maestría En Alimentos, Mención En Ingeniería	Universidad Nacional de Cuyo
Maestría En Calidad Industrial De Alimentos	Universidad Nacional de General San Martín
Maestría En Ciencia Y Tecnología De Los Alimentos	Universidad Nacional del Sur
Maestría En Ciencia Y Tecnología De Los Alimentos	Universidad Nacional del Litoral
Maestría En Tecnología De Alimentos	Universidad Católica de Córdoba

Nombre del Programa	Institución
Maestría En Tecnología De Los Alimentos	Universidad Católica Argentina
Maestría En Tecnología De Los Alimentos	Universidad Tecnológica Nacional
Maestría En Tecnología De Los Alimentos	Universidad Nacional de Misiones
Maestría En Tecnología E Higiene De Los Alimentos	Universidad Nacional de La Plata
Maestría En Tecnología E Higiene De Los Alimentos	Universidad Nacional de La Plata
Maestría *Scientiae* En Tecnología E Higiene De Los Alimentos	Universidad Nacional de La Plata
Maestría En Ingeniería Alimentaria	Universidad Nacional de Santiago del Estero
Maestría En Gestión E Intervención Del Patrimonio Arquitectónico Y Urbano	Universidad Nacional de Mar del Plata
Doctorado En Ciencias Agrarias	Universidad Nacional de Mar del Plata
Doctorado En Ciencias Agrarias	Universidad Nacional de Cuyo
Doctorado En Ciencias Agrarias	Universidad Nacional de Rosario
Doctorado en Agronomía	Universidad Nacional del Sur
Doctorado En Ciencias Agropecuarias	Universidad Nacional de Córdoba
Doctorado, Área Ciencias Agropecuarias	Universidad de Buenos Aires
Doctorado Área Recursos Naturales	Universidad Nacional del Nordeste
Doctorado En Ciencias Vegetales	Universidad Nacional de Tucumán
Doctorado En Ciencias Agrarias Y Forestales	Universidad Nacional de La Plata
Doctorado En Enología	Universidad Juan A. Maza
Doctorado	Universidad de Buenos Aires
Doctorado en Arquitectura	Universidad de Mendoza

Nombre del Programa	Institución
Doctorado En Arquitectura	Universidad Nacional de Rosario
Doctorado En Planificación Territorial, Medioambiental Y Urbana	Universidad Nacional de Tucumán
Doctorado En Ciencias De La Luz, La Iluminación Y La Visión	Universidad Nacional de Tucumán
Doctorado En Medio Ambiente Visual E Iluminación Eficiente	Universidad Nacional de Tucumán
Doctorado En Ingeniería Ambiental Aplicada A La Minería	Universidad Nacional de La Rioja
Doctorado En Ingeniería De La Minería	Universidad Nacional de La Rioja
Doctorado En Ingeniería Aplicada Al Tratamiento De Minerales	Universidad Nacional de La Rioja
Doctorado En Ingeniería Aplicada A La Explotación De Minas	Universidad Nacional de La Rioja
Doctorado En Ingeniería, Mención En Recursos Hídricos	Universidad Nacional del Litoral
Doctorado En Ciencias De La Computación	Universidad de Buenos Aires
Doctorado En Ciencias De La Información	Universidad Austral
Doctorado En Informática	Universidad Nacional de La Plata
Doctorado en Ingeniería Informática	Instituto Tecnológico de Buenos Aires
Doctorado en Ciencias de la Computación	Universidad Nacional de San Luis
Doctorado En Ciencias De La Computación	Universidad Nacional del Centro de la Provincia de Buenos Aires
Doctorado En Ciencias De La Computación	Universidad Nacional del Sur
Doctorado En Control De Sistemas	Universidad Nacional del Sur
Doctorado En Ingeniería, Mención En Mecánica Computacional	Universidad Nacional del Litoral
Doctorado En Ingeniería Dpto. De Construcciones Y Mecánica	Universidad Nacional de La Plata

Nombre del Programa	Institución
Doctorado En Ingeniería Dpto. De Construcciones	Universidad Nacional de La Plata
Doctorado En Ciencia Y Tecnología - Mención Materiales	Universidad Nacional de General San Martín
Doctorado En Ciencias, Mención Materiales	Universidad Nacional de Mar del Plata
Doctorado En Ingeniería (Orientación Ing. Estructural)	Universidad Nacional de Tucumán
Doctorado En Ingeniería Orientación Electrónica	Universidad Nacional de Mar del Plata
Doctorado En Ingeniería Dpto. De Electrotecnia	Universidad Nacional de La Plata
Doctorado En Ingeniería Dpto. De Mecánica	Universidad Nacional de La Plata
Doctorado En Ingeniería Dpto. De Ingeniería Química	Universidad Nacional de La Plata
Doctorado En Ingeniería Química	Universidad Nacional del Sur
Doctorado En Química Industrial	Universidad Católica Argentina
Doctorado En Ingeniería Química	Universidad Nacional del Litoral
Doctorado En Tecnología Química	Universidad Nacional del Litoral
Doctorado	Universidad de Buenos Aires
Doctorado En Ingeniería	Universidad Tecnológica Nacional
Doctorado En Ingeniería Aeroportuaria	Universidad Nacional de La Plata
Doctorado En Ingeniería Dpto. De Aeronáutica	Universidad Nacional de La Plata
Doctorado en Ciencia y Tecnología. Mención Física	Universidad Nacional de General San Martín
Doctorado En Agrimensura	Universidad Nacional de Catamarca
Doctorado En Ingeniería	Universidad Nacional del Sur

Nombre del Programa	Institución
Doctorado En Ciencias De La Ingeniería	Universidad Nacional de Córdoba
Doctorado En Ingeniería (Orientación Geofísica)	Universidad de Mendoza
Doctorado En Ciencias De La Ingeniería	Universidad Nacional de Cuyo
Doctorado En Ingeniería	Universidad Nacional de Cuyo
Doctorado En Ingeniería	Universidad Nacional de Salta
Doctorado En Ingeniería De Sistemas De Control	Universidad Nacional de San Juan
Doctorado En Ingeniería Eléctrica	Universidad Nacional de San Juan
Doctorado En Ingeniería Mecánica	Universidad Nacional de San Juan
Doctorado En Ingeniería, Mención En: Ciencia De Los Materiales, en Control, en Electrónica, en Geotecnia, en Hidráulica, en Mecánica Aplicada Y Estructuras, en Sanitaria Y Ambiental, en Vial Y Transporte	Universidad Nacional de Rosario
Doctorado En Estadística	Universidad Nacional de Tucumán
Doctorado En Ingeniería	Universidad Nacional de Tucumán
Doctorado	Universidad de Buenos Aires
Doctorado En Bacteriología Clínica E Industrial	Universidad Nacional de La Plata
Doctorado En Farmacia	Universidad Juan A. Maza
Doctorado En Farmacia	Universidad Nacional de San Luis
Doctorado En Biología Molecular Y Biotecnología	Universidad Nacional de General San Martín
Doctorado En Ciencia Y Tecnología De Alimentos	Universidad Nacional de Entre Ríos
Doctorado En Ciencia Y Tecnología De Los Alimentos	Universidad Nacional del Sur

Nombre del Programa	Institución
Doctorado En Ciencia Y Tecnología De Los Alimentos	Universidad Nacional de Jujuy
Doctorado En Ciencias De Los Alimentos	Universidad Nacional de Cuyo
Doctorado En Ingeniería De Los Alimentos	Universidad Nacional de Cuyo
Doctorado En Tecnología De Los Alimentos	Universidad Juan A. Maza
Doctorado En Ingeniería Alimentaria	Universidad Nacional de Santiago del Estero
Doctorado En Ciencia Y Tecnología De Los Materiales	Universidad Nacional del Sur

Fuente: elaboración propia.

2.2. Análisis de las actividades de transferencia en base a las resoluciones de los comités de pares evaluadores de la CONEAU

Como parte del presente desarrollo se procedió al análisis de los dictámenes efectuados por la CONEAU para la acreditación de las carreras de posgrado del área Tecnológica y de Ciencias Exactas y Naturales seleccionadas para este trabajo. Se consideró que estas resoluciones constituyen una fuente importante de información que permite contextualizar, dentro del universo de los posgrados, las respuestas obtenidas a la encuesta que se realizó a las distintas instituciones.

En las resoluciones aparece expresada la opinión de los pares evaluadores sobre los distintos temas que los posgrados deben informar en su presentación a la CONEAU para ser acreditados por ella. Las mencionadas presentaciones incluyen en el capítulo sobre alumnos un ítem acerca de becas, en el que se debe especificar, si se otorgan becas, el mecanismo de selección y adjudicación, el listado de alumnos becados, el tipo de beca (si se trata de reducción de arancel, arancel completo, manutención o de ambos), también se debe consignar la institución otorgante. Respecto de la realización de transferencia, el posgrado debe completar una ficha de "ACTIVIDADES DE TRANSFERENCIA, CONSULTORÍA, ASISTENCIA TÉCNICA U OTRAS AFINES QUE SE REALIZAN EN EL MISMO ÁMBITO INSTITUCIONAL QUE EL DE LA CARRERA", en la que se consigna información relativa a la denominación de la actividad, contraparte, objetivos, actividades previstas y realizadas, recursos humanos involucrados, entre otras.

Es necesario tener en cuenta que las declaraciones de los pares son apreciaciones generales sobre estos temas, por ejemplo no incluyen en ningún caso el porcentaje de alumnos que reciben becas, en pocas resoluciones se menciona la contraparte de las actividades de transferencia, información que hubiera resultado de gran valor para los objetivos del presente trabajo. En un número considerable de resoluciones no hay declaraciones de los evaluadores referidas a becas o transferencia; en estos casos se consideró que no era conveniente incluir a los posgrados en cuyas resoluciones los pares no se expidan sobre las cuestiones que se indagan. No obstante, en los cuadros que se adjuntan se consigna, en cada caso, la cantidad de carreras sobre las que no se posee información. Por otra parte cabe señalar que al momento de consultar la base de datos de la CONEAU había un número reducido de resoluciones que no estaban disponibles.

2.2.1. Carreras de posgrado vinculadas con el sector productivo

Área de Ciencias Exactas y Naturales

En el área de Ciencias Exactas y Naturales hay 74 carreras aprobadas por CONEAU, la mayoría son doctorados (56); son muy pocas las maestrías (dieciséis) y menos aun las especializaciones (dos). La mayor cantidad de posgrados se concentra en el área de Química, suman veinticuatro los posgrados en esta disciplina; son doctorados dieciséis de ellos, siete las maestrías y existe una sola especialización. Matemática es la otra área con mayor concentración y existe la misma cantidad de maestrías que de doctorados, hay siete de cada tipo de carrera. En Biología hay doce carreras, once doctorados y una maestría. Se han acreditado diez carreras de posgrado en Física y todas son doctorados. Lo mismo sucede en Geología, pero hay un doctorado menos. En Ecología y Ciencias del Ambiente hay cuatro posgrados, un doctorado, una especialización y dos maestrías. Finalmente hay dos doctorados en Ciencias Naturales.

Posgrados tecnológicos

Hay un total de 255 carreras de posgrado de tipo tecnológico. A diferencia de lo que sucede en el área de Exactas y Ciencias Naturales, en la que la mayoría son doctorados, entre los posgrados tecnológicos el tipo de carrera predominante es la maestría: hay acreditadas 116 carreras; noventa son las especializaciones y sólo se acreditaron 49 doctorados. Las áreas con mayor cantidad de carreras son la de Ciencias Agropecuarias, Ingeniería e Informática con 42, 37 y 31 carreras respectivamente. Las áreas con menor desarrollo son Telecomunicaciones con dos carreras, Biotecnología con una y Calidad, también con una carrera. La mayor cantidad de doctorados corresponde a Ingeniería: hay en total diecisiete acreditados; luego encontramos Informática con nueve y Ciencias Agropecuarias con seis. No hay carreras de doctorado en Ciencias del Ambiente, Higiene y Seguridad, Paisajismo, Riego y Urbanismo; llama la atención, también su ausencia en el área de Telecomunicaciones.

Las áreas en las que hay más maestrías son: Informática, suman dieciocho; Ciencias Agropecuarias, donde hay veinticinco; Medio Ambiente y Construcciones con doce; en Ingeniería hay diez, nueve en Alimentos, seis en Urbanismo y en el resto de las áreas encontramos cinco o menos. No existen maestrías en Biotecnología ni en Calidad.

En cuanto a las especializaciones, las áreas que más tienen son: Bioquímica con dieciocho, Ciencias Agropecuaria con once; Ingeniería e Higiene y Seguridad con diez cada una, con siete siguen Arquitectura, Medio Ambiente y Farmacia; el resto de las áreas posee cuatro o menos.

2.2.2. Transferencia

Área de Ciencias Exactas y Naturales

Del total de las resoluciones analizadas, 54 de ellas brindan información sobre el tema. El porcentaje de posgrados que realizan algún tipo de transferencia (74%) es mayor que el que no realiza (26%). Analizando por tipo de carrera, se observa que de 39 resoluciones de doctorados el 74% (veintinueve carreras) realiza transferencia, en el caso de las trece maestrías, el 77% (10) también desarrolla tareas de esta clase, y de las dos únicas especializaciones existentes, la del área de Ecología y Ciencias del Ambiente realiza transferencia, mientras que la del área de Química no desarrolla este tipo de actividades.

No obstante, es notorio que en esta última área, Química, de las doce carreras de doctorado relevadas, nueve (el 75% del total) realizan transferencia y sólo tres no lo hacen; algo similar sucede con las maestrías pues de las cinco resoluciones en las que los pares evaluadores hacen mención al tema, en cuatro de ellas (80%) observan que se registran actividades de transferencia y sólo en una (20%) señalan su ausencia. Los posgrados en Química realizan asesoramiento, asistencias técnicas, consultorías, prestan servicios o desarrollan productos. Sus actividades están, fundamentalmente, dirigidas a la industria, si bien se registran algunas dirigidas a instituciones municipales y provinciales.

En la mayoría de las resoluciones de acreditación de las carreras de doctorado del área de Matemática no se brinda información sobre este tipo de actividades. Existen siete carreras de este tipo y sólo en dos resoluciones los pares se expiden sobre el asunto, en un caso hacen mención a la realización de cursos, cálculos de probabilidad para la Lotería Provincial y resolución de problemas de optimización para la industria. Las tres maestrías que realizan transferencia son del área Estadística.

Son tres los doctorados en Física que realizan transferencia, y ellos constituyen el 50% de las carreras sobre las que se dispone de información. No obstante se comenta en los considerando de las resoluciones que en la mayoría de ellos las actividades de este tipo son escasas.

Por otro lado, todas las carreras del área de Ecología y Ciencias del Ambiente llevan adelante actividades de este tipo, lo que resulta lógico al tratarse de ciencias aplicadas. En Geología hay sólo doctorados acreditados y del análisis de las siete resoluciones en las que se brindan datos sobre el tema resulta que seis de ellos, el 86%, realizan tareas de consultoría, asistencias técnicas y extensión en diversos temas como por ejemplo minería, combustibles y aguas subterráneas.

Cuadro 7. Transferencia en Ciencias Exactas y Naturales según área

Área	Tipo de carrera	Transferencia				Totales		Sin información
		No realiza		Realiza				
		N	%	N	%	N	%	
Biología	Doctorados	2	22	7	78	9	100	2
	Maestrías	-	-	1	100	1	100	-
Ecología y Ciencias del ambiente	Doctorados	-	-	1	100	1	100	-
	Especializaciones	-	-	1	100	1	100	-
	Maestrías	-	-	2	100	2	100	-
Física	Doctorados	3	50	3	50	6	100	4
Matemática	Doctorados	1	50	1	50	2	100	5
	Maestrías	2	40	3	60	5	100	2

Área	Tipo de carrera	Transferencia				Totales		Sin información
		No realiza		Realiza				
		N	%	N	%	N	%	
Química	Doctorados	3	25	9	75	12	100	4
	Especializaciones	1	100	-	-	1	100	-
	Maestrías	1	20	4	80	5	100	2
Otros	Doctorados Geología	1	14	6	86	7	100	2
	Doctorados Naturales	-	-	2	100	2	100	-
Totales		14	26	40	74	54	100	21

Fuente: elaboración propia en base a datos de CONEAU.

Cuadro 8. Transferencia en Ciencias Exactas y Naturales según tipo de programa

Área	Tipo de carrera	Transferencia				Totales		Sin información
		No realiza		Realiza				
		N	%	N	%	N	%	
Exactas y naturales	Doctorados	10	26	29	74	39	100	17
	Especializaciones	1	50	1	50	2	100	-
	Maestrías	3	23	10	77	13	100	4
Totales		14	26	40	74	54	100	21

Fuente: elaboración propia en base a datos de CONEAU.

Posgrados tecnológicos

Las resoluciones que brindan información acerca de las actividades de transferencia son las correspondientes a 215 de las 255 carreras acreditadas; en las cuarenta resoluciones restantes no se hace ninguna mención al tema. De las 215 el 71%, es decir 153 carreras, realiza transferencia. De las 101 carreras de maestrías sobre las que se tiene información 73, que constituye el 72%

de las mismas, realizan algún tipo de transferencia, 44 (61%) especializaciones y 36 doctorados (86%), también lo hacen. Si consideramos en forma conjunta maestrías y especializaciones suman 145 las carreras que desarrollan actividades de transferencia.

Teniendo en cuenta cada área de conocimiento y comenzando por aquellas en las que hay mayor cantidad de carreras, se observa que en Ciencias Agropecuarias, donde la mayoría son maestrías, los pares señalan en quince resoluciones que se realiza transferencia, las que constituyen el 79% de las diecinueve en las que los pares se han expedido al respecto. Las especializaciones se hayan repartidas en partes iguales entre aquellas que realizan y las que no realizan, mientras que el 80% de los doctorados del área desarrolla alguna actividad de este tipo.

De los catorce doctorados de Ingeniería de los que se tiene información todos realizan transferencia al medio, la mayoría de las especializaciones y de las maestrías también lo hace, el 75 y el 70% respectivamente. En algunos casos se menciona que estas actividades son relativas a energía eléctrica, a la industria petrolera, o pertenecientes a las áreas de geodesia, hidráulica e ingeniería sanitaria. En cuanto a los destinatarios se trata tanto de empresas públicas como privadas y organismos oficiales, municipales y provinciales.

En el área de Informática, de las veintinueve resoluciones en las que los pares se refieren a la realización de transferencia, son los doctorados los que mayormente desarrollan estas actividades; de este tipo de carrera el 75% realiza transferencia, lo que implica seis de los ocho doctorados; el 53% de las maestrías también lo hace y ninguna de las cuatro especializaciones existentes declara actividades de esta clase aunque todas informan desarrollar actividades de extensión.

Casi todas las carreras del área de Construcciones realizan transferencia, consultoría o asistencias técnicas. Los tres doctorados y las tres especializaciones lo hacen, y de las doce maestrías sólo dos no realiza ninguna actividad. El doctorado en Ciencia y Tecnología de Materiales de la Universidad Nacional del Sur lleva adelante, además, actividades de capacitación de personal.

De los doctorados en Bioquímica dos realizan transferencia y dos no lo hace, y de las catorce especializaciones sobre las que se posee información, once (57%) desarrollan estas actividades; de las maestrías en el área se tiene información sobre una que declara que "al menos ocasionalmente los directivos desarrollan tareas de transferencia vinculadas con sus investigaciones."

Por lo expresado por los pares evaluadores, cuatro de las siete resoluciones de acreditación de carreras de especialización en Ciencias del Medio Ambiente llevan adelante tareas de transferencia; en las otras tres resoluciones no se menciona nada al respecto. De las diez resoluciones de acreditación de maestrías en el área se observa que el 60% realiza transferencia.

En Arquitectura, se observa en las resoluciones que el doctorado en Medio Ambiente Visual e Iluminación Eficiente de la Universidad Nacional de Tucumán realiza actividades de transferencia y consultoría. Del otro doctorado en el área, el que pertenece a la Universidad Nacional de Mendoza, no se posee información. Sobre las cinco maestrías para las que se posee información, se sabe que cuatro de ellas realizan transferencia, y en el caso de las siete especializaciones, cuatro lo hacen.

El doctorado en Ciencia y Tecnología de los Alimentos de la Universidad Nacional de Tucumán, el único en el área, informa veinticuatro actividades que implican proyectos de investigación y cooperación con grupos del país y del extranjero. El 88% de las maestrías (siete de las ocho sobre las que se informa del tema) realiza variadas actividades de este tipo, como por ejemplo, asesorías, servicios a terceros, dictado de cursos, consultorías, capacitación a personal de empresas, estudios de factibilidad, desarrollo de procesos y productos, etc. De la única especialización en el área no se posee información.

En el área de Higiene y Seguridad, la única maestría acreditada no realiza transferencia, y de las diez resoluciones de especialización que informan al respecto, en cinco casos se menciona el desarrollo de transferencia tecnológica y de colaboración interinstitucional.

El único doctorado en Energía en el que los pares se expiden sobre el tema no realiza transferencia, mientras que las cuatro maestrías sí lo hacen y de las tres especialidades, dos (que representan el 67%) realizan actividades de extensión y consultoría para gobiernos provinciales y empresas de prestigio, según surge de la lectura de las resoluciones respectivas.

El doctorado y las seis especializaciones de Farmacia realizan numerosas actividades de transferencia, pero ninguna de las dos maestrías lo hace. En el área de Química las carreras acreditadas, tres doctorados y tres maestrías, realizan "numerosas transferencias al sector productivo"; estas actividades se refieren al desarrollo de procesos y productos, consultorías, capacitación de personal, entre otras.

De las ocho carreras del área de Urbanismo, se dispone de información sobre seis de ellas, una de estas últimas es una especialización y sobre ella se señala que "es muy importante la tarea de asistencia técnica que realizan los docentes." Las otras son cinco maestrías de las cuales cuatro (80%) desarrollan alguna actividad de transferencia.

Es notable por el tipo de carrera del que se trate que en las tres carreras de Paisajismo sobre las que los pares formulan declaraciones respecto de estas actividades, señalen que no las desarrollan.

En el área de Telecomunicaciones, tanto la especialización como la maestría existentes informan el desarrollo de transferencia tecnológica, tareas de capacitación y asesoramiento a empresas relacionadas con las telecomunicaciones y la Armada Argentina. La única carrera de posgrado acreditada en el área de Biotecnología, es un doctorado, como ya se dijo más arriba, y el mismo lleva adelante varios proyectos de transferencia de conocimiento. En el área de Calidad, la especialización en Gestión de la Calidad del ITBA no realiza actividades de este tipo. Las dos maestrías en el área de Riego realizan asistencias técnicas; la actividad de una de ellas, de la maestría en Planificación y Manejo de Cuencas Hidrográficas de la Universidad Nacional del Comahue, se desarrolla mediante un convenio con el gobierno provincial y se refiere al desarrollo de la región.

Cuadro 9. Transferencia en Tecnológicas según área

Área	Tipo de carrera	Transferencia				Totales		Sin información
		No realiza		Realiza				
		N	%	N	%	N	%	
Ciencias agropecuarias	Doctorados	1	20	4	80	5	100	1
	Especializaciones	4	50	4	50	8	100	3
	Maestrías	4	21	15	79	19	100	6
Alimentos	Doctorados	-	-	1	100	1	100	1
	Especializaciones	-	-	-	-	-	-	1
	Maestrías	1	13	7	88	8	100	1
Ambiente	Especializaciones	-	-	4	100	4	100	3
	Maestrías	4	40	6	60	10	100	2
Arquitectura	Doctorados	-	-			-	-	1
	Otros Doctorados	-	-	1	100	1	100	-
	Especializaciones	-	-	1	100	1	100	1
	Otros Especializaciones	3	50	3	50	6	100	-
	Maestrías	-	-	1	100	1	100	-
	Otros Maestrías	1	25	3	75	4	100	1

Área	Tipo de carrera	Transferencia				Totales		Sin información
		No realiza		Realiza				
		N	%	N	%	N	%	
Bioquímica	Doctorados	2	50	2	50	4	100	-
	Especializaciones	6	43	8	57	14	100	4
	Maestrías	-	-	1	100	1	100	1
Biotecnología	Doctorados	-	-	1	100	1	100	-
Calidad	Especializaciones	1	100	-	-	1	100	-
Construcción	Doctorados	-	-	3	100	3	100	-
	Especializaciones	-	-	3	100	3	100	-
	Maestrías	2	17	10	83	12	100	-
Energía	Doctorados	1	100	-	-	1	100	-
	Especializaciones	1	33	2	67	3	100	1
	Maestrías	-	-	4	100	4	100	1
Farmacia	Doctorados	-	-	1	100	1	100	-
	Especializaciones	-	-	5	100	5	100	-
	Maestrías	1	100	-	-	1	100	-
	Otros Maestrías	1	100	-	-	1	100	-
	Otros Especializaciones	-	-	1	100	1	100	-
Higiene y seguridad	Especializaciones	5	50	5	50	10	100	1
	Maestrías	1	100	-	-	1	100	-
Informática	Doctorados	2	25	6	75	8	100	1
	Especializaciones	4	100	-	-	4	100	-
	Maestrías	8	47	9	53	17	100	1
Paisajismo	Especializaciones	2	100	-	-	2	100	1
	Maestrías	1	100	-	-	1	100	-
Química	Doctorados	-	-	3	100	3	100	-
	Maestrías	-	-	3	100	3	100	1
Riego	Maestrías	-	-	2	100	2	100	-
Telecomunicaciones	Especializaciones	-	-	1	100	1	100	-
	Maestrías	-	-	1	100	1	100	-
Urbanismo	Especializaciones	-	-	1	100	1	100	1
	Maestrías	1	20	4	80	5	100	1

Área	Tipo de carrera	Transferencia				Totales		Sin infor- ma- ción
		No realiza		Realiza				
		N	%	N	%	N	%	
Ingeniería	Doctorados	-	-	14	100	14	100	3
	Especializaciones	2	25	6	75	8	100	2
	Maestrías	3	30	7	70	10	100	-
Totales				62	29	153	71	215 100	40

Fuente: elaboración propia en base a datos de CONEAU.

Cuadro 10. Transferencia en Tecnológicas según tipo de programa

Área	Tipo de carrera	Transferencia				Totales		Sin infor- mación
		No realiza		Realiza				
		N	%	N	%	N	%	
Tecnológica	Doctorados	6	14	36	86	42	100	7
	Especializaciones	28	39	44	61	72	100	18
	Maestrías	28	28	73	72	101	100	15
Totales		62	29	153	71	215	100	40

Fuente: elaboración propia en base a datos de CONEAU.

2.3. Análisis de las encuestas aplicadas a los posgrados

El universo original de 530 posgrados de los campos disciplinarios de Ciencias Exactas y Naturales y Tecnológicas se acotó a 470, dado que son aquellos accesibles por vía electrónica. El cuestionario, que puede verse en el Anexo I, fue enviado por correo electrónico a los directores de estos 470 posgrados.

De acuerdo con el tipo de programa, se contactaron 150 de las 163 especializaciones, 204 de las 221 maestrías, y 116 de los 146 doctorados. Se recibieron respuestas de cincuenta directores: diecisiete de especializaciones, veintiuno de maestrías y doce de Doctorados.

En cuanto al campo disciplinario, nueve posgrados están relacionados con las Ciencias Exactas y Naturales, mientras que los 41 restantes pertenecen a áreas tecnológicas. Las tasas de respuesta se encuentran en el Cuadro 11.

Cuadro 11. Tasas de respuestas a los cuestionarios

	Especializaciones	Maestrías	Doctorados
Contactados	92,02%	92,31%	79,45%
Tasa de respuesta	11,33%	10,29 %	10,34%

Fuente: elaboración propia.

De los cincuenta posgrados que respondieron al cuestionario, 45 han requerido acreditación a la CONEAU. Los cinco posgrados que no lo han hecho son carreras de especialización.

2.3.1. Vinculación con el sector productivo

El 31% de los posgrados encuestados mencionó tener algún tipo de vinculación institucional con empresas. En total se señalaron 36 vinculaciones. En el Cuadro 12 pueden verse las distintas formas que toman estas relaciones.[148]

Cuadro 12. Vinculaciones de los posgrados con empresas

Tipo de vínculo	Participación
En el órgano colegiado	26%
Convenios o acuerdos para la formación del personal	37%

---

[148] En el Cuadro 12 la columna no suma 100% debido a que existe más de un tipo de vinculación por posgrado.

Tipo de vínculo	Participación
Convenios o acuerdos para la utilización de infraestructura y equipamiento de la empresa	32%
Convenios o acuerdos para pasantías de alumnos	21%
Convenios o acuerdos para la realización de prácticas supervisadas	11%
Convenios o acuerdos de desarrollo científico tecnológico o transferencia de tecnología	37%
De tipo informal	26%

Fuente: elaboración propia.

El 100% de las vinculaciones con empresas pertenece a posgrados dentro de áreas tecnológicas. Si se distingue por tipo de programa es posible notar que las maestrías y especializaciones tienen un mayor grado de relación con el sector empresario.

Cuadro 13. Distribución de las vinculaciones con empresas por tipo de programa

Tipo de programa	Participación
Especializaciones	36,1%
Maestrías	44,5%
Doctorados	19,4%

Fuente: elaboración propia.

En los casos que se observa algún tipo de relación entre los posgrados y las empresas se destacan los centros de investigación y los docentes como los motivos principales de la vinculación.[149]

Cuadro 14. Origen de las vinculaciones con empresas

Motivo	Participación
Por demanda de la empresa al posgrado	26%
Por demanda de la empresa al Centro de Investigaciones de la Institución o del posgrado	53%
A partir de la política de vinculación que se propone el posgrado	26%
A través de vínculos de los docentes del posgrado con empresas	58%

Fuente: elaboración propia.

Cuadro 15. Empresas con las que los posgrados encuestados mencionaron tener algún tipo de vínculo

Programa	Institución	Empresa
Especialización en Ingeniería Gerencial	Universidad Tecnológica Nacional	Parque Industrial "La Cantábrica"
Especialización en Gestión de las Telecomunicaciones	Instituto Tecnológico de Buenos Aires	Telecom
		ICE
		Telcel
		Telcor
Especialización en Ingeniería en Telecomunicaciones	Instituto Tecnológico de Buenos Aires	Siemens
		Ericsson
		Movicom

---

[149] En el Cuadro 14 la columna no suma 100% debido a que existe más de un tipo de origen de la vinculación por posgrado.

Programa	Institución	Empresa
Especialización en Ingeniería Electrónica y Telecomunicaciones	Universidad de Buenos Aires	Telefónica de Argentina Impsat Siemens
Especialización en Higiene, Seguridad y Protección Ambiental	Universidad Católica Argentina	Edesur
Especialización en Ingeniería Sanitaria	Universidad Nacional de Rosario	Aguas Provinciales de Santa Fe
Maestría en gestión ambiental del desarrollo urbano	Universidad Nacional de Mar del Plata	Obras Sanitarias Sociedad De Estado Mar del Plata
Maestría en Ciencia y Tecnología de Materiales	Universidad Nacional de General San Martín	FUDETEC (Fundación para el Desarrollo Tecnológico, Organización Techint). Fundación Latinoamericana de Soldadura.
Magíster en Tecnología Aeroespacial	Universidad Tecnológica Nacional	A través de la Universidad de la Sapienza, Roma. Adjudicación de una licitación por empresas italianas para la provisión de mecanismos espaciales.
Maestría en Ingeniería Estructural y Doctorado en Ingeniería	Universidad Nacional de Tucumán	Tensolite S.A. Plus Petrol Energy Gasnor S.A. Refinor S.A. Saab Scania Repsol YPF Argentina Corte Suprema de Justicia de la Prov. de Tucumán Dirección de Arquitectura de la Nación Dirección Provincial de Vialidad ANSES

Programa	Institución	Empresa
Maestría en Biometría y Mejoramiento	Universidad de Buenos Aires	Asociación Argentina de Brangus
		Estancias y Cabaña Las Lilas
Especialización en Higiene y Seguridad en el Trabajo Agrario	Universidad de Buenos Aires	CASAFE
		Las Marías
		Syngenta
		Monsanto
		Profertil
Maestría en Ingeniería de Sistemas de Control y Doctorado en Ingeniería de Sistemas de Control	Universidad Nacional de San Juan	Techint (Siderar San Nicolás, Haedo, Campana)
		Arcor (Dulciora, San Luis)
		Vitícola Cuyo S.A.
Doctorado en Control de Sistemas y Magíster en Control de Sistemas	Universidad Nacional del Sur	Penta S.A.
		Polisur
		Petrobras S.A.
		INVAP
		Honeywell
		Armada Argentina
Maestría en Ciencias del Suelo	Universidad de Buenos Aires	Nitragin
Maestría en Ciencia y Tecnología de Alimentos	Universidad Nacional del Litoral	Arcor S.A.I.C. (Arroyito - Córdoba)
		Williner (Rafaela - Santa Fe)
		SANCOR (Sunchales - Santa Fe)
		Milkaut (Frank - Santa Fe)

Fuente: elaboración propia.

2.3.2. Inserción laboral

Si bien no fue brindada información sobre la proporción de posgraduados que se inserta en cada tipo de institución, se encuentran aspectos destacables al dividir la muestra por tipo de programa y campo disciplinario.

Como es de esperar, los egresados de las especializaciones tienen por destino laboral las empresas mayormente (47%), y las empresas y organismos públicos (24%). En las maestrías la distribución es más diversificada, pero el componente "empresa" es el que se destaca. Algo similar ocurre con los doctorados encuestados, aunque el tipo de institución que sobresale es la universidad.

Cuadro 16. Distribución de los egresados según lugar de trabajo por tipo de programa

Lugares	Especializaciones	Maestrías	Doctorados
Universidades	0%	19%	17%
Organismos públicos	6%	5%	8%
Empresas	47%	10%	17%
Universidades y organismos públicos	0%	0%	17%
Universidades y empresas	12%	24%	17%
Organismos públicos y empresas	24%	0%	8%
Universidades, organismos públicos y empresas	6%	43%	8%
No responde	6%	0%	8%
Total	100%	100%	100%

Fuente: elaboración propia.

Al distinguir por campo disciplinario las diferencias son más claras aun. En el área tecnológica el componente empresa prevalece sobre las universidades y los organismos públicos. Por su parte, los posgrados de Ciencias Exactas y Naturales demuestran dirigir sus posgraduados únicamente al sistema universitario en el 44% de los casos, y si se suman los organismos públicos se llega a las dos terceras partes de los casos.

Cuadro 17. Distribución de los egresados según lugar de trabajo por campo disciplinario

Lugares	Tecnológicas	Exactas y Naturales
Universidades	5%	44%
Organismos públicos	7%	0%
Empresas	29%	0%
Universidades y organismos públicos	0%	22%
Universidades y empresas	22%	0%
Organismos públicos y empresas	10%	11%
Universidades, organismos públicos y empresas	24%	11%
No responde	2%	11%
Total	100%	100%

Fuente: elaboración propia.

3. La demanda del sector productivo a la universidad y a los posgrados

3.1. Enfoques sobre la temática

La bibliografía disponible sobre el tema que nos ocupa es incompleta y escasa. Existe, sin embargo, una gran cantidad de material sobre cuestiones afines y complementarias con ella. Los trabajos disponibles, en efecto, tienden a tratar el problema de las vinculaciones entre universidad y sector productivo desde el punto de vista de la oferta –de hecho, muchos de esos estudios son producidos por las propias universidades, preocupadas por la colocación de sus graduados en un mercado de trabajo que es percibido como crecientemente problemático– más que de la demanda de profesionales desde el sector productivo hacia las universidades. Por otro lado, la mayor parte de los (más escasos) estudios que enfatizan la demanda de recursos humanos por sobre su oferta, se centran en el nivel de grado, dejando de lado el complejo panorama que presentan los posgrados (que es, no obstante, el segmento que más se ha expandido, diversificado y complejizado en los últimos años).

Los trabajos disponibles constituyen, sin embargo, la base ineludible a partir de la cual plantear nuestra investigación, que hace foco en el tema de la demanda del sector productivo hacia los posgrados universitarios. Pese a las diferencias de enfoques, perspectivas y énfasis, existe una serie de trabajos que guarda cierta afinidad con el que realizamos aquí, entre los cuales se encuentran los que tratan la cuestión de las vinculaciones entre empresas y universidades o centros de investigación. Como se verá a continuación, sin embargo, si bien son numerosos los estudios que se ocupan de las demandas que la universidad recibe de su entorno, dicho entorno es generalmente percibido como un complejo que abarca las demandas sociales en general, de las cuales las demandas del sector productivo constituyen sólo una parte, que no es, en general, la que recibe el énfasis mayor. Incluso en los trabajos que privilegian las demandas del sector productivo, éstas tienden a ser concebidas desde un punto de vista teórico general, a partir de la concepción de los propios autores acerca de las características que el sistema productivo tiene o debería tener, y raramente desde el punto de vista explícito de las empresas concretas que componen el sistema económico.

En lo que sigue, agrupamos el material disponible en función de los aportes que proporciona para nuestro estudio, estimados en virtud de la cercanía de sus perspectivas con la nuestra, centrada en la demanda de recursos humanos de alto nivel hacia los posgrados por parte de las empresas que componen el sector productivo de nuestro país.

3.1.1. La perspectiva de la oferta: el análisis de los problemas de la inserción de los graduados en el mercado de trabajo

Encontramos, en primer lugar, una cantidad de trabajos elaborados desde la perspectiva de las universidades en tanto productoras de graduados y profesionales, en ocasiones provenientes de las propias universidades interesadas en conocer las dificultades que enfrentan sus graduados a la hora de insertarse en el mercado laboral. Estos estudios privilegian el análisis del mercado de trabajo y, en particular, de la situación de los graduados universitarios en relación con los demás grupos de trabajadores a partir de la comparación de las respectivas tasas de desempleo, los perfiles de desocupados, la duración del desempleo, la subocupación y la ubicación en los estratos de ingresos. Estos trabajos suelen colocarse en la perspectiva de una oferta que no encuentra su demanda, de modo tal que ésta aparece solamente de modo implícito, en su insuficiencia para absorber la cantidad de graduados producidos por el sistema de educación superior. Esta perspectiva es la que se deja entrever en trabajos como el de Fernández Berdaguer (1998), donde a partir de entrevistas a los actores relevantes se analizan los desafíos que para la educación universitaria representa la crisis en el mercado de trabajo, y en particular "las crecientes dificultades de sus graduados para insertarse en el mercado profesional" (Fernández Berdaguer, 1998: 2). Los actores relevantes consultados por la autora son los estudiantes, los graduados, los funcionarios de las unidades académicas, los especialistas en ciencia y tecnología y, finalmente, los "sectores de la sociedad" que plantean sus demandas a la universidad.

Entre los trabajos que adoptan la perspectiva de la oferta cabe mencionar la encuesta realizada en 1985 –la primera en su tipo en nuestro país– en el ámbito de la UBA y de otras universidades nacionales y privadas del Gran Buenos

Aires, con apoyo de la UNESCO. Dicha encuesta examinaba la inserción de los jóvenes universitarios en el mundo del trabajo, la relación entre estudio y trabajo y las expectativas sobre la vida laboral (Riquelme 2003). Se concentraba, en particular, en los problemas de acceso a la vida laboral. En ese punto señalaba específicamente que la proporción de estudiantes avanzados que se desempeñaban en trabajos afines a sus estudios era relativamente baja –y que, por lo demás, divergía ampliamente de una a otra carrera, siendo mayor en Arquitectura y Veterinaria, intermedio (de alrededor de un tercio de los estudiantes que trabajaban) en Medicina, Derecho e Ingeniería, y muy baja en Agronomía–. Estos datos, coincidentes con las expectativas expresadas por los propios actores acerca de su futura inserción profesional, señalan en dirección de un desajuste entre la oferta y la demanda que resulta problemático para las universidades.

3.1.2. La perspectiva de la demanda

Un segundo conjunto de trabajos es el que pasa a centrarse, ahora sí, en la demanda de recursos humanos de nivel universitario. Este grupo puede subdividirse, a su vez, en una serie de subconjuntos. Encontramos, en primer lugar, una serie de estudios que conciben a la demanda en sentido amplio, como demanda social; en segundo lugar, trabajos que se concentran en las demandas específicas del sector productivo: algunos de ellos, desde la deducción de dicha demanda a partir de las características del sistema productivo o desde las condiciones de la economía; otros, a partir de la indagación acerca de las características concretas de la demanda a través de la realización de entrevistas a responsables de empresas; y, finalmente, estudios sobre profesiones específicas.

La demanda como demanda social o del entorno

El primer subconjunto mencionado abarca una serie de trabajos que conciben a la demanda de recursos humanos de alto nivel de un modo amplio, bajo la forma de demandas "sociales y productivas", tal como reza el título del libro de Graciela Riquelme (2003) (véase también Riquelme, 2002). En ese sentido, la autora precisa que la idea de "demandas sociales a las funciones de docencia, investigación, extensión y transferencia" (Riquelme, 2003: 124) abarca las demandas provenientes de cinco sectores: el sector productivo, el sector privado no productivo, el Estado, el sistema de ciencia y tecnología y la sociedad en general.

Entre esta clase de enfoques cabe citar la elaboración de una propuesta de metodología para la evaluación de la demanda externa elaborada en 1995 por el Instituto de Investigaciones en Ciencias de la Educación de la Facultad de Filosofía y Letras de la UBA, a solicitud de la Universidad Nacional de Misiones (UNaM) (Riquelme, Dirie y Sosa, 1996; Riquelme, 2003). El planteo de las estrategias conducentes a la definición de la demanda externa de la UNaM resulta revelador en ese sentido: el trabajo se propone objetivos tales como "plantear un diagnóstico preliminar de la situación socioeconómica de Misiones y elaborar una prospectiva respecto a su próxima evolución focalizando en las implicancias de requerimientos de recursos humanos y de servicios y/o apoyatura científico-tecnológica para el medio", o "participar en la atención de la demanda efectiva de servicios de la sociedad civil y en la medida de lo posible anticiparse a la misma" (Riquelme, 2003: 83). La única referencia a las empresas como productoras de demandas concretas aparece en el último de los ocho incisos, bajo la forma siguiente: "Secundar a los empresarios, sindicatos y otras ONG [sic] para que sus asociados puedan efectuar una transición no traumática desde una economía cerrada a otra inserta en el mundo" (Riquelme, 2003: 84).

La demanda del sector productivo ocupa en estos planteos un rol secundario porque es concebida dentro de un marco más amplio: el de las demandas del entorno, dentro del cual se privilegian, por otra parte, las demandas específicamente sociales.

La demanda del sector productivo ocupa en estos planteos un rol secundario porque es concebida dentro de un marco más amplio: el de las demandas del entorno, dentro del cual se privilegian, por otra parte, las demandas específicamente sociales. Estos trabajos presentan una tensión –que es gestionada, pero nunca resuelta– entre el propio concepto de demanda externa y la concepción de la misión transformadora de la universidad –que debería ser capaz de moldear esa demanda antes que adaptarse a ella en forma meramente reactiva– y de su autonomía.

La demanda teórica del sector productivo

Existe un segundo subconjunto de trabajos en los cuales, pese a ocupar un lugar relevante, la demanda proveniente del sector productivo se presenta de modo tal que vuelve innecesaria toda indagación ulterior acerca de los contenidos concretos de la demanda de las empresas que componen dicho sector, puesto que se supone que las universidades deberían responder a lo que los planificadores suponen que es –o debería ser– dicha demanda. Ello es así porque se hace hincapié en la existencia de demandas implícitas que pueden ser incluso más importantes que las demandas explícitas: las demandas, en efecto, "no siempre se expresan dirigidas hacia las universidades, sino que son indirectas en el marco de planteos más estructurales" (Riquelme, 2003: 213). En ese sentido, son muchos los trabajos que no avanzan más allá de la consideración genérica de las demandas que plantea la economía industrial y, en particular, sus exigencias de competitividad.

En esta línea se colocan las metodologías de diagnóstico de la demanda de educación superior que descansan en estudios de base socioeconómica y de planificación de recursos humanos, tales como el trabajo pionero realizado en 1960 por el Centro de Investigaciones Económicas del Instituto Torcuato Di Tella acerca de la oferta de personal de nivel universitario y la demanda de dicho personal por parte de la industria (Riquelme, 2003). Dicho estudio se guiaba por la idea de que era posible un planeamiento racional, pero que ese planeamiento no se verificaba: ello se manifestaba en una elevada inadecuación entre los productos del sistema educativo y los requerimientos de la sociedad, evidente tanto en la estructura anacrónica y deficiente del sistema de educación superior como en el costo, la calidad y la cantidad de los graduados que producía. En la misma línea –señala Riquelme (2003)– el estudio más representativo fue el que realizó en 1968 el Consejo Nacional de Desarrollo, con el apoyo técnico inicial de la OCDE, que analizaba los requerimientos educacionales derivados de la evolución proyectada de la economía para el período 1960-1980, comparándolos con la oferta del sistema educativo (con énfasis en la educación media técnica y en la educación científica y tecnológica de nivel superior) proyectada para ese mismo período.

En un punto intermedio entre esta categoría y la que presentamos a continuación se sitúa el estudio de caso de Mabel Dávila (2002) sobre la Facultad de Agronomía de la Universidad de Buenos Aires. La investigación hace hincapié, entre otros aspectos, en los mecanismos que hicieron posible el establecimiento de una relación más estrecha e intensa de la universidad con el sector productivo, la que a su vez ha actuado como mecanismo impulsor de nuevas transformaciones institucionales en el sector universitario. Como consecuencia de las transformaciones tanto del sector productivo como de la educación superior –ambos, su vez, producto de cambios más amplios inducidos por un conjunto de factores relacionados con la globalización, las nuevas tecnologías, los cambios en el mundo del trabajo y la educación– se produce un acercamiento de la institución a la sociedad en general y al sector productivo en particular.

La vinculación con el sector productivo, sin embargo, no constituye en este tipo de formación profesional una novedad, aunque sí lo es la modalidad que ésta adopta en el nuevo contexto, dado que el modelo tradicional de vinculación se encuentra en crisis. La autora se sustenta en diversos estudios realizados sobre el sector agropecuario argentino para comprender las especificidades de este sector y su influencia en el tipo de vinculación establecida con esta Facultad. Las carreras de agronomía que fueron estructuradas a mitad del siglo XX para dar respuesta a las demandas productivas del agro, en especial los nuevos desarrollos tecnológicos. Las posteriores reformas, sin embargo, no hicieron más que incorporar –a la vieja matriz– los nuevos avances tecnológicos. El perfil tradicional respondía a una concepción del agrónomo restringida a dar respuesta a la problemática de la producción primaria, exclusivamente a la incorporación de tecnología y el mejoramiento de la productividad, y en el contexto del establecimiento –tranqueras adentro–. Este perfil ya no responde a las nuevas necesidades (...) A los actores tradicionales –productores de insumos, productores rurales, técnicos, y Estado a través del INTA– ahora se han sumado otros nuevos consultoras, agroindustrias y supermercados, que demandan profesionales con conocimiento agrario. Hay ingenieros agrónomos que están haciendo control de calidad en los supermercados; en las empresas grandes del sector agropecuario los agrónomos están en distintas funciones, como manejo del cultivo, asesoramiento, promoción, venta, dirección, funciones financieras y marketing. Cada vez hay más eslabones en la cadena agroalimentaria, esto implica más agentes, y una mayor división de las tareas para producir un producto final que antes iba de la naturaleza a la mesa y hoy pasa cada vez por más eslabones hasta que llega al consumidor. Y en la medida que aumenta el número de eslabones, se amplía el espacio de inserción de ingenieros agrónomos, se modifica el espacio tradicional agregándose nuevas ocupaciones" (Dávila 2002: 51).

Los cambios mencionados, en parte, son atribuidos a las demandas del medio que se traducen en la Facultad en reformas institucionales, que están concatenadas entre sí. Entre las principales reformas cabe mencionar la reforma curricular, que transita del enciclopedismo a la flexibilidad interdisciplinaria; la reforma departamental y la descentralización (tanto regional como curricular); y las nuevas orientaciones en investigación y posgrado.

Las demandas específicas del sector productivo: estudios realizados a partir de encuestas

En el caso de la Argentina, un trabajo acerca de las demandas específicas de recursos humanos de alto nivel por parte del sector productivo no puede ignorar los datos provenientes de la Segunda encuesta nacional de innovación y conducta tecnológica de las empresas argentinas (1998-2001), realizada por el Instituto Nacional de Estadística y Censos (INDEC). Este trabajo se centra en una clase específica de recurso humano de nivel universitario: el de los profesionales provenientes de las diferentes ramas de la ingeniería y de las ciencias duras. La encuesta clasifica a las empresas –previamente diferenciadas en virtud de su tamaño y del origen de su capital– por su orientación a la innovación, y encuentra correlaciones significativas tanto entre el tamaño de la empresa y el origen del capital, por un lado, y la orientación a la innovación, por el otro, como entre este último elemento y la presencia de ingenieros y otros profesionales provenientes de las ciencias duras y la existencia de vinculaciones más estrechas con los organismos integrantes del Sistema Nacional de Innovación.

Tal como se desprende de la encuesta, el porcentaje de ingenieros y otros profesionales provenientes de las ciencias duras –que durante el período 1998-2001 se incrementó– es mayor cuanto más grande es la empresa; asimismo, es menor en las empresas que no invirtieron en innovación o lo hicieron solamente en áreas no tecnológicas (INDEC 2003: 47). Dentro de las empresas, el 74% del total de personas dedicadas a actividades de investigación y desarrollo proviene de la ingeniería (46%) y otras ciencias duras (28%), mientras que sólo el 16% es profesional. Sobresalen, en un extremo, las empresas pequeñas y nacionales, con una participación algo menor de estos profesionales (alrededor del 60%); en el otro, las grandes y con inversión extranjera directa, que tienen la menor participación de no profesionales en el área de I+D (entre 5 y 10%).

Aunque sin distinguir entre los niveles de grado y posgrado, la encuesta del INDEC trata en forma explícita el tema de las vinculaciones de las empresas con sus demandas hacia las instituciones de educación superior. La importancia de dichas vinculaciones y demandas se manifiesta, en particular, en sus conclusiones en relación con los factores que, a juicio de las empresas consultadas, obstaculizan la innovación. En efecto, dentro del primer conjunto de factores –los de índole empresarial o macroeconómica–, a los que el 37,27% de las empresas asignó una importancia elevada, la escasez de personal capacitado –37,41% de respuestas– ocupa el segundo lugar después del período de retorno, mencionado por el 51,4% de los consultados. Por otra parte, entre los factores macroeconómicos o institucionales –significativos para el 32,22% de las firmas–, los altos costos de la capacitación constituyen de lejos el más importante, ya que fue mencionado como tal por el 51,23% de los consultados. Le siguen las falencias en las políticas públicas de promoción en CyT (42,44%) y el escaso desarrollo de instituciones en CyT (38,03%). Los principales obstáculos empresariales, institucionales y de mercado detectados –la escasez de personal capacitado, los altos costos de la capacitación y el acceso al crédito, respectivamente– varían en importancia en relación inversa con el tamaño de las empresas. Tienen, asimismo, distinta importancia para las empresas de capital nacional y extranjero: estas últimas le asignan menor importancia a la escasez de personal capacitado (24% contra 43%) y a los costos de capacitación (39% contra 56%).

En consonancia con la encuesta del INDEC, se realizó más tarde un estudio destinado a analizar la disposición a la innovación de las PYMES argentinas, midiendo el porcentaje de recursos que destinarán a trabajos de I+D, la adquisición de tecnología incorporada y transferencia tecnológica, y analizando el comportamiento del empresario, su percepción del sistema nacional de innovación y las acciones emprendedoras en materia de innovación tecnológica (Donato 2004). En particular, a partir de una encuesta piloto, este trabajo buscó identificar la demanda de conocimiento científico-tecnológico de las pequeñas y medianas empresas del área metropolitana. Las conclusiones del estudio señalan, en primer lugar, que en consonancia con el hecho de que los sectores de alta tecnología ocupan un lugar casi marginal en la industria argentina, sólo algo más de un cuarto de las PYMES argentinas logró realizar innovaciones para el mercado internacional, y sólo el 27% de ese conjunto registró patentes fuera del área del MERCOSUR. Lo cual es consistente con el segundo hallazgo: casi el 60% de las PYMES demanda conocimientos científico-técnicos del área de las ciencias tecnológicas, y específicamente de subáreas y campos de especialización totalmente orientados al desarrollo de productos y procesos y al control eficiente de gestión. En el restante 40% de las empresas examinadas, las áreas más demandadas son la química y las ciencias matemáticas y de la computación, las ciencias físicas y las biológicas. Un porcentaje menor demanda conocimientos en ciencias médicas, sociales, agropecuarias y veterinarias. Según los autores, esta estructura de demanda se corresponde con la estructura de la industria argentina, que no se concentra en sectores de alta tecnología sino, más bien, en sectores tecnológicos maduros y, por lo tanto, poco propensos a la innovación.

Más específicamente, los resultados de la encuesta indican que la demanda de conocimiento científico-técnico para los tres años subsiguientes se distribuiría entre las disciplinas del modo siguiente: en primer lugar, las Ciencias Tecnológicas (57%), seguidas de lejos por las Ciencias Exactas y Naturales (22%) y, mucho más atrás, por las Ciencias Sociales (9%), las Ciencias Médicas (8%) y las Ciencias Agropecuarias y Veterinarias (4%). La demanda en el área de Humanidades es insignificante y presenta una escasa estimación de subáreas y campos de especialización, razón por la cual es omitida. En cuanto a las subáreas más demandadas, dentro de las ciencias tecnológicas hallamos, en orden de importancia, la ingeniería y tecnología de instrumentación y control, automación y robótica (15,91%); la ingeniería y tecnología industrial (14,39%), la ingeniería y tecnología mecánica (12,12%), la ingeniería y tecnología informática (9,85%), la ingeniería y tecnología de los materiales (9,47%), la ingeniería y tecnología química (9,09%) y la ingeniería y tecnología electrónica (7,58%), seguidas por otras de menor incidencia (ingeniería y tecnología de los alimentos; ingeniería y tecnología eléctrica; bioingenierías y biotecnología; ingeniería civil y arquitectura, tecnología de la construcción; ingeniería y tecnología del medio ambiente, etc.). Dentro de las Ciencias Exactas y Naturales, por su parte, destaca la demanda hacia las ciencias químicas (36,84%), las ciencias matemáticas y de la computación (33,68%), las ciencias físicas (13,68%) y las ciencias biológicas (13,68%), que también sería cubierta principalmente con personal propio de las empresas (35,19%).

En cuanto a las formas de satisfacer dicha demanda, el estudio ubica en primer lugar la formación de recursos humanos internos de la empresa (29%), seguida de la incorporación de nuevos profesionales (15%) y de la contratación de servicios profesionales de universidades e institutos (18%). En particular, en el área de las ciencias tecnológicas la demanda sería cubierta, según los empresarios entrevistados, ante todo por personal propio de la empresa (28,67%). Sólo 7,33 y 6,67% considerarían los servicios de las universidades y de los institutos nacionales, respectivamente, muy por detrás de otras opciones, tales como la asistencia técnica de proveedores, las consultas a firmas especializadas y a expertos o especialistas o la contratación de nuevo personal. En el área de las Ciencias Exactas y Naturales, por su parte, los servicios prestados por las universidades, la utilización de personal vía contrato y las consultas a expertos y especialistas sumaban porcentajes de entre el 13 y 14% en las intenciones de las empresas.

Tanto la encuesta del INDEC sobre las empresas argentinas como la investigación dirigida por Vicente Donato sobre las PYMES destacan, por un lado, la importancia de las vinculaciones entre las empresas y los organismos productores de recursos humanos calificados y de insumos de investigación y desarrollo en las áreas científicas y tecnológicas –importancia que se manifiesta en su presencia proporcionalmente mayor en el caso de las empresas más innovadoras–, y por el otro, su relativa insuficiencia en nuestro país (variable, sin embargo, en función del tamaño y el origen del capital de las empresas, así como de su orientación a la innovación). De ese modo, proporcionan un valioso marco analítico para posteriores estudios acerca de las vinculaciones entre el sistema universitario y el sector productivo, así como para estudios más específicos sobre la demanda de recursos humanos altamente calificados de las empresas hacia la universidad (y, más en particular, hacia los posgrados universitarios).

Los estudios sobre profesiones específicas

Otra metodología de diagnóstico de la demanda de recursos humanos calificados por parte del sector productivo son los llamados "estudios sobre profesiones", que se cuentan por docenas y que apuntan a examinar las formas y las dificultades de inserción profesional de los graduados de las diferentes carreras universitarias, en muchos casos realizados por las propias facultades, universidades o consejos profesionales. Entre los muchos que se mencionan sobresale un estudio reciente de la CEPAL sobre la demanda de graduados universitarios de ingeniería, que escapa a la tendencia arriba mencionada de deducir la demanda de las condiciones reales o ideales de la economía o del desarrollo económico por estar confeccionado a partir de entrevistas al sector empresario (Fuchs y Vispo, 1995). De los estudios sobre profesiones y sobre el perfil ocupacional de los graduados de diferentes carreras universitarias surgen una serie de datos relevantes para nuestro trabajo. Según un estudio reciente del Ministerio de Educación de la Nación, más de la mitad de las empresas consultadas (55%) es indiferente a la universidad de origen de los profesionales que contrata, el 36% los prefiere provenientes de una universidad pública y el 9% de una privada. El estudio señala también que el 8% de los profesionales ha realizado maestrías, aunque sólo entre el 3 y el 5% de las empresas demanda la realización de estos estudios. Recalca, por último, que las estrategias de incorporación de jóvenes profesionales más utilizadas son las pasantías (en general, para estudiantes avanzados) y los programas de jóvenes profesionales (para graduados recientes) (Riquelme, 2003).

En contraste con los estudios realizados por las instituciones de educación superior –que suelen destacar las insuficiencias de la demanda que se manifiestan en indicadores tales como las cifras de desocupación y subocupación o los porcentajes de graduados universitarios ocupados en empleos que no requieren de las capacidades que certifican sus títulos–, en los estudios que se centran en el examen de la demanda de recursos humanos calificados desde la perspectiva del sector productivo abundan las conclusiones referidas a los desencuentros entre oferta y demanda provocados por la insuficiencia de la oferta. Así lo señala Hebe Vessuri en referencia a la disponibilidad cuantitativa de profesionales en el área de Ingeniería (y en ciertas subáreas en particular): "Apenas un sector industrial adquiere cierto dinamismo, se observan limitaciones en materia de recursos humanos. Una estimación reciente, para México, vislumbra que los cien mil ingenieros disponibles en 1987 debieran multiplicarse por 20 en 25 años para satisfacer los requerimientos del desarrollo económico" (Vessuri, 1993: 6). "Otro ejemplo –señala la autora– es el de Venezuela, con el 70 % de actividad petrolera como base de la economía nacional. Paradójicamente, de un total de 81.181 afiliados al Colegio de Ingenieros de Venezuela, sólo el 3% (2.435) son ingenieros de petróleos. En los próximos 5 años se estima que la demanda de profesionales por parte de Petróleos de Venezuela (para toda la industria petrolera, petroquímica y carbonífera nacional) alcanzará a 4.038 individuos, de los cuales 829 deberían ser ingenieros de petróleos. Sin embargo, del total aproximado de 18.250 ingenieros que graduarán las universidades venezolanas, se espera que sólo el 2% (365) sean ingenieros de petróleos" (Vessuri, 1993: 6-7).

3.1.3. Encuentros y desencuentros entre la oferta y la demanda: los estudios sobre vinculaciones

Estudios realizados desde la perspectiva de la universidad

a) Estudios sobre vinculaciones entre la universidad y su entorno:

Los trabajos sobre las vinculaciones entre la universidad y su entorno pertenecen a diversas categorías. Tenemos, en primer lugar, aquellos que definen al entorno en términos amplios, de modo tal de abarcar al conjunto de la sociedad. En consecuencia, se dedican a estudiar los múltiples puentes tendidos por la universidad hacia diversos grupos y sectores sociales, presumiblemente con el objeto de satisfacer las demandas provenientes del medio. Otros, en cambio, limitan su interés a una porción de dicho entorno, el sector productivo, y por consiguiente se concentran en las actividades de extensión y de transferencia de tecnología hacia ese sector. En lo que sigue, nos concentraremos en estos últimos.

b) Estudios sobre vinculaciones entre la universidad y el sector productivo:

Entre los estudios de las vinculaciones entre la universidad (y los centros de investigación) y el medio que circunscriben el análisis al entorno productivo destaca el trabajo de Ingallinella, Picco *et al.* (1999). Dicho trabajo menciona, entre las diversas modalidades que adopta la vinculación, los sistemas de diseminación de información y bases de datos sobre capacidades de investigación; los contratos de desarrollo y/o licenciamiento de tecnología; los grandes proyectos cooperativos entre universidad e industria; los centros coadministrados ente la universidad y la industria; las incubadoras de empresas; los parques científicos tecnológicos; los intercambios de personal; las conferencias y seminarios; los trabajos de consultoría individual de profesores; las oficinas universitarias de enlace con la industria; el acceso corporativo a la infraestructura universitaria; los mecanismos gubernamentales y privados de financiamiento al riesgo tecnológico basados en préstamos y/o subsidios en diversas combinaciones. Si bien se trata solamente de ejemplos –salta a la vista que no se trata de una clasificación, puesto que las categorías no son exhaustivas ni recíprocamente excluyentes–, ellos muestran la cantidad y diversidad de formas que puede adoptar la relación de las universidades con el entorno productivo.

El trabajo citado –escrito desde la perspectiva de la propia universidad, en un esfuerzo por extender su alcance a y producir efectos sobre el entorno que la rodea– señala un punto de importancia: las enormes dificultades existentes para evaluar la actividad de investigación universitaria en un contexto en que las vinculaciones de la universidad con el sector productivo adquieren una importancia creciente. En efecto, la pauta tradicional de evaluación de la actividad de investigación universitaria –centrada en las contribuciones de los profesores e investigadores por medio de publicaciones originales en revistas de amplia difusión y gran prestigio, generalmente de circulación internacional– se basa en el presupuesto de que la función básica de la universidad es la generación y difusión de conocimientos. Esta pauta, sin embargo, no resulta apropiada para la evaluación del trabajo tecnológico resultante de los convenios con empresas, poco susceptible de ser publicado –ya sea porque contiene datos confidenciales, o porque se trata de trabajos de adaptación de tecnologías conocidas internacionalmente, que por lo tanto no revisten novedad–. Los criterios sustitutos no resultan del todo convincentes: las patentes, por ejemplo, sólo sirven como criterio en los casos en que el conocimiento no ha sido previamente registrado; por otra parte, el patentamiento no garantiza ni su calidad ni su viabilidad. En cuanto a la implantación exitosa de tecnología en el sector productivo, tampoco parece un criterio válido puesto que en contextos desfavorables los proyectos pueden fracasar por razones ajenas a los investigadores. La tendencia mundial –señalan los autores– consiste en cuantificar los beneficios de los proyectos de transferencia. Dichos beneficios pueden ser directos (transferencia de productos al sector industrial, utilización de nuevos procesos para la obtención de un producto, utilización de nuevas materias primas, mejoras en los procesos productivos) o indirectos: generación de nuevos conocimientos, formación de recursos humanos (tanto en las instituciones ejecutoras de los proyectos como en las empresas participantes), construcción y acondicionamiento de infraestructura dentro de las unidades ejecutoras, construcción de redes de intercambio entre investigadores y empresarios.

En su trabajo ya mencionado sobre la Facultad de Agronomía de la UBA, finalmente, Dávila (2002) señala que, al igual que la universidad de la cual forma parte, dicha Facultad encara sus vinculaciones institucionales con el medio a partir de las secretarías de Desarrollo y Relaciones Institucionales (en especial, mediante su Subsecretaría de Transferencia de Tecnología y Pasantías), Extensión y Asuntos Estudiantiles (articulación con la enseñanza primaria y universitaria), e Investigación y Posgrados. Tanto la primera como la tercera tienen en sus manos las vinculaciones de la institución con el sector productivo. Éstas asumen cuatro formas: servicios a terceros (consultorías técnicas, visitas, servicios de laboratorio y proyectos de desarrollo), convenios (de tipo marco o específicos; relacionados con investigación, desarrollo, producción, pasantías o capacitación), cursos de capacitación para empresas y pasantías. Entre las principales consecuencias del incremento de estas vinculaciones la autora menciona el aumento del presupuesto de la facultad, en virtud de patentamientos, servicios a empresas, nuevas maestrías, etc.

Sutz (1994) señala que existe una matriz común de factores que impulsan las vinculaciones en el mundo desarrollado, algunos de los cuales remiten a los intereses directos de la producción, mientras que otros provienen de los sectores académicos. Dichos factores son: la "cientifización de la tecnología; la disminución de los presupuestos públicos para las universidades; la brecha salarial entre universidad e industria; la inspiración de la investigación proveniente de problemas industriales; las necesidades científico-técnicas muy mal cubiertas de pequeñas y medianas empresas y de sectores tradicionales de la producción; la revalorización de la investigación básica como insumo directo de la actividad industrial; y las necesidades de reentrenamiento (Sutz, 1994: 10-16). En lo que se refiere a América Latina, sin embargo, "la evolución del relacionamiento universidad-empresas tuvo a la primera como gran protagonista, jugando el juego más bien solitario, tanto respecto de los sectores de la producción como del gobierno" (Sutz, 1994: 20).

En cuanto a las modalidades que adopta dicho relacionamiento, la autora encuentra, en el contexto de los países desarrollados, las siguientes variedades: apoyo técnico y prestación de servicios por parte de la universidad; provisión de información técnica especializada y servicios de "alerta"; programas de capacitación; cooperación en la formación de recursos humanos; apoyo financiero a estudiantes que realizan investigación relacionada con la industria; educación continua; intercambios de personal (estancias y períodos sabáticos); organización conjunta de seminarios, conferencias, coloquios, etc.; contactos personales, tales como participación en consejos asesores, intercambio de publicaciones, etc.; consultoría especializada; programas de contratación de recién egresados; apoyo al establecimiento de cátedras y seminarios especiales; estímulos y premios a investigadores, profesores y estudiantes; acceso a instalaciones especiales; desarrollo tecnológico conjunto; transferencia de tecnología (Sutz, 1994: 67).

En el marco latinoamericano existe, ante todo, una abultada literatura tendiente a explicar las razones por las cuales las vinculaciones de las universidades con el sector productivo no tienen lugar. Existe, asimismo, un corpus igualmente importante, aunque menos voluminoso, acerca de las experiencias concretas de vinculación que, pese a las dificultades que enfrentan, desafían sistemáticamente toda predicción. En su libro sobre las relaciones entre la universidad y los sectores productivos, Judith Sutz sintetiza en unas pocas páginas el grueso de la literatura disponible (hasta 1994, año de publicación de su trabajo) para Argentina, Brasil, México, Venezuela, Colombia y Uruguay.

En el caso argentino sobresale, en primer lugar, la iniciativa pionera del CONICET, que en 1984 creó un Área de Transferencia de Tecnología y, poco tiempo después, una Oficina de Transferencia de Tecnología. Rápidamente la Universidad de Buenos Aires siguió sus pasos, creando en 1987 la Dirección de Convenios y Transferencia de Tecnología, con un nodo en cada una de sus facultades (con 120 convenios firmados hacia 1990). En el mismo año el Instituto Nacional de Tecnología Industrial (INTI) creó su Unidad de Vinculación Tecnológica. En 1992, finalmente, se reglamentó la Ley 23.877 de Promoción y Fomento de la Innovación Tecnológica, que faculta la creación de unidades de vinculación como órganos externos a las universidades, y crea la figura del Consejo Consultivo, dirigido a la promoción y fomento de la innovación a nivel provincial. En ese marco, la Universidad de Buenos Aires creó UBATEC, una sociedad anónima con capital de la municipalidad y de entidades empresariales, dedicada a la prestación de servicios a terceros.

El caso brasileño es particularmente rico en experiencias de vinculación. "De hecho prácticamente todas las modalidades recogidas en la literatura pueden encontrarse en mayor o menor medida implementadas en Brasil" (Sutz, 1994: 76). La autora proporciona un ejemplo –el de la formación de dos empresas proveedoras de insumos para la compañía de telecomunicaciones TELEBRAS en las áreas de láser y fibras ópticas, por iniciativa de los físicos de la Universidad de Campinas– que resulta revelador por tratarse de un caso que involucró el dominio de tecnologías de fabricación de elementos complejos. Otro punto interesante del abordaje brasileño de la cuestión de las vinculaciones es su insistencia en la necesidad de que la cooperación sea establecida a nivel regional (Sutz 1994).

En México, por su parte, sobresalen las iniciativas encaradas por la Universidad Nacional Autónoma de México (UNAM), bajo diversas modalidades: trabajos de desarrollo tecnológico conjunto con otras entidades tanto públicas como privadas, donde todas las parte aportan recursos; contratos de transferencia de tecnología en casos de desarrollos tecnológicos realizados por la UNAM en forma independiente y luego demandados por otra institución o empresa; convenios de asesoría o asistencia técnica, mediante los servicios universitarios son contratados por empresas, etc. Los orígenes de la experiencia mexicana datan de 1983, cuando se creó la Dirección General de Desarrollo Tecnológica, transformada luego en el Centro para la Innovación Tecnológica.

El caso de la Universidad Simón Bolívar, en Venezuela, es en muchos puntos análogo al de la UNAM. El de la Universidad de los Andes, en Colombia, refleja en cambio un involucramiento muy escaso del sector privado en la vinculación, lo cual es más típico de las etapas iniciales del relacionamiento. En Uruguay, finalmente, la intensificación de las vinculaciones es bastante reciente, y destacan en el proceso las facultades de Ingeniería, Agronomía y Química (Sutz, 1994: 79-80).

c) Estudios sobre vinculaciones entre los posgrados y el sector productivo:

La literatura específica sobre las vinculaciones entre los posgrados universitarios y el sector productivo en América Latina, y sobre las modalidades con que aquellos responden (o dejan de responder) a las demandas de recursos humanos altamente calificados procedentes de las empresas es claramente insuficiente. Dicha situación puede constatarse –de modo impresionista pero inequívoco– a partir de un recorrido por las publicaciones periódicas de la CAPES (Coordenação de Aperfeiçoamento de Pessoal de Nível Superior), dependiente del Ministerio de Educación de Brasil. En efecto, si bien el sistema de posgrados brasileño se encuentra a la vanguardia de América Latina tanto en términos cuantitativos como en términos cualitativos –lo cual se aplica, asimismo, a su sistema de evaluación y acreditación–, el órgano informativo de la CAPES prácticamente omite toda referencia explícita a la cuestión de las vinculaciones con el sector productivo y del relacionamiento de los posgrados con la demanda de las empresas. Así, por ejemplo, en el número destinado a sintetizar los resultados de un seminario de discusión destinado a evaluar la situación y las lagunas del sistema de posgrados brasileño, titulado *Pós-Graduação: Enfrentando novos desafios* y realizado en el marco de los eventos conmemorativos de los cincuenta años de existencia de la CAPES, dicha cuestión no es siquiera mencionada como problema (INFOCAPES 2001).

Las dificultades que el trabajo identifica en el sistema de posgrado brasileño son las siguientes: 1) la inexistencia de un plan nacional de posgrado e investigación y de una adecuada política gubernamental de educación superior en el país; 2) la pérdida de cuadros en el nivel de posgrado, a causa de la ausencia de una política salarial adecuada; 3) las deficiencias de la infraestructura, los recursos y los acervos (inexistencia de programas editoriales, degradación y desactualización de las bibliotecas; 4) el desequilibrio tanto en términos regionales como intraregionales (capitales vs. interior) y en términos de subáreas temáticas; 5) la inadecuación del árbol del conocimiento, que ya no corresponde a las transformaciones verificadas tanto a nivel nacional como internacional; 6) el predominio de modelos tradicionales y secuenciales de cursos y de estructuras curriculares tradicionales; 7) la indefinición de los modelos de posgrados; 8) el envejecimiento, la endogamia y el aislamiento en algunos cursos y áreas; 9) las insuficiencias en la formación de personal; 10) el excesivo tiempo para la titulación; 11) las dificultades para el establecimiento de mecanismos cualitativos de evaluación; y 12) la baja importancia otorgada a la multi e interdisciplinariedad.

En el curso de la discusión de algunos de esos puntos aparecen algunas referencias oblicuas a ciertas modalidades de respuesta a las demandas del sector productivo (aunque no al tema de las vinculaciones con empresas). En particular, se percibe la intención de alinear el sistema de posgrados con las necesidades nacionales de desarrollo tal como ellas son entendidas y establecidas por el gobierno, y no bajo la forma en que ellas son expresadas por los sectores productivos y las empresas. Así, por ejemplo, bajo el punto 5) se afirma que "debe haber una preocupación por el desarrollo de áreas de punta en las cuales Brasil se encuentra particularmente atrasado." Asimismo, en la discusión del punto 6) se insiste, entre otras cuestiones, en que debe tenderse a "la optimización de la capacidad instalada existente para el redireccionamiento hacia nuevas áreas de frontera del conocimiento" y "al desarrollo de áreas básicas en las cuales el país se encuentra desfasado." Y continúa: "En líneas generales, lo que se pretende es la implantación de estructuras curriculares de grado y posgrado que puedan formar un profesional cada vez más apto para actuar en el mercado de trabajo y para lidiar con las rápidas transformaciones del conocimiento. Hay necesidad de formar profesionales volcados hacia el futuro, capaces de transferir a la sociedad los progresos tecnológicos y científicos más recientes. [...] Por lo tanto, las estructuras curriculares deben privilegiar actividades de interacción / cooperación con diversos sectores de la sociedad (productivos, gubernamentales de la sociedad civil, ONG, movimientos sociales, etc.) en el proceso de formación de maestros y doctores." A continuación, el punto 7) destaca la necesidad de discutir y analizar la situación de los posgrados profesionales, de modo tal de apuntar a "la identificación de áreas estratégicas y de necesidades específicas que exijan la formación de personal volcado a la actuación en sectores no académicos." En la discusión del punto 9), finalmente, se afirma la notable "carencia de personal calificado para áreas no académicas", que debe ser resuelta mediante "la implantación de programas de formación en áreas específicas (incluso para áreas no académicas) en las cuales existan demandas crecientes, tanto en el nivel de grado como en el de posgrado, con las necesarias inversiones por parte de las agencias de fomento de acuerdo con el carácter estratégico del área en el contexto científico y tecnológico nacional" y por medio de "la utilización de análisis del destino de los egresados de posgrado para fundamentar políticas de absorción de recursos humanos en las áreas académicas y no académicas, como un componente del sistema de evaluación de la CAPES."

En el caso de México, por su parte, cabe resaltar dos documentos de diagnóstico redactados por los responsables de Estudios de Posgrado de la Universidad Nacional Autónoma de México (UNAM). En ambos casos la conclusión revela una insuficiencia de las vinculaciones existentes. Greene y Pérez Ortiz (2003) señalan que la mayor parte de los treinta y siete programas de posgrado de la UNAM se encuentran "vinculados formal o informalmente con otras instituciones, principalmente del sector educativo. Sin embargo, los vínculos establecidos con los sectores social y productivo son mucho más limitados en número y, por ende, no se aprovecha el enorme potencial que los Programas tienen en beneficio de la propia UNAM y de otras dependencias o instituciones." Haro Ruiz (2003), por su parte, dedica varias páginas a describir los diversos mecanismos vigentes –establecidos por el gobierno, por el sector privado o por la propia universidad o sus facultades, en este caso la de Ingeniería– con que cuenta la UNAM para establecer toda clase de vinculaciones con el sector productivo, para luego señalar que sin embargo, la proporción de profesores y grupos en la Facultad de Ingeniería y en la UNAM que participan en este tipo de actividades sigue siendo baja.

Entre los mecanismos de vinculación generados por el gobierno, sobresalen el Fondo de Investigación y Desarrollo para la Modernización Tecnológica de México (FIDEMC), el Fondo para el Fortalecimiento de las Capacidades Científicas y Tecnológicas Estratégicas (FORCCYIM), el Programa de Enlace Academia-Industria (PREAIN). Este último, en particular, está destinado a "promover la formación de recursos humanos de posgrado en las instituciones de educación superior *que respondan a las necesidades del sector privado* y que contribuyan a la modernización tecnológica del país y al fortalecimiento de la infraestructura educativa existente en los centros de educación superior. Los apoyos son otorgados de manera conjunta entre el CONACYT, la industria y las instituciones de educación superior, pudiendo otorgar el primero hasta 50% de los recursos requeridos." El autor menciona también el Programa Nacional de Incubadoras de Empresas con Base Tecnológica, la Red de Universidades Tecnológicas, el Comité Nacional de Concertación para la Modernización Tecnológica (CONCERTEC), firmado en 1992, que reúne a los principales representantes de los sectores público, académico, empresarial y financiero.

Dentro del sector privado, Haro Ruiz cita los mecanismos siguientes: el Marco de Concertación entre el Sector Productivo Privado de Bienes y Servicios y las Instituciones de Educación Superior, suscrito por representantes de las Cámaras Patronales, la SEP y el CONACYT (donde se establece la *participación directa de los empresarios en la orientación y el contenido de las actividades académicas de las instituciones de educación superior*), la Comisión de Tecnología de la CONCAMIN, establecida en 1991 con el objetivo central de crear vínculos entre los sectores público, académico e industrial, que abarcan desde la formación de recursos humanos y los programas de financiamiento para el desarrollo tecnológico hasta la implantación de soluciones tecnológicas desarrolladas en los centros de investigación, en función de requerimientos explícitos de la industria, el establecimiento de colaboraciones con las universidades por parte de grandes consorcios privados como Industrias Resistol, Syntex, Condumex, Vitro, Cydsa e ICA, entre otros. En cuanto a las políticas y mecanismos establecidos en las universidades en general, el autor destaca que "si bien a mediados de la década de los ochenta el énfasis estuvo puesto en el desarrollo tecnológico, en los últimos años se han firmado convenios y puesto en práctica mecanismos para la formación de recursos humanos acordes a las necesidades del sector productivo."

Estudios realizados desde la perspectiva de la empresa
a) Estudios sobre vinculaciones entre las empresas y el Sistema Nacional de Innovación:

En este punto vuelve a resultar ineludible la mención de la Segunda encuesta nacional de innovación y conducta tecnológica de las empresas argentinas (1998-2001) realizada por el INDEC. En lo que se refiere a las relaciones de las firmas con el Sistema Nacional de Innovación (SNI) dicha encuesta destaca que, si bien el 74% de las empresas del panel mantuvo alguna clase de vínculos con agentes e instituciones del SNI, las empresas con participación de capital extranjero tuvieron más vinculaciones que las nacionales, y es mayor la proporción de empresas con tales vínculos a medida que aumenta su tamaño. La densidad de las vinculaciones se relaciona también con las actividades de innovación que realizan las firmas y con el resultado de dichas actividades: las firmas innovadoras están más vinculadas que las no innovadoras y, entre las primeras, las que lograron innovaciones en productos y procesos están más relacionadas que las que sólo lograron innovaciones organizacionales o de mercado o que las que directamente no obtuvieron resultados de sus actividades innovadoras. En este punto, la encuesta recalca el deficiente protagonismo que tienen las universidades y centros tecnológicos (que es, sin embargo, mayor en las empresas con participación extranjera que en las que no la tienen, y ascendente a medida que aumenta el tamaño de la empresa). En el conjunto de las empresas, en efecto, la mayor cantidad de vinculaciones se da con proveedores (54%), clientes (39%) y consultores (34%). Cabe resaltar que las universidades y centros tecnológicos tienen una importancia intermedia (27 y 26%, respectivamente). Las agencias gubernamentales de Ciencia y Técnica ocupan el último lugar (7%), después de los laboratorios o empresas de I+D (25%), las empresas del mismo grupo (22%), otras empresas (20%), la casa matriz (15%), los institutos de formación tecnológica (14%) y las entidades de vinculación tecnológica (12%). En otras palabras, el principal agente de contacto son los proveedores, y los de menor contacto son las entidades de vinculación tecnológica y las agencias gubernamentales de Ciencia y Técnica.

En cuanto a los objetivos que persiguen dichas vinculaciones, ocupan los primeros puestos la consecución de información (84%), de asistencia técnica (65%) y de capacitación (58%). Le siguen los ensayos (49%), el diseño (33%), el financiamiento (31%) y el cambio organizacional (28%). Las actividades de I+D tienen una importancia bastante menor (21%). No obstante, aunque el orden de importancia es el mismo para todas las empresas, el origen del capital y el tamaño introducen variaciones en los porcentajes, de modo tal que las actividades de asistencia técnica, diseño, asesorías para cambio organizacional e I+D tienen mayor importancia para las empresas grandes que para las pequeñas y medianas; algo similar ocurre al comparar las firmas con participación de capital extranjero y las nacionales.

Entre los agentes contactados –que dependen en gran medida de los objetivos de la vinculación– las universidades y centros tecnológicos ocupan un lugar digno de mención, en tanto que las entidades de vinculación tecnológica carecen de toda importancia excepto en los casos de firmas que requieren financiamiento. En efecto, señala la encuesta que "para temas de financiamiento, información, asistencia técnica y diseño, los proveedores son los agentes más relevantes, mientras que para capacitación y cambio organizacional la mayor relevancia corresponde a los consultores y para ensayos, a los laboratorios. Asimismo los clientes tienen relevancia para la búsqueda de información, actividades de diseño y financiamiento, los centros tecnológicos para la realización de ensayos y las universidades para capacitación. La casa matriz, por su parte, es un agente particularmente relevante para el financiamiento, el cambio organizacional, diseño e I+D, en las firmas con capital extranjero o pertenecientes a grupos económicos [...] las entidades de vinculación tecnológica no surgen como relevantes a los efectos de ningún objetivo y las agencias y programas gubernamentales alcanzan alguna relevancia sólo para las firmas que buscan financiamiento" (INDEC, 2003: 53).

Como fuentes de información para las actividades de innovación, sin embargo, las universidades y centros de investigación tienen una importancia secundaria. Según surge de la encuesta, para el conjunto de empresas las fuentes más importantes son internas, puesto que el 78% de las empresas asigna a estas fuente una importancia alta o media. Siguen en importancia las ferias, conferencias y exposiciones (47%), los clientes y proveedores (46% en cada caso), las revistas y catálogos (43%), los competidores (42%), Internet (39%). Las universidades o centros de investigación (24%) tienen mayor importancia que las casas matrices (21%) y las bases de datos (20%), pero menos que los consultores y expertos (35%) y otras empresas relacionadas (30%). Sin embargo, el orden de importancia de los factores varía según el tamaño y el origen del capital de las empresas consultadas: si bien para todas las empresas las fuentes internas lideran el listado, éstas tienen mayor importancia para las empresas grandes (92%) que para las pequeñas (75%). Las fuentes comerciales –proveedores, clientes, casas matrices y consultores–, por su parte, ocupan un lugar mucho más relevante para las firmas grandes y para las firmas con participación de capital extranjero.

En la misma línea, el ya mencionado trabajo sobre "Innovación tecnológica y demanda de conocimiento científico-técnico en las PYMES argentinas" (Donato, 2004) da la voz de alerta al señalar que, para las PYMES, la principal acción declarada de vía de acceso a las nuevas tecnologías es la adquisición de maquinaria y equipo. En lo que se refiere a sus relaciones con el SNI, pues, dichas empresas manifiestan una baja consideración de las universidades, cámaras empresarias e institutos nacionales de ciencia y tecnología como fuente externa de conocimiento. La demanda de conocimientos especializados y de alto nivel, finalmente, es –según esta encuesta– mayor en las empresas exportadoras que en las circunscriptas al mercado nacional, y en las innovadoras que en las no innovadoras. Los autores del trabajo destacan, por otra parte, que puesto que se trata, en general, de sectores donde la tecnología es más o menos estable y los productos tienen un bajo nivel de obsolescencia, la demanda depende ante todo de la actitud del empresario. Dicha actitud, sin embargo, no es del todo consistente con una orientación a la innovación.

b) Estudios sobre vinculaciones entre las empresas y los Sistemas Locales de Innovación:

En este punto cabe destacar el reciente trabajo de Mateos, Cendón y Viteri (2004) sobre las vinculaciones entre las universidades, organismos de Ciencia y Técnica e instituciones proveedoras de servicios no financieros y las firmas alimentarias, que forman parte del Sistema Local de Innovación (SLI) en los partidos bonaerenses de General Pueyrredón y Balcarce. En términos metodológicos, el trabajo reviste interés por el hecho de que utiliza, entre sus fuentes de información, entrevistas a actores clave tanto de las empresas como de las universidades, los organismos de Ciencia y Técnica y las instituciones que prestan servicios de apoyo.

Las conclusiones del trabajo confirman sus hipótesis iniciales, referidas a la existencia de escasas vinculaciones entre las firmas alimentarias y las instituciones locales de investigación y asistencia; a las dificultades de dichas empresas a la hora de identificar, expresar y orientar sus demandas tecnológicas; y a las restricciones que enfrentan las instituciones que conforman el SLI para organizarse en función de la demanda y coordinar los servicios que brindan.

En particular, los resultados del trabajo muestran que, si bien el 94% de las firmas estudiadas ha establecido vínculos formales o informales con agentes de innovación, los vínculos más relevantes son los que se establecen con proveedores de tecnología (63%) y con empresas de la competencia (50%). Mientras que en la relación con los primeros sobresale la provisión de información, asistencia técnica y financiamiento, en la vinculación con las segundas predomina el objetivo de intercambiar ideas o información y, en menor medida, el de formular proyectos conjuntos. En tercer lugar (alrededor del 40%) se ubican los proveedores de materias primas o insumos, los clientes y las instituciones de investigación (universidades, INTI, INTA) y de servicios de apoyo (los municipios, el Instituto de Desarrollo Empresario Bonaerense, el Centro de Servicios PYME, la Fundación Export-Ar, el Centro de Innovación y Polo Tecnológico-Programa CITEC). Las vinculaciones con dichas instituciones se establecen en vistas a obtener capacitación, asesoramiento tecnológico y/o servicios relacionados con la comercialización, el financiamiento y la calidad. Los consultores, finalmente, son los agentes de innovación con los cuales se establecen menos vinculaciones.

En cuanto a las fuentes de información para innovar, los propietarios o gerentes entrevistados mencionan en primer lugar a los proveedores de bienes de capital y a las otras empresas de su sector; en segundo lugar, a las publicaciones especializadas y la asistencia a ferias de alimentos y de maquinarias y equipos. Solamente las empresas de mayor tamaño relativo y/o las más dinámicas de la muestra asignan cierta importancia a las instituciones de investigación y de servicios.

De la información recopilada en las instituciones, por su parte, surge que algo más del 40% de las firmas alimentarias (el 80% de las medianas y sólo el 41% de las pequeñas) fueron asistidas por alguna institución. El 80% de las vinculaciones, sin embargo, es de carácter débil, a la vez que el 60% de las empresas sólo se relacionó con una institución. Las vinculaciones más frecuentes son las que involucran la prestación de servicios rutinarios (61%) y la capacitación (23%). Entre las primeras predominan la organización de ferias y exposiciones y la provisión de servicios corrientes de laboratorio; entre las actividades de capacitación, por su parte, predominan aquellas relacionadas con la calidad de productos y procesos y con los aspectos económicos y de gestión. En general fueron contratadas en Capital Federal. Son poco habituales, en cambio, las vinculaciones de mayor complejidad, tales como la asistencia técnica (13%) y el desarrollo tecnológico (3%). En el rubro "asistencia técnica" predominan las vinculaciones relacionadas con la mejora de productos y procesos; se trata, en general, de actividades requeridas por las firmas de mayor tamaño y realizadas por la Facultad de Ingeniería, el INTI y la Unidad Integrada Balcarce. Las escasas vinculaciones para desarrollos tecnológicos correspondieron al desarrollo de productos y de materia prima, e involucraron a las tres instituciones mencionadas para el rubro anterior, en asociación con firmas que incursionaban en productos nuevos para la región.

El estudio llega a la conclusión de que existen problemas tales como demandas insatisfechas, superposiciones temáticas resultantes de una escasa articulación interinstitucional, e inestabilidad en los servicios brindados por las nuevas instituciones, usualmente de bajo impacto. Pese a que el trabajo recomienda una serie de acciones de cooperación que podrían contribuir a aumentar la densidad del SLI, señala que dichas acciones encuentran limitaciones en las inercias institucionales, tales como las de la universidad pública, que prioriza la docencia y la investigación por sobre las actividades de transferencia.

Análisis de los obstáculos e incentivos que enfrentan las vinculaciones entre el sector productivo y las instituciones de educación superior

En términos generales, son pocos los que cuestionan la existencia de beneficios en la vinculación entre las universidades y las empresas. Sin embargo, desde el punto de vista de las universidades la tendencia –reciente y creciente– a perseguir el objetivo de la vinculación produce tensiones imposibles de disimular. Tal como se ocupa de señalarlo Dávila (2002), la vinculación con el sector productivo afecta a los roles universitarios tradicionales, puesto que a ellos se les agrega el de la producción directa de bienes y servicios para usuarios finales; dichos roles resultan afectados, además, por el acortamiento de los plazos de investigación debido a las exigencias de resultados de aplicación productiva inmediata y por la consolidación de un doble sistema de financiamiento –estatal y privado– ante la reducción del presupuesto estatal, lo cual genera un conflicto: "La universidad ya no produce conocimiento para su máxima difusión sino para quien pueda pagarlo" (Dávila 2002: 25). Los sistemas de investigación resultan afectados: "Está emergiendo un nuevo modo de producir conocimiento que transgrede el tradicional en la medida en que el conocimiento se genera en el contexto de aplicación. Las fronteras entre la ciencia básica, investigación aplicada, tecnología, desarrollo y producción no desaparecen pero se vuelven mucho más complejas, más variados los puentes entre tales áreas y más cortos los tiempos que insume el cruzarlos en uno u otro sentido" (Dávila, 2002). La universidad resulta afectada también en su rol educativo, como consecuencia de la corporativización del ejercicio profesional, del desarrollo tecnológico acelerado, de la necesidad de profesionales con mayor especialización y de los requerimientos de educación permanente (con el desdibujamiento de la distinción clásica entre tiempo de formación y tiempo de ejercicio profesional que ésta trae aparejado), entre otras transformaciones.

En suma, las universidades suelen presentar fuertes resistencias a la mercantilización de la academia, que presumiblemente conduciría al predominio de los intereses inmediatos y pragmáticos por sobre el largo plazo y a la producción de un conocimiento a medida de quien pueda pagarlo, sustraído del imperativo de dar respuestas a las necesidades sociales. En este punto, sin embargo, cabe señalar que la evidencia empírica no es concluyente en relación con la realidad de tales amenazas: así lo resalta Albornoz (2003) al destacar que algunos de los casos exitosos de vinculación entre empresas y centros de investigación relevados en su estudio no tuvieron, contrariamente a lo esperado, una orientación inmediatista, puesto que se centraron en la investigación básica.

Otro temor difundido en el ámbito universitario se vincula con la posible restricción de su autonomía que resultaría de su dependencia respecto de recursos originados en el mercado. A ello suelen sumarse las debilidades funcionales de las instituciones universitarias y las rigideces de sus reglamentaciones, que a menudo ni siquiera contemplan la posibilidad de vinculaciones con el sector empresario. En ese sentido, resulta muy ilustrativa la situación descripta por Greene Castillo y Pérez Ortiz (2003) en relación con la vinculación de los posgrados de la Universidad Nacional Autónoma de México (UNAM) con los sectores educativo, social y productivo. Los principales problemas de la articulación de los posgrados con el sector productivo que los autores señalan en su informe de diagnóstico son los siguientes: "En algunas áreas del posgrado, no se ha valorado el enorme potencial económico que puede representar para nuestra Universidad vincularnos con otras instituciones, a través de convenios que produzcan una plusvalía económica" (punto 5); "actualmente se realizan servicios para instituciones ajenas a la Universidad que no se remuneran económicamente pues no existen políticas de cobro para este efecto" (punto 7); "no existe una normatividad para realizar convenios de vinculación con el sector productivo" (punto 8); "los procedimientos administrativos y legales implantados en la UNAM para concretar convenios y la administración de los mismos con otras instituciones educativas, gubernamentales, sociales o privadas, son complicados, dilatorios y muy burocráticos" (punto 11).

En suma, los problemas que la situación presenta para las universidades componen una larga lista. Entre ellos cabe recalcar, tal como lo hace Sutz (1994) en su revisión de la literatura disponible, los siguientes: el retroceso en la universalidad de la actividad universitaria como resultado de la opción por un "modelo comercial", que produciría un sistema en el cual "la universidad vende lo que el mercado exige y deja al debilitado amparo de presupuestos crecientemente escuálidos las actividades para las cuales no hay demanda" (Sutz 1994: 47); el cuestionamiento de la universalidad de acceso al conocimiento generado por la universidad; el posible debilitamiento de la función docente a partir de la apertura de posibilidades en contrataciones más rentables; la transformación del ethos académico como consecuencia de la restricción de la autonomía académica; la posibilidad de que se establezca una competencia "desleal" entre la universidad y empresas de consultoría o consultores independientes que también son egresados universitarios; los problemas de evaluación de las nuevas actividades de vinculación mediante proyectos de desarrollo tecnológico, que se adaptan mal a los mecanismos clásicos que utilizan las universidades para la evaluación (ex ante) del personal que contrata y para la evaluación (ex post) de la producción académica; y, finalmente, el problema de los impactos sociales bilaterales de la interacción. En este último punto la autora recalca lo que se presenta como una preocupación recurrente en la literatura latinoamericana: el hecho de que la asunción de su nuevo rol por parte de la universidad no se realiza "en conexión con una industria pujante, con empresarios concientes del papel y el valor de la innovación, etc. Esto lleva a que lo que en otras realidades puede llegar a ser realmente una experiencia compartida de creación de conocimientos entre pares, resulte de un esfuerzo en buena medida unilateral de la universidad, lo que se puede traducir en distorsiones", o conduzca a "enfatizar el papel del Estado como intermediario entre una demanda débil y una oferta que está empezando a constituirse en tal" (Sutz, 1994: 51).

También del lado de las empresas emergen obstáculos para la concreción de vinculaciones con las universidades. La literatura sobre América Latina destaca con frecuencia un obstáculo de naturaleza "objetiva" y "estructural" aparentemente insalvable: la "carencia de capacidad emprendedora y creativa del empresariado", "sus estilos tradicionales de gerencia", "la poca valorización que tienen de lo tecnológico a la hora de pensar sus estrategias de crecimiento o consolidación" (citado en Sutz, 1994: 56). Las barreras de carácter "subjetivo", en cambio, parecen ser menores en comparación con las que enfrentan las universidades. Entre ellas cabe mencionar la percepción de una disparidad de objetivos entre la empresa y la academia, y la existencia de una cultura empresaria adversa en relación con la universidad (Dávila, 2002). Por otra parte, se ha señalado también que "para las empresas la preocupación por la formación de los recursos humanos es secundaria respecto de prioridades más acuciantes [...] Las empresas consultadas centran su atención en variables de plazo bastante más corto, en concordancia con la persistencia de cierto grado de incertidumbre respecto de la evolución de los mercados y a la espera de la consolidación de un 'modelo productivo definido'" (Fernández Berdaguer, 1998: 19). Es por eso que, pese a los obstáculos que también enfrentan las universidades, buena parte de los estudios empíricos existentes sobre el tema en América Latina llegan a la conclusión de que la vinculación debe ser impulsada desde la universidad o desde el Estado (y especialmente por este último) debido a la falta de interés que manifiesta el sector productivo (Dávila 2002).

Los desencuentros entre la empresa y la academia no se limitan a los rasgos y contenidos que cada una de las partes juzga que debería revestir la actividad de docencia o investigación, sino que alcanza también −como consecuencia de lo anterior− a las propias características de los recursos humanos que la universidad pone a disposición de las empresas. Si bien, tal como lo muestran numerosos estudios, existe entre las empresas cierto consenso en relación con la calidad aceptable de los graduados universitarios disponibles en el mercado laboral en nuestro país, hay una serie de referencias que se manifiestan repetidamente en relación con los déficits que exhiben esos recursos humanos, tales como "una vinculación insuficiente del ámbito universitario con la cultura y la problemática empresarial", "falencias en la posibilidad de transposición de los conceptos teóricos a situaciones problemáticas que requieran respuestas específicas" y "la sublimación de capacidades", resultado esta última de una formación universitaria que desarrolla expectativas de desempeño profesional desajustadas con el entorno productivo, provocando frustración y, en situaciones de niveles salariales bajos, migración de recursos humanos (Fernández Berdaguer, L.; Mendizábal, N. *et al.* 1996. Citado en Riquelme, 2003: 220).

Mabel Dávila concluye que "existen problemas vinculados a las lógicas distintas de los actores sociales, los diferentes objetivos y lenguajes, la falta de diálogo entre los actores alimentada por prejuicios de ambos lados, y a un contexto de pautas culturales diferentes y normas poco estimulantes, y políticas de ciencia y tecnología tradicionales con escasos instrumentos de promoción de innovación, un sector científico y académico con patrones culturales tradicionales, falta de apoyo jurídico −y por lo tanto de claridad− en temas como propiedad industrial e intelectual de las patentes o en procedimientos burocráticos, falta de estímulo y regulación estatal, dificultades organizativas y financieras, falta de incentivos económicos a los investigadores, resistencias de algunos sectores empresariales a contratar a la universidad e inexperiencia" (Dávila, 2002: 34).

Junto con los obstáculos mencionados, existen también fuertes incentivos para el desarrollo de vinculaciones más estrechas entre la universidad y el sector productivo, que en los países desarrollados encuentran su máxima expresión en los parques tecnológicos o científicos, definidos como "conglomerados de laboratorios, empresas y universidades que interactúan en un mismo espacio físico" (Dávila, 2002: 34).

En los países desarrollados, la vinculación universidad-empresa es impulsada por factores tales como la complejidad de las nuevas tecnologías de producción y la consiguiente revalorización de la investigación básica como insumo directo de la actividad industrial, la disminución de los presupuestos públicos de las universidades, la brecha salarial entre universidad e industria, las necesidades científico-técnicas de las pequeñas y medianas empresas y de los sectores tradicionales de la producción.

En los países en desarrollo, por su parte, la vinculación parece estar motivada, por el lado de la universidad, por la necesidad de recuperar prestigio, por la necesidad de fuentes de financiamiento (Haro Ruiz, 2003), y por los efectos de las reformas curriculares que valorizan la experiencia en empresas. Desde el sector productivo, en cambio, la vinculación es impulsada por la necesidad de desarrollar e incorporar nuevas tecnologías que requieren de la investigación académica. En particular, de los estudios de caso realizados surge un listado (no exhaustivo) de los beneficios que las empresas obtienen de sus vínculos con universidades o centros al emprender investigaciones conjuntas o al transferir resultados desarrollados en dichas universidades o centros de investigación: beneficios económicos directos, cuantificables en términos de rentabilidad;

beneficios económicos indirectos o no cuantificables; mejoras en el nivel cognitivo de la empresa (capacitación de personal, incorporación de prácticas de I+D); acumulación de conocimientos de potencial utilización; adquisición de prestigio de la firma como generadora de tecnología (Albornoz, 2003).

A diferentes ritmos y con diversos grados de resistencia a los cambios, pues, las respuestas de las universidades a las transformaciones en el entorno (que presenta restricciones de financiamiento, demandas específicas de conocimiento, una retirada del Estado y una expansión del mercado) y en la propia naturaleza del conocimiento se han traducido en una serie de tendencias generales (Barsky y Dávila 2002): mayor vinculación de la educación con los sectores económicos y el mercado de trabajo, que se expresa en el acortamiento de los estudios de grado; creciente articulación entre los niveles de grado y posgrado; crecimiento de los posgrados profesionales; distinción menos rígida entre lo profesional y lo académico; mayor importancia de la educación científico-tecnológica; y mayor descentralización y diversificación de los sistemas, con un crecimiento de la educación privada y una mayor integración entre el sector universitario y el sector terciario no universitario.

Todos estos cambios adaptativos han hecho posible una relación más estrecha e intensa de la universidad con el sector productivo, la que a su vez ha actuado como mecanismo impulsor de nuevas transformaciones institucionales en el sector universitario.

Análisis de casos concretos de vinculación para la investigación

El ya citado estudio de Mabel Dávila (2002) sobre el caso de la Facultad de Agronomía de la UBA menciona y analiza una serie de convenios resultantes de la vinculación entre la universidad y el sector productivo: el convenio entre la cátedra de Fertilidad y Fertilizantes y Aguas Argentinas S.A.; el convenio entre la cátedra de Acuicultura, la Municipalidad y productores de Junín, y la Agencia Nacional de Promoción Científica y Tecnológica para un proyecto de producción de pejerrey en pequeñas lagunas pampeanas; los convenios de vinculación tecnológica entre la cátedra de Genética y Pioneer Argentina S.A., Mycoyen S.A., Monsanto S.A.I.C. y Sursem S.A. para investigación y desarrollo de nuevos híbridos de maíz colorado; los convenios de vinculación tecnológica entre la cátedra de Forrajicultura y las empresas Cereagro S.R.L. y Acuerdo de San Telmo para mejoramiento genético de especies forrajeras; y, finalmente, el convenio del Área de Agronegocios en posgrado, investigación, transferencia, consultoría y capacitación con empresas e instituciones tales como Banco Nación, AACREA y Dow Agrosciences Argentina S.A.. De todos los convenios mencionados, este último es el único que involucra al nivel de posgrado; cabe señalar, en ese sentido, que de hecho la propia Área de Agronegocios empezó siendo un programa de posgrado y luego fue agregando otras actividades que desembocaron en las vinculaciones mencionadas.

Cabe plantearse la pregunta de si efectivamente dichos convenios constituyen una respuesta a demandas previamente existentes y expresadas por el sector productivo. En ese sentido, resulta relevante la información acerca de la instancia a partir de la cual fue originalmente impulsado cada convenio. En lo que se refiere a la toma de la iniciativa, otros trabajos –tales como el de Ghezán, Mateos *et al*. (2004) sobre alianzas público-privadas para la investigación agroindustrial– arriban a la generalización de que, mientras que en las alianzas iniciadas en los años 1980 predominó la iniciativa pública, en las que fueron iniciadas durante los años 1990 adquirió mayor importancia la iniciativa privada y se verificó la tendencia a las iniciativas mixtas, en muchos casos estimuladas por programas de la Secretaría de Ciencia y Técnica de la Nación.

Existen, sin embargo, otros factores más relevantes a la hora de comprender el desarrollo posterior de la vinculación y el éxito o el fracaso de las actividades emprendidas conjuntamente. En efecto, Dávila sostiene que pese a que en un comienzo los convenios puedan ser impulsados por la Facultad o estar motivados por algún interés de la empresa, su evolución subsiguiente depende de las características y el desarrollo del sector productivo asociado, dado que los subsectores de mayor participación en la vinculación son los que se definen por su mayor dinamismo y que cuentan con mayores recursos para financiar esta clase de actividades. Es el caso, por ejemplo, de los convenios de mejoramiento genético. En los casos de vinculaciones que involucran a empresas de sectores menos dinámicos, en cambio, su desarrollo se explica en gran medida por la participación del Estado, que los impulsa mediante diversos mecanismos pese a que a lo largo del tiempo su intervención ha tendido a decrecer.

Con un enfoque diferente del de Dávila, el trabajo de Ghezán, Mateos *et al.* (2004) está centrado en el análisis de las llamadas redes de innovación o redes técnico económicas, a las que –desde la sociología de la innovación– son definidas como "un conjunto coordinado de actores heterogéneos (laboratorios públicos, centros de investigación, empresas, organismos financieros, usuarios y poderes públicos) que participan colectivamente en la elaboración, producción y distribución de una innovación" (Ghezán, Mateos, Acuña *et al.*, 2004: 6). Las alianzas público-privadas relevadas por el estudio fueron clasificadas según el tipo de innovación introducida como resultado de cada una de ellas; así, se obtuvo que en el 40% de los casos se trató de investigación aplicada o adaptativa (generación de tecnologías de manejo animal y de cultivos, sanidad animal o vegetal, nutrición y fertilización; y, en el sector de procesamiento mejoras de proceso, adaptaciones de tecnologías de elaboración, calidad de la materia prima), en el 26% de los casos fue de tipo básica + aplicada (desarrollo de semillas y cultivares, razas o cruzas y nuevas tecnologías de procesos y organizacionales), el 14% fueron relaciones de asistencia técnica (adaptación de técnicas, evaluaciones de eficacia de determinados tratamientos, desarrollo y modo de uso de equipos, desarrollo de protocolos, de métodos para evaluar residuos, evaluaciones de cultivares y variedades y desarrollos de sistemas diferenciados de producción y comercialización) y sólo el 7% produjo investigación básica en química, bioquímica, genética, biotecnología y biología celular y molecular. Entre los casos seleccionados para estudios cualitativos cabe destacar el contrato entre el CONICET (a través del instituto de investigación CERELA) y la empresa industrial cooperativa SANCOR para el desarrollo de una tecnología de producción de leches fermentadas para el tratamiento de diarreas infantiles (caso en el cual la iniciativa fue pública y la empresa fue escogida por concurso); el acuerdo entre un Centro Regional del INTA y las cuatro principales fideeras del país para el mejoramiento de la productividad y calidad de cultivares de trigo candeal; el convenio de Vinculación Tecnológica entre el INTA, cuatro cooperativas de productores algodoneros y la Asociación de Hilanderías para el mejoramiento de la productividad y calidad de cultivares de algodón (iniciado en 1988 por iniciativa del INTA, único criadero de semillas mejoradas); y, por último, el proyecto conjunto del INTA y cooperativas de primer grado para promover la integración de pequeños productores en una cooperativa de segundo grado, orientada a la producción de semillas hortícolas (iniciativa tomada en 1989 por el INTA y lanzada con financiamiento del BID).

En esta línea se coloca un trabajo reciente (Albornoz 2003) que releva "veinte casos exitosos de vinculación entre empresas y centros de investigación." No se trata, aquí, de describir un panorama que sea representativo de la situación en nuestro país, sino más bien de mostrar el funcionamiento de estas vinculaciones en los casos en que han resultado exitosas, de modo tal de comprender cuáles fueron los factores que condujeron al lanzamiento de cada experiencia de vinculación, los obstáculos por ellas enfrentados y las razones por las cuales lograron salir airosas allí donde otras fracasaron. Los veinte casos escogidos abarcan intencionadamente una amplia gama de empresas de distintos tamaños, algunas de ellas multinacionales, otras grandes compañías nacionales, otras pequeñas unidades de producción familiar. Contrariamente al énfasis que muchos otros trabajos colocan en el tamaño de la empresa, el autor señala que lo que muestran muchos de los casos seleccionados es que la relación personal es una condición para el éxito de la vinculación, con independencia del tamaño de la empresa o de la disciplina o especialidad académica involucrada. En cuanto a las modalidades de vinculación, ellas comprenden variantes tales como la incorporación de los investigadores y técnicos de la empresa a los laboratorios del centro o el desarrollo del proyecto por los investigadores del centro y posterior transferencia de resultados en planta a los expertos y técnicos de la empresa. En todos los casos, sin embargo, resulta visible "un proceso de transferencia y capacitación de técnicas y habilidades que quedan incorporadas a la empresa. En uno de los casos analizados, esta transferencia dio lugar a la formación de una nueva empresa basada en las capacidades transferidas" (Albornoz, 2003: 4).

La vinculación puede ser puntual o extenderse en el tiempo; puede basarse en el financiamiento público al inscribirse en una política de promoción científica y tecnológica del Estado, pero en general es financiada por las empresas en términos monetarios explícitos y por las universidades u organismos públicos de ciencia y tecnología en términos implícitos. El objeto de la vinculación es variable –desarrollo de productos; desarrollo de técnicas incorporadas al proceso productivo; transferencia de resultados de investigación, etc.– así como la forma de adopción de resultados –integración inmediata al proceso productivo; integración concomitante al desarrollo del proyecto; integración mediada por capacitación; adopción de prototipo o planta piloto; integración de profesionales para la adopción de conocimientos– y el origen del contacto para la vinculación. En relación con este último elemento, cabe destacar en primer lugar el conocimiento previo e informal entre miembros de ambos sectores y, en segundo lugar, el acceso a información de la empresa sobre el grupo. Sólo en un muy lejano tercer lugar hallamos vinculaciones emprendidas como resultado de una estrategia explícita de la empresa de vincularse con centros de investigación. No hubo, finalmente, ni un solo caso en el cual el vínculo se originó en "algún proceso regular de oferta de conocimiento o capacidades tecnológicas llevado a cabo por el grupo de investigación o la entidad de la cual dependa" (Albornoz: 10).

El primer caso analizado es la vinculación entre el Laboratorio Craveri y el Instituto de Investigaciones Bioquímicas (IIB) de la Facultad de Ciencias Exactas y Naturales (UBA), en calidad de unidad ejecutora del CONICET. La investigación emprendida –en el área de ingeniería genética para el tratamiento de enfermedades– redundó en el desarrollo conjunto de tres proyectos (generación de piel artificial; vacuna para cáncer de mama y de colon; vacuna genética para tumores cerebrales) en los cuales se obtuvieron resultados favorables que el laboratorio ya ha comenzado a utilizar en sus actividades. El segundo caso es el de la vinculación entre el Instituto de Recursos Biológicos del INTA y un consorcio de empresas semilleras (entre las cuales se encontraban Cargill y Dekalb –luego fusionadas en Monsanto–, Buck Semillas, Mycogen, Novartis, Nidera, Zéneca, Sursem, Pionner y Rustica) para el mejoramiento del proceso selectivo del girasol. Las empresas incorporaron los resultados, que no solamente les permitieron mejorar la calidad sino también ahorrar tiempo y costos. Tenemos, en tercer lugar, la vinculación entre la empresa BioSidus y la Fundación Favaloro para el desarrollo de alternativas terapéuticas para trastornos isquémicos, que condujo al desarrollo de un proyecto para aplicar terapia génica a procesos de revascularización cardíaca. La cuarta experiencia analizada es la de la vinculación entre la empresa JP Morgan Argentina y el Laboratorio de Información y Formación en Informática Aplicada, Facultad de Informática de la UNLP para optimizar sus sistemas informáticos para operaciones de intermediación de productos financieros y transacciones sofisticadas. El trabajo fue desarrollado por un equipo mixto conformado por miembros del LIFIA y personal del departamento de Sistemas y Tecnologías de la empresa. En el quinto caso, la cooperación –entre las empresas Biogénesis y Svanova Biotech, por un lado, y el Centro de Virología Animal del CONICET y el Instituto de Investigaciones Biotecnológicas / Instituto Tecnológico de Chascomús de la Universidad Nacional de San Martín– redundó en la elaboración, mediante la aplicación de técnicas de ingeniería genética, de un *kit* de diagnóstico de la aftosa innovador y más eficiente que los utilizados a nivel internacional. El sexto caso examinado es el de la vinculación de la empresa Glasurit-BASF Argentina con el Grupo de Medios Porosos del Departamento de Física de la Facultad de Ingeniería de la UBA, con el objeto de obtener soluciones para el problema de la craterización en el pintado de chapa automotriz, que la empresa por sí misma no lograba resolver. El séptimo caso incluido en el estudio es el de la empresa Giancaglini, asociada con el Centro de Investigación del Medio Ambiente del Departamento de Química de la Facultad de Ciencias Exactas de la UNLP con el objeto de mejorar un producto anticontaminante de origen animal creado por la empresa y extender sus aplicaciones. Como resultado del octavo caso de vinculación analizado –que tuvo lugar entre la empresa Laboratorios Beta y el Instituto de Biología y Medicina Experimental de la UBA-CONICET para el desarrollo de insulina humana a partir de técnicas de ingeniería genética– se logró desarrollar un producto único en el país e iniciar la sustitución efectiva de insulina de base extractiva por insulina de tipo recombinante. El noveno caso es el de la vinculación entre la empresa Sucesores de Alfredo Williner (productora de los lácteos Ilolay) y el Programa de Lactología Industrial, Facultad de Ingeniería Química de la UNL, para el desarrollo de un queso adicionado con bacterias prebióticas. Como resultado, la empresa logró lanzar y comercializar un producto único en su tipo en el país y la región. Hallamos, en décimo lugar, el caso de la vinculación entre la empresa Laseroptics y el Centro de Investigaciones en Láseres y Aplicaciones del Instituto de Investigaciones Científicas de las Fuerzas Armadas para el desarrollo de un módulo de enseñanza y de una nueva clase de láseres en estado sólido.

Los restantes casos analizados incluyen el de la vinculación entre la empresa Siderar y el Grupo de Medios Porosos del Departamento de Física de la Facultad de Ingeniería (UBA) para resolver un problema relacionado con defectos en la pintura de chapas que ni los técnicos de planta ni el grupo de investigación de la empresa había podido solucionar satisfactoriamente; la vinculación entre la empresa Amanco y el Grupo de Optimización del Departamento de Computación del a Facultad de Ciencias Exactas y Naturales (UBA) para la resolución de los problemas que la empresa enfrentaba en la programación de la producción y la eliminación de la incertidumbre en los procesos de producción y acumulación de stocks, que no habían podido solucionarse con el paquete de software enviado por la casa matriz, puesto que no se ajustaba a la situación local; la vinculación entre la empresa Laboratorio Elea y el Instituto de Estudios de la Inmunidad Humoral, Facultad de Farmacia y Bioquímica, UBA, para la generación de un *kit* para el diagnóstico de la diabetes de tipo 1 (insulinodependiente); la vinculación entre la empresa Síntesis Química y dos unidades del INTA, el Instituto de Microbiología y Zoología Agrícola y la Estación Experimental Agropecuaria San Pedro, para el desarrollo de innovaciones sobre un insecticida biológico; la vinculación entre la empresa La Gleba S.A. y la Escuela de Agricultura y Ganadería de la Universidad Nacional del Sur para producir pollos de calidad diferenciada (en cuyo caso la propia empresa avícola fue el resultado de un emprendimiento de la Universidad, a partir de su decisión de promover el desarrollo de emprendimientos en la región contribuyendo con sus capacidades académicas); la vinculación entre la empresa Spahr Leff y Cía. (una pequeña empresa argentina que produce químicos para la industria) y la Planta Piloto Multipropósito dependiente de la Comisión de Investigaciones Científicas de la Provincia de Buenos Aires y de la UNLP, como resultado de la cual se puso en marcha una planta piloto de sulfonación para la obtención de ácido paratoluensulfónico, se introdujeron modificaciones a un reactor para la obtención de ácido xilosulfónico y se realizaron actividades de rutina para el control de calidad de materias primas y productos; la vinculación entre la empresa Interbelle Cosmetics y el Centro de Investigación de Plagas e Insecticidas para el desarrollo de un nuevo compuesto contra la pediculosis; la vinculación entre la empresa Cargill y el Departamento de Agronomía de la Universidad Nacional del Sur para la resolución del problema de la eliminación de los residuos del proceso de producción de harina y aceite de girasol; la vinculación entre Vinagres Halconero (una empresa familiar de Santa Fe) y el Área de Biotecnología de la Facultad de Ingeniería Química de la UNL para desarrollar un nuevo producto –vinagre de miel– que la empresa ahora produce y comercializa; y, por último, la vinculación entre la empresa Chemotécnica y el centro de Investigación de Plagas e Insecticidas dependiente del Instituto de Investigaciones Científicas y Técnicas de las Fuerzas Armadas y del CONICET, para el desarrollo de un nuevo producto –un pote fumígeno– para la lucha contra la vinchuca.

Como se desprende del análisis de los casos arriba mencionados, las vinculaciones son aquí entendidas como formas de encuentro entre la oferta y la demanda, a veces como resultado de una manifestación de la demanda a la cual la oferta es capaz de brindar respuestas; en otros casos, como resultado de la capacidad de la oferta de salir a detectar una demanda no expresada. A juzgar por la escasez de casos exitosos de vinculación entre empresas y unidades académicas, ese encuentro entre oferta y demanda a menudo deja de producirse, tanto debido a que las empresas tienden a desconocer las actividades desarrolladas por las universidades y centros de investigación, como debido al hecho de que con frecuencia las empresas carecen del personal técnico necesario para "identificar y transmitir correctamente sus demandas y articular sus necesidades con las posibilidades que los centros de investigación poseen para transferir conocimientos" (Albornoz, 2003: 82)

De muchos de los casos expuestos se desprende, además, que "la forma más obvia de colaboración con el sector productivo (y con la industria en particular) se relaciona con la investigación", razón por la cual "las universidades con programas significativos de investigación y de posgrado están mucho más comprometidas (de hecho puede ser que sean sólo las únicas) que las instituciones dedicadas exclusivamente a la docencia" (Vessuri, 1993: 21). Sin embargo, tal como se desprende de otros tantos de los casos arriba mencionados, "las relaciones de la universidad con el sector productivo no se basan sólo ni de modo preponderante en actividades de investigación, aunque puedan ser éstas las que más interesen al personal académico. Las distintas facultades de ingeniería tienen una larga tradición de vinculación con el sector productivo en la resolución de problemas más o menos aplicados y en la prestación de servicios de apoyo y asesoría. Las áreas ligadas a la economía y a la gerencia han experimentado aumentos notables en la demanda. Las instituciones puramente docentes pueden o podrían estar también cooperando activamente con la industria, especialmente a través de la provisión de educación continua y de adiestramiento especial (Vessuri 1993: 21-22).

No obstante, como ya se ha afirmado, lo cierto es que la mayor parte de los estudios sobre el tema de la vinculación entre la universidad y el sector productivo se centra en la cooperación destinada a la investigación; son muy pocos los trabajos que hacen hincapié en la función de docencia y de formación de los recursos humanos que son demandados por las empresas. En particular, aun allí donde se desarrolla este tema, suele omitirse la distinción entre los niveles de grado y posgrado, de modo tal que se niega toda especificidad al tema del cual pasaremos a ocuparnos a continuación.

3.2. El comportamiento del sector productivo y sus requerimientos de recursos humanos. Análisis de casos

3.2.1. Factores que inciden sobre la demanda de recursos humanos

La heterogeneidad de los sectores productivos en Argentina no sólo está dada por la gran diversidad de actividades productivas ligadas a diversas ramas del conocimiento; aparecen además heterogeneidades intrasectoriales dadas básicamente por diferentes tamaños de empresas (relacionados con la facturación y la mano de obra ocupada) y diversos niveles tecnológicos en los procesos productivos.

De allí que –aunque obvio– sea importante iniciar este apartado señalando que no existe una sola demanda de conocimiento desde los sectores productivos, sino por el contrario, existe una gran complejidad en términos de cuáles son las demandas, y más aun, cuál debería ser la oferta en relación con esas demandas, que en muchas ocasiones ni siquiera es explícita.

La revisión bibliográfica realizada y el muestreo a empresas efectuado, permiten afirmar que la demanda de recursos humanos calificados tiene una relación directa con la conducta innovadora del sector productivo del que se trate en términos generales y en particular de cada empresa.

La conducta tecnológica de las firmas industriales ha sido analizada por varios autores (Dosi, 1982, 1988; Nelson y Winter, 1982; Rosenberg, 1982; Améndola, 1989; Pérez, 1986; Pavitt, 1984, entre otros), que conforman el enfoque teórico neoschumpeteriano o evolucionista y cuyos trabajos más representativos se ubican alrededor de la década de 1980. Para estos autores la innovación es concebida como un proceso evolutivo y sistémico, que implica desarrollos de aprendizaje de tipo acumulativo al interior de la firma (Demarie *et al.* 2002). En este marco, para Dosi (1988) "la innovación concierne a la búsqueda, al descubrimiento, experimentación, desarrollo, imitación y adopción de nuevos productos, nuevos procesos y nuevas formas organizacionales."

La innovación puede ser definida como la primera aplicación de la ciencia y tecnología en una nueva dirección, seguida de un éxito comercial (OECD 1992). Es decir, se trata de productos y procedimientos que incorporan un cierto grado de novedad y reciben una sanción positiva del mercado. Como tal es un hecho económico –la primera introducción comercial de una invención– que se da en la esfera técnico-económica, como resolución de un problema productivo (u organizativo) en el interior de las empresas (Pérez, 1986; Améndola, 1989; Dosi, 1988, entre otros).

Estos autores ponen en evidencia, en la mayoría de los casos, la existencia de diferencias sectoriales en los patrones de innovación, tanto en relación con los niveles y tipos de innovación incorporada así como con las fuentes de innovación (internas o externas a la empresa).

Los antecedentes referidos a los procesos de innovación en Argentina son recientes. Cabe destacarse en particular una encuesta dirigida a la industria manufacturera en su conjunto (INDEC, 1998), a partir de la cual han surgido diversos trabajos sobre la conducta tecnológica de las empresas industriales en general (Yoguel Rabetino 1999) y de las industrias de la alimentación en particular (Gutman, Cesa, 2001).

La conducta innovadora de las empresas responde no sólo al comportamiento y dinámica de la rama a la que pertenecen, sino también al tamaño. Si consideramos que el perfil de la demanda de recursos humanos está vinculado a la actitud innovadora de las firmas, surgen diferentes comentarios.

Las ramas productivas que demandan mayor calificación en el recurso humano pertenecen al rubro de las químicas, la informática, las comunicaciones, la energía, la biomedicina. Todos estos sectores han tenido un comportamiento altamente innovador e incluso el tamaño de las firmas no ha sido una variable condicionante en las vinculaciones de estos rubros con el sector de la ciencia, la tecnología y la capacitación. Albornoz (2003) señala que la política de conocimiento e innovación de las empresas no siempre se presenta como un condicionante en la vinculación con el sector científico y tecnológico. Es así, que en su estudio detectó empresas que se vinculan con el sector de la CyT a partir de requerir soluciones a problemas técnicos en la producción y no por tener una estrategia innovadora fuerte al interior de la firma.

Las grandes empresas (definidas por volumen de facturación anual y mano de obra ocupada) son las que demandan mayor cantidad de recursos humanos con posgrado y especializaciones bien definidas. Esta característica se da en términos generales en todas las ramas productivas. Un estudio realizado por la sede de la Universidad de Bologna en Buenos Aires (2004) describe que "la estructura de la demanda de conocimientos es compatible con la estructura de la industria manufacturera Argentina que se concentra en sectores tecnológicos maduros y no de alta tecnología." Los resultados del mencionado estudio surgen de un relevamiento efectuado a las pequeñas y medianas empresas, donde se pudo constatar que el 60% de la muestra demanda conocimientos científicos tecnológicos, siendo las subáreas más demandadas la ingeniería y la tecnología industrial, mecánica, de los materiales, de instrumentación y control. Con mayor precisión, la muestra a las PYMES demostró que los campos de especialización más demandados son los de la gestión de la producción y organización industrial; higiene y seguridad industrial y gestión de la calidad y tecnología de control y procesos.

Las empresas parecen más preocupadas por capacitar a su propio personal que por contratar recursos humanos externos. Asimismo, los diversos estudios y la muestra realizada revelan que el conocimiento también será adquirido a través de la articulación con proveedores, clientes o firmas independientes (consultoras, profesionales independientes), no sólo articulando con centros de I+D.

Finalmente, otro aspecto a considerar se relaciona con la ubicación espacial de las empresas. Existe numerosa bibliografía que aborda el rol del territorio en la conducta innovadora de las firmas y en particular, la influencia del desarrollo regional en las propias estrategias empresariales y viceversa. De allí que el abordaje regional también se debe considerar al plantear las características de las demandas de recursos humanos por parte de las empresas. Para Poma (2002) las empresas y el territorio en su conjunto participan en su producción, es decir, en la producción[150] de conocimiento. La producción de conocimiento no constituye un fenómeno natural y azaroso, sino que está estrechamente vinculada al contexto institucional en el que se desarrolla y consolida. Así, la capacidad que tiene una región o un sistema local para interpretar y estimular la producción define las condiciones, modalidades y su posición en las nuevas dinámicas competitivas.

3.2.2. El caso de la industria agroalimentaria

En términos generales, se reconoce que en las industrias agroalimentarias, la innovación tecnológica –ya sea de producto, proceso u organizacional– está sujeta a restricciones específicas, asociadas a la base natural de su producción, al carácter biológico de los procesos productivos agropecuarios y a las características del consumo de alimentos. A diferencia de lo que ocurre en otros productos, los consumidores demandan nuevos alimentos (productos saludables, dietéticos, de conveniencia, etc.) pero que no sean demasiado diferentes a los tradicionales (inercia del consumo alimentario, como lo definen Galizzi y Venturini 1996). Respondiendo a esta característica, las

---

[150] Para distinguir los diferentes significados que tiene la producción, el término "producción" se refiere a la producción física de los bienes, y el término "pro-ducción", separado por el guión, se refiere a la producción de conocimiento.

firmas introducen innovaciones de producto de tipo incremental, al tiempo que el rescate de los saberes artesanales, tradicionales y culturales influye en el sendero tecnológico de las firmas productoras de alimentos (Byé 1997, citado en Demarie *et al.* 2002).

Si se la compara con otras industrias como la química o electrónica, es considerada como una rama poco innovadora, con niveles relativamente bajos en I+D. A su vez, muestra una alta dependencia de innovaciones provenientes de otras industrias (químicas, metalmecánicas, nuevos materiales, envases) las que son incorporadas a través de la adquisición de insumos y bienes de capital. Sin embargo, esto no implica una ausencia de actividades innovadoras, dada la importancia del desarrollo de nuevos productos como estrategia de competencia de las firmas (Ghezán *et al.* 2002).

Estas especificidades diferencian la conducta tecnológica de la industria alimentaria de la de otros sectores productivos. Sin embargo, la heterogeneidad existente en el sistema agroalimentario (compuesto por distintas cadenas que se diferencian tanto por los productos que elaboran, como por los tipos de empresas que las integran) lleva a que existan diferencias entre ramas e intrarramas productivas, tanto en relación con los tipos de innovación incorporadas como con las fuentes de innovación.

En relación con la innovación tecnológica y organizacional incorporada, en términos generales, en las industrias de bienes indiferenciados o *commodities* predominan las tecnologías de proceso (incorporadas a través de la adquisición de maquinarias y equipos), mientras que en las industrias de bienes diferenciados las tecnologías de producto alcanzan mayor importancia.

La década de 1990 está caracterizada por un fuerte dinamismo en la industria agroalimentaria argentina: extranjerización, concentración, innovación, son términos muy comunes para caracterizar las distintas ramas industriales alimentarias.

En principio, podemos afirmar que las empresas que se reacomodaron al nuevo escenario asumieron la innovación tecnológica como principal estrategia de competitividad. En efecto, tanto grandes empresas como PYMES realizaron importantes esfuerzos para sostenerse o crecer en el mercado a partir de una activa conducta innovadora.

Sin embargo, esta estrategia común verificada en toda la rama presenta diferencias intrarrama, dado que la capacidad tecnológica de las empresas está fuertemente condicionada por el tamaño de las firmas. Diferentes estudios confirman que se encontraron diferencias entre las conductas tecnológicas de las grandes empresas y de las PYMES; sin embargo en el grupo de las grandes, donde coexisten alimentarias multinacionales con grupos nacionales, las tendencias innovadoras verificadas son las mismas.En definitiva, en la última década, prácticamente todas las ramas han incorporado innovaciones de proceso. En efecto, los principales cambios tecnológicos son de proceso, teniendo como objetivo la ampliación de escala y disminución de costos (mano de obra). En las industrias de segunda transformación, si bien adquiere mayor relevancia el desarrollo de nuevos productos, también se han efectuado innovaciones de proceso, tratando de aumentar la productividad (reducir costos). En todas las innovaciones se procura mejorar la calidad del producto.Un elemento común en este tipo de innovaciones consiste en la mayor automatización del proceso productivo (fundamentalmente en fórmulas y envasado) o en la incorporación de equipamiento que permite mayor productividad y eficiencia, por aumento de capacidad y/o reducción de los tiempos de procesamiento.

En las industrias de segunda transformación, la innovación en productos está condicionada por las costumbres y tradiciones de los consumidores, llevando a que se trate de pequeños cambios incrementales dentro de los productos ya aceptados por el mercado. Por lo tanto, estas empresas buscan ampliar la gama de bienes ofrecidos, diferenciando a partir de la consolidación de la marca y cambios de *packaging*.

Las fuentes de innovación en proceso se caracterizan por la compra (favorecidas por el tipo de cambio) de tecnología incorporada al capital, originada en países líderes (Estados Unidos, Suiza, Italia, Francia), o por la incorporación de líneas de producción como consecuencia de la adquisición de empresas.

Por otro lado, como fuente de innovación en producto se registra mayor desarrollo interno a la empresa. La mayoría de las grandes empresas (primera y segunda transformación) cuentan con áreas de I+D o bien con laboratorios de calidad que cumplen esa función; mientras que en algunos casos se establecen acuerdos de intercambio tecnológico con empresas extranjeras. Si bien en general las transnacionales tienen su centro de I+D en la casa matriz, algunas de ellas desarrollan unidades especializadas en determinadas líneas de productos para toda una región. En el país realizan adaptaciones del proceso o producto, de acuerdo a las características de la materia prima y del consumo interno. En cambio, las PYMES no tienen un área de I+D, por lo que el desarrollo de nuevos productos y adaptaciones de proceso lo hacen de manera informal.[151]

---

[151] Generalmente el desarrollo de nuevos productos es interno a la empresa. Todas las grandes firmas cuentan con áreas de I+D, en algunos casos fuertemente articulada al área de marketing. Si bien en general las transnacionales tienen su centro de I+D en la casa matriz, algunas de ellas cuentan con plantas piloto a nivel local, donde realizan adaptaciones del proceso o producto, de acuerdo a las características de la materia prima y al gusto del consumidor. Los estudios de mercado y las encuestas de consumo, son casi una constante para este tipo de empresas.

Las PYMES no tienen un área de I+D, por lo que el desarrollo de nuevos productos y adaptaciones de proceso lo hacen de manera informal. Cabe

Un análisis transversal de la industria, permite afirmar que adquieren una relevancia significativa las transformaciones en la organización de la firma, a partir de cambios en la propiedad de las mismas durante la década de 1990. Asimismo, la mayoría de las grandes empresas han certificado normas de calidad internacional (ISO, HACCP) que implicaron un cambio radical en la organización y gestión interna, por la determinación de objetivos, la normatización de las tareas, la introducción del análisis de puntos críticos de control y la capacitación del personal.

Otro aspecto de innovación dentro de lo organizacional se vincula con el abastecimiento de la materia prima y la logística de distribución. En el primer aspecto se destaca el surgimiento de vinculaciones más estrechas industria / proveedor, de acuerdo a los requerimientos de calidad que el procesamiento industrial requiere. En el área de comercialización las innovaciones se centran en la instalación de centros de distribución de las industrias de bienes de consumo final e infraestructura portuaria en los molinos exportadores, así como la tercerización del transporte y de la distribución en el interior del país.

La implementación de innovaciones organizacionales, especialmente las referidas a articulaciones entre firmas, ha sido una de las estrategias seguidas por las PYMES, para mejorar su posicionamiento en el mercado. En este sentido, se ha encontrado una fuerte interrelación PYMES-PYMES, lo que les ha permitido ampliar la gama de productos que

---

destacar que algunas de ellas poseen laboratorio de calidad, quienes asumen funciones de I+D de tipo adaptativo. En las pequeñas empresas, en general son los dueños quienes realizan consultas a clientes y consumidores. Un rasgo importante respecto a las fuentes de innovación en este tipo de empresas lo constituye su articulación con la infraestructura institucional local y regional. En el relevamiento realizado, se encontraron muchos casos de vinculación con las universidades, centros del INTI y fundaciones, entre otros.

presentan al mercado. La articulación es menor en el caso de los proveedores de materias primas. Generalmente no hacen publicidad ni promociones pero en los últimos tiempos, varias de ellas, en forma individual o asociadas, han desarrollado una fuerte estrategia de marketing.

En síntesis, la estrategia de innovación en los *commodities* y en los bienes diferenciados se relacionó con buscar mayor eficiencia y ganar espacios de mercado, no respondiendo a una incorporación radical de nuevas tecnologías. Por lo tanto, las innovaciones (de proceso, producto u organizacional) incorporadas tienen el carácter de novedad sólo en el ámbito nacional, ya que son conocidas en el mercado internacional, en algunos casos hace varias décadas.

3.2.3. Principales resultados de la encuesta a empresas

Se realizó una muestra en terreno entrevistando a veintinueve empresas productivas, de las cuales el 65% integra el sector de alimentos (tanto producción primaria como agroindustrial), el 17% al sector metalmecánico y el 14% al sector energía, producción de tecnología, construcción. El énfasis en el rubro alimenticio se fundamenta no solamente en lo expuesto en el apartado precedente sino también en el hecho de que se trata de la rama de mayor peso relativo dentro del conjunto de los posgrados tecnológicos.

Como se observa en el próximo cuadro, el 80% de las empresas entrevistadas integra la categoría de las pequeñas y medianas empresas, no superando una facturación anual de 10 millones de pesos.

Cuadro 18. Clasificación de las empresas entrevistadas según facturación

Facturación	Participación
Menos de 249.000 $/año	12%
Entre 250.000 y 1 millón /año	24%
Entre 1 millón y 10 millones/año	48%

Facturación	Participación
Entre 10 y 25 millones	8%
Entre 25 y 99 millones	4%
Más de 100 millones	4%
Total	100%

Fuente: elaboración propia.

Dado que la conducta innovadora de las empresas determina en gran parte el perfil de recurso humano demandado, se indagó en la muestra realizada el perfil de innovación de las mismas. Así, durante la década de 1990 el 81% de las firmas visitadas innovó en producto, el 65% en algún tipo de innovación organizacional y el 58% en proceso.

Coherente con las afirmaciones de la bibliografía consultada, dado la características de empresas PYMES, el 64% manifestó no contar con laboratorio de calidad y menos aun con área de I+D dentro de la empresa. Sin embargo, las adaptaciones y mejoras en proceso, así como las mejoras y diseño de productos y proceso, se concretan dentro de la firma.

Con respecto a de dónde obtienen información para decidir innovar o incorporar tecnología, las empresas consultadas mostraron un origen muy disperso. En efecto, el orden de importancia no indica ninguna prioridad: las universidades, los proveedores de materias primas y maquinarias, los organismos de ciencia y técnica, las publicaciones, la competencia, las consultoras privadas aparecen entre los principales informantes.

El 56% ha realizado acuerdos para I+D con organismos públicos y privados. Básicamente han atendido problemas puntuales de producción o aspectos ligados a la búsqueda de mercado (estudios de mercado, plan de marketing, etc.) En relación con la demanda de personal calificado, el siguiente cuadro sintetiza las áreas de conocimiento que estas empresas han demandado en los últimos cinco años:

Cuadro 19. Áreas de conocimiento demandadas por las empresas entrevistadas

Área	Participación
Ciencias Tecnológicas	42%
Ciencias Exactas y Naturales	8%
Ciencias Sociales	15%
Ciencias de la Salud	0%
Ciencias Agropecuarias y Veterinarias	12%
Otras	4%

Fuente: elaboración propia.

Al seleccionar los profesionales, las PYMES entrevistadas centraron la atención en las recomendaciones de los conocidos como el origen de información para contratar profesionales (el 44% los selecciona a partir de esta metodología).

Cuadro 20. Procedimientos de selección de personal utilizados por las empresas entrevistadas

Fuente	Participación
Anuncio de la vacante en diarios	12%
Anuncio en publicaciones especializadas	4%
Agencias de empleo	4%
Sector de Empleos de Universidades o Posgrados	20%
Otra forma de contacto con Universidades o Posgrados	16%
Anuncio por Internet	8%
Anuncio interno de la vacante	20%
Contacto personal con posgraduados	24%
Estimular la formación de posgrado entre sus profesionales	8%
Otras: Predomina recomendaciones de conocidos	44%

Fuente: elaboración propia.

Otra cuestión indagada tuvo que ver con los aspectos que las empresas priorizan en el momento de seleccionar recurso humano. En la muestra efectuada, la atención es fijada en el campo de especialización del candidato, el comportamiento en las entrevistas y la experiencia práctica adquirida en el ámbito laboral. Le siguen en importancia las recomendaciones de terceras personas y la personalidad. Recién en tercer orden de importancia aparecen como aspectos a considerar la formación práctica en la formación del posgrado, la reputación del posgrado, los test preocupacionales así como la visión que demuestre el candidato sobre el desarrollo del área de la empresa donde deba desempeñarse. Finalmente otro aspecto considerado menos relevante estuvo relacionado con los promedios de notas.

En términos generales (58%), las empresas coincidieron en que la demanda de recurso humano con formación de posgrado aumentará en los próximos años. De hecho, el 8% manifestó tener algún convenio con posgrados donde han capacitado a su personal, financiando el arancel y gastos de traslados.

4. Reflexiones finales

Como hemos visto, los estudios existentes en la Argentina sobre el tema que nos ocupa son escasos y parciales. Existe, sin embargo, una gran cantidad de material sobre cuestiones afines y complementarias con el mismo. Mayoritariamente los trabajos disponibles tienden a tratar el problema de las vinculaciones entre universidad y sector productivo desde el punto de vista de la oferta –de hecho, muchos de esos estudios son producidos por las propias universidades, preocupadas por la colocación de sus graduados en un mercado de trabajo que es percibido como crecientemente problemático- más que de la demanda de profesionales desde el sector productivo hacia las universidades. Por otro lado, la mayor parte de los estudios que enfatizan la demanda de recursos humanos por sobre su oferta, se centran en el nivel de grado, dejando de lado el complejo panorama que presentan los posgrados que es, no obstante, el segmento que más se ha expandido, diversificado y complejizado en los últimos años.

El objetivo de este apartado es enunciar una serie de reflexiones preliminares, que permitan acercar elementos para mejorar las respuestas que desde el sistema nacional de ciencia y tecnología se le debe dar a los sectores productivos, en relación con la demanda de recursos humanos.

1) Se identificaron algunas características destacables en las actuales carreras de posgrados. Se observa el crecimiento de propuestas de posgrados en temáticas como Biotecnología, Ambiente y Tecnología de los Alimentos que atraviesan varias disciplinas de distintos campos tradicionales y las organizan a través de diferentes enfoques –conocimiento básico, aplicaciones, aspectos legales, gestión, entre otros–, constituyendo ofertas que incluso se ofrecen en conjunto entre diferentes facultades. Asimismo, se incrementaron los posgrados aplicados en Ciencias Exactas y Naturales y los posgrados básicos en Ciencias de la Salud y Tecnológicas, así como también los posgrados profesionales en todos los campos.

2) En relación con la inserción laboral de los posgraduados, como es de esperar, los egresados de las especializaciones tienen por destino laboral principal las empresas privadas (47%) y se distribuyen entre las empresas y los organismos públicos el 24%. En las maestrías la distribución es más diversificada, pero el componente *empresa* es el que se destaca. En los doctorados encuestados, el tipo de institución que sobresale como inserción laboral de los doctores es la universidad. Al distinguir por campo

disciplinario las diferencias son más claras aun. En el área tecnológica el componente *empresa* prevalece sobre las universidades y los organismos públicos. Por su parte, los posgrados de ciencias exactas y naturales demuestran dirigir sus posgraduados únicamente al sistema universitario en el 44% de los casos y si se suman los organismos públicos se llega a las dos terceras partes de los casos.

3) La vinculación entre los posgrados y los sectores productivos se debe fundamentalmente a la labor de los propios docentes. En efecto, son los profesionales que además de actividades de docencia, realizan consultorías en empresas o desarrollan trabajos específicos desde sus grupos de investigación. No siempre esta "articulación posgrado-empresa" está institucionalizada, de hecho se detectaron numerosos casos en que se concreta de manera informal por la relación personal del docente con la empresa.

4) En términos generales, son pocos los que cuestionan la existencia de beneficios en la vinculación entre las universidades y las empresas. Sin embargo, desde el punto de vista de las universidades la tendencia –reciente y creciente– al perseguir el objetivo de la vinculación produce tensiones imposibles de disimular. Tal como se ocupa de señalarlo Mabel Dávila (2002), la vinculación con el sector productivo afecta a los roles universitarios tradicionales, puesto que a ellos se les agrega el de la producción directa de bienes y servicios para usuarios finales; dichos roles resultan afectados, además, por el acortamiento de los plazos de investigación debido a las exigencias de resultados de aplicación productiva inmediata y por la consolidación de un doble sistema de financiamiento –estatal y privado– ante la reducción del presupuesto estatal.

5) Las ramas productivas que demandan mayor calificación en el recurso humano pertenecen al rubro de las químicas, la informática, las comunicaciones, la energía, la biomedicina. Todos estos sectores han tenido un

comportamiento altamente innovador e incluso el tamaño de las firmas no ha sido una variable condicionante en las vinculaciones de estos rubros con el sector de la ciencia, la tecnología y la capacitación. Albornoz (2003) señala que la política de conocimiento e innovación de las empresas no siempre se presenta como un condicionante en la vinculación con el sector científico y tecnológico. Es así que, en su estudio, detectó empresas que se vinculan con el sector de la CyT a partir de requerir soluciones a problemas técnicos en la producción y no por tener una estrategia innovadora fuerte al interior de la firma.

6) Un estudio realizado por la sede de la Universidad de Bologna en Buenos Aires (2004) describe que "la estructura de la demanda de conocimientos es compatible con la estructura de la industria manufacturera Argentina que se concentra en sectores tecnológicos maduros y no de alta tecnología." Los resultados del mencionado estudio surgen de un relevamiento efectuado a las pequeñas y medianas empresas, donde se pudo constatar que el 60% de la muestra demanda conocimientos científicos tecnológicos, siendo las subáreas más demandadas la ingeniería y la tecnología industrial, mecánica, de los materiales, de instrumentación y control. Con mayor precisión, se demostró que los campos de especialización más demandados son los de la gestión de la producción y organización industrial; higiene y seguridad industrial y gestión de la calidad y tecnología de control y procesos.

7) Las empresas parecen más preocupadas por capacitar a su propio personal que por contratar recursos humanos externos. Asimismo, los diversos estudios y la encuesta realizada evidencian que el conocimiento también es adquirido prioritariamente a través de la articulación con proveedores, clientes o firmas independientes (consultoras, profesionales independientes), antes que articulando con centros de I+D. El 56% ha realizado acuerdos para I+D con

organismos públicos y privados. Básicamente han atendido problemas puntuales de producción o aspectos ligados a la búsqueda de mercado (estudios de mercado, plan de marketing, etc.). Al seleccionar los profesionales, las PYMES entrevistadas centraron la atención en las recomendaciones de los conocidos como el origen de información para contratar profesionales (el 44% los selecciona a partir de esta metodología).

8) En el sector *agropecuario* en relación con la transferencia de tecnología se da una situación diferente ya que siempre el Estado financió no sólo la investigación sino también la transferencia de tecnología, creando así una cultura de relacionamiento público-privada más eficiente y eficaz.

9) Otro aspecto a considerar se relaciona con la ubicación espacial de las empresas. Existe numerosa bibliografía que aborda el rol del territorio en la conducta innovadora de las firmas, y en particular, la influencia del desarrollo regional en las propias estrategias empresariales y viceversa. De allí que el abordaje regional también se debe considerar al plantear las características de las demandas de recursos humanos por parte de las empresas. Para Poma (2002) las empresas y el territorio en su conjunto participan en su producción, es decir, en la producción de conocimiento. La producción de conocimiento no constituye un fenómeno natural y azaroso, sino que está estrechamente vinculada al contexto institucional en el que se desarrolla y consolida. Así, la capacidad que tiene una región o un sistema local para interpretar y estimular la producción define las condiciones, modalidades y su posición en las nuevas dinámicas competitivas.

Hemos podido obtener ciertas recomendaciones de parte de los propios protagonistas del tema (tanto los directores de posgrado, como la muestra de empresas consultada) a las que le sumamos, nuestras propias sugerencias, como aporte final en este informe:

* El 51% de las autoridades de los posgrados encuestados manifestaron que requieren mayor cantidad de becas para sus estudiantes. Si a esto agregamos que el 11% manifestó requerir financiamiento, podemos afirmar que superan el 60%, los posgrados que han manifestado contar con mayor cantidad de becas. A este punto, podemos agregar que las becas deben también dirigirse a las especialidades y maestrías, dado que el sistema prioriza fuertemente las de formación doctoral.

* El 17,5% de los posgrados manifestó la importancia de mejorar o "crear" instrumentos que permitan profundizar la vinculación entre los posgrados y los sectores productivos. Es importante resaltar que existen experiencias que se están llevando adelante en algunas regiones, donde se organizan seminarios en los cuales participan los organismos de ciencia y técnica y las empresas (por ejemplo, en la Provincia de Buenos Aires, durante el año 2004, se han realizado por lo menos tres reuniones con presencia del FONTAR-SECyT, el INTA, las universidades, el INTI, la CIC provincial y las empresas de diferentes sectores de la economía provincial).

* El 44% manifestó prioritario contar con apoyo para la investigación, infraestructura y equipamiento. En este sentido, será importante mejorar la vinculación de los posgrados con las Unidades de Vinculación Tecnológica (UVT) que articulan desde las universidades con el sector productivo y obtienen fondos para realizar estudios que las empresas demandan (desde el sector privado o público). Se observó que no existe una articulación entre los posgrados y las UVT, siendo que las 214 UVT que están aprobadas en todo el país, están –en su gran mayoría– instaladas en universidades nacionales o privadas que también cuentan con posgrados de perfil tecnológico.

* Como se señaló, las empresas siguen priorizando capacitar su propio personal, y cuando requieren de recursos

humanos surge que las recomendaciones de los conocidos es la metodología utilizada como el origen de información para contratar profesionales. De allí que sea importante generar instrumentos que acerquen a los posgrados con las empresas, más allá de las relaciones informales de los docentes. En este sentido, se observa que si las tesis de los estudiantes respondieran a demandas del sector privado y existiera financiamiento para las mismas de parte del Estado, podría implementarse otro mecanismo de acercamiento.

Finalmente, dado que el estudio se inscribe dentro de la preocupación de la conducción de la SECyT por mejorar la calidad y aumentar la cantidad de los recursos humanos del sistema científico-tecnológico para atender a las crecientes demandas del sector productivo, remarcamos que es relevante reforzar las formas institucionales existentes antes que apelar a nuevas formas paralelas de apoyo material. De ahí que apoyar a los posgrados que muestren capacidad de articulación con los sectores productivos parece una estrategia posible, eficaz y de bajo costo, dado que se trata esencialmente de concentrar recursos en ciertas líneas específicas de actividades estructuradas y financiadas en parte importante. Juega un papel importante el manejo descentralizado de los recursos que este nivel institucional puede garantizar, junto con su capacidad para detectar demandas específicas a través de sus docentes, generalmente con altos perfiles de integración al sector productivo.

Las becas para especialidades y maestrías son un componente central de ello, dado que los doctorados suelen acceder a estos recursos a través del CONICET. De todos modos una política en este campo debería ser abierta a las tres modalidades existentes de formación.

Programas complementarios de apoyo pueden contribuir a realizar acuerdos específicos entre los posgrados y las empresas mediante sistemas de costos compartidos.

Hacer confluir estas estrategias con las de la Secretaría de Políticas Universitarias y coordinar los futuros estudios y acciones con la Comisión Nacional de Evaluación y Acreditación Universitaria, parece un sendero que puede abrir una etapa relevante en materia de formación de recursos humanos calificados para las demandas que las nuevas políticas gubernamentales han estimulado en materia de desarrollo productivo.

Bibliografía

Albornoz, Mario (dir.) (2003), "Veinte casos exitosos de vinculación entre empresas y centros de investigación", Fundación FIDES para la Innovación y el Desarrollo, Centro de Estudios sobre Ciencia, Desarrollo y Educación Superior, Buenos Aires, octubre.

Amendola, M. (ed.) (1989), *Innovazione e Progresso Tecnico*, Bologna, Ed. Il Mulino.

Barsky, Osvaldo y Dávila, Mabel (2004), "Las tendencias actuales de los posgrados en la Argentina", *Documento de trabajo N° 117*, Buenos Aires, Departamento de Investigaciones.

Barsky, Osvaldo y Dávila, Mabel (2002), "Las transformaciones del sistema internacional de Educación Superior", *Documento de Trabajo N° 93*, Buenos Aires, Departamento de Investigación-Universidad de Belgrano, agosto.

Batista de Oliveira, Gilson (2001), "Algumas consideraçoes sobre inovaçao tecnológica, crescimento económico e sistemas nacionais de inovaçao", en *Revista da FAE*, Vol.4 N°3, Diciembre.

Becher, T. (1989), *Tribus y territorios académicos. La indagación intelectual y las culturas de las disciplinas*, Madrid, Gedisa.

Bocchicchio, Ana María (2000), "Inserción profesional en las ingenierías agronómicas. Estudio de casos de los graduados recientes de la UBA", presentado en el III Congreso Latinoamericano de Sociología del Trabajo, Buenos Aires, 17 al 21 de mayo.

Boscherini, F. y L. Poma (comps.) (2000), *Territorio, conocimiento y competitividad de las empresas. El rol de las instituciones en el espacio global*, Madrid, Miño y Dávila Editores.

Byé, P. (1997), "The Food Industry: Still A Craft Industry", *Industrial History & Technological Development In Europe*, Londres, Research Papers Conference, The New Comen Society & Authors, marzo.

Dávila, Mabel (2002), "La construcción de la vinculación Universidad-Sector Productivo-Estado en la Facultad de Agronomía de la Universidad de Buenos Aires: la apertura al medio como eje de transformación institucional", *Tesis de Maestría*, Buenos Aires, FLACSO.

Donato, Vicente (dir.) (2004), "Innovación tecnológica y demanda de conocimiento científico-técnico en las PYMES argentinas", trabajo realizado para la Fundación FIDes de Argentina, Buenos Aires, Centro de Investigación de la Universidad de Bologna, abril.

Dosi, G. (1988), "The Nature of the Innovative Process", en Dosi, G. C.; Freeman, G.; Nelson, Silverberg y L. Soete (eds.), *Technical Change And Economic Theory*, Londres, Pinter Publisher.

Fernández Berdaguer, Leticia (1998), "Reestructuración productiva y cambios en los mercados profesionales: una perspectiva desde los actores", ponencia presentada en el XXI Congreso de LASA (Latin American Studies Association), Chicago, 24 al 26 de septiembre.

Fernández Berdaguer, L.; Mendizábal, N. *et al.* (1996), *Profesiones en crisis*, Buenos Aires, CEA-CBC.

Fuchs, Mariana y Vispo, Adolfo (1995), *Diagnóstico sobre la demanda futura de ingenieros*, Buenos Aires CEPAL.

Galizzi, G. y Venturini. L (1996), "Product Innovation in the Food Industry: Nature, Characteristics and Determinants", en Galizzi y Venturini (eds.), *The Economics of Innovation: the case of the Food Industry*, Pincenza, Physica-Verlag Heidelberg.

García de Fanelli, A. M. (1996), *Estudios de Posgrado en la Argentina: Alcances y limitaciones de su expansión en las universidades nacionales*, Serie Educación Superior, N° 114, Buenos Aires, CEDES.

Geertz, C. (1980), *Blurred Genres*, The American Scholar, 49.

Ghezán, Graciela; Mateos, Mónica *et al.* (2004), "El proceso de construcción de alianzas público-privadas para la investigación agroindustrial en Argentina y Uruguay", s/r.

Ghezán, G.; Mateos, M. y Acuña, A. (1994), "Innovaciones Organizacionales y Reestructuración del Sistema Agroalimentario Argentino", en *Revista Anual de la Asociación Argentina de Economía Agraria*, Vol. VIII. Argentina.

Ghezán, G. y Gutman, G. (2001), "Innovación y Cambio Tecnológico en Sistemas Agroalimentarios", presentado en las II Jornadas Interdisciplinarias de Estudios Agrarios y Agroindustriales, FCE / UBA, Buenos Aires.

Greene Castillo, Fernando; Pérez Ortiz, Tila María *et al.* (2003), "Los Posgrados de la UNAM y su Vinculación con los Sectores Educativo, Social y Productivo", Documento N° 403, Seminarios de Diagnóstico Locales, Dirección General de Estudios de Posgrado de la Universidad Nacional Autónoma de México.

Gutman G. y V. Cesa (2001), *Innovación y cambio tecnológico en las industrias de la alimentación en Argentina*, Buenos Aires, UNQUI.

Haro Ruiz, Luis Arturo (2003), "Vinculación con los Sectores Educativo, Social y Productivo", Documento N° 408, Seminarios de Diagnóstico Locales, Dirección General de Estudios de Posgrado de la Universidad Nacional Autónoma de México.

Instituto Nacional de Estadística y Censos (2003), *Segunda encuesta nacional de innovación y conducta tecnológica de las empresas argentinas 1998-2001*, Buenos Aires, INDEC-SECyT-CEPAL.

Instituto Nacional de Estadística y Censos (1998), *Encuesta sobre Conducta Tecnológica de las Empresas Industriales Argentinas*, Serie Estudios 31, Buenos Aires.

Instituto Nacional de Estadística y Censos (1994), *Censo Industrial Económico*, Buenos Aires.

INFOCAPES-Boletim Informativo da CAPES (2001), Vol.9 - N° 2 y Vol. 9 N° 3, Brasilia, CAPES.

Ingallinella, Ana María; Picco, Alicia *et al.* (1999), "Evaluación de las actividades de extensión y transferencia de tecnología en las universidades", Universidad de Rosario, Facultad de Ciencias Exactas, Ingeniería y Agrimensura y Facultad de Ciencias Económicas y Estadística, Mimeo.

Jaramillo, H.; Lugones, G. y Salazar, M. (2001), *Manual de Bogotá. Normalización de Indicadores de Innovación Tecnológica en América Latina y el Caribe*, Buenos Aires, RICYT/ OEA/ CYTED.

Mateos, Mónica; Cendón, María Laura y Viteri, María Laura (2004), "Mapeo de vinculaciones entre firmas alimentarias y su entorno institucional. ¿Cómo fortalecer el sistema local de innovación?, Asociación Argentina de Economía Agraria, Mimeo.

Neves, Marco César (s/f), "Interaçao universidade-setor produtivo em investimentos de grande porte: o caso de tres empreendimentos do estado de Matto Grosso"

Nogueira da Gama Mota, Teresa Lenice (1999), "Interação universidade-empresa na sociedade do conhecimento: reflexões e realidade", en *Revista Ciência da informaçao*, vol. 28 N° 1.

OCDE (1992), "La Innovación Tecnológica: Definiciones y Elementos de Base", en *Revista Redes*, Vol.3, N° 6, Buenos Aires, Universidad de Quilmes.

Panaia, Marta (2001), "Trayectorias profesionales y demandas empresariales de ingenieros en la Argentina", en *Revista Latinoamericana de Estudios del Trabajo*, N° 13.

Pérez, C. (1986), "Las Nuevas Tecnologías: Una Visión De Conjunto", en Ominami, C (ed.) *La Tercera Revolución Industrial. Impactos internacionales del actual viraje tecnológico*, Buenos Aires, RIAL/GEL.

Rama, R. (1997), "Productive Inertia And Technological Flows In Food And Drink Processing. En, Industrial History & Technological Development In Europe", *Research Papers Conference*, Londres, The New Comen Society & Authors.

Riquelme, G. C.; Dirie, M. C.; Sosa, A.; Razquin, P. (1996), "Propuesta de una metodología de evaluación de la demanda externa para una universidad en el marco de la integración subregional. El caso de la UNAM", en *Revista Educación Superior y Sociedad*, Venezuela, UNESCO-CRESALC.

Riquelme, Graciela y Equipo del Instituto de Investigaciones en Ciencias de la Educación (IICE) (2000), "Educación Universitaria, Demanda, Mercado de Trabajo y Escenarios Alternativos", Estudio realizado para la Secretaría de Planificación de la Universidad de Buenos Aires (resumen ejecutivo).

Riquelme, Graciela (2002), "Las universidades frente a las demandas sociales y productivas: el rol promotor y la capacidad de intervención. El caso de una universidad argentina en la frontera del MERCOSUR", ponencia presentada en el 3er Encuentro "La Universidad como objeto de investigación", Universidad Nacional de La Plata, 24 y 25 de octubre.

Riquelme, Graciela (2003), *Educación superior, demandas sociales, productivas y mercado de trabajo*. Buenos Aires, Miño y Dávila Editores-Universidad de Buenos Aires.

SAGPyA (1996/2002), *Revista Alimentos Argentinos*, Varios Números, Buenos Aires.

Scarlato, G. (2000), "Trayectoria y Demandas Tecnológicas de las Cadenas Agroindustriales en el MERCOSUR Ampliado. Cereales: trigo, maíz y arroz", *Serie Documentos* N° 2, Proyecto Global, Montevideo, PROCISUR, BID,.

Schwartzman, Simón (1997), "Raízes Históricas da Relação entre Universidade e Setor Produtivo no Brasil", en Shyinti Kiminami, Claudio *et al.* (comps.), *Universidade e Indústria*, São Carlos, Editora de la Universidade Federal de São Carlos, Brasil.

Sutz, Judith (1994), *Universidad y sectores productivos*, Buenos Aires, Centro Editor de América Latina.

Traill, B. y Grunert, K. (eds.) (1997), *Product And Process Innovation In The Food Industry*, Londres, Chapman & Hall.

Vessuri, Hebe (1993), "Desafíos de la educación superior en relación con la formación y la investigación ante los procesos económicos actuales y los nuevos desarrollos tecnológicos", en *Revista Iberoamericana de Educación* N° 2, mayo-agosto, Mimeo.

Vispo, A (1993), *Tecnologías de Organización y Estrategias Competitivas*, Buenos Aires, CEPAL.

Wilkinson, J. (2000), "Demandas Tecnológicas, Competitividade e Innovaçao no Sistema Agroalimentar do Mercosul Ampliado", *Serie Documentos* N° 9, Proyecto Global, Montevideo, PROCISUR; BID.

Yoguel, G. y Rabetino, R. (1999), "Algunas Consideraciones sobre la Incorporación de Tecnología en la Industria Manufacturera Argentina en la Década del Noventa: Las Evidencias Recientes", *Documento de Trabajo* Nº 15, Buenos Aires, Universidad Nacional de General Sarmiento.

7. REFLEXIONES FINALES

LAS POLÍTICAS DE POSGRADOS Y SUS IMPACTOS

Por Osvaldo Barsky y Mabel Dávila

A partir de la década de 1990 hubo en crecimiento de las carreras de posgrado en la Argentina, en respuesta a las demandas de mayores calificaciones por parte del mercado laboral y acorde a las tendencias internacionales de la educación superior en los últimos tiempos. Si bien los cambios en estas políticas comienzan a plantearse previamente, la Ley 24.521 de Educación Superior (LES) permite regular una serie de medidas para el sector y, entre otras, permite institucionalizar los procesos de evaluación y acreditación que van consolidándose y acompañando la expansión del sistema de posgrado.

Sin embargo, el desarrollo de la oferta de posgrados evidencia una serie de inconsistencias y contradicciones. Esto se debe en gran medida a que la intervención estatal no sólo no contempla suficientemente estas demandas, sino que también en algunos aspectos parece ir a contramano de las tendencias internacionales. La intervención está orientada a dar respuesta a la presión de la comunidad académica por el desarrollo de doctorados con un perfil académico. Pero son débiles las señales para dar soluciones a las demandas de otros mercados laborales que son los que en última instancia dan trabajo a la mayoría de los egresados universitarios. Esto requiere que los graduados continúen sus estudios de posgrado con carreras de perfil más profesional que académico como son las especializaciones y parte de las maestrías.

No hay políticas de estímulo y financiamiento para lo que necesita el mercado laboral y de esta forma las políticas de posgrados no contemplan las necesidades de desarrollo y competitividad del país. La evaluación de los posgrados tiene una orientación similar, en la medida que se consideran criterios de calidad más ajustados al medio académico que a la realidad profesional.

Es así que se va conformando el sistema de posgrados que responde a estímulos contradictorios con la influencia del Estado por un lado y el mercado por otro. Según Claudio Rama,[152] en las últimas décadas del siglo XX han entrado en crisis las diferentes organizaciones universitarias. La enorme expansión de saberes está deteriorando rápidamente las bases de sustentación de las divisiones disciplinarias al crear en los intersticios de éstas y en sus propios interiores una nueva dinámica de desarrollo de campos del saber. Se está configurando así un complejo escenario donde el conocimiento básico disciplinario, el especializado y el transdisciplinario conviven como mecanismos de apropiación de saberes. En este sentido, es necesaria una universidad preparada institucional, organizativa y conceptualmente para asumir los nuevos desafíos.

La discusión central, según este autor, está en los posgrados, ya que es en estos ámbitos donde se articulan las especializaciones y los propios avances del saber. En los posgrados se expresa la amplia y creciente variedad de disciplinas, y el proceso mediante el cual, asociado a la propia evolución de la división social y técnica del trabajo, se van creando, recreando, desapareciendo o fusionando las diversas disciplinas existentes. Las unidades temáticas nacen al interior de los intersticios de las tradicionales organizaciones universitarias para develar espacios de saber

---

[152] Rama, Claudio (2007 y 2008), *Los Posgrados de América Latina en la sociedad del conocimiento* México, USUAL y Argentina, UNSL.

transdisciplinarios y sistémicos. De esta forma, las nuevas unidades temáticas permiten sistémicamente articular a las diversas disciplinas, y también paradójicamente sientan a su vez las bases de nuevas especializaciones.

Los posgrados han sido la respuesta de las universidades a esa explosión de saberes, constituyéndose así un movimiento curricular hacia la especialización, a partir de fragmentar las diferentes temáticas para analizar y catalogar separadamente los distintos posibles componentes de la realidad. Así, son los propios posgrados de especialización los que conducen a un nuevo escenario de búsqueda de una integración de saberes.

El sistema de educación superior argentino ha tenido, en promedio, un aumento anual de 9,8% en la oferta de posgrados entre 1994 y 2007. En el período 2002-2007 la oferta incrementó su concentración hacia las instituciones de gestión estatal y hacia los niveles de especialización y maestría.

Los posgrados del sector estatal crecieron a una tasa mayor respecto a los del sector privado, de manera tal que aumentó su importancia. El 77,9% del total de posgrados correspondía al sector estatal en 2007. Entre 1994 y 2007 el crecimiento en la oferta de posgrados estuvo determinado por las especializaciones y maestrías, con tasas anuales de 12,3 y 10,9% respectivamente, frente a los doctorados que mostraron tasas de 3%. Este valor se explica por un mínimo crecimiento de este tipo de carrera en el sector estatal y por una disminución de los mismos en el sector privado. Esto determinó una caída del peso relativo de los doctorados en el total de la oferta, de manera tal que actualmente la composición por tipo de programa presenta una estructura compuesta en un 51% por especializaciones, 35,4% por maestrías y 13,5% por doctorados.

La distribución de la oferta total de posgrados de acuerdo con el campo disciplinario no se ha modificado mayormente a lo largo del período 2002-2007 con respecto al período 1994-2002. En 2007 el 30,2% de la oferta corresponde a las Ciencias Sociales, el 28,7% a las Ciencias de la Salud, el 21,8% a Tecnológicas, el 15% a Humanidades y el 4,3% a Ciencias Exactas y Naturales. Estas últimas continúan mostrando una tendencia a disminuir su participación relativa en el total de la oferta.

En el sector estatal hay una distribución más equitativa de posgrados entre las diferentes áreas disciplinarias dado que ninguna supera el 30% de la oferta. Se destacan las Ciencias de la Salud, las Ciencias Sociales y las Tecnológicas. En cambio, en el sector privado se mantiene la preponderancia de las Ciencias Sociales que aportan el 45% de los posgrados y en segundo lugar las Ciencias de la Salud con el 28,4%.

La acreditación de posgrados también ha adquirido mayor importancia durante el período 2002-2007, creciendo a un ritmo más acelerado (70%) que la oferta total de posgrados (36%). En el período 2002-2007 se acentúa una tendencia que se viene registrando desde el período 1994-2002. Los posgrados acreditados que no solicitaron categorización han aumentado un 79%, teniendo mayor peso relativo tanto entre los posgrados acreditados como dentro de la oferta total de carreras de posgrado.

Al considerar el sistema de gestión, se destaca que el número de carreras de posgrado de gestión privada que no solicitaron categorización es mayor que el número de posgrados de gestión estatal en la misma situación. Al distinguir por niveles de categorización se encontró que entre estos últimos el 55% fue considerado muy bueno o excelente, mientras que entre los posgrados de gestión privada esta proporción es del 36%. De aquí se desprende que la tendencia a no requerir categorización de los posgrados de gestión privada tiene sustento en los resultados obtenidos.

En cuanto a la acreditación por tipo de programa, si se realiza una distinción entre los posgrados que requieren y los que no requieren categorización, se observa que las especializaciones y maestrías acceden a ser categorizadas en una proporción menor que los doctorados. Entre las especializaciones y maestrías, los programas categorizados como buenos (C o Cn) son los que tienen mayor importancia relativa, mientras que entre los doctorados son los posgrados categorizados como excelentes (A o An) los más frecuentes.

Entre los campos disciplinarios, salvo por Ciencias Exactas y Naturales que muestra un grado de acreditación (84,1%) muy superior, los restantes campos muestran proporciones cercanas al promedio (64,3%). Dentro de los posgrados acreditados, los de Ciencias Sociales y Humanidades son los que requieren categorización con menor frecuencia. En el extremo opuesto se encuentran los programas de Ciencias Exactas y Naturales, que requieren categorización en el 96% de los casos. Acotando el análisis a aquellas carreras de posgrado acreditadas que han requerido categorización, en Ciencias Sociales, Humanidades y Ciencias de la Salud más del 50% de los posgrados fueron categorizados como buenos (C o Cn). Entre las Tecnológicas se destacan levemente los programas categorizados B o Bn. Mientras que entre los posgrados de Ciencias Exactas y Naturales un poco más de la mitad de las carreras está categorizada como excelente (A o An).

La experiencia de más de diez años de evaluación y acreditación de posgrados ha permitido mejorar la calidad en múltiples aspectos, mientras que en otros aún quedan cuestiones pendientes.

Tres problemas fundamentales es posible identificar en la evaluación de posgrados. El proceso de evaluación presenta una falta de uniformidad en los criterios para medir la calidad. Se observa una falta de registros o heterogeneidad de los indicadores y una falta de uniformidad en la consistencia entre los criterios y los resultados de acreditación. Este problema se explica por la generalidad de la reglamentación sobre evaluación de posgrados y por debilidades en materia de recursos humanos y materiales que puedan guiar adecuadamente a los pares evaluadores. Otro problema que también se observa es que la evaluación de la calidad da prioridad a insumos y procesos antes que a los productos. Es así que muchos posgrados categorizados como A tienen bajas tasas de egreso. Un último problema detectado son las diferencias en la evaluación de posgrados académicos y profesionales, con un marcado sesgo académico.

Algunas políticas educativas pueden contribuir a solucionar estos problemas, como la reformulación del marco regulatorio, la revisión del proceso de selección de los pares y un fortalecimiento del rol de la CONEAU en el acompañamiento y guía de los pares en el proceso de evaluación.

Con respecto al marco regulatorio, la Resolución 1.168 refleja las tensiones entre las visiones academicistas y profesionalistas, dado que establece que las maestrías y doctorados son títulos académicos –no así las especializaciones– aunque plantea una mayor flexibilidad sobre los productos exigidos para egresar las maestrías, habilitando de esta forma al campo de las profesiones. Sin embargo, la reformulación del marco regulatorio es necesaria pero insuficiente para resolver los problemas de la evaluación.

Es interesante considerar las tendencias mundiales en la evaluación de la educación superior y rever el perfil de los pares, ligado particularmente a su pertenencia exclusiva a instituciones académicas. En este sentido, se podría evaluar la posibilidad de ensayar soluciones que han resultado exitosas en otros países como la creación de agencias –privadas o públicas no estatales– en las que participen universidades, organizaciones profesionales, instituciones gubernamentales y empresas para la evaluación de carreras de grado y posgrado como en Estados Unidos, México, Alemania y Chile. Esto también permitiría agilizar el proceso de acreditación al desconcentrar el trabajo en varias agencias reguladas a través de la CONEAU.

Sobre el rol de la CONEAU, es necesario revisar el esquema organizacional de la institución y reasignar un papel protagónico a un *staff* profesional de alta jerarquía que pueda ganar autonomía en el manejo de los procesos de evaluación y que pueda orientar a los pares académicos en nuevos criterios de flexibilidad, conocimiento y creatividad del tipo de actividades que se analizan. Esto supone también redefinir los mecanismos de evaluación de los posgrados, que no pueden basarse en el exclusivo conocimiento de la información en formularios no verificables, y deben integrarse mecanismos de conocimiento directo de las actividades y de diálogo también directo entre los pares evaluadores y quienes dirigen los posgrados. Ello permitiría reformular la extensión y el diseño de los actuales formularios a ejes informativos más simples y menos hostiles. Particularmente es importante pasar a un sistema de evaluación de los resultados de los posgrados, obteniendo los trabajos finales y tesis de los egresados y dando creciente importancia a los mecanismos existentes para garantizar adecuadas tasas de egreso.

Para mejorar este indicador resulta fundamental considerar la influencia de las políticas de financiamiento, en particular las políticas de becas, así como también los aspectos vinculados a las demandas del mercado a través de las empresas y los graduados.

El análisis sobre los becarios del CONICET permite identificar una gran concentración en las universidades de gestión estatal y los organismos CONICET / unidades ejecutoras. En las universidades estatales se aprecia la importancia de las áreas de Ciencias Biológicas y de la Salud y también de Ciencias Sociales y Humanidades, que conjuntamente reúnen cerca del 60% de los becarios en este lugar de trabajo. A continuación se ubica el área de Ciencias Exactas y Naturales, con alrededor del 20%, seguida por Ciencias Agrarias, de Ingeniería y de Materiales. Por último, consistentemente con la cantidad de becas de esta área, solamente el 2% de los becarios corresponden a Tecnología. En cambio, en las universidades privadas son las Ciencias Sociales y las Humanidades seguidas por las Ciencias Biológicas y de la Salud las áreas disciplinarias predominantes.

Estos resultados están muy vinculados a una política de becas orientada a los posgrados académicos. Las becas del CONICET son de dedicación exclusiva, solamente compatibles con un cargo de actividades docentes universitarias que, a juicio del director, contribuyan a la formación del becario. Además, los becarios sólo pueden adicionar al estipendio de la beca una remuneración proveniente de un cargo docente de dedicación simple.

Asimismo, las becas pueden ser doctorales y posdoctorales. En el caso de las becas a realizarse en el país los programas de posgrado deben estar acreditados por la CONEAU. Si bien estas becas son doctorales, en el primer caso se admite la realización de maestrías para los postulantes de Arquitectura y Ciencias Sociales que no cuenten en el país con doctorados acreditados por la CONEAU. Esta disposición recoge la tradición en materia de posgrados que tienen estas disciplinas y les otorga la oportunidad de ser incluidas en el sistema de becas, que de otra manera les sería vedada.

Por otra parte, también existen algunas que no implican la realización de estudios de posgrado como es el caso de las Becas de Perfeccionamiento, que son becas de dos años de duración y tienen como objetivo permitir la realización de tareas de investigación.

Otra limitación surge por los bajos límites de edad exigidos a los postulantes de 30, 32 ó 34 años. Esto termina orientando el financiamiento hacia una población sin experiencia laboral de ningún tipo y condicionando su futuro trabajo exclusivamente al espacio académico.

Esta orientación de las políticas de becas a los doctorados dio un impulso a este tipo de carreras sobre las maestrías. Este enfoque está vinculado a la concepción academicista dominante y se sustenta en la idea del doctorado como título terminal y de mayor jerarquía. Tal concepción no tiene en cuenta que existen tradiciones diferentes entre las profesiones y áreas disciplinarias y, por lo tanto, hay desarrollos diferentes en cuanto a los tipos de carreras.

La falta de sintonía entre las demandas del mercado laboral y las políticas implementadas tiene varios efectos no deseados:

* La legislación promueve maestrías con grandes cargas horarias. Esto plantea una situación de políticas contradictorias, con objetivos a promocionar diferentes, aumentando el caos.

* Como a nivel de doctorados se estimula la demanda y no la oferta, aumenta la demanda de doctorados pero aún no está consolidada en todas las áreas una oferta de calidad que pueda atenderla.

* En tradiciones disciplinarias que han incorporado el doctorado recientemente se observa un esfuerzo y dificultades por implementar propuestas de buena calidad diferentes a la maestría.

* Por otra parte, terminan beneficiándose de los recursos aquellas áreas disciplinarias en las cuales el doctorado ya tiene tradición como las Ciencias Básicas y las Humanidades, mientras que se perjudican las Ciencias Sociales y las Tecnológicas que constituyeron sus tradiciones sobre otros tipos de carreras diferentes.

* La evaluación sigue criterios asociados a los aspectos mencionados, premiando los aspectos académicos por sobre la experiencia profesional.

Las políticas de becas resultan un instrumento fundamental para el desarrollo de un sistema de posgrado de calidad, en la medida que las becas pueden contribuir al desarrollo y la consolidación de los programas de posgrado. En este sentido son un instrumento que tiene un amplio potencial y que aún no se ha explotado suficientemente en el país, dado que éstas se orientan exclusivamente a los posgrados académicos y no a posgrados profesionales como maestrías y especializaciones.

Por otra parte, con respecto a las becas para posgrados académicos también hay cuestiones a ajustar. Por ejemplo, con respecto a la dedicación de los becarios a su formación y a la realización de actividades de investigación, íntimamente asociado con el monto del estipendio, que debe ser tal que permita una dedicación exclusiva.

Con respecto a las áreas del conocimiento se detecta una mayor concentración de las becas en pocas áreas del conocimiento, en especial, las Ciencias Exactas y Naturales. Es importante la cantidad de becas pero también su distribución. En este sentido, el punto de partida ideal debería ser una planificación de la formación de recursos humanos sobre la base de la identificación de las necesidades sociales, incluyendo las de los sectores productivos. Además, deberían incorporarse cuestiones como la tradición de las disciplinas en materia de realización de posgrados y la distribución de la formación de grado por disciplina científica.

El papel que desempeñan las universidades privadas en materia de becas, en particular como lugar de trabajo de los becarios, resulta insuficiente. Este punto merece especial atención, ya que es posible aportar en calidad y también en cantidad al universo de las becas aprovechando los recursos, tanto humanos como de infraestructura, que integran las universidades privadas.

Muchos países se plantean políticas de estímulo para el desarrollo científico y tecnológico a través, entre otras cosas, del desarrollo de doctorados profesionales. En Argentina los doctorados son exclusivamente académicos. Sería conveniente orientar medidas para estimular el desarrollo de una oferta de doctorados más asociados al medio productivo.

Algunas de estas cuestiones también fueron consideradas en el trabajo sobre la vinculación de los posgrados con el sector productivo en la Argentina. En el mismo se detectaron los siguientes aspectos a considerar:

* El 51% de las autoridades de los posgrados encuestados manifestaron que requieren mayor cantidad de becas para sus estudiantes. Si a esto agregamos que el 11% manifestó requerir financiamiento, podemos afirmar que superan el 60%, los posgrados que han manifestado contar con mayor cantidad de becas. A este punto podemos agregar que las becas deben también dirigirse a las especialidades y maestrías, dado que el sistema prioriza fuertemente las de formación doctoral.

* El 17,5% de los posgrados manifestó la importancia de mejorar o "crear" instrumentos que permitan profundizar la vinculación entre los posgrados y los sectores productivos. Es importante resaltar que existen experiencias que se están llevando adelante en algunas regiones, donde se organizan seminarios en los cuales participan los organismos de ciencia y técnica y las empresas (por ejemplo, en la Provincia de Buenos Aires durante el año 2004 se han realizado por lo menos tres reuniones con presencia del FONTAR-SECyT, el INTA, las universidades, el INTI, la CIC provincial y las empresas de diferentes sectores de la economía provincial).

* El 44% manifestó prioritario contar con apoyo para la investigación, infraestructura y equipamiento. En este sentido, será importante mejorar la vinculación de los posgrados con las Unidades de Vinculación Tecnológica (UVT) que articulan desde las universidades con el sector productivo y obtienen fondos para realizar estudios que las empresas demandan (desde el sector privado o público). Se observó que no existe una articulación entre los posgrados y las UVT, siendo que las 214 UVT que están aprobadas en todo el país, están –en su gran mayoría– instaladas en universidades nacionales o privadas que también cuentan con posgrados de perfil tecnológico.

* Como se señaló, las empresas siguen priorizando capacitar su propio personal, y cuando requieren de recursos humanos surge que las recomendaciones de los conocidos es la metodología utilizada como el origen de información para contratar profesionales. De allí que sea importante generar instrumentos que acerquen a los posgrados con las empresas, más allá de las relaciones informales de los docentes. En este sentido, se observa que si las tesis de los estudiantes respondieran a demandas del sector privado y existiera financiamiento para las mismas de parte del Estado, podría implementarse otro mecanismo de acercamiento.

En este sentido, es relevante reforzar las formas institucionales existentes antes que apelar a nuevas formas paralelas de apoyo material. De ahí que apoyar a los posgrados que muestren capacidad de articulación con los sectores productivos parece una estrategia posible, eficaz y de bajo costo, dado que se trata esencialmente de concentrar recursos en ciertas líneas específicas de actividades estructuradas y financiadas en parte importante. Juega un papel significativo el manejo descentralizado de los recursos que este nivel institucional puede garantizar, junto con su capacidad para detectar demandas específicas a través de sus docentes, generalmente con altos perfiles de integración al sector productivo.

Las becas para especialidades y maestrías son un componente central de ello, dado que los doctorados suelen acceder a estos recursos a través del CONICET. De todos modos una política en este campo debería ser abierta a las tres modalidades existentes de formación. Programas complementarios de apoyo pueden contribuir a realizar acuerdos específicos entre los posgrados y las empresas mediante sistemas de costos compartidos.

Hoy la formación de posgrado, así como también la evaluación y acreditación de los mismos, son aspectos de gran influencia sobre la calidad y la equidad del conjunto del sistema de educación superior en particular, y de los sistemas educativos en general. Por otra parte, la educación superior es estratégica para el desarrollo en la medida que genera externalidades y tiene influencia sobre los procesos políticos, económicos y sociales. Los serios problemas señalados sobre el funcionamiento del sistema de posgrados hacen imperiosa una rediscusión de los objetivos centrales a priorizar y una articulación de las distintas instancias estatales vinculadas con la acreditación y apoyo económico de estas actividades de manera de mejorar sensiblemente la productividad del sistema, mejorar su calidad y fortalecer las articulaciones con las demandas de la sociedad.

www.ingramcontent.com/pod-product-compliance
Lightning Source LLC
Chambersburg PA
CBHW021111300426
44113CB00006B/116